2019年度国家社科基金重大项目
"出土简帛文献与古书形成问题研究"（19ZDA250）

京师史学文库

去囿与重构

古典文献研究新观念与方法探索

李锐 著

中国社会科学出版社

图书在版编目(CIP)数据

去囿与重构:古典文献研究新观念与方法探索/李锐著. —北京:中国社会科学出版社,2023.8

(京师史学文库)

ISBN 978-7-5227-2099-9

Ⅰ.①去… Ⅱ.①李… Ⅲ.①古文献学—研究—中国 Ⅳ.①G256.1

中国国家版本馆 CIP 数据核字(2023)第 113290 号

出 版 人	赵剑英
责任编辑	张 浩
责任校对	姜志菊
责任印制	李寡寡

出　　版	中国社会科学出版社
社　　址	北京鼓楼西大街甲 158 号
邮　　编	100720
网　　址	http://www.csspw.cn
发 行 部	010-84083685
门 市 部	010-84029450
经　　销	新华书店及其他书店

印　　刷	北京明恒达印务有限公司
装　　订	廊坊市广阳区广增装订厂
版　　次	2023 年 8 月第 1 版
印　　次	2023 年 8 月第 1 次印刷

开　　本	710×1000　1/16
印　　张	20.5
插　　页	2
字　　数	320 千字
定　　价	98.00 元

凡购买中国社会科学出版社图书,如有质量问题请与本社营销中心联系调换
电话:010-84083683
版权所有　侵权必究

北京师范大学历史学院"京师史学文库"
编 委 会

顾　问：刘家和　瞿林东　郑师渠　晁福林
主　任：张　皓　耿向东
副主任：刘林海
委　员（按姓氏拼音排序）
　　　　安　然　董立河　杜水生　何立波
　　　　黄国辉　李　帆　李　兴　李　渊
　　　　罗新慧　毛瑞方　庞冠群　单月英
　　　　武家璧　吴　琼　叶锦花　湛晓白
　　　　张双智　张　升　赵云慧　赵　贞
　　　　郑　林　周文玖

总　　序

北京师范大学历史学科是北京师范大学最早形成的系科之一，由 1902 年创立的京师大学堂"第二类"分科演变而来。1912 年称北京高师史地部，1928 年单独设系，1952 年院系调整，辅仁大学历史系并入，1980 年成立史学研究所，2006 年历史系与史学研究所合并，组建北京师范大学历史学院，2018 年古籍与传统文化研究院等部分师资并入历史学院。

北京师范大学历史学院是国内历史学人才培养和科学研究的重镇，学科门类齐全，体系完备，积淀厚重，特色显著，名家辈出，师资雄厚。现有考古学、中国史和世界史三个一级学科，是国内同类学科中最早获得一级学科博士学位授予权及博士后流动站资格的单位之一；其中中国史为"双一流"建设学科，在全国第四轮、第五轮学科评估中位居 A＋学科前列；拥有中国古代史、史学理论与史学史两个国家重点学科，教育部人文社科重点研究基地"史学理论与史学史研究中心"、教育部与国家文物局"国家革命文物协同研究中心"、教育部等四部委"铸牢中华民族共同体意识研究培育基地"等研究平台；中国古代史、史学理论与史学史、中国近代文化史、中西历史及文明比较等研究享誉学界。

在北京师范大学百廿年的历程中，经过以陈垣、白寿彝和刘家和等为代表的多代学人辛勤耕耘，历史学科在学术研究方面取得了突出成就。《中国通史》《何兹全文集》《古代中国与世界》《南明史》《清代理学史》《1927—1950 年中英两国关于西藏问题的较量与争论》等一大批优秀成果获得国家级或省部级等奖励，产生了极大学术和社会反响。

为推动文化繁荣，推进文化自信自强，推动中华优秀传统文化创造性转化、创新性发展，繁荣历史学研究，提升学科建设和研究水平，历史学院特组织"京师史学文库"学术文丛，集中展示北京师范大学历史学科的最新学术研究成果，以飨学林。"京师史学文库"分为考古学、中国史和世界史三个子系列。

本文丛取名"京师史学文库"。按：《尔雅》中注："京：大也"；"师，众也"。在先秦典籍中，"京师"又用来指周天子居住的都城。《春秋·桓公九年》："纪季姜归于京师。"《春秋公羊传》的解释是："京师者何？天子之居也……天子之居，必以众大之辞言之。"北京师范大学源于京师大学堂，位于中华人民共和国的首都，肩负着国家教育事业和学术研究之重任。取名京师，既是简称，也希望学科同仁齐心协力，弘学术之大道，惠社会之大众，成京师之大者。

北京师范大学历史学院"京师史学文库"编委会
2023 年 8 月 8 日

前　　言

近几十年来，出土简帛古书越来越多，颇有应接不暇之势。笔者曾指出此中有两大热点：一个是古文字研究；一个是学术思想史研究。所不同的是，前者需要大量的积累，追求颠扑不破，且有传承渊源，难以轻易进入其中；后者却似乎可以轻易进入，可备一说便能立足，也不乏今是而昨非，故结果可以说瑕瑜互见。比如马王堆帛书《五行》和后来的郭店简《五行》，关于其作者貌似容易达成一定共识。但是在实际的研究过程中，关于《五行》经、传的作者，就笔者所见便有35种意见。这些意见中也有不能理解的地方，为什么不少人认为传是孟子作的。似乎在那个时间段中，承接子思的，非孟子不能做。这种想法也不能说毫无道理，因为荀子批判过思、孟五行，似乎可谓言之有故。但让人的怀疑是，孟子多数时候都只说仁义礼智根于心，他对圣的看法和仁义礼智圣五行并不相同。按照余嘉锡等学者的意见，孟子明显属于自成一家之言者，他虽然和子思相唱和，但是并不是全盘接受子思之言的。也许有人会说孟子有可能在还未出师时写下了《五行》的传，只不过这种可能性，并不能得到多少证据支撑。而且同样按照余嘉锡等的意见，这时候的孟子既然未能出师，那么其成绩仍然只能算作子思学派的。

与之类似的，关于出土简帛古书的学派，各有大量不同的意见存在。儒家之称已经不能囊括，因而进入了儒家八派等细分之中。而与此同时，也有学者提出了一些反思。笔者对此也有一些疑虑，首先清理了一下六家、九流十家和百家的来源、关系，继而据之提出要用百家之说来讨论出土文献的学派问题。有一些出土文献，可能不属于目前所知的任何一个学派，我们要有所阙疑。比如像《性自命出》和上博简《性情论》这样的作品，在流传过程中，篇章结构都发生了变化，子游之言见于《性自命出》而不见于《性情论》，说明这些作品在流传过程中还能不断发展，并未定型，一些章节之间也未必存在有机联系，可能是不同章节的集合，像《礼记》中一些通论性的作品一样。它最后虽可能曾被收入某部子书，或者说按照推想当如此，但其来源却未必一定属于这个学派。还有像《恒先》这样的一些作品，其作者现代人并不知晓，然而其在当时或许有名气。因此，现存所有关于古代的记载，特别是先秦时期的贤哲，即便是《汉书·艺文志》所载，可能也远远不及当时的实际，有着大量的缺漏。既然如此，将一些作品归入这样那样的学派著作，势必行不通。这是笔者后来所谓"古书佚失观"这个很简单说法的来源。

由于出土古书的公布，有一些诸子的年岁有了新的线索，如慎子等。因此有一段时间，笔者专门看钱穆的《先秦诸子系年》一书，发现很多有意思的问题。比如庄子和孟子的年代问题，钱穆正文中讲两人年岁差距不大，但是后来的生卒年表中，两人却差了一代；还有钱穆所定一些诸子的年岁基数，或三十或四十，并无定规。因此笔者发现钱穆所推的古人生卒年岁，特别是生年，或五或十，多不可靠。他自己也意识到这个问题，提出了考查"游仕年"之说，可惜他没有贯彻始终。现在看来，游仕年反倒是可靠的、值得重视的。古书与诸子年代紧密相关，从疑古时期开始至今，不少问题仍有待讨论。其中以《墨子》"十论"和《尚书》以及《庄子》等的讨论，较有国际性。笔者考察后发现用"思想系统"和"思想线索"方法，以及根据词汇分析学派、年代的方法，都存在一定的问题；考辨的主要对象应该是"主体部分""主题思想"而不是个别文字，笔者尝试以"族本"说来讨论《金縢》以及《墨子》"十论"中的一些问题。以上所论，学派、人物、文本，皆和古书年代相关。

在关于中国古代典籍的年代讨论中，分析"同文"确定因袭关系是一个常用的方法，但是这种方法存在的问题是没有关注到同文同源的问题，因此笔者有文讨论同文关系，着重提出同源说。不过此一视角在面对《老子》等文献时，仍然有所不足，因此笔者专门论述了"族本"说。

在同文中，诸子"言公"，一些同文其实很难分辨早晚先后。但我们还需要关注的是"公言"背后其实尚有"私义",同样的或相近的言辞之下,关注的重点并不相同。比如"六位",诸子皆言,但其发展到"三纲",却不是儒家的本意,甚至其主导思想也和儒家无关。同样如此的还有"天人合一"这个被用滥了的话,其实诸子讲类似之言的时候,其所合之"一",也大相径庭。

用历时性方法来研究中国古代文献,其实卑之无甚高论。笔者最初是在研究《老子》的"道"时发现,哲学界多想用一个一以贯之的解释来说明道的含义,最平常的道路和道说之义不在此列,而某些引海德格尔来论道的人,尚没发现海德格尔有关道的论述,恰恰是以"道路"来立说。事后用历时性方法来考察孟子、商韩、荀子的人性论,发现可以得出一些与以往不同的意见,或者解决某些矛盾。之后关于《老子》的《道》《德》两篇,也发现其中存在历时性差别,《德》篇晚出。

"二重证据法"是一个被很多研究古代文献、古史者看重的方法,但是笔者在研究之后发现,很多人对"二重证据法"存在一定的误解,实际上是以"二重证明法"代替了"二重证据法"。"二重证据法"主要是针对上古史中的人物而言的研究方法,讲究出土文献和传世文献的共时性等规则,某些所谓"二重证据法"失效的例证,实在是搞错了对象。

上古史的研究,自清末以来,取得了长足的进步。但就其中的研究方法而言,时间角度和空间角度研究法常常分立,层累与三集团说,都是某一种角度的结论,应该把从时间角度和空间角度两种方法结合起来,才能更好地分析古史传说中纷纭复杂的问题。当然这个看似简单的视角,并非前贤没有注意到,只是处理对待的结果尚不能令人满意。笔者的研究,立足于古来的文献,基本以西周以来的材料为准,因而分析西周以来的古史系统,有四个阶段的变化。炎帝、黄帝等的传说或许开始就存在于某一地域、集团,但是其被政治承认为人文共祖,形成古史系统,则要晚至东周。

在竹简编联方面,简背划痕越来越重要。不过对于没有划痕或者划痕目前不明晰者,押韵不失为一种值得注意的方法。据之,《恒先》等的编联,或许可以增加一些说服力。

附录是关于"族本"说的一个补充。小文《清华简〈耆夜〉续探》

用到了"族本"说。但是柯马丁教授后来的文章中似有曲解小文之嫌，而且他提出的不存在文本源头的"发现"，笔者的"族本"说已经提到了。关于"族本"说的文章，笔者曾和柯马丁教授在复旦大学的一个会议上两人同组发言时宣读。柯马丁教授关于《耆夜》的文章却存在误解和所谓的"发现"，故专门说明。原曾以读者来信方式投稿柯马丁教授发文刊物，不过石沉大海，毫无音讯。与柯教授略有相关的讯息中，所闻所见中外学人、学生百态，不禁令人感叹。

以上所列文章，皆关乎一些观念和方法，有反思也有探索。计有提倡用百家考查学派，用诸子游仕年考查诸子，考辨古书形成的对象是"主体部分""主题思想"，以及同文同源说、族本说、言公与私义说、历时性研究法、二重证据法的规则、押韵法等，文中还有"古书佚失观"这类小观念。有一些并不是笔者的发明，只不过是在前贤时哲的基础上专门加大了论述，以此凸显其重要性，加以提倡，比如考察诸子游仕年、同文同源说等。新观念往往并不会得到认同，像此中个别文章就被刊物的审稿意见拒绝了，因为和他们的通见不符。不过想想现代学术的"通见"之建立，也就只是一百年左右的事情，则跳出此苑囿，略尽一己绵薄之力，以聚同仁，共同重新构建一些东西，也未必不可能。管见所及非常有限，但只要有更多的同道来探索新观念和新方法，则必能使古典文献研究取得巨大的进步。近些年有学者对出土文献能否改写学术史、思想史、哲学史持怀疑态度，主要是因为使用旧有的观念和方法带不来新的东西，如把出土文献按照《汉书·艺文志》分类后，顶多是补充了一些内容，在思想史上多了一点可以说说的东西，哪里有什么能全盘革新性的文本呢？其实，只有从观念和方法上改变旧有的固定观念及其相应的方法，才能重写学术史、思想史、哲学史。

有朋友曾经对笔者说百家说虽好，但是怎么给学生授课呢？这个问题很现实，六家或九流十家的分门别类，很清楚明白，即使不承认六家的胡适所著《中国哲学史大纲》，也不能免俗。学界还有一种哲学史、思想史编撰法，是考查范畴。笔者以为两种方法可以结合起来，老子、孔子、墨子是目前资料中在思想史上划时代的人物（也许子产也是，但是资料太少；托名管仲的《管子》中也有很多有思想性的东西，但是还难以断代),我们可以先以三人为中心,串联一些重要的弟子、后学,然后以范畴为中心。当然,人物、范畴都需要重新考查、论述,因为后来的诸子百家很多都在讲公言,其成名成家的私义需要细细辨析。以上仅管见所及,希望有学者能提出更多的其他方法。

目　录

"六家""九流十家"与"百家" …………………………………（1）

对出土简帛古书学派判定的思索 ………………………………（15）

先秦诸子年代研究省思
　　——由《先秦诸子系年》论先秦诸子之年代研究 …………（30）

先秦古书年代问题初论
　　——以《尚书》《墨子》为中心 ………………………………（44）

"同文"分析法评析 ………………………………………………（73）

从出土文献谈古书形成过程中的"族本" ………………………（91）
　　附录　关于柯马丁新发明的说明 ……………………………（105）

从"六位"到"三纲" ………………………………………………（108）

早期中国的天人合一 ……………………………………………（121）

道精、道一与道德、道说
　　——试论理解《老子》之"道"的另一种角度 ………………（134）

从历时性角度再论孟子的人性论 ………………………………（152）

荀子人性论的历时性研究 ………………………………………（162）

再论商韩的人性论 ………………………………………………（178）

老子《道》《德》篇历时研究 ………………………………………（192）

"二重证据法"的界定及规则初探 ………………………………（205）

上古史新研
　　——试论先秦古史系统的四阶段变化 …………………… (235)
从押韵的角度谈谈《恒先》的编联 ………………………… (279)

参考文献 ……………………………………………………… (283)
后记 …………………………………………………………… (311)

"六家""九流十家"与"百家"

"诸子百家""百家争鸣",是我们描述先秦时期思想界的状况时,最习惯的用语。但是在运用它时,很少有人会去质疑:到底有哪"百家"?在当前思想史的研究、写作中,司马谈的"六家"、刘向刘歆父子的"九流十家",是真正用来描述、把握先秦乃至秦汉时期思想界的基础"话语"。可是使用这种"话语",实际上给我们的研究工作带来了巨大的混乱。我们归纳出了所谓"儒家""道家"等的特点,然后就用这些特点去演绎、推理,以确定其他人物、观点的属性。结果使两千多年前具体的情景和鲜活的历史,装在了"法家""名家"这样的思想套子里,奄奄一息——我们现代人是在运用"墨家""阴阳家"这样格式化的思维原型在思考问题,在利用他们艰难地与两千多年前的人"对话";而事实上是,这些疏阔的"话语",也把我们套牢了,仿佛离开了它们,我们又无法"说话"。我们努力所得出的最后结论,往往不过是海市蜃楼,思想前提就未必牢靠。比如说谈论到父慈子孝,主惠臣忠,我们马上会调出儒家思想作为原型来思考问题,会认为凡是有这些思想的人,应该都属于儒家或受到了儒家思想的影响。而实际上,孔子之前早已有了类似的理想,先秦诸子很多人在谈论社会人伦时,都复述了相近的话,只不过达到目标的手段不一致罢了(详后文《从"六位"到"三纲"》)。

其实,自诩为中国哲学史开山者的胡适,曾经明确反对使用"六家"这种做法来描述先秦的思想家,他指出过所著《中国哲学史》的特点:

2 去囿与重构

> 我这本书的特别立场是要抓住每一位哲人或每一个学派的"名学方法"……这个看法根本就不承认司马谈把古代思想分作"六家"的办法。我不承认古代有什么"道家"、"名家"、"法家"的名称。我这本书里从没有用"道家"二字,因为"道家"之名是先秦古书里从没有见过的。我也不信古代有"法家"的名称,所以我在第十二篇第二章用了"所谓法家"的标题,在那一章里,我明说:"古代本没有什么'法家'……我以为中国古代只有法理学,只有法治的学说,并无所谓'法家'。"至于刘向、刘歆父子分的"九流",我当然更不承认了。
>
> 这样推翻"六家"、"九流"的旧说,而直接回到可靠的史料,依据史料重新寻出古代思想的渊源流变:这是我四十年前的一个目标。我的成绩也许没有做到我的期望,但这个治思想史的方法是在今天还值得学人的考虑的。①

他的有关意见应该在北京大学上课时就已经讲过,但是据顾颉刚1921年的《读书笔记》说来看,开始尚不彻底:"适之先生打破了九流,却没有打破儒、道、墨三家。予意儒、墨两家均可成立……惟道家一名实不能成立……"② 这也表明顾颉刚在此前的《读书笔记》中所说的"战国时只有百家,并无九流。九流者,刘向、刘歆之所定。不独名家、杂家谬妄,即儒家、道家亦非实在……我们要研究他们,且得注意具体的个别的事实,把从前家派之说搁在一旁,等将来的重新归纳"③,也只是一时的想法,他后来还是频频使用各种家④。

---

① 胡适:《中国古代哲学史大纲台北版自记》,姜义华主编:《胡适学术文集·中国哲学史》,中华书局1998年版,第5—6页。
② 顾颉刚:《"道家"名之由来》,《侍养录(四)》,《顾颉刚读书笔记》第一卷,联经出版事业公司1990年版,第229页。
③ 顾颉刚:《战国诸子》,《侍养录(三)》,《顾颉刚读书笔记》第一卷,联经出版事业公司1990年版,第238—239页。
④ 参见《战国时顺时势与逆时势之学派》,《纂史随笔(一)》,《顾颉刚读书笔记》第一卷,联经出版事业公司1990年版,第472页。

其后，任继愈先生有《先秦哲学无"六家"》之文①，指出"先秦有的只是老子学派、庄子学派、公孙龙学派等"②，承认有很多学派，但是这个观点没有贯穿到他所编写的《中国哲学史》和《中国哲学发展史》之中。美国学者苏德恺也认为："先秦哲学本来没有六家，而司马谈自己创造了汉初的'六家'概念及其抽象的类目。"③ 陈启云先生也有相近的观点④。

但是，冯友兰先生有专门的文章《论"六家"》，考证司马谈和刘歆所分的"六家"或"九家"的说法是有根据的：

> 在先秦事实上是有这些派别……第一，在先秦的学术界和知识分子中，本来有各种的人，他们自称，或者被称为某种人，或者某种专家。第二，这些某种人或某种专家，在他的思想中间，确有一些自己的中心问题，对于这些问题的回答和解决，有一个共同的倾向，因此他们成为哲学上一个流派。每一个流派，都围绕着自己的中心思想，同别的流派进行斗争……在先秦的典籍里，我们常看见有"儒"或"儒者"、"墨者"、"隐者"、"辩者"、"法术之士"、"轻物重生之士"等名称。这些名称都专指一种人……这些不同的人，都有不同的思想。他们的思想发展成为体系，就成为各种学术流派。这些流派是本来有的，司马谈和刘歆在记录中把他们明确起来，给以相当的名字，其中有些名字，是沿用原来有的名称，例如儒家和墨家，有些是他们给的新名称，例如名家、法家、阴阳家、道家。⑤

---

① 任继愈：《先秦哲学无"六家"——读司马谈〈论六家要旨〉》，《文汇报》1963年5月21日。此文有可能是受到汤用彤《论中国佛教无"十宗"》（《哲学研究》1962年第3期）的影响，而反驳冯友兰。

② 任继愈认为先秦有"法家"，这可能是受到了当时意识形态的影响；任继愈认为司马谈"讲的六家，是汉初当时流行重要学派"，不确，详苏德恺文。

③ ［美］苏德恺：《司马谈所创造的"六家"概念》，刘梦溪主编，《中国文化》1993年第7期。

④ ［美］陈启云：《"儒家"、"道家"在中国古代思想文化史中的定位》，《中国古代思想文化的历史论析》，北京大学出版社2001年版。

⑤ 冯友兰：《中国哲学史论文二集》，上海人民出版社1962年版，第86—87页。原载《哲学研究》1959年第11、12期合刊。

二说壁垒分明，看起来势难两立。但是儒、墨这样的称呼，在先秦确实常见，由此不能不让人疑心道家、法家等称呼也是有来源的；而且胡适先生的书中，恰恰就列有"公孙龙及其他辩者"一节，并且虽不承认法家而书中却说"但法家之名沿用已久了，故现在也用此名"①，自乱其例，似乎冯先生说得比胡先生有道理。

当前，多种论述到先秦学术史、思想史或哲学史的著作②，总是将儒、墨、道、法等不到十个部派，及其不同时段的代表人物，一个个排衙来写。譬如在儒家，先列孔子，次列曾、思、孟，再列荀子等小节。或者这种分家分派并不完全行之于章节结构，研究者按照时间先后分述诸子，依次写老子、孔子、墨子等，但讨论到诸子的学术性质时，"道家""法家"等称呼还是存在。而各种讨论到"百家争鸣"的文章，也似乎多是说说而已，要不就搬出儒、墨、道、法等家。于是，名义上的"百家"，变成了几家、十几家，有学者甚至明确说先秦没有"百家"③。

也有不少学者认识到"六家""九流"之说不足，但认为可以沿用④。英国著名学者鲁惟一，已经认识到刘向歆父子的"九流十家"是书目，划分有许多问题⑤，也还是因袭"儒家""道家""法家"等称呼。史华慈、葛瑞汉等先生同样如此（葛瑞汉先生指出："道家学派，像儒墨

---

① 姜义华主编：《胡适学术文集·中国哲学史》，中华书局1998年版，第243页。
② 包括笔者所查阅到的［日］狩野直喜：《中国哲学史》（岩波书店1953年版），劳思光：《新编中国哲学史》（三民书局1984年增订版），吴怡：《中国哲学发展史》（三民书局1984年版），韦政通：《中国思想史》（水牛出版社1986年第七版），臧广恩：《中国哲学史》（台湾商务印书馆1987年第二版），以及［美］史华慈（Benjamin I. Schwartz），*The World of Thought in Ancient China*, by the President and Fellows of Harvard College, 1985, pp. 173 - 175, 186 - 187, 321。(此书有程钢译，刘东校：《古代中国的思想世界》，江苏人民出版社2004年版）；［英］葛瑞汉（A. C. Graham），*Disputers of the Tao: Philosophical Arguments in Ancient China*，［美］倪德卫（David Shepherd Nivison）：《剑桥中国先秦史》第11章"经典哲学著作"（剑桥大学出版社1999年版）。
③ 参见夏乃儒主编《中国哲学史三百题》，上海古籍出版社1988年版，第36—38页。
④ 参见庞朴《"六家"浅说——兼评"四人帮"的儒法扩大化》，《沉思集》，上海人民出版社1982年版，第49—50页；杨宪邦主编《中国哲学通史》第一卷，中国人民大学出版社1987年版，第114、115页；孙开泰《春秋战国百家争鸣及相互影响》，《文史知识》1988年第2期。
⑤ 鲁惟一明确指出："刘向和刘歆所编的书目，作为遗产，所留下的对中国哲学进行重大划分的分类却往往是错误的。"参见［英］崔瑞德、鲁惟一编《剑桥中国秦汉史》，杨品泉等译，中国社会科学出版社1992年版，第696页。

以外的其他学派一样，是一种回溯性的创造，也是这些学派中最容易混淆的……"特别指出"儒墨之外")①。可见"六家""九流"的框架，不仅影响了中国人，也深深影响了西方汉学界。

"六家""九流十家"到底能否用来描述先秦乃至汉初的思想界？这需要我们仔细梳理它们的来历和产生的背景。

一 百家

打开先秦至汉初的子书，最常见的是"百家"。比如《荀子·儒效》："百家之说，不及后王，则不听也。"《荀子·解蔽》："今诸侯异政，百家异说。"《荀子·正名》："是故邪说不能乱，百家无所窜。"《荀子·成相》："复慎、墨、季、惠，百家之说诚不详。"《庄子·秋水》也说："公孙龙问于魏牟曰：'龙少学先王之道，长而明仁义之行；合同异，离坚白；然不然，可不可；困百家之知，穷众口之辩；吾自以为至达已……'"《庄子·天下》也有："其数散于天下而设于中国者，百家之学时或称而道之。……犹百家众技也，皆有所长，时有所用。……悲夫，百家往而不反，必不合矣！"贾谊的《新书·过秦上》也说："于是废先王之道，燔百家之言，以愚黔首。"《淮南子·俶真》有："百家异说，各有所出。"《淮南子·齐俗》："故百家之言，指奏相反，其合道一也。"《淮南子·氾论》："百川异源而皆归于海，百家殊业而皆务于治。""百家"的说法在汉代还有很多例子，此不赘述。

"百家"与"六家""九流十家"，同是用"家"，其实意义并不相同。《庄子·则阳》借少知之口说："季真之'莫为'，接子之'或使'，二家之议，孰正于其情？孰偏于其理？"《韩非子·定法》载："问者曰：'申不害、公孙鞅，此二家之言孰急于国？'"篇末则有："故曰：二子之于法术，皆未尽善也。"在这里，季真、接子二人，申不害、公孙鞅二子，被称为"二家"。这里二人、二子、二家交替使用，而中国古代有"家""人"对言之例②，故

---

① 参见［美］史华慈《古代中国的思想世界》，程钢译，刘东校，江苏人民出版社2004年版，第180—181、195—196、336页；［英］葛瑞汉（A. C. Graham），*Disputers of the Tao: Philosophical Arguments in Ancient China*, p. 170.

② 参见王利器《"家"、"人"对文解》，《晓传书斋集》，华东师范大学出版社1997年版。

诸子百家实际上是以不同的人为区别，与"法家"等说法无关！我们看"百家"之所指，《荀子·成相》中有："凡成相，辨法方，至治之极复后王。复慎、墨、季、惠，百家之说诚不详（祥）。"这里的"慎、墨、季、惠"，应该只是荀子所举的"百家"之代表。《庄子·天下》篇中，所谓古之道术"其数散于天下而设于中国者，百家之学时或称而道之"，文中所列举的"百家"，有"墨翟、禽滑釐……相里勤之弟子五侯之徒，南方之墨者苦获、已齿、邓陵子之属"、"宋钘、尹文"、"彭蒙、田骈、慎到"、"关尹、老聃"、"庄周"、"惠施……桓团、公孙龙辩者之徒……黄缭"（容易发现，《天下》篇比《荀子·成相》多了"之徒""之属"这样的表述①），应当也只是举其要者。

战国诸子多有门徒，余嘉锡先生曾经指出子书的通例是："向歆班固条别诸子，分为九流十家。而其间一人之书，又自为一家……学有家法，称述师说者，即附之一家之中……其学虽出于前人，而更张义例别有发明者，即自名为一家之学。"② 因此，确切地说，战国时代，论及"百家"时，"子"是"家"的代表，举一"子"可以赅括一"家"。

司马谈的"六家"、刘向歆父子的"九流十家"中的"家"，与"百家"的"家"有不同含义。这应当既是余嘉锡先生说"向歆班固条别诸子，分为九流十家。而其间一人之书，又自为一家"的缘故，也是《汉书·艺文志·诸子略》提及"九流十家"，又说到"凡诸子百八十九家"的缘故——同时使用两个"家"而所指不同。古人用语简略，语言逐渐发展，同一个字有不同含义，不足为奇。那么，"家"的不同含义是如何发展而出的呢？

前举《庄子·天下》篇中，"相里勤之弟子五侯之徒"，与"桓团、公孙龙辩者之徒"，两个"之徒"，或可为我们提供一些线索。这两个"之徒"，意义有区别。很明显前者是指有师承、学术渊源关系的一批人，他们的思想宗旨应该差不多；而后者则仅是指思想宗旨或学术特点相近的一批人，未必有师承关系。按照冯先生的观点来看，这两种人都是某种专

---

① 或以"桓团、公孙龙辩者之徒"属《庄子·惠施》篇，亦不影响本文结论。
② 余嘉锡：《四库提要辨证》，云南人民出版社2004年版，第514页。

家，都有自己的"中心问题"和回答倾向，似乎没有差别。但是我们就师承渊源这一角度来看，就有区别了。

类似"辩者"这样的称呼，前引冯友兰先生《论"六家"》一文还举出了其他例子。但是冯先生没有注意到《战国策·赵策二》中，苏子对秦王所说的"夫刑名之家皆曰：白马非马也已……"① 这里"刑名之家"的"家"，也是指的"某种人"——喜好刑名，他们有自己的"中心问题"和回答倾向——"白马非马"。这些人同"桓团、公孙龙辩者之徒"这一说法接近，大家都讨论乃至同意"白马非马"，但是不必然有师承关系（当然也并不是排斥师承渊源。当时持"白马非马"这种观点的人，著名者有兒说、公孙龙，二人未见记载有师承关系）。这与前面以子为代表的有师承渊源的"家"大不相同，而与后来"道家""法家"等"家"的意义接近。

因此，在先秦时期，表示思想团体的"家"至少有两种意涵，一种是针对有学术师承、学术渊源的学派而言的；一种是针对有相近的学术宗旨、学术兴趣、学术问题的学者群而言的，有可能有直接的师弟子关系，也可能没有师承渊源，或者是私淑弟子，也可能是同倡某一学说。后者的外延较前者宽泛。

所以，"百家"，是泛指当时诸多的学派，每一个自成一家之言的学者都可以成为一家。从这种角度来看，说先秦有"百家"，决不是什么夸张之说。虽然当前尚看不到一本著作提及所有的百家之名，但这恐怕只是因为时间、地域和诸子的学术方向有不同，而学有显有不显。比如《尸子·广泽》与《吕氏春秋·不二》的讨论对象就不完全一致。孔门有"七十子"，稷下学宫中的大夫也有 76 人（《史记·田敬仲完世家》）。先秦养士成风，四大公子、吕不韦等人的食客都不下千人，这些游士除掉鸡鸣狗盗、刺客游侠等专门人才外，有很多就是百家学者，他们如果没有标

---

① 此句横田惟孝以为他章错简（转引自何建章《战国策注释》，中华书局 1990 年版，第 671 页。何氏赞同此说），其他注家多不从此说。缪文远以为"此《策》为虚拟之辞，非实事也。"（缪文远《战国策新校注》，巴蜀书社 1987 年版，第 645 页），其他注家多不从此说［张清长、王延栋《战国策笺注》从之（南开大学出版社 1993 年版，第 457 页）］。盖此章全文或有夸张、讹误，但此事当有所从来，而"刑名之家"之称，极可能已经出现于战国晚期。

举某一家或自成一家之言的本事,是不会得到尊重的。秦火之后,汉廷所藏子书,《诸子略》说"凡诸子百八十九家",这应该对于先秦秦汉时期的子书只会少不会多的统计。

二 "百家"早于"六家"

我们认为,相对而言,"百家"的"家"用的是本义,"六家"的"家"则是引申义。

战国时的诸子,很明显地更重视有学术师承渊源的学派这一意义上的"家"。这一点,可以从正反两面的例子来看。如《孟子·滕文公下》篇曾说到:"杨朱、墨翟之言盈天下。天下之言,不归杨则归墨。杨氏为我,是无君也。墨氏兼爱,是无父也。"杨、墨先于孟子,孟子所要批判的,应该主要是当时遵循杨、墨思想的人。孟子从根源上批判杨、墨,也就打击了当时的这些人,效果更好。相反,当孟子听说陈良的弟子陈相归附许行后,就赞叹陈良"北方之学者,未能或之先也",而斥陈相为"南蛮鴃舌之人"。

根据前面所引余嘉锡先生的研究结论,容易看出,延续的师承渊源,是和独特的思想观念相一致的,所以当时各家学说的核心观念,常见于时人的著述之中。如《尸子·广泽》篇中说:"墨子贵兼,孔子贵公,皇子贵衷,田子贵均,列子贵虚,料子贵别囿。"《吕氏春秋·不二》之说与之接近:"老聃贵柔,孔子贵仁,墨翟贵廉(兼),关尹贵清,子列子贵虚,陈骈贵齐,阳生贵己,孙膑贵势,王廖贵先,兒良贵后。"这是典型的以"子"为"家"之代表的表达方式。

这两篇所采用的论各子之所"贵"的表达方式,是一个较长的时段和较广的地域之内,非常习见的叙述方式。《列子·天瑞》记:"或谓子列子曰:'子奚贵虚?'"今传《列子》一书之所谓真伪,尚有争论,不过《战国策·韩策二》也记载:"史疾为韩使楚,楚王问曰:'客何方所循?'曰:'治列子圉寇之言。'曰:'何贵?'曰:'贵正。'""贵正"之言明显不可靠,此文主要是用"贵正"之说喻事,故被收入《战国策》。但它却反映出当时论方术,是用问"何方"来问师法何人,用"何贵"来问学术宗旨,以明了学术师承、派别和思想宗旨。师承、派别既然不同,那么学术宗旨自然也就各异；而同一个派别之内，学生若能自成一家之言，学派就会分化，学术宗旨也会相应变化，比如《吕氏春秋·不二》就说到"老子贵柔""关尹贵清"。

重视学术师承、思想宗旨，不仅见之于诸子的言行，甚至见于一般的贵族、士人的言行之中。《吕氏春秋·应言》记载："司马喜难墨者师于中山王前以非攻，曰：'先生之所术非攻夫？'"《吕氏春秋·爱类》也记："匡章谓惠子曰：'公之学去尊，今又王齐王，何其到也？'"

相比较而言，学术师承渊源比思想宗旨更为重要，因为师承一定，那么学术宗旨也就能大体接近，虽有变化亦不远。比如当时儒、墨早已分化，但是儒、墨之称却很通行，就是因为其分化之后的派别之间虽然互相批判俨若水火，但在别人看来，学术宗旨终究相去不远。当时人很重视师承，《庄子·天下》篇便说到墨家三派"以巨子为圣人，皆愿为之尸，冀得为其后世"。《吕氏春秋·去宥》则记载："荆威王学书于沈尹华，昭厘恶之。威王好制。有中谢佐制者，为昭厘谓威王曰：'国人皆曰：王乃沈尹华之弟子也。'王不悦，因疏沈尹华。"中谢能够进谗言于威王，就是部分因了当时人重视师承的心理，这恰好从反面说明了问题。

战国时的"百家争鸣"，常见诸子把握其他学说的师承渊源和学说宗旨，以进行评判，前面所举《孟子》《尸子·广泽》《吕氏春秋·不二》可见一斑。但很可能在其后，将不同学说之间的相似点揭露出来以进行批判，也变得流行，《荀子》或可为证。

《荀子·天论》《荀子·解蔽》两篇，据学者考证是荀子在稷下时所作，《荀子·非十二子》篇，据考证是荀子居于兰陵时的作品。① 《荀子·天论》篇中说："慎子有见于后，无见于先。老子有见于诎，无见于信。墨子有见于齐，无见于畸。宋子有见于少，无见于多。"《荀子·解蔽》篇中说："墨子蔽于用而不知文，宋子蔽于欲而不知得，慎子蔽于法而不知贤，申子蔽于埶（势）而不知知，惠子蔽于辞而不知实，庄子蔽于天而不知人。"这里的两篇虽然都批评了墨子、宋子，但是角度不同。《荀子·非十二子》则是这样批评墨子、宋子的："不知壹天下、建国家之权

---

① 参见廖名春《〈荀子〉各篇写作年代考》，《吉林大学社会科学学报》1994年第6期。

称，上功用、大俭约而慢差等，曾不足以容辨异，县君臣；然而其持之有故，其言之成理，足以欺惑愚众，是墨翟、宋钘也。"这里批评的内容就与上文不同了，是纯粹从墨子、宋子思想上的相同之处来加以批判了。

此后将思想家两两相举的方式很常见，如黄老、老庄、孙吴、申韩等等，这应该都是着眼于两种学说的相同之处，比如孙吴，就是指兵法，而不会专注于吴起的变法或者传《左传》。这样的两者之间，许多也没有师承关系。这种称呼再往前发展一步，就离"道家""法家"的称呼不远了。《尹文子·大道上》已经出现了不少名称，可惜一直被认为是晚出的伪书，没有受到应有的重视，我们将在后文讨论。

三　六家

汉初，"学天官于唐都，受易于杨何，习道论于黄子"的司马谈，"愍学者之不达其意而师悖，乃论六家之要指"，讨论了"阴阳、儒、墨、名、法、道德"六家。今存于《太史公自序》中的"论六家之要旨"，后面较长的部分或可能是司马迁的补述，我们且统称为司马氏父子之论。

前面已经讨论了"刑名之家"，当时社会上也已经出现了"道家"这样的名称[①]，司马氏父子所论"六家"，当然是思想宗旨接近这一意义上的"家"。"夫阴阳、儒、墨、名、法、道德，此务为治者也"，这里的"六家"，是讨论的六个对于"治"有重要影响的思想理论，没有谈及纵横等与当时"为治"关系不大的学说。儒、墨本来是有师承渊源的学派名称，通行已久，人们自然容易知道其所对应的治国的学术宗旨；道、阴阳、名、法，则很明显也是指学术宗旨，而不是指称有师承渊源的具体学派。譬如司马氏父子的"法家"肯定是有一定所指的，但是《七略》中的法家重要人物申不害，韩非，在《史记》中被列入《老子韩非列传》之中，并追溯其思想渊源为"皆原于道德之意"。可见《史记》放弃了"法家"，"法家"并不是具体的学派。

所以，这里的"六家"尽管也是称为"家"，也用了先秦常见的儒、

[①]《史记·陈丞相世家》："始陈平曰：'我多阴谋，是道家之所禁。'"《史记·齐悼惠王世家》："召平曰：'嗟乎！道家之言：当断不断，反受其乱。乃是也。'遂自杀。"

墨这样表示学术师承渊源的名词，但是儒、墨在此却是用来指称学术宗旨，不是对于先秦秦汉时期学派的划分（否则分类有两个标准）。更值得注意的是，"六家"没有对应具体的人物。"六家"仅是谈论学术思想中，有关于治国的六个重要的思想取向。就治国之术而言，先秦诸多思想家或流派中的学说，可能不止这六个倾向；而某一思想家或流派可能会同时出现若干个思想倾向，尤其常见的是杂有名学、阴阳学的学说。因为"名学既为各派辩论的工具，则名家之不当独立成家，自不言而喻，不过惠施、公孙龙等特以辩论著名而已"①；而所谓阴阳的学说，起源很早，已经成为先秦诸子的基本通识②。因此，这里的"六家"，是与"百家"不同类型的概念，并不互相排斥；在司马迁的《史记》中，我们可以看到很多的"百家"之称。

不过，恐怕司马谈不是凭空创造出"六家"的概念，而应该是有所继承、发展。《尹文子·大道上》指出："大道治者，则名、法、儒、墨自废；以名、法、儒、墨治者，则不得离道。"这里的"大道""名""法""儒""墨"，是《尹文子》所归纳出的各种治国主张，与司马谈所说的"夫阴阳、儒、墨、名、法、道德，此务为治者也"相比，少了"阴阳"。《尹文子》一书，或有魏晋时补充的内容③，但上引一段未必成

---

① 蒋伯潜、蒋祖怡：《诸子与理学》，上海书店出版社1997年版，第23页。该书原为世界书局1942年所出版的"国文自学辅导丛书"之一。

② 葛兆光：《七世纪前中国的知识、思想与信仰世界》，复旦大学出版社1998年版，第154—156页。

③ 参见董英哲《〈尹文子〉真伪及学派归属考辨》，《西北大学学报》1997年第3期；王晓毅《国学举要·道卷》，湖北教育出版社2002年版，第71页。有西方学者认为现存《尹文子》与王弼《老子指略》相似，就认为它大约成书于公元200年之后。见 Dan Daor, *The Yin Wenzi and the Renaissance of Philosophy in Wei-Jin China*, University of London Thesis, 1974, pp. 1 – 39. 转引自葛瑞汉（A. C. Graham），*Disputers of the Tao: Philosophical Arguments in Ancient China*, Open Court Publishing Company, 1989, p. 95n. 按：此种根据"同文"判定文献年代的方法，有可能存在问题，参本书《"同文"分析法评析》。《老子指略》中与道对应的有"法者""名者""儒者""墨者""杂者"，比《尹文子》多"杂者"，又有："夫途虽殊，必同其归；虑虽百，必均其致"，乃仿《论六家之要指》。宗静航《从语言角度探讨〈尹文子〉的真伪问题》（香港：《中国文化研究所学报》2005年第45期）指出《尹文子》中有五个词为东汉魏晋时期的词语。但是这些词并不见于本文上引段落，本文上引段落或有所本。

于魏晋时期。而且,《庄子·天道》中有:"礼法度数形名比详,治之末也",论调与《尹文子》接近,这正好说明《尹文子》或有所承。故而《尹文子》这一段不太可能是因袭《论六家之要旨》,舍弃了"阴阳";而很可能是相反。但是司马氏父子不是如《尹文子》那样,独推重道家,而是分析了各家之利弊,虽然对道家是比较推重,但是也指出了"其辞难知";他们还指出了其他家不可废之处。所以司马氏父子之论,与《尹文子》有不同。

《尹文子》、司马氏父子谈论诸子学说的方式,是就某一学术宗旨进行评论,没有针对具体的人,这与先秦学者常见的论述方法相比,改变比较大。战国时期的诸子,常常是点数某人某家(氏)之名,举其核心学说以评判。在司马氏父子前后,有不少人还是像先秦诸子一样,谈论诸子百家(详见本书后文),但是逐渐衰微。或许有人会说,先秦本来就存在两种划分诸子学派的方式,司马氏父子"六家"之划分法的流行有其必然性,这一划分、评论诸子的方法必然取代点数诸子分别论述的方法。可是这仅是从结果来倒看历史现象,而且这一现象,或可能和战国末期到秦汉时期的学术风气变化有关①。更为关键的是,"九流"的来源和"六家"并不是一回事。

四 九流十家

《庄子·天下》篇讨论学术思想发展变化,汉初有《淮南子·要略》继续这一探讨。该篇结尾论述了太公之谋,周公之训及儒者之学,墨子用夏政,管子之书,晏子之谏,纵横修短,申子刑名之书、商鞅之法、刘氏之书(《淮南子》)的出现原因,目的则是批判这些学说为"救世之弊"

---

① 战国时期,学术中心地区是"儒分为八,墨离为三",学派不断细分,学术边缘地区如秦、楚,则出现了像《吕氏春秋》这样的大融合著作,和《庄子》外杂篇、《鹖冠子》等这样思想折中的作品。学术中心地区守师说较严,《孟子》记陈良之弟子陈相归附许行,在学术宗旨上是尽弃前学,汉代经书传授还有家法;学术边缘地区,学者转益多师。秦火之后,学术融合和学者杂学百家言的趋势很明显。"学者之不达其意而师悖",是汉初的实际情况。可参《战国中晚期至秦汉的学术转型》一文,收录于《战国秦汉时期的学派问题研究》,北京师范大学出版社2011年版。

而起，仅"循一迹之路，守一隅之指"，只有"刘氏之书"才"与世推移"，能"置之寻常而不塞，布之天下而不窕"。

到刘向歆父子主持校书时，他们分群书为经传、诸子、诗赋、兵书、数术、方技，尊经崇古之意与《庄子·天下》接近①；其区分诸子为"十家"，在六家之外，新增添了纵横、杂、农、小说几家。他们也进行了学术思想史方面的研究，其探讨"九流"盖出于古之某一王官，与《淮南子·要略》探究渊源相仿；分析九流长处及流弊，与司马氏父子之论接近，只是最推重儒家。

刘向歆父子的本职工作，是要为汉朝的皇家藏书校勘、分类、编目。就诸子书而言，所分的"九流十家"，是一个目录名称，在图书分类学的意义上，有首创意义。他们采用《尹文子》诸家、司马氏父子"六家"的模式，并有所补充，是一种可取的选择。而且这里的"九流十家"，也不是要取代百家，我们可以与兵书部分比较。《汉书·艺文志》兵书部分记有："汉兴，张良、韩信序次兵法，凡百八十二家，删取要用，定著三十五家。诸吕用事而盗取之。武帝时，军政杨仆捃摭遗逸，纪奏兵录，犹未能备。至于孝成，命任宏论次兵书为四种。"任宏所录兵书四种当就是"兵权谋""兵形势""兵阴阳""兵技巧"。可以看出，兵书是由百八十二家删要为三十五家，最后分为四种。很明显，这里的"种"是不断删要、归并而成的。与《诸子略》相比较，此处兵书的"四种"对应于"九流十家"；而汉兴时的兵法"凡百八十二家，删取要用，定著三十五家"，恰相当于刘向歆父子校书时的去重定著，颇类似于刘向重新编订《战国策》等书。这说明，刘向歆父子"九流十家"中的"流"和"家"，是与"百家"不同类型的概念。以"九流十家"为框架的《诸子略》也说："凡诸子百八十九家，四千三百二十四篇。"向歆父子"九流十家"之"流"和"家"的意义等同于"种"，应该看作"百家"上面一层的纲目名称。

但是，"六家"本来不对应具体学派和人物，"九流十家"出现之后，

---

① 《庄子·天下》说"古之人其备乎"，古之道术"其明而在数度者，旧法世传之史尚多有之。其在于《诗》、《书》、《礼》、《乐》者，邹鲁之士搢绅先生多能明之"。

每一家就有了相对固定的子书、人物。当"九流十家"这个创建的目录名称，连同他所对应的书籍，由史书附录进入史学，再进入学术思想史的领域之后，身价渐增，《庄子·天下》篇和《淮南子·要略》篇难望其项背。尽管后来书差不多都丢了，但是那个名目还在。后人"循名责实"，找寻目录的名称与内容之间的关系时，当然会发现"九流"的分类不彻底①，不合理；可是，却少有人去质疑那名称本身了。而学者们越是批判某个名称不合理，就越是被这一套名称给套牢了。

总之，在先秦百家争鸣的时期，每一个著名的"子"及其弟子，就可以成为一"家"。在诸子互相辩难、批判的过程之中，思想接近的学者趋于一致或者被别人放到一起批判，才逐渐产生了另一种意义上的"家"。胡适、冯友兰先生，可谓各得道之一偏。

现在看来，将"六家""九流十家"作为我们讨论先秦秦汉思想史时基础"话语"、思想原型的状况，有必要做出改变了。

---

① （清）江瑔曾经指出："大氐所谓某家之学者，皆综其学术之宗旨言之。必其宗旨纯一，可以贯彻初终，成一家言者，而后举其纲以括其目。然窃援名以核实，惟名、法、墨、农、阴阳五家为名正而言顺（按墨为学术之名，与名、法诸字同，非墨子之姓，详见下），余皆于理有未安……"见氏著《读子卮言》卷1，清华大学藏排印本，第二十页。

对出土简帛古书学派判定的思索

近些年大批简帛古书的出土,引发了许多令人关注的问题。其中一个讨论得较多的问题,是简帛古书所属的学派或从属于某一部书的问题。由于从属于某一部书往往也和学派相关,所以下面的讨论统称为简帛古书的学派判定问题。因为不少学者对于简帛古书的学派判定不一甚至相去甚远,加之学派这个问题还和简帛古书的年代等问题相关,所以,如何判定简帛古书的学派,就值得研究者认真思索。

首先应该说,我们在过去的简帛古书学派判定的工作中,取得了不少成绩。尤其值得一提的就是经过这些年的研究,学者们充分利用传世文献等工具,大概将简帛古书在现有条件下所可能属于的诸种学派都罗列了出来,后来者似乎只能在诸种可能性中进行取舍了。即使研究者有新的解读或新证据、新想法,也只不过增加一种新的学派可能性而已。但是这样一来,就出现了一个比较消极的后果。曾经被认为能够重写思想史、学术史乃至引发中国的"文艺复兴"的新出简帛,实际上只不过为古代思想补充了一些资料而已,最多只能修正个别结论,而不足改变大局。所以,有学者认为出土文献并不能重写思想史或学术史。也有学者认为近几年强调出土文献太过,要重新强调研究传世文献的重要性。于是,也有学者认为这几年强调的"走出疑古时代""重建中国古典学"等有问题。

这里面牵涉的问题有很多,绝非三言两语所能说清楚,也和本文的主题不太相关。简而言之,笔者认为,出土文献确实有可能重写思想史、学术史。此中的关键,不是新出土简帛对传世文献的补充和冲击,而是由新出文献引发的我们对过去用以指导学术研究的观念、预设的深刻反思。也就是说，如果出土文献能够改变我们过去研究学术、思想时所持的观念和预设，那么，势必就要引发对思想史、学术史的重写。这时的重写，应该和单纯的模仿西方流行观念改变而亦步亦趋的视域改变有所不同，而是从中国自身的问题出发所引发的变革，是观念和史料的双重改变。比如我们过去有很多关于伪书的争论，经过多次出土简帛古书之后，我们才发觉先秦秦汉许多古书的形成是一个长期的变化过程，远非如后世书籍一样是在定点形成且可以按时间先后来排队。由此学界发现余嘉锡先生的《古书通例》于此最为有见，而胡适按古书时代排队来处理先秦秦汉材料的"祖孙法"这个重要的操作方法便存在预设上的漏洞。因此，由胡适等人所确定的一些研究结论，必然要随着观念的改变和材料的增加而改观。作为源头的先秦秦汉不仅要改变观念来重新认识，而且材料也增加了，则后面的许多问题也必然将要改观。当然，以上所说的仅仅是一个方面的观念变化，出土文献所带来的反思却决不仅仅只是这一个。不过或许是积重难返，或许简帛学界的成果还没有深刻影响相关学界，当前的思想史、学术史尚没有出现我们所期待的"重写"。但是我们相信这样的"重写"迟早会出现。

本文所要讨论的简帛古书的学派判定问题，也涉及一种观念的变革。如果不反思我们对于学派的认识，不试图对学派进行一些限定，那么我们仍然将停留在毫无意义的无休止的争论之中。有关简帛古书学派判定最值得反思的问题是：什么可以作为学派判定的标准？由此而来的问题自然是：什么是"学派"？具备什么条件才可以成为一个学派？

一

何为"学派"，有关的问题比较复杂。其关键是我们后人对于"学派"的认识，和先秦的"百家"，司马谈的"六家"，刘歆的"九流十家"掺杂在一起。胡适认为先秦本没有"六家"，冯友兰则认为先秦有"六家"。冯友兰在内地学界的影响比胡适要大；我们的治文史之学必先通目录学的教诲，也有意无意暗示我们，要"宗刘"。所以当前学界在讨论简帛古书的时候，往往拿"六家"尤其是"九流十家"的观念去看待这些先秦和秦汉初的简帛古书（当然也包括《汉书·艺文志》兵家的四种兵权谋、兵形势、兵阴阳、兵技巧，以及数术类的六种天文、历谱、五行、蓍龟、杂占、形法，方技类的四种医经、经方、房中、神仙，下文如非需要，不特别标注）。我们以为对于新出土的知名和不知名的古书，用"六家""九流十家"等非常适合于整理这批文献。我们在不知不觉中，接受了一个思维框架，见到简帛古书就会拿出这个分类框架，将新出土古书补入旧框架之中。虽或时有差舛，小有修补，比如采用几个没有明确定义的概念如道法家、黄老学派等，但是在根本上并没有意识到这个思维框架本身可能会有问题，它是一个未经检验的"预设"。

有一段时期，我们倒是抛开了这个"预设"。我们曾一度重视唯心、唯物的斗争观，于是所有的哲学史、思想史研究都以此问题为中心。但是后来我们渐渐发现，唯心、唯物并不符合中国古人的思维，是强古人以就今。因此学界很快在适当的时机抛开了以唯心、唯物的斗争观为主线的哲学史、思想史研究，只可惜又回到了"九流十家"的老路上。

学术研究，忌讳用后世的眼光去看古人。可是"六家"和"九流十家"就是这样的一种后设思路——虽然它们的提出者在当时或并未特别强调要这样去看古人，但是我们今人一旦使用这种框架去看先秦秦汉的思想界，就是以今观古了。

我们曾经详细分析并指出，"百家"和"六家""九流十家"同是使用"家"，但是含义并不相同，而先秦秦汉初更喜欢用"百家"，"百家"比"六家""九流十家"更适合于用来谈论当时的学派。刘歆的"九流十家"是"诸子"这一级之下的纲目名称，再其下是"诸子百八十九家"，诸子百家仍然在这里依稀保留着（参前文《"六家""九流十家"与"百家"》）。我们也从刘向的《别录》佚文发现仅《孙卿书录》及《列子书录》略微谈及了儒、道之学；另外，《别录》有佚文载："申子学号曰刑名，刑名者，循名以责实，其尊君卑臣，崇上抑下，合于六经也"，"邓析好刑名"，但《申子》后来在《汉志》中被归入法家，而《邓析》被归入名家，且《汉志》未用"刑名"之称；又《别录》佚文有"（尉）缭为商君学"，尉缭看起来似乎当属"刑名"，然而其书在《汉志》中见于杂家及兵形势；《别录》佚文述商君"谋事画计，立法理民"皆咨询尸子，尸子亦似当属"刑名"，而其书在《汉志》则见于杂家；而位列《汉志》农家之首的《神农》，《别录》佚文谓"疑李悝及商君所说"，则刘向可能是将《神农》归入"刑名"，大概以其有利于耕战之"耕"；惟《别录》佚文之"（我子）为墨子之学"，《我子》确被归入《汉志》墨家。然则刘向眼里的学术是儒、墨、道、刑名等学，"九流十家"是其子刘歆的创作（详见另文《刘向、刘歆校书差别略论》，《同文与族本》，中西书局2017年版）。这不仅表明父子二人对于学术的划分大不相同，而且表明用"九流十家"看待学术的思路，甚至并不能被西汉末年的人全都接受。

西方的学者们，重视先秦与秦汉之间的断裂，观点更极端。虽然我们对某些观念并不赞同，但是其中有一些说法值得中国学者注意。比如苏德恺（Kidder Smith）指出司马谈虽然谈到了"法家"，但是司马迁并没有使用之，以为这可以说明"六家"之说是汉代人的发明[①]。不过我们以为司马迁用"黄老道德"与"刑名法术"的关系表述之，符合他追踪思想源流的学术趣味。但是叶翰（Hans van Ess）认为公元前2世纪黄老思想是主导思想的印象，实际上是因为司马迁自身的政治信念，以及他给了很多空间给黄老思想[②]。齐思敏（Mark Csikszentmihalyi）和戴梅可（Michael Nylan）也赞同其说，并区分了两种黄老之学，一个是立足于马王堆黄老帛书之学，一个是立足于传世文献之黄老学，而且认为黄老只是经生在修辞上的对立者。黄老的类别并未先于司马迁之时而出现，司马迁回溯性地提及一系列人物并不表明真有内在一致的黄老思想。而《乐毅列传》结尾的黄老师弟子谱，可能并非司马迁的原作而是后人增补的[③]。

我们虽不赞成怀疑《乐毅列传》结尾的黄老师弟子谱，但是其第二代安期生曾干项羽，则司马迁所说的黄老学派年代当很晚。《史记》不说黄帝、老子为黄老之学，说庄子"明老子之术"，也不言"黄老"。但《史

[①] ［美］苏德恺（Kidder Smith）：《司马谈所创造的"六家"概念》，刘梦溪主编，《中国文化》1993年第7期；"Sima Tan and the Invention fo Daoism, 'Legalism', et cetera", The Journal of Asian Studies, 62, No.1（February 2003）.

[②] 叶翰（Hans van Ess），"The Meaning of Huang-Lao in Shiji and Hanshu", études Chinoises, 12（2）：161－177, automne 1993.

[③] 齐思敏（Mark Csikszentmihalyi）and 戴梅可（Michael Nylan），"Constructing Lineages and Inventing Traditions Through Exemplary Figures in Early China", T'oung Pao LXXXIX（2003）.

记》说申不害"本于黄老",韩非"归本于黄老",慎到、田骈、接子、环渊"皆学黄老道德之术"。这些人都自成一家,但是并非都没有明确可考的师承渊源,像韩非曾学于荀子(不过后来宗旨不同),《庄子·天下》说田骈学于彭蒙(宗旨倒接近)。《史记》说孟子是"受业子思之门人",可见自成一家者,也是可以说师承的。因此,谈田骈等时,讲其师承也是可以的。《史记》不谈,只能表明这里讲申不害等和"黄老"的关系,是谈的学术宗旨,而不是师承渊源。《史记》对于曹参所学的黄老之学,在《乐毅列传》末尾就详细地记述了师承渊源。因此,同是"黄老"之学,一个谈的是宗旨,一个讲的是师承。《法苑珠林》卷68引《吴书》阚泽对答孙权敕问云:"至汉景帝,以《黄子》、《老子》义体尤深,改子为经,始立道学,敕令朝野悉诵习之。"此处的《黄子》,应该就是《汉书·艺文志》的《黄帝四经》。则司马迁所说的"黄老"中的"黄",应该是就谈论道术的黄帝著作而言的,在此点上"黄老"才能存在共同点。因而"黄老"是借助曹参以至汉景帝的推动,借助权力而兴起的思潮,其年代起码应该在"明老子之术"的庄子之后。《史记》中"本于黄老","归本于黄老","皆学黄老道德之术"等语,虽然是追踪思想源流,但恐怕只是一种回溯性的说法,并不是真实的历史事实。

然则我们现在若将战国秦汉初期的一些简帛古书归为"黄老"学派、道家、法家,则这些名称即使能符合某些汉代人讲宗旨的习惯,但是未必很符合先秦人和其他汉代人更重视的讲师承的习惯。

见于战国时期的儒、墨之称,也存在类似的问题。它们有时指的是有学术师承渊源的学派,有时指的是学术宗旨意义上的学派,二者并不相同。战国时人更重视学术师承渊源这个意义上的学派。我们在讨论出土简帛古书的时候所谈的儒学或儒家,往往就是用的学术师承渊源这个含义,指的是孔子后学。其实《庄子·天下》篇曾说"其在于《诗》、《书》、《礼》、《乐》者,邹鲁之士搢绅先生多能明之","邹鲁之士"指的是邹鲁之地的学者。这个地方虽多孔子后学,但是未必凡是儒生,就肯定都是孔子之徒。《吕氏春秋·当染》载周平王使臣史角往鲁讲郊庙之礼,被鲁惠公留在鲁,"其后在于鲁,墨子学焉",而《淮南子·要略》说"墨子学儒者之业,受孔子之术",则《淮南子》所说"儒者"很可能要包括史角后人,由此可见熟悉《诗》《书》《礼》《乐》的"邹鲁之士",未必有统一的师承授受渊源,并不专指孔子后学。因此,出土简帛古书中有一些讲礼仪的篇章,或许并不是孔子后学的作品。

另外,一个大的学派往往分裂成几个学派,儒分为八,墨离为三。分裂后的诸派之间,往往以各自的小宗师为首,小团体之间则互相攻击,势如水火。这时在外人看来,虽然从学术兴趣、范围上讲,他们似乎仍然可以看作一个学派,但是在学术师承渊源这个意义上,早已不能作为一个学派了。孔子身后有七十子携其门徒周游各地,老子的弟子关尹子、文子等也各成一家。余嘉锡先生曾指出:"学有家法,称述师说者,即附之一家之中……其学虽出于前人,而更张义例别有发明者,则自名为一家之学。"①

因此,先秦秦汉初的一个"学派",应该是指有学术师承渊源的人所形成的一个团体,他们以宗师的学说主张为分门别户的标准(就极端的情况而言,一个人即使没有弟子,或虽曾有弟子但是弟子们后来尽弃其学,此人也可以视为自成一家)。许多学派的传承并没有一个固定的文本,只有不同弟子所记下或传述的先师之言,而且经典在传抄中也经常被改动(这也就是说,弟子可以在一定条件下发展新学说,如果尚不足以自成一家,则仍然算作原来的学派)。学派著作之总集,就是一家之书。当然,古书多单篇别行;在汉代被整理成的一家之书,或有佚失,或有误附,或因主题而被归入不同类别,和理想状态中的学派著作总集不完全相同。

二

以上谈的是"学派",我们认为对于先秦秦汉时期的学派,判定标准是学派师承渊源和师说。只有存在师承渊源并且称述师说者,才是某一学派的人。如果其学虽出自某一派,但是已经自成一家,那就不是原来学派之人了。因此,对于出土的简帛古书,"六家""九流十家"内的称呼都不适用,只有以其宗师之名为学派名称才合适,如慎子学派、庄子学派,

---

① 余嘉锡:《四库提要辨证》,云南人民出版社 2004 年版,第 514 页。

或孟氏之儒等。汉代经学的传授之中，师承渊源和师说正是立博士的关键，这当是根源于先秦习惯。

"学派"之源流既明，我们就可以知道，有一些后世所命名的学派名称，可能并不合乎古代的习惯。如"思孟学派""稷下学派""道法家"等等。"思孟学派"的问题我们已经讨论过，子思学派与孟子学派是并列的。因此，如果一定要称呼"思孟学派"，那很可能只宜于在一种意义上来说，才不致产生矛盾。那就是着重于子思的思想，以及孟子因袭其说的部分。这之中很大一部分，当主要就是荀子所说的关于仁义礼智圣五行的理论。而孟子与之不同的思想，像性善这些内容，就属于"更张义例别有发明者，即自名为一家之学"了。至于"稷下学派"，虽然古代东西方也有以地域为学派之名者，但是我们一般都能根据名称得知其人物和思想主旨。而"稷下学派"则人物不定，思想不一致。而"道法家"，或作为黄老的别名或否，所指对象和思想主旨也往往各自不同。

由"学派"的含义，我们也能明白，后世人所认为的一些学派所具有的标志性的思想特点，其实是源于模糊的学派区别之后的归纳，是不可信的，尤其是往往把"言公"的内容当作了一家之私议。譬如陈鼓应先生的"道家主干说"曾经很有影响，他认为："至少从周初开始，中国思想中就存在着两大传统：自然主义的传统和德治主义的传统。这两种传统在春秋末期分别被老子和孔子系统化，从而开创了后来在中国思想史上产生过重大影响的儒家和道家。儒家将关注的重点放到了伦理、政治问题上，因而对自然天道方面的问题不甚感兴趣，而道家则大谈太一、有无之论，从而在中国历史上第一个建立了系统的宇宙学说。以后中国思想史的宇宙论传统无一不从道家那里汲取了大量养料。"① 其实先秦本来没有学术师承意义上的道家，何谈道家的特点呢？孔子后学、其他学派也有谈宇宙论的，怎么能肯定所有的宇宙论一定是从道家那里来的呢？再比如说睡虎地秦简《为吏之道》谈论到父慈子孝，主惠臣忠，有学者马上会调出儒家思想作为原型来思考问题，会认为凡是有这些思想的人，应该都属于

---

① 陈鼓应：《〈象传〉与老庄》，《易传与道家思想》，生活·读书·新知三联书店1996年版，第7页。

儒家或受到了儒家思想的影响。而实际上，孔子之前早已有了类似的理想，先秦诸子很多人在谈论社会人伦时，都复述了相近的话（这是"言公"），但是达到目标的手段不一致（这是"私意"，参后文《从"六位"到"三纲"》）。还需要注意的是，古人用来干世主的言辞，很可能和教授弟子的言论颇不一致，这只要看一看上博简《慎子曰恭俭》就可以明白。无怪乎有些学者看到此篇的内容后，会怀疑这个"慎子"应该是儒家[①]。

过去我们经常从思想特点上来区分学派，这看似和师说相关，好像也兼顾了一点师承，其实并非如此。我们或许是受斗争哲学的影响，或因儒墨之相非、儒道之互绌的影响太深，往往以为不同学派的思想之间，处处有截然不同的立场，只有个别学派综合了诸家之说。其实古代人在不同的场合、面对不同的人，应该是像后来人一样，会有不同的言论，但多数都是一些常识性的看法和言公的内容。我们不能期望他们的一言一行都反映了学派的特点，他们只可能是在某些点上体现出了本学派的特色，成其为一家之言。因此即使是孔子，也可以说天之不言，也可以闻弦歌之声而戏言"割鸡焉用牛刀？"而《公孙龙子·迹府》所载公孙龙和孔穿的辩论，也很好地说明了"一家之言"就只是某一个方面的特殊观点："龙与孔穿会赵平原君家。穿曰：'素闻先生高谊，愿为弟子久；但不取先生以白马为非马耳。请去此术，则穿请为弟子'。龙曰：'先生之言悖！龙之所以为名者，乃以白马之论尔。今使龙去之，则无以教焉……'"其实据《吕氏春秋·应言》记载，公孙龙对燕昭王讲过偃兵，《吕氏春秋·审应》则记载，公孙龙对赵惠王谈过偃兵要"兼爱天下"，"偃兵"之议，当时多有，所以我们常常没有把这个作为公孙龙的特别思想。

当然，上面所定义的"学派"，并不能涵括古代的所有问题。先秦秦汉时期有一些依托前贤如黄帝、伊尹的著作，理论上我们应该考察实际的师弟子之间的授受，而不能以为这个学派真以黄帝、伊尹为宗师。不过对于新出土简帛中的相近内容，我们似乎仍然可以归入此名之下。只不过托名黄帝的内容非常多，我们最好还能有所区分。先秦秦汉时期还有一些依托名人而另有内容的著作，如《管子》，有一些篇章记有管子之事，有些

[①] 参见拙作《上博简〈慎子曰恭俭〉管窥》，《中国哲学史》2008年第4期。

篇章则没有记管子之事而且彼此内容不同。这些篇章似乎应该分开看待，还有待具体研究。先秦秦汉时期还有可能是根据一定主题或名人搜集而成的书，如《晏子》，似乎也并非学派著作，但是类似的内容我们似乎仍然可以归入《晏子》；至于《孔子家语》能不能算作孔氏家学有目的地搜集、整编而成的著作，则还可以讨论。先秦秦汉时期还有以赞助者为主名的著作，如《吕氏春秋》《淮南鸿烈》等，其既为一时会聚之作，我们似不能视此类为学派著作集。

三

弄清楚了"学派"，我们再来看如何判定出土简帛古书的学派。

当前讨论简帛古书学派的方法，多是将这些佚籍中的章句或词汇、思想（包括特别的思想词汇）和传世文献的对应内容作比较，根据传世文献的学派属性说明出土文献的学派属性；或者根据一些信息与古书或《汉书·艺文志》等的记载相比较，说明其学派属性。

比较两段文献相应的章句或词汇、思想的方法，有一定的作用，但恐怕还需要结合对应部分的质和量以及语境等因素，来具体分析，否则容易产生问题。已经有学者提出了质疑，如刘笑敢先生指出在简帛考证中使用"类同举例法"的现象，他反对"简单地依靠'类同举例'法来断定出土简帛的学派、作者和年代"。他所说的"类同举例法"，就是根据类同的章句或词汇来判断文本的学派（实际上也应该加入根据思想相近来判断学派）。这是一篇重要的反思方法论的文章，可惜很多问题尚未展开。而且他谈得多的是根据"类同"文献来"怀疑甚至断言甲书和乙书属于同一时代或同一作者或同一学派"[①]，但其实古来也有不少人根据"类同"文献来争论两种文献或几种文献之间是"引用"或"抄袭"的关系；而且有些"类同"文献是属于"言公"的内容，恐不能当作学派区分的标志。不论如何，使用同一种文献比较方法，却可以得出不同的结论，可见这个方法存在一定的疑问，在使用时不可草率。不能根据自己所找到的

[①] 刘笑敢：《略谈简帛考证中"类同举例法"的局限性》，艾兰、邢文编：《新出简帛研究》，文物出版社2004年版。

"类同"文献，就匆匆立说，而应该注重分析"类同"文献的代表性等问题。

针对简帛古书学派判定众说纷纭的现象，李存山先生就曾经提出要注意某一或某些证据是否只能推出一种结论（即自己所持的观点），或者说是否可以排除其他的结论和观点。就目前楚简研究的情况看，许多成果还属于"假说"的性质，凡"解说各异"者恐怕大多因证据不足而难成定论①。

至于根据一些信息与古书或《汉书·艺文志》等的记载相比较，虽然不乏成功的例子，但是也存在很大的问题。古书颇多佚失，我们对于战国时期的思想状况，了解得非常有限。我们实在只不过是凭借几部古书，如《史记》以及《孟子》《庄子》等子书，来理解甚至是推测、假想战国时候的情况，此中有很多我们不清楚的东西。不但战国时期思想状况的许多具体细节，我们不清楚；就是学术中心与边缘的差别，当时人的思想习惯、学术制度等"常识"，我们也不清楚；甚至战国到秦汉之间有着怎样剧烈的变化，造成了怎样的影响，也不清楚；就是刘向、歆父子校书的具体细节，以及中秘书与外书的差别，今日所传之书与中秘书的关系，也有很多我们不清楚的环节。我们只不过是凭借有限的几部书，以管窥天乃至捕风捉影罢了。我们要时刻反思、存疑，承认我们对于这一时段的局限、无知。《汉书·艺文志》所收书，相对于先秦秦汉而言，佚失或因故未收的有不少；而且其中的许多书，经过了一定的整编；最大的问题是，如前所述，"九流十家"是刘歆的创制，并不能如实反映先秦"百家"的实际情况，我们即使找到了对应信息，也往往会在随后谈论学派时将刘歆的"九流十家"搬出来。

比如上博简中的《鬼神之明》篇，有不少学者认为此篇是《墨子》佚文。猜想得出这种结论的主要原因不外是简文谈到了鬼神之明，这符合墨家的思想。而儒墨为先秦显学，墨家的材料应该在出土简帛中有所反映。其称《墨子》而不是《汉志》中墨家类的其他子书，自然是因为今天只有《墨子》基本保存了下来，与简文的词句以及思想有对应之处。

---

① 李存山：《郭店楚简研究散论》，《孔子研究》2000年第3期。

可是简文也说到"鬼神有所不明",《墨子》虽然谈到了"善者或不赏",却并未涉及《鬼神之明》篇的"暴者或不罚"的问题。我们曾指出《论衡·福虚》记载的《董子》佚文与简文相关:"儒家之徒董无心,墨家之役缠子,相见讲道。缠子称墨家佑鬼神,是引秦穆公有明德,上帝赐之九十〔十九〕年,缠〔董〕子难以尧、舜不赐年,桀、纣不夭死。"后来果然有学者根据此认定《鬼神之明》属于董子佚文①。然而问题并不这么简单,董子的话属于机智的归谬和反驳,而不是像《鬼神之明》这样单独的立论。又司马迁在《史记·伯夷叔齐列传》末尾对举颜回、盗跖之事,对天道的怀疑,和《鬼神之明》对于"鬼神有所明有所不明"之说,如出一辙。我们难道要说司马迁是董子的后学吗?从各种文献所记载的孔子厄于陈蔡答子路论穷达的故事,以及《墨子》所记来看,"善者或不赏"早已为人所认识;则"暴者或不罚"也将不久被人所体会。由此而得出"鬼神有所明有所不明",或者怀疑天道,似乎并不需要一定属于某个著名的学派才行。

其实如果一定要说墨家在战国时代也很有影响,我们不必求助于出土了墨家的文献,实际上把《鬼神之明》的作者看作"反墨者",也同样甚至能更好地表现这一点②。

再比如前述《慎子曰恭俭》的例子,为什么有学者会认为这里的"慎子"是儒家,不是法家的慎到呢?或许就因为受《汉书·艺文志》的影响,认为法家和儒家的言论截然不同。可是简文确乎合乎慎到的思想,特别是提到了"势"。而且今存《慎子》佚文就有"《诗》,往志也;《书》,往诰也;《春秋》,往事也"③,这也很可能是慎子教授弟子的内容。这些事实告诉我们如果没有儒家、法家两家不同的成见,是很容易解决这个问题的(即使按照传统意见,法家吴起、韩非,也都和儒家有渊

---

① 徐华:《上博简〈鬼神之明〉疑为〈董子〉佚文》,《文献》2008年第2期。
② 顺便可以说一句,如果学者们不是在一开始就明确地说《鬼神之明》是《墨子》或《董子》佚文,只说《鬼神之明》是墨家后学诸子书中的某一篇,譬如《缠子》或《汉志》墨家类《墨子》之外的某一家,可能是受到董子的诘难之后反思出的结论,那我们还真不好全然否定之。当然,这个意见需要太多的假设。
③ 参见阮廷焯《先秦诸子考佚》,鼎文书局1980年版,第195页。

源关系)。当然，我们如果一定要假设先秦还有一个儒家的"慎子"，著作大多佚失了，而且儒家慎子的佚文羼入了法家慎到的《慎子》，似乎也可以。但是这种观点所需要的假设太多了，不可信。

我们上述的举例，一个要求多保留一些可能性，一个反对保留其他可能性，看似相反，但其实目的一致，都反对拿"六家""九流十家"的学派观念来看待新出土的简帛古书。

四

我们认为，判定出土简帛古书的学派，要多从师承渊源和师说着眼，既从古书内容方面考虑这一点，也从有关的文献记载来寻找有关的线索。

比如《慎子曰恭俭》，此篇在引用"慎子曰"之后有"故曰"这样的解经体，慎子语中也谈到了"势"等和慎到思想相关的内容①，因此这一篇应该就是慎子学派的作品。

再比如《五行》，有学者认为《五行》虽然成书较早，但作者或非子思。其实只要我们能够确定荀子批判之语都确有所指，那么就有理由相信"子思唱之，孟轲和之"之说。当然，先秦诸子作品多数是学派之作，也由此而导致竹简与帛书《五行》有所不同，而且《五行》与《中庸》的核心思想也不完全一致。但今天，我们恐怕拿不出比荀子所见还坚强的证据，否认子思首唱仁义礼智圣五行之说。关于帛书《五行》所载的"传"文部分引有世子之语，较为妥当的看法，应该是作传者采世子之语作为传文的补充，世子本人与《五行》没有太多关系。此外，荀子虽说过"子思唱之，孟轲和之"，但是孟轲之和，未必是作传。即使确实是他作传（当前还缺乏足够的证据），这也是称引师说，恐不得视为自成一家。《五行》的传文以及帛书《德圣》，恐怕都应当视为子思学派的作品。

不过简帛本身和传世文献中，可以利用的资料太少。所以有朋友质疑我们把简单的问题复杂化，并且认为我们所碰到的问题可能是和刘向刘歆等差不多的，我们并没有比他们更好的办法，只能遵循他们的老办法。也有朋友虽然赞同我们反对"六家""九流十家"，但是认为在给学生讲课

---

① 参见拙作《上博简〈慎子曰恭俭〉管窥》，《中国哲学史》2008年第4期。

的时候,"九流十家"还是得用,否则学生们难以更好地把握出土的简帛古书。

可是,我们说过,刘歆的"九流十家"是"诸子"下一级的纲目名称,再其下仍有"诸子百八十九家",诸子百家仍然在这里依稀保留着,为什么不可以撤掉"九流十家"这一级纲目名称呢?也许有人觉得缺少了"九流十家",诸子下面的细目太多了。可是如果我们看一看四部分类法中史部的形成很晚,就能知道现在之所以觉得不可行,只不过是因为书多了。但是先秦汉初的人也会觉得诸子书太多吗?那时候个人所能保存的书并不多,大家口里称"百家",但是所举出来的人并不多,这很可能就是所参考的书不多,惠子之书也只不过五车。刘向刘歆父子是给皇家校书,才显得多。可同是给皇家校书,《汉志》说:"汉兴,张良、韩信序次兵法,凡百八十二家,删取要用,定著三十五家。诸吕用事而盗取之。武帝时,军政杨仆捃摭遗逸,纪奏兵录,犹未能备。至于孝成,命任宏论次兵书为四种。"张良、韩信就没有给兵书分类,到任宏才分为"四种"。这也就是说,六艺之九种,诸子之十家,诗赋之五种,兵法之四种,数术之六种,方技之四种,这一级纲目名称,有一些是可以没有的,或者至少是可以改换为别的分类模式的。

而之所以说"九流十家"还是得用,恐怕只是因为这个框架还深刻地影响着我们。其实我们都知道诸子和兵法、数术、方技本来是不可分割的,甚至从学术整体上来说,它们和六艺、诗赋也是不能分割的,《庄子·天下》篇就是这样的意见。《汉志》的分割是因为专家校书等原因造成的,引起了后世的不少争论。这也就是说,按照别的标准,我们也可以进行不同的分类。譬如我们在儒法斗争和唯心唯物的框架下,也一定能划出一个诸子的分类。当然,如何找到一个更好的分类办法,还有待研究。

现在既然我们已经知道"九流十家"不符合先秦秦汉初的"学派"观念,更知道"九流十家"是"百家"之上的一级纲目,我们的主要目标就应该是寻找出土简帛古书具体所属的百家学派了。但是由于资料缺少,实际能定案的古书并不多。不过不能定案,并不意味着我们简单定案就解决了问题,其实这正是我们需要阙疑的时候。因为我们不妨换个角度看,在先秦时期,这些简帛古书的作者或学派,肯定是有人知道的。

余嘉锡先生曾专门举秦始皇读《孤愤》《五蠹》不知其为韩非作,汉武帝读《子虚赋》不知其为司马相如作之例,说"非李斯与韩非同门,杨得意与相如同邑,熟知其事,竟无从得其姓名矣",以之为"此皆古人著书不自署名之证也"①,这一点间接说明了考究古书学派之难。然而从余先生所举《诗经》等经书之例也可以看出,古书虽然不题撰人,但是作者或可见于书内,或有据《诗序》可考者(虽然不可尽信,但推想其初可考的作者,当更多。惟因流传久远,故有一些湮灭无闻或有传闻异辞)。在一个学派内部,宗师作品或弟子各以所闻纪录的宗师之语,撰人本非必需,因为从游者不至于数典忘祖。章学诚曾说:"古人书不标名,传之其徒,相与守之,不待标著姓氏而始知为某出也。"② 学派间的交流,虽然有的是俨若水火,像儒墨之互攻,其内部的小宗派之间的相绌,但是往往也有切磋琢磨的效果,使各自的观点、特色鲜明,当时人观书就可以论学派。

由近出楚简,可以推想当时文化发达地区学术信息交流之便捷,恐怕并不比后来魏晋之时差多少。据此言之,则学界中人,若不是乡间陋儒,必然能熟知天下文化名人。由《论语》来看,即便是隐士,也听说过孔子的言行。因此孟子、庄子虽然生在同时而彼此书中均未言及对方,当是有一定的缘故,不能说二人不知道对方的存在。

所以古书虽然不题撰人,但是博学通人有可能尚能知其作者、学派。一书远播,初传者应该尚知晓学派、作者等消息。古代有采诗之官,有瞽史,列国邦中,当也有主持学术之人,如守藏史、博士之类。齐宣王可能是因为好名而开设稷下学宫,战国四公子、吕不韦则养士,这些都促进了学术交流。不过秦禁游士,韩非之书传抄到秦国后,长于深宫的秦始皇,即使知道韩非,恐怕也未必知道《说难》是韩非所作,故需要李斯告诉他。汉初朝廷以黄老治国,景帝不好辞赋,司马相如游梁而作《子虚赋》,他的朋友辈邹阳、枚乘等肯定知道。汉武帝奖掖经学,诸子多依附诸侯王,所以汉武帝不知道《子虚赋》的作者,也很正常。汉武帝的狗

---

① 余嘉锡:《古书通例·古书不题撰人》,《目录学发微;古书通例》,上海古籍出版社2013年版,第158页。

② (清)章学诚:《知非日札》,《章学诚遗书》,文物出版社1985年版,第401页C。

监杨得意或许并非学者,他知道《子虚赋》为司马相如所作,乃是因为"邑人司马相如自言为此赋"——所以古书虽然不题撰人,但是作者仍然自表所作,有著作权意识(诸子虽"言公",但公言之下尚有私意)。秦始皇、汉武帝所问的人,乃李斯及狗监,多为近侍。如果广而问之,应该仍然有知道者。所以古书虽然不题撰人,而其作者、学派,仍然有迹可寻。《韩非列传》说"申子、韩子皆著书,传于后世,学者多有",则即便不题撰人,存其书的"学者"也知道是谁(或哪一派)的书。譬如司马迁论庄子,提及《渔父》《盗跖》《胠箧》,而这三篇并无提及庄子之处,倒是《胠箧》多以"故曰"引《老子》,很像解经体。司马迁以之为庄子作品,自然也是根据所见所闻。

因此今日所见的郭店、上博简中的古书,今人虽然因为不知其作者或学派而百般揣测,但墓主人至少传者仍然很可能知道。是故汉廷校书,必须要找博学通人及旁门专家,备一时之选。然而其时间在秦火之后,又加之年岁久远,故也多有不知撰者名氏学派者。

所以,我们今天对于出土的简帛古书,首先是要抛开"六家""九流十家"的框架,然后再来考察其学派。如果参考资料不足以判断学派,那我们就阙疑,或许将来新的材料会有助于我们解决问题。即便有一些简帛古书的学派我们可能永远也不知道,我们也应该尊重古代作者的著作权,不要随便张冠李戴。

先秦诸子年代研究省思

——由《先秦诸子系年》论先秦诸子之年代研究

钱穆先生的名著《先秦诸子系年》（以下简称《系年》），是研究先秦诸子百家的必备参考书。此书从1923年开始撰写，"积四五载"，写出了一百六十篇，"垂三十万言"。1935年初版发行，后来又增补了"两百五十条左右"，于1956年在香港出版。钱穆先生在批评前人考论诸子年世三病之后，谓其书"上溯孔子生年，下逮李斯卒年。前后二百年，排比联络，一以贯之。如常山之蛇，击其首则尾应，击其尾则首应，击其中则首尾皆应。以诸子之年证成一子，一子有错，诸子皆摇。用力较勤，所得较实……"举其书"差胜于昔人者"三处，尤其可贵的是他不仅系统地根据古本《竹书纪年》来补正《史记》之失，而且又进行了捃逸辨伪的工作，据校正后的年代以考诸子年世，解决了许多疑难问题。更为难得的是，钱穆先生自呈其书之"限极"，指出因史料所限，"如春申不韦之死，荀卿之老，邹衍之游，皆有可疑"①。

此书所涉问题甚广，因此专门的评价者并不多。钱先生在《师友杂忆》中提及："有黄少荃一名，能读余《先秦诸子系年》，并有补余阙者……香港大学为余重刊《先秦诸子系年》，余则增入少荃语数条，乃为余读其文未识其人以前之所为。"② 此外，他的学生邓广铭在1936年作文评论过此书，多所褒奖。即使指出卷二有关老子的考辨"证据来得如是其纡曲，

---

① 钱穆：《先秦诸子系年·自序》，商务印书馆2001年版，第21—48页。
② 钱穆：《八十忆双亲　师友杂忆》，生活·读书·新知三联书店2005年第2版，第244—245页。

结论下得如是其爽快，读者至此当会感觉到著者的立说也不免于有些虚玄吧"，仍认为"其结论虽终不免于过分大胆之嫌，而在许多人的许多种假定之中，这却还是危险性最少的一个"。①

钱穆先生此书之作，距今已经将近九十年了。九十年间，再无一人有功力遍考诸子百家生卒年（钱先生之前，梁启超曾有一个简略的《先秦学术年表》），也因为在钱先生之后，史料并没有增加多少，不可能在整体上做得更好。因此钱先生此书的价值，是怎么评价都不为过的。尤其是他所推定的诸子生卒年，虽是大概的数字，但是却为先秦诸子研究提供了一个框架。因此许多研究者都以之为基础，进一步探讨有关问题。譬如郭店简出土之后，不少学者就根据钱先生所估定的诸子生卒年，指出竹简内容在孔孟之间和老庄之间②，这为许多后续研究划定了基调。

不过九十年间，诸子学的研究也取得了长足的进步。尤其是近几十年来大量简帛古书的出土，为我们研究先秦诸子提供了直接的资料。其中像马王堆帛书甲乙本《老子》、郭店楚简《老子》的出土，为考证老子的年代，提供了重要的材料；而《孙子兵法》《孙膑兵法》《晏子春秋》等的出土，更是平反了过去许多子书考辨工作中的"冤假错案"。因此，在今天，利用新出土的材料和诸子学研究进展，重新研究钱穆先生的《系年》，探索今后的诸子学研究方向，无疑是很有必要的。

一　老子及其弟子后学问题

钱穆先生一生中曾多次讨论过老子的问题，大要即是老子无其人，《老子》晚出于《庄子》内篇之后③。考其辩论方法，一是怀疑《史记》有关老子的记载不可信，二是通过概念的分析，认为《老子》的思想晚出，甚至认为《老子》下接《易·系辞》《中庸》。在当时疑古思想盛行

---

① 邓广铭（恭三）：《评"先秦诸子系年"》，《国闻周报》1936年第十三卷第十三期。
② 参见李学勤《孔孟之间与老庄之间》，李学勤、林庆彰等《新出土文献与先秦思想重构》，台湾书房出版有限公司2007年版。
③ 参钱穆《〈老子〉书晚出补证》，《庄老通辨》，生活·读书·新知三联书店2005年版。按：钱穆还曾在《国学概论》中将《老子》思想归入荀况、韩非晚周一期。参见《国学概论》，《钱宾四先生全集》第1册，联经出版事业公司1998年版，第61—62页。

的条件下，钱穆之言可谓应和者众，他们一再要胡适承认老子在孔子之后。胡适专门写了《评论近人考据〈老子〉年代的方法》来答复，他针对当时考辨老子问题的方法，批驳了积聚许多"丐辞"，从"思想系统"上或"思想线索"上，用文字、术语、文体，替古人著作做"凡例"等证明《老子》晚出的方法。他指出：再多的"丐辞"也不是证据；从"思想系统"上或"思想线索"上作证明，他是"始作俑"者，但这种方法"不能免除主观的成见"；"用文字、术语、文体"等方法很有用，但是"（1）我们不容易确定某种文体或术语起于何时；（2）一种文体往往经过很长期的历史，而我们也许只知道这历史的某一部分；（3）问题的批判往往不免夹有主观的成见，容易错误"；替古人著作做"凡例"，是劳而无功的工作①。钱穆及其他人的论证方法，都或多或少存在胡适所说的问题。但是在当时的疑古风气之下，难怪邓广铭说钱穆的考证虽然假设太大胆，但仍然认为结论的危险性最少。

　　后来也有不少学者一一考辨疑古派所提出的老子晚出说的一些证据，指出其不合理之处②。但直到马王堆汉墓帛书甲乙本《老子》，尤其是郭店楚墓《老子》的出土，才可以说基本上否定了《老子》晚于《庄子》内篇之说。因为郭店楚墓的年代不晚于公元前三百年，竹简经过流传，年代当更早。按照钱穆先生的推断，庄子的生卒年是公元前365——公元前290年，则郭店《老子》在流传时，庄子还在世，或许其内篇还未完成。虽然关于郭店《老子》是完本还是摘抄本还存在争论，但是如果结合竹简《老子》中有重出的内容，再来看传世古籍中约略同时引用老子之言的情况，相信不难走出疑古的视域，可以承认《老子》的许多内容当时都已经出现了。因此，《史记》对于老子的记载是可信的（《史记》之所以记载老莱子、太史儋，这是使用"互文相足、兼存异说"的笔法），《老子》也应该主要是老子的作品。

　　由此来看钱先生《系年》中的《老子杂辨》，就不难发现有很多问

---

① 胡适：《评论近人考据〈老子〉年代的方法》，姜义华主编：《胡适学术文集·中国哲学史》，中华书局1998年版。

② 参詹剑峰《老子其人其书及其道论》，湖北人民出版社1982年版；张扬明《老子考证》，黎明文化事业公司1995年版。

题。此篇开头便引汪中的《述学·老子考异》所举五证认为老子是太史儋，但是调整了举证次序。首先说《列子》有列子与关尹子问答，而列子与郑子阳同时，郑杀子阳距孔子之没八十余年。张杨明已驳此说，谓列子晚年与子阳同时①。次说《文子》引老子语，但此并非《老子》语，可不必讨论。三说《列子》载老子教杨朱，而杨朱及见子贡之孙之死，又论杨朱见梁王，而梁称王从惠王开始，距孔子没百余年。但钱先生已经对这两证据都予以驳斥。汪中的第四证、第五证是说"关"和老子子"宗"封于段干的问题，驳者已多，今不赘。

钱先生说："汪氏五证，虽未全搞，要为千古卓识，可以破孔子见出关著五千言之老子之传说矣。顾犹多未尽者。余尝谓老子之伪迹不彰，真相不白，则先秦诸子学术思想之系统条贯终不明，其源流派别终无可言。"他大概已经对老子有了"伪"的先入之见，因此其下的一些讨论，恐多不足取，如谓太公任即老聃，仁公子即詹何，环渊即关尹，涓子即环渊，孔子所见老子即老莱子，老莱子即荷蓧丈人，李耳即离耳，老子弟子文子即尹文子，詹何为《老子》作者等，邓广铭就已经指出"其中大多是依据了文字上音形的通转和意义的互训等"方法，实不可靠。

此外，《庄子》中的阳子居是不是杨朱，是否曾见老聃，是有争论的。钱先生据杨朱友季梁年代定杨朱年代，而谓季梁死在梁围邯郸（梁惠王十七年）之后。可是，一则《战国策·魏策四》仅说"魏王欲攻邯郸"，二则此篇既记季梁劝阻魏王的说辞，很可能结果是其说得行，魏不攻邯郸，则此事和真正的梁围邯郸应该不是同一件事。钱先生指出《说苑·政理》记有"杨朱见梁王"，此事可能是梁惠王年少时事（如钱先生所言，子夏为魏文侯师，是"后人追述之语，何必定计魏文始侯以往载"②）。梁惠王生于公元前 400 年③，设若老子并不大孔子（公元前551—公元前479 年）很多，或者老子年寿较长，一般认为他在孔子之后

---

① 张杨明：《老子考证》，黎明文化事业公司 1995 年版，第 95—103 页。
② 钱穆：《子夏居西河教授为魏文侯师考》，《先秦诸子系年》，商务印书馆 2001 年版，第144 页。
③ 钱穆先生不信此事，见考辨 46，恐非是。参见缪文远《战国史系年辑证》，巴蜀书社1997 年版，第 10 页。

才亡故,杨朱又是著名的"全性葆真"之人,当亦较为长寿,则其少见老聃,晚年见梁惠王,也是很可能的。因此我们或不必如某些学者那样虽承认阳子居即杨朱,但是却又怀疑杨朱见老子"不必实有其事"①。

二 儒家学者的问题

钱穆先生考孔子及孔门弟子最为用心,然或间有疏漏。其论孔子,疑《史记·孔子世家》者多。鄙意司马迁所述孔子周游列国顺序,不过是大致行程或方向。孔子周游列国,未必一定要线性地从一国到另一国,其中或有辗转,或记载有所省略。因此钱先生及前人对于孔子某些行踪的疑虑,或许有不当之处。此一问题于此不能详论。

另外关于孔子诛少正卯之事,钱穆先生重申过去学者的说法,认为无其事。钱先生已指出《荀子》中的少正卯,并非如《史记》所记是大夫,而只是一位鲁之闻人,因此崔述、梁玉绳的辩驳不可靠;钱先生提出了新的考证。邓广铭在书评中褒扬钱穆说:"著者于此,却从历史上找明了诛士之意至赵威后方有,诛士之行至齐闵王时方有……其所以得此结论的方法则高出乎梁崔诸人之上而倍觉稳妥了。"② 但是钱穆先生在此篇末分明说:"《左传》驷歂杀邓析而用其《竹刑》,正值鲁定公九年,孔子为司寇之岁。岂少正卯乃由邓析误传欤?"③ 说"少正卯乃由邓析误传",自然不可信。钱先生此处说"驷歂杀邓析",却为自己的立说提供了一个极好的反证。新近出版的《上海博物馆藏战国楚竹书(六)》中,有《孔子见季趄子》一篇,所述的是孔子任鲁司寇时见季桓子之事,里面提到一些邪民的行径,和《荀子·宥坐》所述少正卯的行迹很有相像之处④。虽然此篇简文残断,而且字迹难辨,关键问题之处的释读还有一些问题,但是由之不难猜想孔子诛少正卯之事恐怕有一定的根据。

---

① 高亨:《杨朱学派》,《古史辨》第4册,上海古籍出版社1982年影印本,第585页。
② 邓广铭(恭三):《评"先秦诸子系年"》,《国闻周报》1936年第十三卷第十三期。按:"赵威后"的"后"字原作"谷",当是排印之误。
③ 钱穆:《先秦诸子系年》,商务印书馆2001年版,第31页。
④ 参见拙作《读〈孔子见季桓子〉札记》,孔子2000网"清华大学简帛研究"专栏,2008年3月28日。

关于孔子弟子，钱先生在宓子贱、樊迟、有若的生年上取《家语》说，而子游的生年，却从《史记·仲尼弟子列传》"言偃，少孔子四十五岁"说，故以为《礼记·礼运》"昔者仲尼与于蜡宾……言偃在侧"说不可信，因为"孔子年五十一为司寇，子游年六岁"，"孔子与语大同小康"，绝无可能。同理，钱先生也不相信"孔子厄于陈、蔡"时，子游在侧，因为"时子游年仅十八"。所以他认为"其从游当在孔子反鲁后也"①。但如果从《孔子家语》言偃"少孔子三十五岁"说，则孔子为司寇时，子游已十六岁矣，"孔子与语大同小康"，就没有什么值得怀疑的了。其间的重要原因，廖名春先生认为应该是钱先生所用的《家语》是当时流行的《四部丛刊》一类的本子，此等刊本并无子游"少孔子三十五岁"句，而同文书局石印影宋抄本、文渊阁四库本等本钱先生则弃而未用②。

孟子的生卒年代，存在很多不同意见③，钱先生本人也是存在几种说法，如谓"孟子生年，最早当在安王之十三年，最晚当在安王二十年"，"孟子之生，最早在周安王十三四年"，在《通表第二》周安王十三年条又说"孟子当生于此时稍后"，而在《诸子生卒年世约数》中则定为公元前390年④，乃周安王十二年。钱先生之孟子在齐威王时初游齐的说法影响很大，但是近来有冯铁流先生逐一驳之，并根据《孟子》书所述事来排定孟子事迹⑤。鄙意冯先生所说大体可从，也符合《史记·六国年表》魏惠王三十五年记"孟子来"（但此年数有误）。然犹有可申说者，就是孟子的年龄之推定。其中的关键之一是《列女传》所记孟子母子对话："孟子处齐，有忧色……拥楹而叹。孟母见之……孟子对曰：……今道不

---

① 钱穆：《先秦诸子系年》，商务印书馆2001年版，第83页。
② 参见廖名春《上博楚竹书〈鲁司寇寄言游于逡楚〉篇考辨》，《中华文史论丛》2011年第4期。
③ 参见杨泽波《孟子的生卒》，《孟子评传》，南京大学出版社1998年版，第91—94页。
④ 钱穆：《先秦诸子系年》，商务印书馆2001年版，第216、367、389、695页；参见杨泽波《孟子评传》，南京大学出版社1998年版，第100—101页。
⑤ 冯铁流：《齐威王时代孟子未尝游齐——讨论钱穆先生所述孟子游齐时代》，《孟子游历诸国考》，并载《先秦诸子学派源流考——对先秦诸子学术活动的新认识》，重庆出版社2005年版。熊公哲先生也认为孟子出游先梁后齐，所论较简略，见氏著《果庭读书录》，台湾商务印书馆1993年版，第27页。

用于齐，愿行而母老，是以忧也。母曰：……子成人也，而吾老矣。子行子义，吾行吾礼……"此事两家皆当真，皆以为孟子初入齐之时。按照冯先生的意见，孟子是第二次到齐为卿时，"自齐葬于鲁"（《公孙丑下》），此是因为丧母。如此则即便孟母老寿，孟子当仍然不会太老。于是为了配合《列女传》之事，遂谓孟子见梁惠王时年五十余，但如此则似乎难以解释梁惠王以"叟"称孟子［孟子见梁惠王当在惠王末年，此事诸家无异说。而梁惠王以"叟"称孟子，则孟子年岁似乎当与梁惠王相近（钱先生《系年》引周广业云："其不称夫子而曰叟，正以年岁相当，而王差长，故以此为尊。"①）。梁惠王生于公元前400年，卒于公元前318年，活了82年］。对于这个矛盾，冯先生只是说"岂必六十以上方可称'叟'？"② 钱先生则通过将梁惠王的生年推晚，以及认为孟子齐威王时游齐来解决的③，但是前者与《史记·六国年表》明记梁惠王生年有矛盾，恐不可信④。而冯先生举孟子对齐宣王有"臣始至于境，问国之大禁，然后敢入，臣闻郊关之内，有囿方四十里，杀其麋鹿者如杀人之罪……"之语，以证孟子初入齐是在齐宣王之时，较可信⑤。

其实何等年龄可以称"叟"，前人可能是清楚的。比如赵岐注就说："叟，长老之称也，犹父也。"可是这种解释在今人看来，却好像什么都没说，以致至晚明末清初的万斯同要说这是个疑点："然叟虽长老之称，世亦有尊其人而加以尊称者，不必以其年也。如汉高帝称秦人为父老，其人果皆父老哉？惠王之意，称孟子亦犹是也。"⑥ 焦循《孟子正义》引《方言》指出"俊，艾，长老也。东齐鲁卫之间凡尊老谓之俊，或谓之

---

① 钱穆：《先秦诸子系年》，商务印书馆2001年版，第366页。
② 冯铁流：《齐威王时代孟子未尝游齐——讨论钱穆先生所述孟子游齐时代》，《先秦诸子学派源流考——对先秦诸子学术活动的新认识》，重庆出版社2005年版，第19页。
③ 钱穆：《先秦诸子系年》，商务印书馆2001年版，第170—171页。
④ 参见缪文远《战国史系年辑证》，巴蜀书社1997年版，第10、14页。
⑤ 冯铁流：《孟子游历诸国考》，《先秦诸子学派源流考——对先秦诸子学术活动的新认识》，重庆出版社2005年版，第12页。
⑥ 参见万斯同《孟子生卒年月辨》，《群书疑辨》卷5，《续修四库全书》第1145册，第542页A。

艾；周晋秦陇谓之公，或谓之翁。南楚谓之父，或谓之父老。"① "俊"的俗字即是"叟"，可是这个解释还是让后人弄不清楚叟要到何种年龄，因此便有不少推测和争论。像魏源就说"称叟必在六十之年"②。假如焦循引了《方言》的郭璞注，问题可能就很清楚了："《礼记》曰：'五十曰艾。'"③ 这个解释来自《礼记·曲礼》。因此，梁惠王虽然年长，但是他为了尊称孟子，可以称之为"叟"（也有可能本称公或翁，孟子弟子等记为"叟"）。

另外，钱穆先生关于荀子游齐的年岁，从《风俗通义》的"年十五始来游学于齐"之说而不从《史记》，此外还有诸多关于荀子的事迹，今人有不同意见④，钱先生说似不可靠。

可见，就先秦诸子的年代考订来看，钱先生的《系年》虽有重要贡献，但是在最重要的儒道两家中，就存在一些疑问。

三　《系年》的问题与探索

当然，指出钱先生的个别错误，并无损于钱先生全书的价值，而且这也不是本文的目的。先秦的学术思想研究是一项综合工程，既牵涉到古本《竹书纪年》与《史记》众诸侯有关史实的考辨，也关乎诸子百家史事的一一探讨。就现有的研究成果来看，关于《系年》，还有很多可以讨论的问题。因为虽说材料总体上还没有较大的改观，但是学术毕竟是后来居上，现在日益深入的专深研究，一方面证实了《系年》的许多说法，另一方面也确实对《系年》提出了一些挑战，比如对于很多史实的判断就不同于钱先生，而对于很多人物的年代，当时以至今日，有很多不同的看法。

钱先生的《系年》，是系统地根据古本《竹书系年》以考核《史记》，

---

① 焦循：《孟子正义》，中华书局1987年版，第35页。按：标点不全依此书。
② （清）魏源：《魏源集·孟子年表》，中华书局1976年版，第282页。
③ 华学诚：《扬雄方言校释汇证》，中华书局2006年版，第485页。胡适在《中国哲学史大纲》中曾指出孟子"见惠王时年已五十余，故惠王称他为'叟'"。但是没有举出证据。见姜义华主编《胡适学术文集·中国哲学史》，中华书局1998年版，第197页。
④ 参见廖名春《荀子新探》，文津出版社1994年版。

因此其书中有很多内容与诸子本身的关系并不大,而是考定史实,据之以探讨诸子的年代。然而单就古本《竹书系年》以考核《史记》来说,本身就很不容易,有些问题至今也存在不同意见,因此钱先生也难免有百密一疏之处,由此会影响其关于诸子年代的考订。比如钱先生以宋偃王称王是周显王四十一年而非慎靓王三年,而这个说法被杨宽批评为"其说全出推论,并无确据"①。如果宋偃王称王确实是在周慎靓王三年,那么钱先生关于孟子到宋的年代就不可靠了。再如孟子交游匡章,钱先生以为在齐威王时,冯铁流先生以为在齐宣王初年,皆据《战国策·齐策一》"秦假道韩、魏以攻齐章"为说。其实《齐策》此章事当在威王末年②,非钱先生所说秦惠王三年(齐威王二十二年);而且这篇文章中所说的"章子"是匡章还是田章,还是有疑问的(详后文)。类似可疑的年代判定问题有不少。

至于对于诸子年代的判定,钱先生的贡献很多,但是除了上述的疑问之外,也还有不少可以讨论者,像稷下诸先生的年代等等。其实,对于诸子的年代,大家所据的史料相差不远,很多结论也比较接近,但有时往往又相差甚远,主要的问题在于对这些史料的解读上面。因为不同的解读,遂对于诸子的活动年代乃至生卒年代有不同的判断。比如庄子,钱先生判定是公元前365—公元前290年,马叙伦是公元前369—公元前286年,吕振羽是公元前355—公元前275年,范文澜是公元前328—公元前286年,闻一多是公元前375—公元前295年,王叔岷是公元前368—公元前288年。这里面除了对于《庄子》活动年代的判定、对于《庄子》书中内外杂篇的作者的见解不同之外,多有一个估定在。如钱先生所说:"《徐无鬼》篇:'庄子送葬,过惠子之墓。'惠施卒在魏襄王九年前,若威王末年庄子年三十,则至是年四十九。若威王元年庄子年三十,则至是年六十。以此上推,庄子生年当在周显王元年十年间。若以得寿八十计,

---

① 杨宽:《战国史料编年辑证》,商务印书馆2002年版,第507页。
② 参见杨宽《战国史料编年辑证》,商务印书馆2002年版,第486—487页;范祥雍《战国策笺证》,上海古籍出版社2006年版,第530页;何建章《战国策注释》,中华书局1990年版,第319页。按:杨氏书初稿成于1955年版,范氏书初稿成于1965年。

则其卒在周赧王二十六年至三十六年间也……"①

钱先生书中类似的估定有不少，比如讨论商鞅时说"今姑定商君入秦年三十"②，论申不害时说"姑以韩灭郑申子年近三十计之"③，论白圭时说"若白圭以三十受封"④，论子华子说"今姑定威王元，子华子年四十"⑤，论匡章说"姑定齐魏徐州相王之岁，章子年二十五以上，三十以下"⑥，论田鸠时"今姑定许行自楚至滕之岁，田鸠年四十上下"⑦，论慎子时也有"慎子……居鲁或当以威王晚节为近是。姑以是时慎子年三十计"⑧，论公子牟时说"虑中山之灭，公子牟年不出三十"⑨，论陈仲时"今姑定宣王元年仲子年三十左右"⑩，论吕不韦时说"今姑以昭王四十六年为说，其先不韦本为阳翟大贾，积资甚富，其年事当近四十"⑪。类似的假设、推定在书中还有不少。可以看出钱先生在推定诸子年代时，或以三十为基准，或以四十为基准，没有统一。如果能基本统一的话，这种方法就有点类似于阿波罗多洛用"鼎盛年"给古希腊的学者估算生卒年时所用的方法了："他将著名人物一生中的重要事件，假定是在他的鼎盛年——即四十岁左右时发生的，由此上推四十年，就是这个人的生年。"⑫但即便是"鼎盛年"的方法，也是不可靠的权宜之计。

越来越多的学者已经意识到，有很多古代诸子的生卒年代，我们已经不可能考订清楚了，因此只讨论他们的大致生活年代。张恒寿先生就说："根据庄周和惠施的交往，惠施为相的时间，特别是《庄子》书中记载庄

---

① 钱穆：《先秦诸子系年》，商务印书馆2001年版，第313页。
② 钱穆：《先秦诸子系年》，商务印书馆2001年版，第266页。
③ 钱穆：《先秦诸子系年》，商务印书馆2001年版，第276页。
④ 钱穆：《先秦诸子系年》，商务印书馆2001年版，第292页。
⑤ 钱穆：《先秦诸子系年》，商务印书馆2001年版，第315页。
⑥ 钱穆：《先秦诸子系年》，商务印书馆2001年版，第329页。
⑦ 钱穆：《先秦诸子系年》，商务印书馆2001年版，第410页。
⑧ 钱穆：《先秦诸子系年》，商务印书馆2001年版，第493页。
⑨ 钱穆：《先秦诸子系年》，商务印书馆2001年版，第517页。
⑩ 钱穆：《先秦诸子系年》，商务印书馆2001年版，第531页。
⑪ 钱穆：《先秦诸子系年》，商务印书馆2001年版，第563页。
⑫ 参见汪子嵩、范明生、陈村富、姚介厚《希腊哲学史》第一卷，人民出版社1997年版，第119页。

过惠子之墓一事，推知他生活于前 4 世纪中期到 3 世纪早期，大约在公元前 396—公元前 296 年左右。具体的年代，有生于公元前 369、355、328、375 年，卒于公元前 286、275、286、295 年几种说法，这和老子时代问题的性质不同，不必过细推究。本来先秦诸子，除孔子、孟子几人外，都是根据其生平事迹、交游往来，大致推定的。所以凡是肯定地说生于何年卒于何年者，反而显得意义不大而远于科学了。"① 采用张说者有很多人②。

可是这样的大致年代又太过模糊，有失精细，容易产生一些问题。比如孟子与庄子谁早谁晚就在朱熹的庄子晚几年这一主流说法之外，还有一些异议③。因此不少学者还是不免要根据有限的史料，来讨论诸子的生卒年代乃至排年谱，这是一个传统的事业。近年出版的一些先秦学术方面的编年史书，有不少就是吸收最新成果来编排诸子的生卒年代。

鄙意在今日，在史料不足的情况下，要放弃考诸子生卒年代的做法，因为其中有许多假定是不可靠的；也要放弃将诸子年代模糊化的做法，因为这有失精细。那么在资料不足、很多问题尚不足以解决的条件下，我们有没较好地能够得出一些确定性的答案的工作可以做呢？

钱穆先生在《孟子生年考》中，曾提出过一个很好的但他自己没有着力去实现的解决办法："知人论世，贵能求其并世之事业，不务详其生卒之年寿。今谓孟子生于烈王四年，或谓生于安王十七年，前后相去不越十五年，此不过孟子一人享寿之高下，与并世大局无关也。苟既详考孟子游仕所至，并世情势，及列国君卿大夫往来交接诸学士，则孟子一人在当时之关系已毕显，可无论其年寿之或为七十或为八十矣。无征不信，必欲穿凿，则徒自陷于劳而且拙之讥，又何为者？"④ 也就是说，对于先秦乃至秦汉诸子，我们应该看重的是这些人的游仕年代，而不是其生卒年代。

---

① 张恒寿：《庄子新探》，湖北人民出版社 1983 年版，第 13 页。
② 参见颜世安《庄子评传》，南京大学出版社 1999 年版；金德三《〈庄子〉序例——〈天下〉与〈寓言〉》，《〈庄子〉外杂篇研究》，博士学位论文，中国社会科学院，2002 年；李元明《庄周与〈庄子〉关系新探》，硕士学位论文，山东大学，2009 年。
③ 冯铁流：《孟子游历诸国考》，《先秦诸子学派源流考——对先秦诸子学术活动的新认识》，重庆出版社 2005 年版，第 13 页。
④ 钱穆：《先秦诸子系年》，商务印书馆 2001 年版，第 216 页。

有很多人的游仕年代是比较清楚的，但是生卒年代则无法考定。

比如孟子，前述已表明他清楚的游仕活动是起于见梁惠王，约在公元前320年①，其时孟子已在五十以上；大约终于鲁平公未访见他就归邹著书了②，而鲁平公在位是公元前314—公元前296年之间。再如惠施，有可能是在魏相公孙痤死后（公元前361年）游魏③，至晚可以确定在公元前354年就已经在梁惠王身边活动了④，而钱先生考惠施卒于公元前314—公元前310年之间⑤，较可信。再如庄子，楚威王聘庄子当是在公元前339—公元前329年之间，论者或不信此事，那么庄子去见为相的惠施以及梁惠王，当在张仪逐惠施于魏（公元前322年）之前。庄子卒年，自然在惠施卒之后。上述只是简单说说游仕年的起止时间，其间的一些细节，还可以再补充。

通过这种方法，我们可以将上述要估定生卒年的商鞅、申不害等的游仕年说得比较清楚。商鞅事魏公叔座，公叔痤于魏惠王八年（公元前362年）败韩、赵⑥，次年终于相位，因此商鞅游仕当不晚于此年，而被杀于秦孝公卒年（公元前338年）。钱穆先生指出"鞅败时其母尚在，知鞅非高寿。"⑦ 申不害，《战国策·韩策一》说："魏之围邯郸也，申不害始合于韩王"，其年乃公元前354年，而《六国年表》记申不害卒于韩昭侯二十二年（公元前337年）。白圭大概确如钱先生所说，并非有两人。惠施在梁，白圭曾见之，此事后人有不同解读，钱先生谓白圭先惠施游梁⑧，

---

① 参见杨宽《战国史料编年辑证》，商务印书馆2002年版，第491页。

② 参见冯铁流《孟子游历诸国考》，《先秦诸子学派源流考——对先秦诸子学术活动的新认识》，重庆出版社2005年版。

③ 参见刘汝霖《周秦诸子考》，文化学社1929年版，第310—311页。

④ 参见杨俊光《惠施公孙龙评传》，南京大学出版社1992年版，第6—10页。

⑤ 钱穆：《先秦诸子系年》，商务印书馆2001年版，第441页。按：《吕氏春秋·应言》记梁惠王视惠子如"仲父"，则惠施很可能长于梁惠王。由此而推孟子、庄子年代，或相去不远，乃至有可能庄子长于孟子。

⑥ 或以公叔座与公孙痤为一人，恐非是。参见黄式三《周季编略》，凤凰出版社2008年版，第74页；杨宽《战国史料编年辑证》，商务印书馆2002年版，第301—303页。

⑦ 钱穆：《先秦诸子系年》，商务印书馆2001年版，第266页。

⑧ 钱穆：《先秦诸子系年》，商务印书馆2001年版，第291页；参见杨俊光《惠施公孙龙评传》，南京大学出版社1992年版，第9页。

或不可信。则二人相遇之事当在前 354 年惠施游梁之后,早于白圭筹划逢泽之会年（公元前 344 年）①。《战国策·魏策四》载白圭与新城君交谈,钱先生指出秦昭襄王七年拔新城（公元前 300 年）,此后才有新城君②,则白圭卒于此年后。子华子在韩魏相争时见韩王,或谓事当韩昭侯二年（公元前 360 年）③,余事不可考,钱先生推测其为沈尹华或莫敖子华④,不可靠。匡章责惠施王齐王,其事非钱先生所谓针对徐州相王⑤,而是魏惠王二十八年（公元前 342 年）马陵战败之后的对策⑥。匡章被记载的最后活动,并不是公元前 300 年杀唐眛,这是将匡章、陈章误为一人⑦;其最后活动可能是孟子第二次游齐时与孟子的交往、谈话,年代当在宋称王（公元前 318 年）之后,应该在孟子离齐［大约在"燕人叛"之后不久（公元前 314 年）⑧］之前。至于田鸠、田俅子,钱先生以为即田繫,乃许行弟子,方授楚已驳之,并认为田鸠游秦"在惠王初即位时（前 337 年）,盖始诛商鞅,疾六国辩士,故苏秦既碰钉子,鸠亦留秦三年不得见也……秦不用则往楚,以'将军之节如秦'……"⑨。慎子在齐宣王时为稷下先生,笔者曾指出《战国策·楚策二》的楚太子傅慎子就是慎到,时当楚怀王三十年,齐湣王二年（公元前 299 年）;《史记·孟子荀卿列传》记

---

① 参见钱穆《先秦诸子系年》,商务印书馆 2001 年版,第 291 页;杨宽《战国史料编年辑证》,商务印书馆 2002 年版,第 385—386 页;缪文远《战国史系年辑证》,巴蜀书社 1997 年版,第 93—94 页。

② 钱穆:《先秦诸子系年》,商务印书馆 2001 年版,第 291—292 页。

③ 参见晁福林《子华子考析》,《史学月刊》2002 年第 1 期。

④ 钱穆:《先秦诸子系年》,商务印书馆 2001 年版,第 315 页。

⑤ 钱穆:《先秦诸子系年》,商务印书馆 2001 年版,第 329 页。

⑥ 参见杨俊光《惠施公孙龙评传》,南京大学出版社 1992 年版,第 4—5 页。

⑦ 参见孙贯文《陈璋壶补考》,北京大学考古系编《考古学研究（一）》,文物出版社 1992 年版,第 290—292 页。按:孙文误以唐兰也将匡章与陈章误为一人,非是,参见唐兰《司马迁所没有见过的珍贵史料——长沙马王堆帛书〈战国纵横家书〉》,马王堆汉墓帛书整理小组编《马王堆汉墓帛书战国纵横家书》,文物出版社 1976 年版,第 141—142 页;冯铁流《齐威王时代孟子未尝游齐——讨论钱穆先生所述孟子游齐时代》,《先秦诸子学派源流考——对先秦诸子学术活动的新认识》,重庆出版社 2005 年版,第 19 页。

⑧ 参见杨宽《战国史料编年辑证》,商务印书馆 2002 年版,第 540—541 页。

⑨ 方授楚:《墨学源流》,中华书局、上海书店 1989 年据中华书局 1934 年复印本,第 143—144 页;阮廷焯:《先秦诸子考佚》,鼎文书局 1980 年版,第 230 页。

"田骈之属皆已死齐襄王时",这包括了慎到,他可能在齐湣王时亡去之后,等齐襄王重建稷下学宫之时再次回到齐国。齐襄王在位为公元前283—公元前265年,而田单复齐国在公元前279年,重建稷下学宫当是此后之事①。公子牟又称中山公子牟,中山被灭时(公元前301年)当已出生,游于秦辞应侯,当在应侯受封期间(公元前266—公元前255年)②,而后有过赵之事,当在赵悼襄王元年至八年(公元前244—公元前237年)③。吕不韦当如钱先生所说在秦昭王四十六年(公元前261年)或以前,已经入秦游说,而卒于秦王政十二年(公元前235年)④。

在考定游仕的始年和终年之后,我们还可以进一步考察诸子在始终年之间的活动。通过这种考定游仕年的方法,我们可以比较清楚、确定地了解一些先秦诸子的学术交游活动,让先秦诸子的百家争鸣之盛况活灵活现地呈现,而不必再用估定从事某事时是多少岁这种不可靠的方法了。钱穆先生当初虽然提出了这个方法,但是没有实行,甚为可惜。

---

① 参拙作《上博简〈慎子曰恭俭〉管窥》,《中国哲学史》2008年第4期。
② 钱穆:《先秦诸子系年》,商务印书馆2001年版,第517页。
③ 钱先生引《战国策·赵策三》"建信君贵于赵"为说,顾观光谓事当赵悼襄王元年版,董珊以为事在元年或二年(董珊:《战国题铭与工官制度》,博士学位论文,北京大学,2002年,第24—29页)。笔者据董珊先生所举赵相邦二年、三年、四年、八年戈,将公子牟过赵定得宽泛一些。
④ 钱穆:《先秦诸子系年》,商务印书馆2001年版,第561—563页。

先秦古书年代问题初论

——以《尚书》《墨子》为中心

古书，尤其是先秦古书的年代问题，兼及古书真伪、人物的年代和学派问题，一直是研究古代学术思想的基础，备受重视。肇自孟子，起于西汉，至唐宋以来流行的辨伪书工作，到阎若璩考辨"伪古文尚书"之后名声大噪，至民国更因胡适、顾颉刚的疑古尤其是疑今文《尚书》、疑古史而大盛，形成疑古派（学界或称为"古史辨派"，由《古史辨》而得名。但《古史辨》所录，也有不少反对或不属于疑古的作品，而疑古者则多为同调）。疑古派的基础是疑古书，实际上也就是探讨古书的形成年代。顾颉刚和罗根泽编著的七期《古史辨》，汇总了当时学界的诸多考辨古书真伪、年代的成果。1949年后多种文史哲教材、专著，都或多或少参考了这些辨伪成果，许多"定论"都已成为"常识"，并深刻地影响到了国际汉学界。

近年来出土的简帛文献中，不少内容和古书年代有关，使得相关问题被重新讨论，许多权威结论有所动摇。但是仍有很多深层次的问题尚未涉及，学界的意见也纷繁不一。此中以《尚书》（今文《尚书》及真古文《尚书》）和《墨子》（《尚贤上》至《非命下》二十三篇，通称为十论）的形成问题，和出土文献略有关涉，尚未完全凿实，需要虚实结合以论，故最能体现学者对于古书形成的认识论和方法论的设定，而国际汉学界的意见同中国学界差别很大，值得认真讨论。

不过在讨论之前，还是有必要简要回顾一下近现代以来的相关问题研究史，一是避免数典忘祖或自我作古，二是看看学界的共识和差异的建构过程，三是揭示很多后来的断代方法，仍然同过去一样，前人的批评并未受到重视。

一　古史辨时期

近代中国将确定作品年代推上日程的标志性事件，是胡适《中国哲学史大纲（卷上）》的撰著。蔡元培在序中就指出"中国古代学术从没有编成系统的记载。庄子的《天下篇》，《汉书·艺文志》的《六艺略》《诸子略》，均是平行的纪述。我们要编成系统，古人的著作没有可依傍的，不能不依傍西洋人的哲学史……适之此编，不但孔墨两家有师承可考的，一一显出变迁的痕迹。便是从老子到韩非，古人划分做道家和儒墨名法等家的，一经排比时代，比较论旨，都有递次演进的脉络可以表示。此真是古人所见不到的。"① 因此，按照蔡元培的看法，确定古籍年代，是一个在西学东渐的影响下，打破中国传统上的平行纪述法的结果。

蔡元培之说虽然有些夸大和鼓吹的成分，但是随着胡适之书及其个人的影响，以及考辨古籍真伪与年代所引发的种种讨论，尤其是《古史辨》的影响和后来人书写中国古代哲学史、思想史的层层建构，考证先秦古籍作品的年代被当作了一个重要任务。

胡适在《中国哲学史大纲》中，将老子放在孔子之前，招致了梁启超的批评，由此引发的老子问题大讨论，却反把胡适推到了反思考辨古籍年代方法的道路上来。本来，胡适在《中国哲学史大纲》中提到了五种审定史料的方法根据：（一）史事；（二）文字；（三）文体；（四）思想；（五）旁证。前四种为"内证"，"都是从本书里寻出来的"，"从别书里寻出的，故名为旁证。"② 但是在《评论近人考据老子年代的方法》一文中，胡适针对当时考辨老子问题的方法，批驳了积聚许多"丐辞"，从"思想系统"上或"思想线索"上，用文字、术语、文体，替古人著作做"凡例"等证明《老子》晚出的方法。他指出：再多的"丐辞"也

---

① 胡适：《中国哲学史大纲（卷上）》，姜义华主编：《胡适学术文集·中国哲学史》，中华书局1998年版，第1、2页。
② 胡适：《中国哲学史大纲（卷上）》，姜义华主编：《胡适学术文集·中国哲学史》，中华书局1998年版，第20—22页。

不是证据;从"思想系统"上或"思想线索"上作证明,他是"始作俑"者,但这种方法"不能免除主观的成见";"用文字、术语、文体"等方法很有用,但是"(1)我们不容易确定某种文体或术语起于何时;(2)一种文体往往经过很长期的历史,而我们也许只知道这历史的某一部分;(3)问题的批判往往不免夹有主观的成见,容易错误";替古人著作做"凡例",是劳而无功的工作①。

比照胡适两文,不难发现,《中国哲学史大纲》里所介绍的五种方法,实际上就只有史事和旁证两条方法有效了。所说"史事",是"书中的史事,是否与作书的人的年代相符。如不相符,即可证那一书或那一篇是假的。如庄子见鲁哀公,便太前了;如管仲说西施,便太后了。这都是作伪之证"。②但是胡适所举例,其实未明《庄子》多寓言故事,以及古书为学派著作的通例。而事实上,有些古书并未明记史事,有一些书旁证不足,所以这两个方法也要大打折扣。在此情况下,考证古籍年代的方法就很有限了。

然而吊诡的是,尽管胡适有深刻的总结,可是在当时的学界,他对老子的看法反而是少数派。不过当时在进化论的影响下,胡适的"祖孙法"仍然是法宝,"思想系统"或"思想线索"是重要的指导观念;将古书年代一本本地考察然后进行排队,是很多人的目标;考察特定时期的文字、术语、文体以断代,或探究不同古籍中相近文字(被称为"重文"或"异文",后文用"同文"来统一称呼)以确定孰先孰后,是最常见的方法,没有人怀疑研究方法及前提有多少问题。而胡适因为退出疑古,似乎已经被视为落伍,他的意见没有引起足够的重视。倒是梁启超的《古书真伪及其年代》中所列的考辨方法③,论述较为系统、详密,影响很大。学者们都携"科学"或"理性""进步"之优势,乐见传统的说法不断被推翻,"定论"逐渐成形。其时西方兰克史学的实证主义风气很流行,

---

① 胡适:《评论近人考据〈老子〉年代的方法》,姜义华主编:《胡适学术文集·中国哲学史》,中华书局1998年版。

② 胡适:《中国哲学史大纲(卷上)》,姜义华主编:《胡适学术文集·中国哲学史》,中华书局1998年版,第20—21页。

③ 梁启超:《古书真伪及其年代》,《饮冰室全集》第12卷,专集104,中华书局1932年版。

国际汉学界特别是日本学界也有很多断代的成果，而胡适、顾颉刚等的研究成果之根是来自于西方①，但其表现形式上的乾嘉考证学风又与兰克史学有相近之处，因此其成果也很容易被国外认同，这种辨伪工作被当作了史料批判，视为科学、进步，成为汉学界后续工作的基础。

其实，这些辨伪工作成果虽然不少，但是很多存在问题。疑古辨伪者内在的观念是进化论和科学主义，多以今度古，将雕版印刷术通行之后的书上推，而没有区分早期古书和雕版印刷术出现之后的书之差别，不知道早期古书的形成规律和其特有的通例；又自认为当代人比古人进步、理性，当代的科学能够解决所有问题。在认识上，他们也无意地把现存古籍，当作了古人特别是汉代人所能见的全部古籍（或者有意无意地认为佚失掉的东西就是自然淘汰的结果，并不重要）②，其结果就是把所做归纳当作完全归纳，据之论定某时段才有或没有某思想、人物，这就是在用"丐辞"做推断，用"默证"证明问题，以为只要利用理性灵活地中穿针引线，就可以织出一幅远胜古人的思想发展之线路图。比如长沙子弹库楚帛书中讲了一个神话性的宇宙生成论，然而葛瑞汉（A. C. Graham）曾经在《辩道者》中说先秦古籍没有宇宙发生神话③，据此看来其错误不在于没有注意到帛书，而正在于将现存先秦古籍当作了全部古籍。中国的疑古辨伪者更是有感于落后、失败，要用科学、文化革命来拯救民族危亡，急于和古人做切割和了断，乐于将古代文化嫁接在西方的科学上。于是在国

---

① 参见拙作《经史之学还是西来之学："层累说"的来源及存在的问题》，《新出简帛的学术探索》，北京师范大学出版社2010年版。

② 在最能体现19、20世纪之交实证主义史学信念的《史学原论》中，朗格罗瓦（Charles V. Langlois）和瑟诺博斯（Charles Seignobos）之言有相近之处："现存的（倘若不是已知的）档案的数量是给定了的；尽管人们如今已经谨慎戒备，时间总是在让它不断减少，它绝不会增长……当所有档案都被知晓，并经过了人们恰如其分的使用，批判性的学术工作就完成了。"转引自彭刚《叙事的转向：当代西方史学理论的考察》，北京大学出版社2009年版，第117—118页。

③ 葛瑞汉（A. C. Graham），*Disputers of the Tao: Philosophical Arguments in Ancient China*, Open Court Publishing Company, 1989, p. 12. 参见张海晏中译本《论道者：中国古代哲学论辩》，中国社会科学出版社2003年版。按：根据英国学者劳埃德（G. E. R. Lloyd）所言，似宜译为"辩道者"，见 G. E. R. Lloyd, *Adversaries and Authorities: Investigations into Ancient Greek and Chinese Science*, Cambridge University Press, 1996, p. 34. 张海晏也曾译为"辩道者"，见艾兰、汪涛、范毓周主编《中国古代思维模式与阴阳五行说探源》，江苏古籍出版社1998年版，第369页。

内外的辨伪或"史料批判"中,"把古书本身的年代与古书内容的年代混为一谈,对古书形成的漫长过程也只取其晚而不取其早"①,静态地看待古书的形成。譬如《禹贡》讲到了贡铁,那么一定是在这些东西都出现了之后才有,因此不能早至春秋时期。疑古者还对于剥落孔子的神圣性特别有兴趣,所以孔子与经书的关系都要割断。流弊所至,几乎无书不伪,无书不晚,以辨伪为学问本身,以新奇之说为豪(如顾颉刚向胡适介绍能说屈原为伪的青年人),以古代文化为敝屣(如吴稚晖的将经书扔进茅厕之说等)。

二 走出疑古时期

在胡适、顾颉刚发动疑古的"史学革命"之际,王国维既用阎若璩的方法证明《今本竹书纪年》为伪书,也利用出土文献来从事"古史新证",由此认识到"成于后世"的古书所记事有很古的来源和"一部分之确实性",并经过研究《诗》《书》中的"成语"和甲骨金文可与《尚书》对照的内容,认为《尚书》多为当时所作,一些文字平易的篇章则可能是"后世重编"②;稍后余嘉锡的《古书通例》专门考论古书的形成问题,已经认识到古书的形成过程和印刷术盛行后所出之书大不相同,子书多为学派著作集,以今律古来考辨古书真伪,毛病甚多。但他们或与疑古派有同根的思想渊源,或与之有相近的结论(如余嘉锡论《文子》为依托③),而且王国维在清华国学研究院的不少学生后来都有与疑古派同调之处。因此总的来讲,王、余之成绩,在当时的影响有限。

当时张心澂所编著的《伪书通考》④,就颇有趣味。此书是对古来有关研究成果的一个总结,可是从此书的《总论》部分来看,张心澂既在

---

① 李零:《出土发现与古书年代的再认识》,《李零自选集》,广西师范大学出版社1998年版,第24页。

② 王国维:《古史新证——王国维最后的讲义》,清华大学出版社1994年版,第52—53、3页。

③ 余嘉锡:《四库提要辨证》,云南人民出版社2004年版,第515页;参见拙作《〈古书通例〉补》,《战国秦汉时期的学派问题研究》,北京师范大学出版社2011年版。

④ 张心澂:《伪书通考》,上海书店1998年影印据商务印书馆1939年本。

"辨伪方法"部分收录了胡应麟、胡适、梁启超、高本汉等学者总结的辨伪方法,又在"辨伪事之发生"部分,引用了余嘉锡的"古人不自著书","古人著书不自出名","古书世传非成于一手","书名非著者之名"等说法,将余嘉锡的说法作为辨伪工作的推进理论,而完全不去设想辨伪书思潮可能因之而转向。此后直到郑良树编著《续伪书通考》,才批评了传统疑古方法的毛病,指出梁启超的古书考辨方法"不是放诸四海而完全皆准",并提出"古籍辨伪学",赋予辨伪以新的内容,欲使它脱离传统的目的①。

在疑古思潮的笼罩下,新儒家学者发起的批评和挑战,很有典范意义,与其所秉持的文化信念或不无关系。徐复观在讨论老子其人、其书的年代、《老子》的作者等问题时,回顾了过去学者的一些讨论,并指出了"考证上对材料批判的若干观点问题",主要有四点②。特别指出:"现在所看到的先秦诸子之书,多系经过一段时期的演变而成",切中时人之病。在与屈万里讨论《尚书》中《甘誓》《洪范》诸篇年代时,徐复观又强调:"想把'发展'的观念,导入于人文科学研究方法之中,欧洲到了十九世纪,才被多数人应用。中国人便以为同一名词,一定是包含同一的内容,所以一直到现在,许多人因为缺少此一发展观念,便以对于历史上许多与思想有关的问题,越说越糊涂。"③ 这是新儒家和疑古派学者之间关于《尚书》篇章年代的一次论战,其关于《洪范》的讨论,更形成了往复问难,详后文。

这一时期,西方的学术形势也有了变化。进化论和科学主义都被后现代主义质疑,实证史学受其影响发生了转变。沈有鼎在论庞朴的《公孙龙子研究》的《考辨》部分时提到:"西方学者在考辨上对于思想性的论

---

① 郑良树:《续伪书通考》,台湾学生书局1984年版;《古籍辨伪学》,台湾学生书局1986年版。
② 徐复观:《有关老子其人其书的再探讨》,《中国人性论史(先秦篇)·附录一》,台湾商务印书馆股份有限公司1994年版,第465—468页。
③ 徐复观:《由〈尚书〉〈甘誓〉、〈洪范〉诸篇的考证,看有关治学的方法和态度问题——敬答屈万里》,《中国人性论史(先秦篇)·附录三》,台湾商务印书馆股份有限公司1994年版,第598页。

据一般已趋向于不重视，这类论据就考辨说已经退居次要的地位，他们特别重视非思想性的论据，这是由经验得来的教训。过去考辨家曾运用大量思想性的论据来证明他们的论点，但是这些论据，正因为是思想性的，就很难得到所有学者的公认。结果所从出发的那些思想性的前提，总是一家一说，而争取不到共同承认的结论。而凭非思想性的证据，却比较容易取得共同承认的结论。"[1]

中国学界的重要转变，缘起于20世纪70年代以来，中国境内出土了大量的简牍帛书，其中有不少是古代的典籍篇章，李零称之为"古书"，以区别于文书，目前学界通用（20世纪50年代河南信阳长台关也出土了古书，但是残损严重）。这些古书直接为传统的一些被定案为伪书或晚书者诸如《易传》《晏子春秋》《太公兵法（六韬）》《老子》《文子》《庄子》《屈原赋》《宋玉赋》《孙膑兵法》等翻案，余嘉锡的《古书通例》由此得到了检验，受到了内地学界的普遍重视，其"古书世传非成于一手"，古书为学派著作集合等说法，逐渐成为共识。李学勤、李零等还依据出土古书，重新谈论古书的产生、流传和整理，影响深远[2]。李学勤先生提出"走出疑古时代"，"古史辨"派的弟子后学，也对过去的结论有所修正。国际汉学界中，旧有的主流观点也受到了挑战，但是汉学界对于中国学界的变化，存在不同认识。譬如日本学者池田知久虽然也研究出土文献，但是多维护传统旧说。

走出疑古者的特点是强调古书的来源很早，而古书在流传中会有所改易，所以不能因为有某些晚出的东西，就否定其来源的时间，在论证上比较注意"说有易，说无难"。走出疑古者由此提出了重新估价中国古代文明之说。然而流弊所至，古书皆可信，古史皆可信，由此遂被某些人说为信古。其实走出疑古者不是一个有着如《古史辨》一般存在同仁刊物和紧密圈子的群体，也没有统一的最终目标和规范，只是由于对出土文献的

---

[1] 沈有鼎：《评庞朴〈公孙龙子研究〉的〈考辨〉部分》，《沈有鼎文集》，人民出版社1992年版，第402页。

[2] 李学勤：《对古书的反思》《论新出简帛与学术研究》，并见《当代学者自选文库：李学勤卷》，安徽教育出版社1999年版；李零：《出土发现与古书年代的再认识》，《李零自选集》，广西师范大学出版社1998年版。

研究而形成了一种认同，大抵是认同"二重证据法"（其实只是"二重证明法"①），认为出土文献中的很多东西和传世文献的记载是可以印证的，因此过度的怀疑是不可取的。但是一旦涉及具体问题尤其是古史问题，则彼此很多观点就不一致乃至大相径庭了，甚至同一个人的观点也存在早晚差异。不能深入研究出土文献，而自我认同为走出疑古者，虽能得其方便，却往往过头而至于流弊。然而在风气上的走出疑古潮流中，很多人的认识论和方法论，其实和古史辨时期相差并不远。一些人还在想着给古书形成年代重新排队，改正疑古派的错误。

三 《墨子》的问题

在学者们还来不及进一步深入地反思出土的汉代简帛古籍的时候，郭店楚墓竹简的出土，让学界有了考察战国古书的年代标尺。继之而来的上海博物馆藏战国楚竹书（以下简称"上博简"）及清华大学藏简（以下简称"清华简"），更是增加了不少精彩内容。虽然后二者并非科学发掘品，但是因其文字字体及科学检测结果与郭店简相近，因此也被视为与郭店简年代接近的作品，下限是公元前300年。而竹简经过抄写、流传，其篇章的形成、写定时间当更早。这为一批古籍的形成年代提供了新的标尺。此中上博简《鬼神之明》和清华简《周武王有疾周公所自以弋（代）王之志》（以下简称清华简《金縢》），包括几件青铜器的出土，对于国际汉学界的争论有较大的影响。

先谈谈与上博简有关的《墨子》问题。此前河南信阳长台关楚简曾被一些学者认为与儒家或《墨子》有关，现在看来篇中可能提及子夏，当与儒家相关。虽然信阳简残断过甚，书手风格不止一种，当不止一篇；但是以前所谓与墨家相关的内容，恐仍当属于儒家。儒墨并为显学，近年来儒家简帛大量出土，墨家却附阙如。或因此故，上博简《鬼神之明》出版之后，整理者及很多人将之归为墨家作品。不过从《鬼神之明》的内容来看，将之归为墨家，并不足以令人信服②。但《鬼神之明》讨论的

---

① 参见拙作《"二重证据法"的界定及规则初探》，《历史研究》2012年第4期。已收入本书。

② 参见拙作《论上博简〈鬼神之明〉篇的学派性质——兼说对文献学派属性判定的误区》，《湖北大学学报》（哲学社会科学版）2009年第1期。

问题，却直接关涉墨家的核心学说明鬼，甚至是怀疑明鬼之说："善者或不赏，而暴［者或不罚。］故吾因觏鬼神不明，则必有故。其力能至焉而弗为乎？吾弗知也。抑其力固不能至焉乎？吾又弗知也。"而《墨子》里面也有个别弟子也在质疑明鬼之说，但是仅仅涉及了"善者或不赏"，尚未论及"暴者或不罚"。我们同时还注意到《论衡·福虚》所记"儒家之徒董无心，墨家之役缠子，相见讲道。缠子称墨家佑鬼神，是引秦穆公有明德，上帝赐之十九年，董子难以尧、舜不赐年，桀、纣不夭死"，这是儒墨之间直接争论明鬼之说。汉代司马迁在《伯夷叔齐列传赞》中，对于天道是否赏善罚暴，也提出了和《鬼神之明》类似的质疑。因此，结合《鬼神之明》来看，墨家的明鬼学说应该很早就提了出来，绝不会很晚，很可能《鬼神之明》就是对它的质疑之一。若然，墨家明鬼学说的提出不会晚于战国中期。

中国学界自俞樾说《墨子》中《兼爱》诸篇"乃相里、相夫、邓陵三家相传之本不同，后人合以成书，故一篇而有三乎"① 以来，学者多宗其说，视之为墨家三派所保留的作品，反映了墨子的主要学说。这种观点，在国外大概只有葛瑞汉持同调。大陆方授楚，日本渡边卓（Watanabe Takashi），美国白牧之（Bruce A. Takeo）、白妙子（Brooks A. Taeko）夫妇，香港方克涛（Chris Fraser），比利时戴卡琳（Carine Defoort）、凯仁（Karen Desmet）等人均从历时性演变的视角来看待"十论"的形成②。其中渡边卓的年代考证，影响最大。他认为十论是历时性形成的，如表 4-1 所示，《明鬼下》最晚③。

---

① 俞樾序，见孙诒让《墨子间诂》，中华书局 2001 年版，第 1 页。
② 参见丁四新、董红涛、阎利春《英语世界中的〈墨子〉研究综述》，《人文论丛》2010 年卷，中国社会科学出版社 2011 年版。按：方授楚说见其《墨学源流》，上海书店 1989 年版，第 39—58 页。
③ ［日］渡边卓：《古代中国思想の研究》，创文社 1973 年版；渡边卓：《墨家思想》，宇野精一主编，林茂松译：《中国思想之研究·（三）墨家、法家、逻辑思想》，幼狮文化事业公司 1984 年版。

表 4-1　　　　　　　　渡边卓"墨子"十论成书年代表

十	九	八	七	六	五	四	三	二	一	公元前	
										400	初期
								非攻上	兼爱上	380	
							尚贤上			350	中期
						节用上 节用中		非攻中	兼爱中	300	
		天志上 天志下	尚同上 尚同下		节葬下		尚贤下 尚贤中	非攻下	兼爱下	250	末期
明鬼下	非命上中下	天志中	尚同中	非乐上						200	

日本学界将渡边的贡献与孙诒让相提并论，其观点在日本学界具有统治地位，也影响了欧美学者。对此，佐藤将之指出："日本墨家思想研究，是由津田左右吉、赤冢忠以及津田的门人渡边卓推动。他们主张《墨子》一书不能代表墨翟本人之思想，亦非离墨翟本人不远的时代之著述，而是代表整个墨家学派思想发展的过程。此模式至渡边的研究发展为极精致，成为此后日本学界理解墨家的一个典范。""渡边研究成果的最特出处，就在于阐述今本《墨子》一书的思想与墨家集团的展开齐头并进这一点（渡边避用'发展'一词）。依照这样的演变模式，渡边主张，墨家思想的展开过程大体上可分成'初期墨家'（公元前381年巨子孟胜率领的墨者之集团自杀以前）、'中期墨家'（公元前300年左右为下限）、'末期墨家'（由秦始皇的统一天下前后瓦解或消灭）这三个阶段……末期墨家重视法令和赏罚。特别此时期的墨家为了克服与初期思想的矛盾，

而不得不构想新的国家蓝图,于是提出'尚同论'与作为其基础之'天志论',并且辅翼'天志论'的'明鬼''非命'主张也随之形成。""过去半世纪的日本古代中国思想史研究,一直试图论证《墨子》文献为晚出"。但是,"近年来郭店楚简和上海博物馆楚简思想的研究成果告诉我们,这样的解释越来越站不住脚了——从整个郭店楚简和上博楚简的发现,可以对津田左右吉《墨家の思想》以降判断《墨子》诸文献为晚出的观点",提出一些致命性反证,特别是"《明鬼》的成篇时期。日本过去半世纪从赤冢、渡边到桥元(纯也),三者对成篇时期的考定与成篇之思想理由虽然互有不同,但他们的说明里有一项是完全一致的:三者都认为《明鬼》在'十论'中最晚成立。然而,上博简《鬼神之明》的出现证实,现本《明鬼》中出现(即'鬼神明不明'等)的议题大概在孟子之前已有过讨论,而且以文献的型态流传。那么,按照渡边以来的《墨子》文献成立模式,《明鬼》反而倏地跃升为最早成篇之作。"①

渡边卓将学派著作集合的《墨子》,按照年代先后与这个学派的演进结合起来,而不再围绕墨子一个人,这种思路显然很具有典型意义(虽然它独特的思想背景是"过去半世纪的日本古代中国思想史研究,一直试图论证《墨子》文献为晚出")。可是缜密的思想分析遇到了出土文献,使渡边的观点受到了严峻的挑战,可见"思想系统"和"思想线索"这一方法的局限。当然,在现有的情况下,微调渡边的结论,将《明鬼下》的年代提前,或不会动摇整个体系。但是渡边的方法存在的盲点是,在《汉书·艺文志》所列墨子后学田俅子、我子、随巢子、胡非子等人的书籍都基本佚失的情况下,把《墨子》一书当作全部墨家著作的集合,恐怕有些问题;渡边把墨家的发展分为三个阶段,固然有一定的合理性(如《庄子·天下》篇二墨到《韩非子·显学》的三墨),但是他认为《墨子》可以显示这种阶段性,恐怕有些出于主观。

戴卡琳在比利时有一个研究《墨子》的小组,最近她撰文指出:通过详细阅读并对照《墨子》与其他早期子书,可以得出:一、"十论"或

---

① 参见[日]佐藤将之《日本近代墨学研究之崛起与中日学者之墨荀思想关系论探析》,《人文论丛》2010年卷,中国社会科学出版社2011年版,第255页。

许不是墨子思想的最初产物，而是在《墨子》编写过程中逐渐形成的；二、周汉诸子在谈论墨家学说时，并非总是一致地以"十论"描述墨学，通常只提"十论"中的某几条标语。更值得注意的是，尽管唐宋以后的儒者与当代学者常以"兼爱"为墨子核心的主张，但早期诸子（除孟子以外）并不都认为"兼爱"是专属于特定思想家或学派的理论。如果我们留意古今学者在对墨家的认识方面所存在的差异，或许会重新思考我们对墨学先入为主的看法，并对早期墨学的面貌有不同的认识①。

戴卡琳的文章中不乏启人之处，但也有不少地方值得质疑。首先，我们是否有足够的方法区分老师和弟子作品，以及老师之言和弟子称述老师之言的差别？如果不能，那么我们只能以老师为这一学派的代表，将师弟子之言合看。因此，对于《墨子》，如果没有足够的证据，最好视为学派的作品集合，而不是墨子作品和其全部弟子、后学作品的总集。其次，一个学派的所有观点是否都是独一无二、举世无双的？其实儒家的"兼济天下"与墨子的兼爱是有重合之处的，但是儒家的起始点是爱亲之孝，而孟子之所以批评墨子（学派）"无父"，正是在此。另外，《尸子·广泽》篇中说："墨子贵兼"，《吕氏春秋·不二》也说："墨翟贵廉（兼）"，这正是立足于主要观点的差异，所以以"兼爱"为墨子（学派）的代表思想，是先秦以来的通见。戴卡琳认为把廉、兼说为"兼爱"是改字解说和增字解说，而"兼爱"之说也见于其他子书，遂认为"兼爱"不是某种特定哲学的标志，恐怕不足信。她所引之书，多为较墨子晚及有综合倾向之作。然而在墨家学派广为流传之后，将"兼爱"作为"公言"，在"公言"之下另有私义，这正是先秦诸子的特点。譬如上博简《慎子曰恭俭》篇，就提及"恃德而傍义"，"仁之至"等，有些学者就此认为此篇的"慎子"是儒家，不是法家的慎到，显然是没有认识到公言和私义的差别，不足信②。

同样的问题出现在其他子书的考订上，不过《庄子》《管子》《商君书》等并不存在这一学派的著名弟子也大量著书的情况（或者曾有书但

---

① ［比利时］戴卡琳撰：《墨家"十论"是否代表墨翟的思想——早期子书中的"十论"标语》，袁清、李庭绵译，《文史哲》2014 年第 5 期。

② 参见拙作《上博简〈慎子曰恭俭〉管窥》，《中国哲学史》2008 年第 4 期。

是后世看不到），因此它们至少在目前可以说没有盲点。可是这样的分析方法成效如何呢？譬如对《庄子》的分析，在经过《庄子》内外杂篇归属的年代问题大讨论之后，内地学界很多人接受了刘笑敢的考证结论，认为内篇是庄子自作，外杂篇则绝大多数是庄子后学的作品，可以分为几派（刘是分为述庄派、无君派、黄老派，其他人还有别的分法）。可是刘笑敢从单纯词发展到复合词论证内篇早出的方法存在很大问题，这种变化也不可能在战国中期与晚期之间突变，恐怕不足以证明《庄子》内篇为庄周自作①。更何况像《齐物论》等篇的个别章节，有晚出的痕迹（譬如"以指喻指之非指，不若以非指喻指之非指也；以马喻马之非马，不若以非马喻马之非马也"，很可能是批评比庄子晚的公孙龙之学说）。葛瑞汉（A. C. Graham）在关锋的研究基础上，通过排比书中相近的词汇，指出内七篇有一些反复使用的词汇，当为庄周所作，并指出第23—27篇及32篇是佚文丛残，与内篇有关联，17—22篇当是庄子学派的作品；进而把《庄子》外杂篇分为四派［庄子学派（1—7，17—22），原始主义派（受老子影响，8—10，11上），杨朱学派（28—31），调和派（11下，12—16，33）］②。罗浩（Harold D. Roth）运用同样的找词汇丛的方法，指出葛瑞汉的调和派与《管子·内业》等、《淮南子·精神》等有密切关系，是黄老的著作，《庄子》的最后形成、编订当与淮南王刘安的门客有关③。葛瑞汉、罗浩等人都把《庄子》诸篇的最后完成放在了西汉前期（在日本，这也是很常见的结论，但是分析方法主要是"思想线索"或"同文"的链条④），可是

---

① 比如比较著名者是刘笑敢的论证方法，但是笔者认为这一方法有问题。参见拙作《〈庄子〉内外杂篇的关系问题》。刘笑敢对此文有回应：《庄子哲学及其演变（修订版）》，中国人民大学出版社2010年版，第7—14页。笔者有再论，见《同文与族本》一书。

② 葛瑞汉（A. C. Graham），HOW MUCH OF *CHUANG TZǓ* DID CHUANG-TZǓ WRITE? *Studies in Chinese Philosophy & Philosophical Literature*, Institute of East Asian Philosophies, Singapore, 1986, pp. 283 – 321.

③ 罗浩（Harold Roth），Who compiled the *Chuang Tzu*? Edited by Henry Rosemont, Jr. Chinese Texts and Philosophical Contexts: Essays dedicated to Angus C. Graham, Open Court Publishing Company, 1991, pp. 79 – 128.

④ 参见［日］池田知久《道家思想的新研究——以〈庄子〉为中心》，王启发、曹峰译，中州古籍出版社2009年版。

阜阳汉简残篇里已经出现了《逍遥游》《人间世》《大宗师》《应帝王》《骈拇》《在宥》《天地》《至乐》《达生》《田子方》《知北游》《徐无鬼》《则阳》《让王》《盗跖》《渔父》《天下》①，此外张家山汉简有《盗跖》篇，使我们确信《庄子》书中的绝大部分内容，应该是战国作品。更关键的问题是：考察先秦的词汇丛，往往难以区别个别学派专用词汇和言公词汇的差别；这就导致了许多人把《易传》《中庸》等看作受到了所谓道家影响的作品②，其判断前提是有问题的。葛瑞汉和日本学界一些人把综合百家的著作放在战国末期是不对的，由战国时期的出土文献看，这种综合一直都存在。因此我们能熟知某些学派的关键词，但无法确定一个学派的一般性词汇具有排他性。在"文献佚失观"的考虑下，葛瑞汉、罗浩的做法只具有参考价值，不可能作为定论。麦大伟（David McCraw）考察《庄子》的押韵情况，就发现内七篇并不一致，当出自多手③。王叔岷曾认为郭象注本《庄子》"内、外、杂篇之区划，盖由私意所定。"④ 但是其举证也有问题⑤。因此目前如何看待《庄子》书及庄子思想的问题，仍然还有待研究。

依据出土文献，日本学界现在对于先秦诸子的研究，有了很大的转向。与池田知久为代表的团体不同，以浅野裕一为首的一些学者，已经在全面清理武内义雄、津田左右吉所提供的观点与方法形成的"范式"，建

---

① 韩自强、韩朝：《阜阳出土的〈庄子·杂篇〉汉简》，《道家文化研究》第18辑，生活·读书·新知三联书店2000年版；胡平生：《阜阳双古堆汉简〈庄子〉》，《出土文献研究》第12辑，中西书局2013年版。按：韩自强、韩朝曾认为阜阳汉简有《让王》《外物》（见氏著《阜阳出土的〈庄子·杂篇〉汉简》，《道家文化研究》第18辑）。胡平生则从字体分析《外物》残简，认为不是《庄子》残篇，韩自强、韩朝之说或非。但胡文没有涉及《让王》，此当是《庄子》残简。

② 冯友兰、顾颉刚、钱穆、侯外庐等学者，以及英国的李约瑟，都以为《系辞》有很浓厚的道家风味，参见夏含夷《〈系辞传〉的编纂》，《古史异观》，上海古籍出版社2005年版，第289页。陈鼓应更是据词汇法提倡"易传道家说"，见氏著《易传与道家思想》，生活·读书·新知三联书店1997年版。

③ 麦大伟（David McCraw）：《〈庄子〉音韵研究》（Stratifying Zhuangzi: Rhyme and Other Quantitative Evidence），博士学位论文，"中央研究院"语言学研究所，2010年。按：麦大伟虽然赞成葛瑞汉的分类，但是在附录二中却又对之提出了批评，参见Richard John Lynn的书评，《中国文化研究所学报》，Number 54，Jan，2012。

④ 王叔岷：《庄学管窥》，中华书局2007年版，第17页。

⑤ 参见拙作《〈庄子〉内外杂篇的关系问题》，《新出简帛的学术探索》。

立新典范。浅野就"说有易,说无难""古书佚失观"也指出:"由于秦始皇焚书,先秦典籍因此多所亡佚,吾人仅能见到免于湮灭的文献这一制约、而既然有关先秦之思想、学术的资料消息已消失大半,在好不容易残留下来有限的文献范围中,去论述'没有'何者,以判断当时完全'没有过'此何者,这终究相当危险。"① 当然,在新旧范式转换之际,很多问题并不是那么简单就能转过来的。对于浅野裕一的一些具体研究成果,大陆学界包括笔者本人,都有不能认同者,特别是他对一些出土文献的篇章属性判定上,仍然是比较传统的说法。2006 年 6 月份在武汉大学召开的"新出楚简国际学术研讨会"上,浅野裕一撰文认为《鬼神之明》是墨家的作品。当笔者向其指出《论衡》中引有儒家之徒董无心和墨家之徒缠子的辩论,董无心批驳缠子之说和《鬼神之明》相近时,他说《论衡》是汉代的材料,不能用来证明战国时候的简书。虽然他这一"晚不能证早"的说法符合很传统的文献学证据的要求,但和他上述的观点不免有偏差,他显然并没有完全贯彻古书佚失观。因为《论衡》记载此事很可能是引自他书,并非自创。《汉书·艺文志》记载儒家有"《董子》一篇",下注云"名无心,难墨子"(缠子为墨子后学);此书明代陈第《世善堂书目》尚记载有传本,至马国翰时已经不见。这些完全可以说明《董子》之时代并不晚,其流传并非假造。

上述关于《墨子》以及相关子书的一些讨论之所以不足信,一个很大的原因是所用的方法,是胡适所批评的从"思想系统"上或"思想线索"上来讨论问题,用文字、术语来替古人著作做"凡例",这些方法都存在问题。他们都想通过某种方法,把《古书通例》所讲的师弟子不分的学派集体著作,作线性的早晚发展分析,仍然是在进化论的观念指导下的线性思维,把古书的形成简单化。

四 《尚书》的问题

如果说依据思想系统和词汇法,都无法面对出土文献的冲击的话,那

---

① [日]浅野裕一:《战国楚简与古代中国思想史的再检讨》,[日]佐藤将之:《监译者后序》,[日]浅野裕一:《战国楚简研究》,佐藤将之监译,万卷楼图书股份有限公司 2004 年版,第 14 页。

么美国汉学界的夏含夷（Edward L. Shaughnessy）以出土的金文铭文为依据，利用统计的方法，来考察今文《尚书》中的语法现象，考定其中周书篇章的年代，就值得参考了。这种非思想性的论据，看起来很符合时代潮流。

关于今文《尚书》，中国学界除了批驳伪古文《尚书》外，基本没有怀疑今文周书者（一般认为《文侯之命》《费誓》《秦誓》是东周作品，《吕刑》是西周中期作品，其余为西周初作品），仅个别人对于《金縢》篇提出了一些质疑①。至民国疑古派出，提出"东周以上无史"论的胡适提醒顾颉刚："关于古史，最要紧的是重提《尚书》的公案，指出《今文尚书》的不可深信"，②这显然部分是因为《尚书》说了东周以上的历史。顾颉刚遵旨所作的《论〈今文尚书〉著作时代书》一文，把今文《尚书》分为三组，将《金縢》分在第二组，认为这一组"有的是文体平顺，不似古文，有的是人治观念很重，不似那时的思想。这或者是后世的伪作，或者是史官的追记，或者是真古文经过翻译，均说不定。不过决是东周间的作品。"③ 后来对于《金縢》，顾明确指出"这篇东西，著作的年代虽未能确定（也许是东周史官所补述，因为文体很明顺，和《大诰》等篇不类），但确是鬼治主义的历史时期中的一件重要材料"。④ 在《当代中国史学》中，顾则总结说："《今文尚书》二十八篇中最先为人所怀疑的是金縢"。⑤ 顾在晚年说《金縢》"系战国时人录当时传说，甚有问题"⑥，已经不谈史官的追记、真古文经过翻译之说了。但是顾晚年研究周公东征，对于周书中诰誓一类作品，不少意见都已经改观了。研究金文

---

① 参见拙作《〈金縢〉初探》，《史学史研究》2011年第2期。

② 胡适：《论帝天及九鼎书》，顾颉刚编著：《古史辨》第1册，上海古籍出版社1982年据朴社1933年影印本，第200页。

③ 顾颉刚：《论〈今文尚书〉著作时代书》，《古史辨》第1册，上海古籍出版社1982年版，第201页。

④ 顾颉刚：《〈金縢篇〉今译》，《古史辨》第2册，上海古籍出版社1982年影印本，第64页。

⑤ 顾颉刚：《当代中国史学》，上海古籍出版社2002年版，第124页。

⑥ 顾颉刚：《周公东征和东方各族的迁徙——周公东征史事考证四之一》，《文史》第27辑，中华书局1986年版，第11页。

有名的学者如王国维、陈梦家，仍相信《金縢》是西周作品；于省吾、赵光贤则认为《金縢》中有些部分是后人改作，其余周书多没有问题，如于省吾认为："自《金縢》至《秦誓》共十七篇，除《金縢》下半篇系后人所增纂，余无可疑《周书》间有字句经后人意改者，不在此列"①。

在此情形下，夏含夷的文章显得特别有代表意义。他把"走出疑古时代"者称为信古派，并认为信古派与疑古派研究《尚书》著成年代这一问题，都是采用的传统方法，"很少能利用历史语言学这一最全面的方法——而更少有人参用新出土的古文字资料来立论"。"假如能够找到一些只用于西周金文而不用于东周金文，或者不见于西周今文而始见于东周金文的语言用法，就应该可以利用这些来和《尚书》各篇的用法进行比勘。"夏从他对周代金文的研究中，选择了以下五种独特的语言用法：

——在"以"之后所接词之词性：

西周金文在"以"之后基本上都接名词，东周金文在"以"之后却多接动词；

——用作代词的"之"在句子中的用作宾语：

在西周金文中作为代词的"之"很少用，而更少用作句子的宾语（据我所能找到的例子中，在西周金文当中这种用法只有五例）；反之，"之"在东周金文中泛见，也多用作代词宾语；

——连词"及"：

连词"及"根本不见于西周金文中，仅见于东周金文中；

——作代词的"自"：

在西周金文中"自"多作前置词（意思是"从"），作代词一共只有五例，而在东周金文里"自"多作代词，很少作前置词；

——作所有格代词的"其"：

在西周金文中，第三人称所有格代词主要是"厥"，"其"平常用作助动词，偶尔也可以用作代词，但是远不如东周金文中用作代词

---

① 于省吾：《双剑誃尚书新证·叙例》，《双剑誃群经新证 双剑誃诸子新证》，上海书店出版社1999年影印本，第55页B。

那么普遍。

由于夏含夷所举例中只有"及"用作连词"好像是到了东周以后才开始出现的语言现象,其他四种用法至少都有一些西周时代的前例",但"相当罕见",因此夏含夷最后的研究结果如下表:

表4-2　　　　　夏含夷今文"尚书"年代研究表

篇名	（号）	字数	"以"+动	"之"代词全数	连词"及"	代词"自"	代词"其"	类/例	值
洪范	(24)	1044	2	4/17	1	0	4	4/11	44
金縢	(26)	478	5	3/13	2	2	1	5/13	65
大诰	(27)	651	0	0/0	0	1	1	2/2	4
康诰	(29)	920	2	0/4	0	2	0	2/4	8
酒诰	(30)	674	1	2/6	0	4	0	3/7	21
梓材	(31)	256	0	0/0	0	0	0	0/0	0
召诰	(32)	732	1	0/5	0	1	0	2/2	4
洛诰	(33)	768	0	0/2	1	2	4	3/7	21
多士	(34)	572	0	0/1	0	0	0	0/0	0
无逸	(35)	591	0	3/20	0	3	0	2/6	12
君奭	(36)	750	0	0/2	0	0	1	1/1	1
多方	(38)	793	1	6/21	0	3	0	3/10	30
立政	(39)	671	9	5/17	0	0	0	2/14	28
顾命	(42/43)	902	1	1/18	0	1	0	3/3	9
吕刑	(47)	954	7	5/31	0	1	1	4/14	52
文侯之命	(48)	216	0	0/0	0	0	0	0/0	0
费誓	(49)	184	0	1/2	0	0	0	1/1	1
秦誓	(50)	250	3	8/19	0	1	2	4/14	52

据之,他提出:"从表中可见,这五种东周时代的语言现象多见于《洪范》、《金縢》、《吕刑》和《秦誓》四篇,似乎反映其都作于东周时代……《费誓》、《文侯之命》和《梓材》因为篇幅太短,所以分析之结论恐怕不会很正确。"夏含夷又考察了几种语言现象作旁证(作为第二人称代词的"而",作句尾词的"矣",用作动词的"为",用作形容词的

"穆穆",用作连词的"肆"),认为:"《洪范》、《金縢》和《吕刑》无疑应是东周时代的作品"①。

虽然笔者对夏含夷的说法持保留意见[比如"值"在多少可以作为判定标准?夏含夷为什么论东周时代语言现象时提到了《秦誓》,却说"《费誓》、《文侯之命》和《梓材》因为篇幅太短,所以分析之结论恐怕不会很正确",然而《梓材》的字数多于《秦誓》,是不是因为《梓材》《费誓》《文侯之命》(后两者一般认为是东周作品)值都低于1才这么说?世人均知青铜器铭文有一百多字便非常难得,为什么有一百多字至两百字的这几篇《尚书》却"篇幅太短,所以分析之结论恐怕不会很正确"呢?青铜器铭文多是记载赏赐荣誉,这和多数《尚书》性质不同,是否可以比较?],但毕竟作为一个外国学者,他的问题意识很强,结论反差又特别大,而中国学者类似的工作多淹没在"走出疑古时代"的潮流中了,故而这篇文章在汉学界很有影响。夏含夷的这篇文章,最初发表于香港中文大学第二届国际中国古文字研讨会,评议人单周尧提出了三点意见:

其一为用语言学来研究古籍,已开始了好几年。《尚书》里头用不同的虚词,可能和年代有关,也可能和地域、方言有关。

其二为今文《尚书》比较可靠,但现在所见的《尚书》是否早期的版本呢?那就不一定。《马王堆帛书》的《老子》甲本乙本,和通行本《老子》的虚词就很不一样,而甲本一本里头也不完全一样。所以,现在所用的《尚书》的版本大概是比较后期的版本,可能做出的研究的价值如何,需要考虑。

其三为古人用字比较随便,例如《马王堆帛书》的《老子》甲乙本之中,有时同一句、同一个词前后都不一样。②

单周尧指出今文《尚书》的文本可能存在变化,而夏含夷的研究方法恰恰是设定今文《尚书》从其写定时代起就基本没有变化。两种认识

---

① [美]夏含夷:《略论今文〈尚书〉周书各篇的著作年代》,《古史异观》,上海古籍出版社2005年版。

② 常宗豪等编:《第二届国际中国古文字研讨会论文集续编》,香港中文大学1996年版,第414页。

前提的差别，显然是巨大的。虽然单周尧所举例为子书，和作为经书的《尚书》或许性质不同。但《尚书》在流传过程中，其实也有不少传抄变化的痕迹，屈万里《尚书异文汇录》① 一书可以参考。很多字用了通假字或被抄错了，如"而"与"尔"就常通假；清人就指出过"文"被错写为"宁"。虽然未必夏含夷所举例子的这些词都错了，但是若比较清华简《金縢》和传世本以及上举例文，则《尚书》在流传中存在变化是肯定的。因此夏含夷所说的这些字词，也可能是有变化的，这势必会对其所作结论有所影响。

再来审视夏含夷所列的标准，他主要参考了白川静的《金文通释》。这部书显然不可能穷举所有的西周青铜器（哪怕是已经出土的），那么这个书有多少代表性，能在多大程度上反映西周与东周的语法情况呢？《诗经》中传统上作为西周作品的篇章、《逸周书》的某些篇章能否作为西周作品来作比较？西周与东周之间的语法变化，是否存在划时代的截然差别？在这些前提问题都没有弄清楚的情况下来做统计，恐怕其结论的可信性要大打折扣。从夏含夷所举五个词中有四个存在反例来看，或许统计更多的西周青铜器，就会有不同的结果。比如中国学者管燮初统计208篇西周金文中"其"作代词的数量是23次②，超过十分之一，则"其"恐怕不能作为标准。再如夏所举例中惟一没有反例的"根本不见于西周金文中，仅见于东周金文中"的连词"及"，其实管燮初早已列有西周的"彶"字2例③，这就是"及"字。所说应该是西周中期的舀鼎（郭沫若释为舀鼎；《殷周金文集成》2838）和佣生簋（郭沫若等称为格伯簋；4262）。实际上，后来西周晚期的郑登伯鼎（2536）和晋侯墓地晋侯对即晋厘侯的盨铭文中也有"及"字④。另外佣生簋有六器，其中有一器缺了"彶"字这一句；晋侯对盨有四件，有三件是盖铭、器铭都有铭文，且内容相同，则此处到底是算作出现了2次还是13次"及"呢？不论如何，

---

① 屈万里：《尚书异文汇录》，联经出版事业股份有限公司1983年版。
② 管燮初：《西周金文语法研究》，商务印书馆1981年版，第174页。
③ 管燮初：《西周金文语法研究》，商务印书馆1981年版，第190页。
④ 钟柏生等：《新收殷周青铜器铭文暨器影汇编》，艺文印书馆2006年版，第625—627、629页。

夏含夷此说仍然存在不少反例,甚至很可能是大量的反例。夏含夷的具体统计过程没有提供,有一些语法分析我们不清楚。我的研究生李妙麟粗略统计《殷周金文集成》中的有关铭文,不记同铭器,发现西周金文"以"之后接动词有 8 例;"之"作代词有 23 例;"及"字出现 3 例,"彶"字有 8 例;"自"作代词有 56 例;"其"作第三人称代词有 35 例。因此,夏含夷所举的五个词例,既然都出现于西周时期,甚至是大量出现,则用之出现的多少作为统计标准,作为判断《尚书》篇章是否形成于西周的标准,恐怕不足深信。

其实,夏含夷的方法,就是胡适所说的"用文字、术语、文体,替古人著作做'凡例'"的方法,容易出问题。历史语言学的方法虽然有用,但是语言的变化是一个长期的过程,从西周到东周(以及前文所论《庄子》的战国中期到战国晚期),绝不可能出现一个突然的裂变,而应该是一个渐变的过程。而用来和《文侯之命》以外的周书对比的最好材料,恐怕不是记载光彩事业的青铜铭文,而是像燹公盨这样的内容,但是与燹公盨相近的内容,却少之又少。

抛开这些质疑不论。夏含夷既认为"《洪范》、《金縢》和《吕刑》无疑应是东周时代的作品",而《吕刑》一般认为是西周中期的作品,我们就讨论一下一般认为是反映西周初内容的《洪范》和《金縢》。

《金縢》一篇,有清华简可以对照。比较二者不难发现,两篇的内容并不完全相同,不仅有文字、年代差异,而且"乃卜三龟,一习吉。启籥见书,乃并是吉。公曰:'体,王其罔害;予小子新命于三王,惟永终是图。兹攸俟,能念予一人'"一段不见于清华简,也没有"王翼日乃瘳";清华简《金縢》在故事前后关系上比今本要紧密。然而不论如何,这两者都是《金縢》。今天的《金縢》虽然是伏生所传,但伏生是秦博士,其《金縢》未必是所谓孔子序书的原本[①],因此我们不能对于两种《金縢》强分轩轾。屈万里、程元敏等曾就《金縢》的文字,提出了很多

---

① 孔子序书,当是儒家学派的行为而托名本师,参见拙作《由近年出土文献论〈尚书序〉的有关问题》,《古代简牍保护与整理研究》,中西书局 2012 年版;《从近出〈尚书〉类文献论孔子删〈书〉》,《哲学与文化》2021 年第 3 期。

晚出的证据。现在比照清华简《金縢》来看，都难以成立①。

关于《洪范》的年代问题，刘节曾撰文论证其晚出于战国末，后来的学者虽对于作成时代稍有调整，但晚出说几成定论。徐复观首先对刘节以及采用刘节说的屈万里之论证进行了批驳。屈万里进行了反驳，而徐复观更进一步作反驳，此后双方没有再争论。屈万里曾认为《洪范》"王省惟岁，卿士惟月，师尹惟日"中，师尹在卿士之后，不合西周官制。但是刘起釪指出西周的叔多父盘有"利于辟王、卿事（士）、师尹"，因此屈说不可信。刘起釪也批驳了刘节的许多说法，但他认为《洪范》经过了后来人的改写。李学勤先生多次引出土文献来论证《洪范》早出。近年出土的燹公盨铭文，更引发了关于《洪范》成书时代的讨论。裘锡圭在引用了刘起釪、李学勤证明《洪范》早出的文章之后，又指出："燹公盨铭中的一些词语和思想需要以《洪范》为背景来加以理解。这说明在铸造此盨的时代（大概是恭、懿、孝时期），《洪范》已是人们所熟悉的经典了。

由此来看，《洪范》完全有可能在周初就已基本写定……不过我们无法保证，在《洪范》与燹公盨铭无关的内容中，一定不会有后来羼入的东西；也不敢说我们对盨铭的释读不会有错误。所以对《洪范》的时代问题，还没有到下最后结论的时候。"②裘的态度非常审慎，但是我们据之可以说，即便《洪范》中真有很多东周的语言现象，那也很可能只是最后定形的结果，而不一定是开始时的状态。因此，《洪范》的思想来源甚至初步写定，应该是在西周初年③。

可见即便是不少人认为文字平易的《金縢》和《洪范》，我们都难以提出有效的证据认为他们不是西周初的东西，而是后来人的作品。这是因为不论是经书还是子书，都有可能在传抄过程中发生改变。这一点，其实

---

① 参见拙作《〈金縢〉初探》，《史学史研究》2011年第2期。
② 裘锡圭：《燹公盨铭文考释》，《裘锡圭学术文集》第3卷，复旦大学出版社2012年版，第164—165页。
③ 丁四新说他在一个国际学术会议上提出《洪范》周初说之后，三名国外学者和一名国内学者都反对其说，仍坚持战国说，可见旧说的影响力。他撰文对这些人的证据提出了批评。见丁四新《近九十年〈尚书·洪范〉作者及著作时代考证与新证》，《中原文化研究》2013年第5期。

夏含夷后来也承认。他指出："一位作者的思想会经过不只一次的转变，也许他也会完全改变他的哲学立场……一个有经验的老师一定会知道，学生的兴趣、能力和心性皆有不同，他们所做的笔记分别在不同程度上反映着老师所说的话（更不用说，老师自己不一定说得很小心或者很清楚）。不难设想，不同的学生——也许是前后相隔几十年的学生——会给同一个老师写出很不相同的语录。"① 最近在新竹清华大学举办的"出土文献的语境"国际学术研讨会暨第三届出土文献青年学者论坛（2014年8月27—29日）上，笔者曾就曶鼎等西周时出现"及"字的铜器铭文，询问夏含夷对于其论《尚书》年代一文的看法。他说旧作个别证据或可商，但是方法没有问题，经书和子书有差别。然而在笔者看来，指导这种方法的观念已经有问题，则方法、结论恐怕都有问题。游逸飞后来向我说及夏含夷讨论郭店简《缁衣》和《礼记》中《缁衣》的异同变化、错简问题，已经涉及经书，这可谓入室操戈的佳证！虽然《礼记·缁衣》介于经书与子书之间，或还可争辩。但由清华简和今本《金縢》的差别，以及清华简中《皇门》《祭公》等尚书类篇章与今本的差别，其实不难发现经书也是流变而定型的。

　　由上述汉学界的经典成果，可以看出用"思想系统"和"思想线索"方法，以及根据词汇分析学派、年代的方法，都存在一定的问题。但是我们认为至少就词汇分析法而言，它还是有一定的效用，关键是对考察的词汇不能奢求它们展现突变的结论，而应该从长时段来进行考察。譬如《列子》，有关此书写定年代的问题，是一大公案。此前多有论《列子》为伪书者，马叙伦举出20事，日本学者武类义雄曾驳之；岑仲勉也或驳或商，指出马叙伦多用片面之词立论，且指出他们所论"多属一反一正之辨，易流于游谈无根"，这正点明了普通的辨伪法之不足②。杨伯峻考察了《天瑞》篇的"数十年来"，《天瑞》《仲尼》篇的"舞"，《黄帝》《周穆王》《力命》《杨朱》篇的"都"，《说符》篇的"所以""不如"等词汇，认为它们或它们在

---

① ［美］夏含夷：《〈重写中国古代文献〉结论》，《简帛》第2辑，上海古籍出版社2007年版，第510—512页。

② 参见张心澂《伪书通考》，上海书店1998年影印据商务印书馆1939年本，第709—710页；郑良树《续伪书通考》，台湾学生书局1984年版，第1328—1346页。

文中的义项，都不是先秦的用法，由此证明今本《列子》为伪书①，具有典范意义。严灵峰指出其说有某些问题，但由之遂认为方法不科学，显然就过头了②。内地学者马达对很多认为《列子》晚出的证据，都给予了反驳③，但是很多是有问题的。葛瑞汉也曾用相近的方法，分析了"吾"（"吾""我"混用）、"可"（"可""可以"混用）"弗""亡""都"（补充杨伯峻之说）"焉""相""且""箸（著）"等九个词汇，断定其为伪书④。后来刘禾等继续举证，特别是张永言提出了大量新证据，而且主要讨论了实词，所举证据达30许⑤。虽然有一些地方或许值得商榷⑥，有一些不免主观性太强，但参合诸种考证，今存《列子》中有较多汉晋时代的词语，遍及其书中的每一篇，已是不争的事实。先秦子书基本上在战国末年就大体定形，到魏晋还有很大变动者极少，所以我们不能说《列子》的语言虽晚，但是思想不晚。因此将《列子》作为先秦古书来研究其思想，是不合适的。至于其中某些片段可能源于先秦，这就要具体问题具体分析了。用词汇法来证明整部《列子》为晚书之所以能够成功，主要是因为从先秦到魏晋，有一个较长的时段，汉语的变化容易发现并得到证明。所以严格说来，并不是某些方法不行，而是在面对先秦古书的时候，很多人在使用方法的指导思想上发生了问题。

---

① 杨伯峻：《从汉语史的角度来鉴定中国古籍写作年代的一个实例——〈列子〉著述年代考》，《列子集释·附录三》，中华书局1979年版，第326页；原载《新建社》1956年第7期。

② 严灵峰：《列子辩诬及其中心思想·自序》，文史哲出版社1994年版，第10—13页。

③ 马达：《〈列子〉真伪考辨》，北京出版社2000年版。

④ 葛瑞汉（A. C. Graham），"The Date and Composition of Liehtzyy", Asia Major (New Series), Vol. 8, part 2, 1960, pp. 25 – 31；THE DATE AND COMPOSITON OF LIEH-TZǓ, *Studies in Chinese Philosophy & Philosophical Literature*, pp. 216 – 282.

⑤ 参见张永言《从词汇史看〈列子〉的撰写年代（修订稿）》，《汉语史学报》第6辑，上海教育出版社2006年版。

⑥ 如张永言指出张湛所说"'视'疑作'指'"是"为求古而创新"，但是"视"从"示"声，而《中庸》的"治国其如示诸掌"，《礼记·仲尼燕居》作"指诸掌"，"示""指"通假，郭店简《缁衣》简40、41有："《诗》云：'人之好我，旨我周行。'""旨"字今本作"示"，裘锡圭加有按语："'旨''示'古音相近。"而上博简《缁衣》简21作"𥘅"，从视从旨，乃双声字，则："视""指"通假并非没有可能。

五 古书形成过程中的"族本"

近来借助于出土简帛的推动，使得我们对于古书的形成以及考辨古书年代等诸多问题，有了新的认识。越来越多的学者都将古书篇章的写定，看成是流动地形成的了，不论是经书还是子书。因此，中国古代文献的形成，不是像我们排比某些断代结论之后得出的一种糟糕印象：中国古人似乎很无聊，东周人不写自己的东西却乐于造西周文献，战国人不写自己的东西却要编春秋文献，汉代人又来写战国文献……或者中国古人习惯造伪，春秋人造西周文献，战国人更要造商和虞夏的文献，层累作伪……

不过流动观隐藏的一个疑问是：对于古书形成年代，当取其早还是取其晚的问题。综观上述关于《尚书》篇章年代的讨论，其实不难发现所用的方法基本雷同，就是考证某些字词的出现时代，是否符合古书篇章所宣称的年代。疑古派的方法是以固定不变的态度看待古书的形成，一旦发现某些字词年代晚，就认定古书是后来所写，取其晚。走出疑古派则在根据新出土材料反驳旧论证的同时，引入了古书篇章因传抄而发生改变的发展眼光，取其早。其实我们不当问全文全书的早晚，而是要辨文字和辨"主体部分"或"主题思想"。像《金滕》，其"乃卜三龟"一段，就不属于"主体部分"，围绕它所做的考证，只具有参考价值。而《洪范》，其"主题思想"因为有了西周中晚期之际的燹公盨的支持，则无疑是很早的。以往的考辨，多执着于个别文字，将个别文字和"主体部分""主题思想"等同起来，以为文字晚，篇章就晚，思想也晚，所以就可以辨伪了，这是不合适的。先秦古书有一个发展变化的过程，语言形式上的伪或者晚，并不等于思想内容上的伪或晚。一些篇章成书时代虽然晚，但是思想来源可能相当早。当然，将辨文字和辨"主体部分""主题思想"作区分，绝不是说将之截然分开，文字和"主体部分"是一个多少的关系，而文字和"主题思想"则是一个"迹"和"所以迹"的关系。

在讨论了古书年代的基本问题之后，我们还有疑问，那就是《墨子》"十论"中三派的文本彼此之间，清华简《金滕》和今本《金滕》之间，是一种什么关系？近年来大陆学界已经多用同文同源或一源众流的关系来看待这些有着"同文"的文本了①。但是最近我们在思考一些类似的文献的时候,如出土《老子》的诸文本之关系,清华简《耆夜》中简本《蟋蟀》与毛诗《唐风·蟋蟀》两个文本之间的关系,清华简《周公之琴舞》中的《敬之》与《周颂·敬之》的关系,还有清华简《傅说之命》三篇与传世真古文《说命》佚文的关系,发现同文同源或一源众流说不足以解决更多的问题。特别是同源说保留了存在一个本源上的写本的观念,而这个假设其实也是值得怀疑的。

对于清华简《金縢》和今传本《金縢》的关系,李学勤先生曾指出两者"应分属于不同的传流系统"②,但没有展开论述。笔者过去的分析认为对于两种不同的传流系统,又有两种可能性,一是二者之间各有独立的来源,彼此没有直接关系。则两种差异性的说法各有其合理性,清华简《金縢》的出现,并不能解决今传本《金縢》的某些问题。还有一种可能性是二者虽然属于不同的传流系统,但是二者同源。笔者用"同文"同源法来解释有关的问题,没有考虑"二者之间各有独立的来源"这种可能性,由此对于"周公以身代武王之事和《鲁世家》、《蒙恬传》、《易林》等所载的周公以身代成王之事"之关系,无法讨论③。

《墨子》中有《尚贤》《尚同》《兼爱》《非攻》《节用》《节葬》《天志》《明鬼》《非乐》《非命》等许多三篇并立的情况,应该是墨家三派所传的文本。《墨子》佚文记载墨子曾经献书楚惠王,估计其内容还是《兼爱》等阐述其宗旨的篇章。若然,则《墨子》的某一些篇章可能有墨子自作本(但也可能是弟子记录本),其与今存本《墨子》中三篇并立者,最多只可能与一篇相同。但是其他的篇章仍然是记宗师墨子之言,不容否定,所以也被收入《墨子》。可是其中出现了较大的思想差异,如《非命》上、中、下记载的"三表法"就有不同。上、下篇相近,是"于何本之?上本之于古者圣王之事。于何原之?下原察百姓耳目之实。于何用之?废(发)以为刑政,观其中国家百姓人民之利",中篇则是"于其本之也,考之天鬼之志,圣王之事;于其原之也,征以先王之书;用之奈

---

① 参本书《"同文"分析法评析》。
② 李学勤:《清华简九篇综述》,《文物》2010年第5期。
③ 参见拙作《〈金縢〉初研》,《史学史研究》2011年第2期。

何？发而为刑"，中篇前面加上了"天鬼之志"，后面是"先王之书"而不是百姓耳目。于此不难理解墨家会出现分裂。

此外像《老子》中的"绝仁弃义"，郭店简作"绝伪弃作（或释为"虑"，但《老子》中没有"虑"字）"，传世文献《说命》佚文不见于清华简《傅说之命》等，绝非同文同源或一源众流说所能解决。因为如果存在一个写定的"祖本"的话，即使文本在抄写流传中有变化，却不会导致"主体部分"和"主题思想"都会发生变化。

经过研究，我们可以发现，《老子》《墨子》属于子书，《蟋蟀》《敬之》属于诗，《说命》《金縢》属于书。虽然诗书属于传统上的经，但是诗多口传，而《金縢》《说命》富有故事性，可能也多经口传。《老子》《墨子》既属于学派著作，其多口传也显而易见。因此，这些文本之所以会有"主体部分"和"主题思想"的差异，当是由于所谓的"祖本"属于口传文献而非写定的文本之故。而既然是口传，那么"祖本"之说就不合适了，因为只有第一个写成文字者才符合"祖本"的身份，而当时的记录者可能是众多的。所以《老子》中有很多话重文复出，《墨子》有三个相近文本，子书中有很多相近、重复的话，如《孟子》中有十多段文字在不同地方重复出现①。今本《金縢》与清华简《金縢》，看来也是本于同一故事而不同人讲述、记录，而不是根据了某一个写定了的底本而分化，因为其中周公"册祝"的部分，当有原始记录，而两种《金縢》却互有长短，都不是"原貌"。

由此来看，先秦秦汉时期古书的形成流传过程中，由后世的校勘学所发展出的"祖本"或"底本""原本"等观念，或许在应用于早期的古书文本时，应该适当地变一变。是否可以说在最初出现的是口传的文本，就故事而言，它讲述一个事情；就思想家而言，它反映一个人的思想，此是思想的起源（但是这个起源也有历时性差别，有早期语与后期言的不同）。故事、思想、言论由于记载、引用、篇章别行，乃至前后期写作不同，口传到记录的历时差异，复述时的差舛，而形成了构成故事情节、反

---

① 参见刘殿爵《〈孟子〉的本文》，《采掇英华——刘殿爵教授论著中译集》，香港中文大学出版社2004年版。

映思想的诸多彼此主题思想、主体内容相似的"族本"系统，这是文本的源头。这里的"族本"，是借用维特根斯坦（Ludwig Wittgenstein）的"家族相似（family resemblance）"这一观念。

我们不应该认为在"族本"之上还有写定的"祖本"，如果真有"祖本"的话，它也应该是未写出、说出之前的思想、故事，而思想、故事还会有早晚的差异，所以并没有"祖本"。各"族本"很可能不是同时或大略同时形成的，口传文本变为文字文本的时间有早有晚。后来由于某些原因，某些文本得以凸显，其他文本逐渐边缘化。因此，在多源多流的情况下，"族本"各系统之间彼此或多或少地相似，甚至允许思想的差别。但如果我们线性地由流去回溯源，就不免会假设只有一个本源，那就只能把"族本"之间的思想差异，解释为某些人为的改动，这是不合适的。

因此，《鲁世家》《蒙恬传》《易林》等所载的周公以身代成王之事，当是《金縢》故事的"族本"系统，只是看起来关系更远一些，另成一系统。清华简《傅说之命》三篇，恐怕这不是所谓孔子修订的《尚书》中的那三篇《说命》，而只是一些"族本"①。古代的诗歌特别是《诗经》多经过整理，其最初可能也是有很多"族本"。清华简《耆夜》中的周公《蟋蟀》诗与《唐风·蟋蟀》，《周公之琴舞》中的《敬之》与《周颂·敬之》，可能也是"族本"关系②，由此才有"删诗"、正乐的问题。

"族本"之说，是用来谈论一些特殊的文本。"族本"之下，每一个写成文字的文本便成为此一流传系统的"祖本"，每个系统之下是同源异流的文本流传系统。同源异流的文本流传系统之中，最极端的是源流一线传递的文本流传系统。"族本"之间，同源异流的文本之间，虽然可以用词汇法等判断早晚，但这只是文本写定时代的早晚，只具有参考意义，并不是文本来源的早晚；只有源流一线传递的文本流传系统内的文本，判定其早晚才是可靠的。这就好比《墨子》"十论"诸同文之间，虽然从文

---

① 参见拙作《清华简〈傅说之命〉研究》，《深圳大学学报》2013年第6期。
② 参见拙作《清华简〈耆夜〉续探》，《中原文化研究》2014年第2期。

辞、词汇、故事等看出早晚之别，但是这只具有参考意义，并不足以作为思想早晚的根据，其思想来源是相同的。而今日流传的各种《墨子》，如道藏本、四库本等，则各自成为一流传系统。其时代虽有早晚之别，但这只具有参考意义，在选用底本、校勘时，有一定作用；这种时代早晚，并不代表道藏本与四库本之来源本的早晚。像商务印书馆影印唐刻本《墨子》这种本子，则是源流一线传递的本子，其早晚之别较重要，唐刻原本比商务影印本，价值相去万里。

"同文"分析法评析

在先秦秦汉时期的古书中，不同的古书之间，乃至同一古书内的篇章之间，有许多文意相近乃至字句相同的文字。这些文字，学界或称之为"异文"，也有人称之为"重文"。然而称为"异文"者，其实皆不大异；称为"重文"者，则有时又不全同，且与表示重文符号的"重文"容易相混。西方学者使用 Parallel texts 来称呼之，倒比较方便。有鉴于此，本文借用牟庭《同文尚书》之称，暂称之为"同文"①。古书读得多的学者，自然能发现"同文"这种情况，并利用他们对古书进行校勘、训诂的工作。

汉唐时期，古书多未定型（刘向、刘歆父子等校定中秘书，仅是为皇家作定本），当时尚有同一种书的很多别本流传，校书只需广求诸本互校，不必求助于"同文"；但是已经可以看出有学者在利用"同文"分析问题，譬如郑玄对于《礼记·月令》，就指明此篇和《吕氏春秋》的渊源关系②。到唐代孔颖达作疏时，指出的《礼记·乐记》和《礼记·祭义》《易·系辞》等之间的"同文"关系就多了。清人尤精于此道，借助类书、古书之间的"同文"来分析问题，校勘、注疏古书，并熟练运用通假等方法解决文字问题，取得了极大的成绩。

---

① 旧文曾从郑良树之说称为"重文"，还曾称之为"对文"，也容易引起误解。
② 何志华先生曾讨论了"古人据异文为注"的问题，指出"毛亨曾参考三家《诗》异文"，《孔子家语》王肃注、《国语》韦昭注，以及《淮南子》高诱注，都曾参考异文。见氏著《高诱据〈文子〉注解〈淮南子〉证》，《〈文子〉著作年代新证》，汉达古文献研究计划、香港中文大学2004年版。

首先专门讨论"同文"这一现象的，可能是明人郎瑛。郎瑛《七修类稿》的"秦汉书多同"一节说：

《孟子》所书，齐景公问于晏子曰："吾欲观于转附、朝儛，遵海而南，放于琅邪，吾何修而可以比于先王观也？"晏子对曰："天子诸侯无非事者。春省耕而补不足；秋省敛而助不给。今也不然，师行而粮食。从流下而忘反谓之流，从流上而忘反谓之连，从兽无厌谓之荒，乐酒无厌谓之亡。先王无流连之乐、荒亡之行。"景公说，大戒于国。《管子·内言·戒》篇曰：威公将东游，问于管仲曰："我游犹轴转斛，南至琅邪。司马曰：'亦先王之游已。'何谓也？"对曰："先王之游也，春出，原农事之不本者，谓之游；秋出，补人之不足者，谓之夕。夫师行而粮食其民者，谓之亡；从乐而不反者，谓之荒。先王有游夕之业于人，无荒亡之行于身。"威公退，再拜，命曰："宝法！"洪容斋读而疑之，以管氏既自为书，必不误也，何二人之语相似。因而载之《三笔》，欲细考也。

元人郑元祐以贾谊《新书》多同《大戴》之篇，意古或有是言。予尝记忆所知者。《荀子·劝学篇》与《大戴》之《劝学》，前面俱同，或句有先后，字有多寡，乃《大戴》刊误也。《礼论》与《史记·礼书》后段同，《乐论》与《乐记》互有详略，内中"三年问"即《礼记》之所载也。《哀公》篇前半段即《大戴》"哀公问五义"章也。《大戴·三本》一篇，是截《荀子·礼论》中之一段"天地者生之本也"五百言，而《史记》又截五百言之后"礼岂不至哉"以下作自己极言礼之损益，为《礼书》之结。礼经《聘义》后子贡问比德于玉一段，亦《荀子》之所有。礼有《礼运》，《家语》亦有之，始则俱同，而中后则未详于礼也。《大戴·曾子问孝》篇与《小戴·祭义》同；《礼察》篇与《小戴·经解》篇同，且又重出于贾谊《治安策》；《文王官人》篇与《汲冢周书·官人解》相出入。《新书·保傅》前一段千六百言，无一字之不同《大戴》，中则《大戴》增益三公三少之事，末端胎教几二千言，又无也。但其中《大戴》说巾车之处，《新书》却说悬弧之礼，此则不同也。然《大戴》总为一篇，而《新书》各条分之。《家语·执辔》篇言人物之生数一段，又与《鸿烈解·地形训》、《大戴·易本命》数百言相同。《列子·黄帝》篇言海上之人好鸥一段，与《吕览·精喻》篇海上之人好蜻者全类。《战国策》楚宣王与群臣问答狐假虎威一事，与《新序》并同，但其后二十余言不同。二者所同，皆不下二百余言。

予尝反覆思维，岂著书者故剽窃耶？抑传记者或不真耶？非也。二戴之于《礼记》，彼此明取删削定为礼经。其余立言之士，皆贤圣之流。一时义理所同，彼此先后传闻。其书原无刻本，故于立言之时，因其事理之同，遂取人之善以为善，或呈之于君父，或成之为私书，未必欲布之人人也。后世各得而传焉，遂见其同似。于诸子百家偶有数句、数百言之同者，正是如此耳。①

洪迈在《容斋三笔》中抄录了上述《孟子》和《管子》之中的故事之后，说："观管、晏二子之语，一何相似！岂非传记所载容有相犯乎？管氏既自为一书，必不误，当更考之《晏子春秋》也。"②洪迈虽然发现了管子、晏子言语相似的现象，但是受当时学术观念的影响，错误地认为《管子》书为管子自著，恐怕很难找到二人言语相似的原因。

郑元祐在其《侨吴集》卷七《大戴礼卷后跋》中，提到古书相近者有："(《大戴礼记》)其间《礼察》篇与小戴《经解》同，《曾子大孝》篇与《祭义》同，《劝学》则荀卿首篇也，《哀公问》、《投壶》二篇尽在小戴书……至于《文王官人》篇，则与《汲冢周书·官人解》相出入。"不难发现郎瑛由此借鉴了不少内容。郑元祐还提到："若夫取舍《保傅》

---

① （明）郎瑛：《七修类稿》卷23，中华书局上海编辑所1959年版，第353—354页。胡兰江女士曾节引此文，并指出："这种依照相同的字句去判断学派归属的做法本来是一种不得已而为之的办法，它让我们在考古资料与传世文献之间搭起一个桥梁，为我们的释读提供方便，并可以借此纠正传世文献中的一些错误。但其作用仅此而已。如果一定要赋予它更多责任，把它作为推论的主要依据，恐怕就不可取了。"见氏著《七十子考》，博士学位论文，北京大学中文系，2002年，第63—64页。

② （宋）洪迈：《容斋随笔·三笔》卷1，上海古籍出版社1978年版，第424页。

等篇，虽见于贾谊政事书，然其增益三公三少之贵任与夫昭教，古必有其说，否则不应有是也。"① 贾谊《新书·傅职》有关于三公三少之文，同于《大戴礼记·保傅》。郑元祐虽然好像仅仅根据《汉书》中贾谊的《治安策》作评论，是否注意到《新书》尚难确定；但是他的意思应该是《大戴礼记·保傅》包含"三公三少"这一段落，或者说这一段落本来就属于《保傅》，"古必有其说"（郎瑛所谓"古或有是言"）。郎瑛提到了贾谊《新书》，而且说"《大戴》总为一篇，而《新书》各条分之"，就是对郑元祐说的具体阐释。郑元祐虽然推测《保傅》应该包含"三公三少"的内容，但是没有寻求原因。

与洪迈、郑元祐之说相比，郎瑛之说的重要之处，并不在于指出古书中有许多相同之处——这样的"同文"现象太多了；郎瑛之说的重要性在于他指明了古书相同的缘由："立言之士，皆贤圣之流。一时义理所同，彼此先后传闻。其书原无刻本，故于立言之时，因其事理之同，遂取人之善以为善，或呈之于君父，或成之为私书，未必欲布之人人也。后世各得而传焉，遂见其同似。"章学诚著名的"言公"之论，就与之接近：

> 古人之言，所以为公也。未尝矜于文辞而私据为己有也。志期于道，言以明志，文以足言。其道果明于天下，而所志无不申，不必其言之果为我有也。②

这应该是我们看待古书"同文"的比较正确的一种态度。当然并不是所有的古书篇章都阐述了作者的心志，有很多"同文"只不过是引用一个故事，或者讲一些流行的道理，并未反映学派的特别之处。

从目前的研究来看，本书所讨论的"古书"范围的主要是西汉以前的，某些文献当然还能再晚；但是东汉末魏晋时整编而成的一些书如《列子》《孔子家语》，恐怕就当具体问题具体分析，需要另论了。

---

① （元）郑元祐：《侨吴集》卷7，《四库全书》第1216册，台湾商务印书馆2008年影印文渊阁四库全书版，第503页A。

② 叶瑛：《文史通义校注》，中华书局1994年版，第169页。按：章学诚《文史通义》中有《言公》上中下三篇，列举了不少事例，上引文为其主旨，所说或可能有得于郎瑛。

与上述将"同文"作为校勘、注疏工具，推导古书中有许多"同文"的原因这些做法不同，还有另外一种做法，那就是根据"同文"现象，推断彼此之间的先后关系乃至判定真伪，讨论学派属性；当然，也有根据"同文"，而论断多个文本的时代必然是相近的——而这不仅与前一个推断有一定的矛盾，恐怕也是难以令人信服的（下文对此推断不作过多论述）。可见在这里，发现"同文"是最重要的，至于要得出何种结论，那就要看研究者要回答何种问题以及他有何"预设"了。

譬如柳宗元《辩鹖冠子》有：

> 余读贾谊《鹏赋》，嘉其辞，而学者以为尽出《鹖冠子》。余往来京师，求《鹖冠子》，无所见。至长沙，始得其书。读之，尽鄙浅言也。唯谊所引用为美，余无可者。吾意好事者伪为其书，反用《鹏赋》以文饰之，非谊有所取之决也。太史公《伯夷列传》称贾子曰："贪夫殉财，烈士殉名，夸者死权。"不称《鹖冠子》。迁号为博极群书，假令当时有其书，迁岂不见耶？假令真有《鹖冠子》书，亦必不取《鹏赋》以充入之者。何以知其然耶？曰：不类。①

这不但说明柳宗元是在根据同文认《鹖冠子》为伪书，而且表明在他之前，就已经有人在这样做了，只是所得结论相反。

这种辨伪方法，在后来也很受重视，尤其在清代，伴随着校勘工作，学者也顺势用之于辨伪。譬如柳宗元《辩文子》已经指出《文子》一书"剽窃"他书，清代顾观光的《文子校勘记》，本来是校勘之作，也下结论认为"（《文子》）出《淮南》者十之九"（却又很幽默地指出"间有《淮南》误而《文子》尚不误者"）②。但是孙星衍的结论正好相反，"《文子》胜于《淮南》，此十二篇，必是汉人依据之本，由当时宾客迫于成

---

① （唐）柳宗元：《柳河东全集》，中国书店1991年版，第50—51页。
② 顾观光：《文子校勘记》，《四部备要·子部·文子》，中华书局1989年版，第45页A。或以为作者为钱熙祚，恐不确，参见胡文辉《文子的再考辨》，《中国早期方术与文献丛考》，中山大学出版社2000年版，第57页。

书，不及修辞达意。或有非贤，厕于其列，杂出所见，聊用献酬群心。"①并举数例为证。

《鹖冠子》和《鵩赋》之间，《文子》和《淮南子》之间，是否有抄录或剽窃的关系？这种争论或许还将继续讨论下去。但是如果比照郎瑛之言和章学诚的"言公"之论，或许对于先秦秦汉时期的这些书，我们不应该以"抄袭""剽窃"的眼光去看待它们。根据"同文"现象来判定先秦秦汉的一些古书为"抄袭""剽窃"，为伪书，是把后代的观念强加给古人，恐怕是不太合适的。

或曰，不当以"抄袭""剽窃"的眼光看待古书是可取的，但是我们可以分析"同文"之间的逻辑关系，而推出孰先孰后（当然也有人竭力证明出现了"同文"，就表明"同文"之间时代接近，思想属性接近）。

曾经讨论过《尹文子》一书真伪问题的唐钺②，归纳出了如下考订"同文"关系的通则（唐先生指出，这些通则"亦适用于同一书中之两段相关文字"）：

（一）二书有一段文字相似或表述相同之内容，其中一书之文字无可疑之处，而其他一书之文字显是误解彼书之文义，则此含有误解之一段文字，必较被误解之文字后出，且由剽窃彼段文字而成。

（二）抽象名词，或其他词类，本为单字者，有以此种两单字连成一词而又只表一义，则此词必较单字之词后出。

（三）二书有一段文字大部相同，其中一书之语句自然整齐，意较易晓，而别一书之语句参差破散，意较费解，则破散一段殆较整齐一段后出，而系窜改整齐一段而成。

（四）二书有词语意义相同，其中一书之文朴质条达，别一书之文则雕饰特甚。雕饰之文当出朴质之文之后，乃有意改朴为华而成。

---

① （清）孙星衍：《文子序》，《问字堂集》，中华书局1996年版，第89页。孙星衍还说："淮南王受诏著书，成于食时，多引《文子》，增损其辞，谬误叠出。"但是据《汉书》，淮南王受诏是作《离骚传》，不是《淮南子》。《淮南子》是否因为淮南王准备入朝觐献而使"宾客迫于成书"，史无明文。

② 唐钺：《尹文和〈尹文子〉》，《古史辨》第6册，上海古籍出版社1982年影印本。

（五）二书有一段言理之文，大旨相同，其中一书之文简要易解，而别一书之文繁冗隐讳，繁冗之文当是晚出，乃增衍彼书简要之文而成。

（六）前人常用检查书中内容与时代不合来考订古书年代，唐先生则进而以古书彼此措词相较而断其中一书撰作时代（措词亦可间接涉及史事，但究与内容涉及史事不同）。①

唐先生在其所举通则之下，都举出了具体例证。如果不考虑唐先生文末"剽窃"之类说法，只考虑他分析"同文"之间先后关系的方法，唐先生的六条说法可谓有理有据；而且，甚至是对于"疑古派"的辨伪书方法颇有批评的郑良树先生，目前也是在通过"同文"分析法具体分析古书篇章的问题②。

唐先生的六条通则，第一条、第三条、第四条、第五条是针对一段文字，第二条、第六条则是针对字词或短语。其中的第（三）、（四）、（五）条通则，很明显地带有进化论的观念，认为事物的发展是由简到繁，由朴到质（可是就某一个时段内思想的发展、流变来说，这是难以证实的）。其余的尤以第一条和第二条最让人深信不疑，乃至作为"法宝"。现存的"同文"之间，确有可能存在彼此的先后关系，其原因或不出唐先生所归纳的六条内容。然而，唐先生之说需要一个前提，那就是"同文"之间，肯定有一一对应的先后关系，非早即晚。而这个前提默认了一个预设——现存古书就是古代人所见的全部古书。

这个预设当然是荒谬的，没有谁不知道古书大量佚失。但是一进入具体的研究工作时，却很少有人对于其立说的预设、前提进行质疑。许多学者在讨论"同文"之关系时，明确地说不是甲早于乙，就是乙早于甲（甚至说不是甲抄乙，就是乙抄甲）。其实，这个前提也是成问题的。从逻辑上来讲，相近二者甲、乙之间的关系，除了甲在先或乙在先这两种可

---

① 唐钺：《考订古书撰作年代通则补说》，《文史》第16辑，第293—299页。
② 如郑良树有《从重文的关系，论〈列子·黄帝〉的流传》和《从重文的关系，论〈列子·说符〉的流传》，其他论《晏子春秋》的成书等文，也用了相近的方法。均见氏著《诸子著作年代考》，北京图书馆出版社2001年版。

能外，还有甲、乙有共同来源丙这第三种情况。只要稍微考虑一下古书曾经大量佚失，那么不难推想："同文"之间，还可能有另外一种关系，那就是甲乙同源于丙，因而甲乙之间不存在一个一一对应的因袭关系——现存古书并不是古代人所见的全部古书，在某个佚失了的古书之中，可能存在着丙。出土的简帛古书，就为这种"古书佚失观"提供了最好的证据。先秦时期，各学派之间，有些资源可以共用，尤其是同派小宗之间，每每流传一些相近的资料，而又有传闻异辞。我们切不可依据今天残存的文献，倒推回去，以为这些文献有先后抄袭关系，而看不到佚失的文献。

由这个"古书佚失观"，我们不难推导出"同文同源说"——只要我们不是又简单地根据出土的文献（或许是丙），去推断甲、乙、丙之间的早晚关系。我们应该面对出土简帛古书，冷静地反思我们过去一些方法上的疏漏了，要举一反三，不要一误再误。我们甚至可以推想，在甲乙和丙之间，还可能存在更多的中间环节。

当然，古书的形成过程是非常复杂的，而且今天所见的具体的"同文"之间，确有可能存在因袭的关系；但是如何判断是否属于因袭，则仍有很大疑问。大抵有一些史书、子书常抄撮或引述它书，一些注疏也常常明引或暗引它书；而有时候一段文字有误，抄者因袭其误，也较容易表明其为抄袭。然而需要注意的是，这些抄撮、引述、因袭的对象，未必一定是今天所存的古书，因为今存古书有一个不断流变而逐渐定型的过程，它们只是众多古本之一。因此我们很难保证我们的袭用证据是绝对客观的，因为古人所见书比我们多，他有可能抄自今本的某一佚失了的"族本"（家族相似之传本），也可能只是背诵、引述一些片断写入书中……当然有可能某些"同文"之间虽未必是直接因袭，但可以看出早晚，如帛书《战国纵横家书》与《战国策》等相应篇章之间，帛书没有主名，可能来自于书信和奏言（当然，对这个问题其实还存在不同意见[①]），但是我们还没有证据说晚的就是直接来自于较早的帛书或其传本。

[①] 参见诸祖耿《关于马王堆汉墓帛书类似〈战国策〉部分的名称的问题》，《南京师大学报》（社会科学版）1978年第4期；张烈《战国纵横家辨——兼与徐中舒诸先生商榷苏秦等问题》，《战国秦汉史研究》，中华书局2006年版；赵生群《〈战国纵横家书〉所载"苏秦事迹"不可信》，《浙江师范大学学报》（社会科学版）2007年第1期。

总之，我们不能简单、静止地根据一些所谓的"事实"而认为两则"同文"之间必定有先或后或同时的逻辑关系，并且要将这种逻辑分析法运用到所有"同文"之上。我们需要注意方法所适用的范围，要反思自己的预设。

本着"古书佚失"观和"同文同源说"，唐先生的六条通则，不免都会受到质疑。下面讨论唐先生最重要的第一、二条通则，这两条通则其实并非毫无疑问。

譬如《诗经·大雅·皇矣》有"帝谓文王，予怀明德"之语，《墨子·天志（中）》引为"帝谓文王，予怀明德"，《墨子·天志（下）》则作："帝谓文王，予怀而（尔）明德"。初看似乎《墨子·天志（下）》有误，因为《礼记·中庸》也引有"予怀明德"。但是新出上博简《诗论》简 7 中有"怀尔明德"，前有缺简，可能佚失了"帝谓文王，予"几字。因此，倒有可能是《诗经》《墨子·天志（中）》等有问题，尚待具体分析。虽然就《墨子》存在两种异文而言，很有可能是儒家传的《诗经》本子有了改变之后，墨家某一种也跟着变①，可以看出一种因袭、早晚关系。但是具体而言，我们想要判断因袭的时间，恐怕不能简单地根据现存的几种传世和出土文献就能下结论；而且《墨子·天志（中）》是否存在传抄中造成的一些问题，也值得考虑。

说"二书有一段文字相似或表述相同之内容，其中一书之文字无可疑之处，而其他一书之文字显是误解彼书之文义，则此含有误解之一段文字，必较被误解之文字后出，且由剽窃彼段文字而成"，看起来很有道理，但其实有问题。因为说"其他一书之文字显是误解彼书之文义"，包含了二者存在先后对应的关系、此书误解彼书这两个问题，而其中二者存在先后对应的关系是由此书误解彼书来说明的。但是实际上二者存在先后对应的关系这个前提，并不能用"此书误解彼书"来说明。唐先生说二者存在先后对应的关系，是在目前相关文献缺失的情况下靠默证来完成的。实际上，不仅有可能此段文字是误解彼书之来源或"族本"而非当前这一本所形成的；而且目前有误解的"此段文字"也有可能还不

---

① 参见拙作《上博〈诗论〉"怀尔明德"探析》，《新出简帛的学术探索》。

是最初的本子，而是经过了流传；此外，还有可能二者之间传闻异辞，不是同一系统，并不存在先后对应的关系。总之，问题很复杂，还需要多加分析。

再如唐先生所说的《庄子》外杂篇中性、命连用的问题，这种汉语史的方法，很为人所称道。然而汉语史的方法，应该是用于考察长时段内词汇变化的工具；不宜用来考察短时段，尤其是想凭借它在战国中晚期之间作出"一刀切"式的分别。这一问题已有专门讨论。

"同文同源说"，过去可能因为缺少出土简帛古书的刺激，并不被重视。陋见所及，阎若璩曾在《尚书古文疏证》卷二第三十二"言古书如此类者颇多"条中，发明朱子之语，提出古人"述而不作"，称述"古来流传得此个文字"的主张。但细核朱子原文，皆有针对性，并非通论先秦书籍。阎氏之说倒可以反映他自己的观念，不必托古。

其后陈启源在《毛诗稽古编》中论《小雅·都人士·序》与《缁衣》关系的时候说过："朱子《辨说》云：《都人士叙》盖用《缁衣》之误。是不然。《叙》纵非子夏所作，然其来古矣。《缁衣》，公孙尼子作也。尼子者，七十子之徒，与大毛公俱六国时人。毛公传《诗叙》，尼子作《缁衣》，孰先孰后，未可定也。何知非《缁衣》用《叙》，而必为《叙》用《缁衣》乎？古人文字互相仍袭者甚多，《易》、《书》、《诗》皆圣经，亦往往有之。《叙》所谓'古者长民，衣服不贰，从容有常，以齐其民，则民德归壹'，当是先正遗言。叙《诗》者与尼子各述所闻，著之于书耳。"①

《四库全书提要》评《鹖冠子》与《鵩鸟赋》之关系，说："《柳宗元集》有《鹖冠子辨》一首，乃诋为言尽鄙浅，谓其《世兵》篇多同《鵩赋》，据司马迁所引贾生二语，以决其伪。然古人著书，往往偶用旧文，古人引证，亦往往偶随所见。如'谷神不死'四语，今见《老子》中，而《列子》乃称为黄帝书。'克己复礼'一语，今在《论语》中，《左传》乃谓仲尼称'《志》有之'。'元者，善之长也'八句，今在《文言传》中，《左传》乃记为穆姜语。司马迁惟称贾生，盖亦此类，未可以

---

① （清）陈启源：《毛诗稽古编》，阮元、王先谦编：《清经解·清经解续编》卷75，上海书店1988年影印本，第411页A。

单文孤证，遽断其伪。"真是罕有的通达之见。

后来王国维先生在《说商颂》中讨论《商颂》和《风》《雅》相同的诗句的关系时，说"其为《商颂》袭《风》、《雅》，抑《风》、《雅》袭《商颂》，或二者均不相袭而同用当时之成语，皆不可知。"① 在《殷卜辞中所见先公先王考》中考证"王恒"时指出："要之《天问》所说，当与《山海经》及《竹书纪年》同出一源。"②

其后，有黄方刚先生讨论《金人铭》和《战国策》卷二十二引《周书》之文、《太公兵法》引黄帝语之关系时说："三处文虽略异而义则相似，语气亦一，可信其出一源，不能谓其于同时异地假造而成也。"③

浦江清先生论《逍遥游》许由对尧一节故事与《吕览·求人》篇关系时说："如比较观看，则《吕览》拙而《庄子》文，拙者近古。虽不足以证明今本《庄子》此节出于《吕览》，即使各有同源，《庄子》文必已经后人润色，可以断言。"④ 浦先生之说，不把今本《庄子》看作一成不变的文本，已经足以直接动摇唐钺先生通则中与进化观念有关的三条，乃至其他几条通则。曾教过季羡林的德国哈隆（Gustav Haloun）教授，在一篇讨论《鬼谷子》《慎子》《管子》《韩非子》《鹖冠子》等书中相关的法家佚文的文章中，明确提出彼此之间存在一个原型，是诸书的共同来源；而且他认为《慎子》《管子》《六韬》《战国策》等皆存在原本和今本的演变过程⑤，皆为卓识。

裘锡圭先生曾在《考古发现的秦汉文字资料对于校读古籍的重要性》一文指出古代文字资料与传世古籍的关系中，有"二者虽非一书但有很密切的关系，或者其中一种出自另一种，或者二者同出一源。"⑥ 不过对

---

① 王国维：《说商颂》，《观堂集林·附别集》卷2，中华书局1959年版，第1册，第117页。
② 王国维：《殷卜辞中所见先公先王考》，《观堂集林·附别集》卷9，中华书局1959年版，第2册，第421页。
③ 罗根泽编著：《古史辨》第4册，上海古籍出版社1982年影印本，第368页。
④ 浦江清：《逍遥游之话》，《浦江清文录》，人民文学出版社1958年版，第221页。
⑤ 哈隆（Gustav Haloun），Legalist Fragments, Part I: Kuan-tsï 55 and related texts, Asia Major (NS) 2 (1951), pp. 85–120.
⑥ 裘锡圭：《古代文史研究新探》，江苏古籍出版社1992年版，第3页；原载《中国社会科学》1980年第5期。

于传世文献之间的关系，如关于《史记》与《书序》，裘先生也讲过"二者究竟谁抄谁，尚无定论"①。

陈鼓应先生在讨论《象传》与《庄子》的关系时，指出二者"概念上的相似，绝非偶然现象。如果不是《象传》受到了《庄子》的影响，或《庄子》受到《象传》的影响，那就很可能是两者出于同一作者群。"后来又说道："《象传》作者与庄子《天道》等篇可能属于同一作者群，或属于同一文化圈。"② 此处的"两者出于同一作者群"，"或属于同一文化圈"，和同源说略有不同，或和陈先生"《易传》道家说"的观点有关。

李学勤先生在继续张岱年先生讨论《系辞》"天尊地卑"一节与《乐记》"天高地下"一节的关系时，指出："文字的递用沿袭，在古代文献中屡见不鲜。当时引用前人作品，不像现在那样严格地要标明，以至加上引号。近年发现的各种先秦到汉代的简帛书籍，也多次证实了这一点。《系辞》与《乐记》的关系，肯定也是这样。问题是两者那一个在前，抑或有同出一源的情形。"直接将同源说和早晚关系并列而出。不过，他最后的结论是："《乐记》沿袭和包容了《系辞》的文句。"③

其后在讨论《黄帝书》四篇和《管子·心术》几篇的关系时，李学勤先生再一次提出："这种关系的性质，不外有三种可能，就是：（1）《黄帝书》早于《管子》，《管子》袭用《黄帝书》；（2）《管子》早于《黄帝书》，《黄帝书》袭用《管子》；（3）两者同时，类似文句是出于学派相同，或系袭用同一来源。最后这种事例，在先秦以至汉晋古书中也是屡见不鲜的。""两者同时"，"学派相同，或系袭用同一来源"，比前说又有改进；"学派相同"，比陈鼓应先生的"两者出于同一作者群"，范围更大，而且还涉及学派的问题。不过李先生最后的结论是："《管子·心术》等篇的作者曾读过《黄帝书》，引用了其中的思想以及文句。"④

---

① 裘锡圭：《中国出土古文献十讲》，复旦大学出版社2004年版，第50页。
② 陈鼓应：《〈象传〉与老庄》；《〈象传〉与道家的思维方式》，并见《易传与道家思想》，生活·读书·新知三联书店1997年版，第16、26页。
③ 李学勤：《周易经传溯源》，长春出版社1992年版，第81页。
④ 李学勤：《〈管子·心术〉等篇的再考察》，《古文献丛论》，上海远东出版社1996年版，第186页；原载《管子学刊》1991年第1期。

后来李学勤先生在讨论《管子》中某些篇章和银雀山汉简《王兵》的关系时，对于同出一源的现象进行了深入分析："古书篇章间重复叠出的现象很是普遍，但并不是偶然的。这种情形的出现，不外于两种原因：有的是由于当时学多口传，学者在传授记录以至著诸竹帛时有所不同；有的是由于学说思想的影响传播，学者在著作时彼此辗转引述。无论如何，总是表现着学术上的一定联系。"但是他最后的结论是《管子》中，《轻重》的《事语》篇文字因袭《管子·七法》《王兵》①。

李学勤先生的"学派相同""学说思想传播"等推测，足以动摇唐钺先生的第六条通则。不过，李先生虽然提出同源的情形，而且其分析不断深入，但是他最后的分析结论，还是指明了先后因袭关系。

今人也有很多推断可能存在同源，但是又否定这种可能性的实例。比如陈丽桂在分析《文子》与《淮南子》关系的时候说："有没有另一种可能，即两者共同抄自先秦其他典籍，却详略互异？如果光就这类铺衍极盛的例子看来，答案应该是否定的。"②再如郭店简《语丛四》中的"窃钩者诛，窃邦者为诸侯。诸侯之门，义士之所存"，裘锡圭在按语中指出："此段内容与见于《庄子·胠箧》的下引文字基本相同：'彼窃钩者诛，窃国者为诸侯。诸侯之门，而仁义存焉。'"③ 对于《语丛四》和《庄子·胠箧》的关系，王葆玹指出有三种可能性：一是《语丛四》来自《胠箧》，二是《语丛四》与《胠箧》来自一部佚失的著作，三是《胠箧》来自《语丛四》④。但可惜的是，王葆玹"排除了《庄子》抄录楚简的可能性"，于是"在楚简抄录《庄子》和两者抄录他书两种可能性之间进行选择"；其结论是"可以肯定，历史的真相是楚简《语丛四》抄录了《庄子·胠箧篇》，而不可能是相反的。"

---

① 李学勤：《〈管子·轻重〉篇的年代与思想》，《古文献丛论》，上海远东出版社1996年版，第199页；原载《道家文化研究》第2辑，上海古籍出版社1992年版。

② 陈丽桂：《试就今本〈文子〉与〈淮南子〉的不重袭内容推测古本〈文子〉的几个思想论题》，《道家文化研究》第18辑，生活·读书·新知三联书店2000年版，第208页。

③ 荆门市博物馆：《郭店楚墓竹简》，文物出版社1999年版，第217、218页。

④ 参见王葆玹《试论郭店楚简的抄写时间与庄子的撰作年代——兼论郭店与包山楚简的时代问题》，《哲学研究》1999年第4期。

值得注意的是，关于《国语·齐语》与《管子·小匡》，罗根泽认为《小匡》晚，"乃汉初人作"①。顾颉刚后来提出了相反的看法，但并未详细论证②。李学勤先生也曾撰文讨论"两篇孰先孰后"，认为"《小匡》晚于《齐语》，好多地方不如《齐语》"，但是"并不意味《小匡》是一篇'伪书'。我们曾根据近年发现的简帛古籍论证，'古书的形成每每要很长的过程。除了少数书籍立于学官，或有官本，一般都要经过改动变化。'《齐语》和《小匡》为大家提供了古书如何改动变化的佳例，使我们对古籍的形成过程能有更多的了解，是很宝贵的。"③

这应该是李学勤先生同源之说的思想发端，而胡家聪就在李先生此说基础上，"提出一种新的见解，即：1.《小匡》和《国语》均出于同一个古时的底本，两者是分别辗转传抄的两种传抄本，当时书写于简册，传抄过程中难免有改字错写、或删或增之处。2.那一种接近古时底本的传抄本，文词古奥，被《国语》编者得到作了一些删削，收进《国语》作为《齐语》……3.出于同一个古底本的另一种传抄本，经后人多次传写因其文词古奥，故多有改字，改得明白易晓。有的改字合于原意，但有的改错了，不合原意，甚至窜入了'关内侯'等后世词语。"④胡先生的这个"新见解"（当然并不真正是前无古人的"新见解"），颇有价值，他对于《管子》的研究中，还有不少与此说相近的内容。不过，就"同源"说而言，或并非一定是抄自另一典籍，也有可能是根据某个原始资料集（恐多为口传）而有所采撷、编订、补充。

而李学勤先生在讨论马王堆帛书《易之义》（整理者曾以为是帛书《系辞》下篇，廖名春先生指出篇名为《衷》）和《说卦》开篇三章文字相近的问题时，曾指出"《说卦》的这三章和《系辞》同出一

---

① 罗根泽：《〈管子〉探源》，周勋初选编：《罗根泽说诸子》，上海古籍出版社2001年版，第322—326页。

② 顾颉刚：《"周公制礼"的传说和〈周官〉一书的出现》，《文史》第6辑，中华书局1979年版，第20页。

③ 李学勤：《〈齐语〉与〈小匡〉》，《古文献丛论》，上海远东出版社1996年版，第183页。原载《管子学刊》1987年创刊号。

④ 胡家聪：《管子新探》，中国社会科学出版社1995年版，第266页；中国社会科学出版社2003年版，第273—274页。

源。"① "我们不能认为传世《说卦》系采自《易之义》。很可能《易之义》是来自《说卦》的原型，或两者有共同的渊源……《易赞》等的作者，曾引据'十翼'的《彖》、《象》、《系辞》，可能还有《说卦》。"② 基本认同"同出一源"说。在讨论帛书《易之义》中与《系辞下》论《易》之兴、作年代相关的文句时，直接说"以孔子这段话和《系辞下》对比，便知道两者出于一源。"③ 则李学勤先生也承认了"同文"同源之可能性。看来他是相信根据分析，可以判定到底是同源还是先后因袭。

近来刘笑敢指出在简帛考证中使用"类同举例法"，其实和"古史辨派"的"推理、论证、考据的方法似乎并没有根本不同"，他反对"简单地依靠'类同举例'法来断定出土简帛的学派、作者和年代"。他所说的"类同举例法"，就是根据"同文"来判断文本之间的关系。这是一篇重要的反思方法论的文章，可惜很多问题尚未展开；而且他谈得多的是根据"同文"来"怀疑甚至断言甲书和乙书属于同一时代或同一作者或同一学派"④，没有论及据"同文"来争论"引用""抄袭"等问题。而他所批评的这一方法，并非是"古史辨派"特有的方法，倒是古来的传统方法。譬如《诗·小雅·小旻》的"国虽靡止，或圣或否；民虽靡膴，或哲或谋，或肃或艾"与《尚书·洪范》的肃、乂、哲、谋、圣之时代关系，刘节、梁启超说《洪范》袭用《小旻》，是战国才有的作品，既不是传统上所说西周初的作品，也不是周幽王时作《小旻》之时代的作品。此后钱玄同、顾颉刚、童书业、张西堂、陈梦家、郭沫若等皆赞同此说⑤。只到后来，才有顾颉刚的弟子刘起釪说《小旻》与《洪范》之间原没有直接联系"⑥，在署名顾颉刚、刘起釪所作的《尚书校释译论》中，在讨论

---

① 李学勤：《周易经传溯源》，长春出版社1992年版，第236页；《周易溯源》，巴蜀书社2006年版，第343页。
② 李学勤：《周易溯源》，巴蜀书社2006年版，第365、368页。
③ 李学勤：《周易溯源》，巴蜀书社2006年版，第393—394页。
④ 刘笑敢：《略谈简帛考证中"类同举例法"的局限性》，艾兰、邢文编：《新出简帛研究》。
⑤ 参见刘起釪《〈洪范〉成书时代考（附今译）》，《尚书研究要论》，齐鲁书社2007年版，第400—401页。原载《中国社会科学》1980年第3期。
⑥ 刘起釪：《〈洪范〉成书时代考（附今译）》，《尚书研究要论》，齐鲁书社2007年版，第414页。

《小旻》与《洪范》的关系时,就既反对王应麟所说《小旻》是承《洪范》,也反对刘节等的《洪范》承《小旻》,而说"安知非二者同源?"①

就"同文"之间的"同出一源说",笔者也举一个例子,以见其具体运用。

比如《系辞》"天尊地卑"一节与《乐记》"天高地下"一节之间,存在"同文"的关系。张岱年、李学勤先生认为《系辞》在前,而金春峰则认为《乐记》在前②。《系辞》这一节,如上文所说过的,恐怕并不是一个一成不变的文本,今本《系辞》和帛书本《系辞》,就小有差别,"鼓之以雷霆,润之以风雨",帛书本将通假字写出正字后是作"【鼓之】雷霆,浸之风雨",而《乐记》则作"鼓之以雷霆,奋之以风雨"。"润""浸""奋"三者音韵并不很近,"之以"与"之"有不同,可见三处"同文"文字并不完全相同,很有可能是同出一源,或皆利用了儒家学派内部的资源,不烦用"同文"分析法来推定孰早孰晚;当然,我们也无法证明这三则"同文"时代接近。

而且,对于大段的"同文",分析彼此之间的年代早晚还有一个疑问:我们讨论《系辞》这一节的年代早晚,究竟是讨论今传本或帛书本《系辞》这一节的年代,还是讨论倒推回去、想象中的更早的《系辞》这一节的年代?而如果当时这一节还没有和《系辞》其他篇章连缀成篇,那么,我们还能由《乐记》的年代,推论《系辞》的年代吗?何况《乐记》也由许多章节组成,其形成年代也可能是一个长期的过程。

根据郎瑛推断"同文"的原因和章学诚的"言公"之说,我们不难明白,一个思想(内容)的最先形成的年代,和某个乃至某几个文本的最后定型(形式)的年代,并不是同一个问题——因此才存在诸多的中

---

① 顾颉刚、刘起釪:《尚书校释译论》,中华书局2005年版,第1158—1159页。按:这当主要是刘起釪的意见。但是据《顾颉刚日记》,顾曾校改刘起釪关于《洪范》的文章,不知有何意见。裘锡圭先生在讨论燹公盨铭文时,附带提及《小旻》与《洪范》的关系,引述了关于二者关系的三种看法,其中第三种"二者间无直接关系"应该就是刘起釪的看法,裘的意见是"《小旻》袭《洪范》的可能性为最大"。见氏著《燹公盨铭文考释》,《中国出土古文献十讲》,复旦大学出版社2004年版,第70页。

② 金春峰:《〈周易〉经传梳理与郭店楚简思想新释》,中国言实出版社2004年版,第76—77页。

间环节。古人立言、"言公",是为了传述思想,内容应该重于形式,形式是为内容服务。所以,"同文"分析年代法,最多只能表明现存的文本形式之间有可能存在一个形式上的逻辑的先后(这个逻辑先后,是我们只关心现存"同文"之间的先后关系所人为造成的),但是这不能必定代表实际的内容之间或历史上,真的有这样一个先后关系存在。

因此,与其毫无把握地去论证先秦秦汉时期的古书"同文"之间,有可能存在一一对应的因袭关系这个前提,在此基础上再证明二者是因袭的关系,不如更多地设想当时有那么多的佚失不传的古书,以及口耳相传的文献。所以我们应该把问题设想得复杂一些;不能斤斤计较于今天所见的"同文"之间的早晚关系,把问题简单化(虽然它们确有可能存在先后因袭关系,但这种可能性有多大,如何证明,都是疑问)。我们应该专注于古书的思想内容,不能让形式来决定内容,更不能通过推导形式的先后而推定内容的时代先后。不能得其"迹"而忘其"所以迹",本末倒置。过去有不少学者根据古书形式上的先后以及思想的演进法等工具,推导出古代诸子篇章的年代先后,排出时间链条,他们的不少结论已经被否定了。可是现在还有不少学者延续这种思路(仅将某些结论稍作修改),尤其是把出土文献根据"同文"现象,归入其心目中的文本时间链条中去,为出土文献定确定年代。这种结论仍然只是形式上的、逻辑上的,只具有参考价值,指导其思路的观念并没有根本改变。

但是,就古书的校勘、训诂工作来说,那么寻求"同文"是很值得推崇的方法。当然,在具体操作的时候,尤其是涉及出土文献和传世文献的"同文",利用传世文献解读出土文献的时候,要注意防止不恰当的"趋同"和"立异"两种倾向[①]。更可以注意的是,为"趋同"和"立异"这两种倾向奠基的是"源流"同异的问题,故在此两种倾向之外还有"溯源"的工作可以做,于此不能详论。

总之,"同文"分析法,对于校勘、训诂的工作,非常有帮助;但是超出了校勘、训诂的范围,进而要用它分析古书篇章的年代先后、真伪,

---

[①] 参见裘锡圭《中国古典学重建中应该注意的问题》,《中国出土古文献十讲》,复旦大学出版社2004年版。

恐怕就不是很有帮助了。对于"同文",我们更应该考虑到同出一源的可能性。这样的观念,或许会对于古书考辨的方法乃至已经"定伪"的成果、已有的年代序列造成"破坏",引起长期的"混乱"。但是如果它能使我们的工作摆脱简单化,走向接近真实的方向,那么我们没有必要害怕再一次重建我们的古典学。古书的形成比较复杂,我们需要从思想认识上摆正方向,进行仔细研究,尤其需要探索更合适的研究方法。

从出土文献谈古书形成过程中的"族本"

笔者关于古书"同文"问题的讨论，主要是依据新出土的简帛古书，继续早前的一些研究（主要是《〈文子〉的成书问题》《郭店〈穷达以时〉再考》《评池田知久著〈马王堆汉墓帛书五行研究〉》数文），竭力排除文本单线流传观的影响，注意预设多种可能性，注意使用复杂性的思维，在非此即彼的争论中寻找融通的新路径。特别强调根据新出土文献，有必要预设一个"古书佚失"观，考虑到很多古书可能已经佚失了，但是我们不能因为今天见不到，就把它们排除在观念之外；要注意同文之间同源异流或一源众流的可能性。此文得到了一些学者的关注。然而笔者约略提及的"族本"问题，却引起了误会，有些人怀疑是"祖本"的错讹。

最近在思考一些出土文献的时候，笔者发现同文同源异流说或一源众流说只是"族本"问题中的一种表现，不足以解决更多的问题。特别是同源说保留了存在一个本源上的文本的观念，而这个假设其实也是值得怀疑的。

实际上有一些学者已经提出了不同的想法，只是语焉不详。比如王葆玹根据郭店简《语丛四》的"窃钩者诛，窃邦者为诸侯。诸侯之门，义士之所存"，与《胠箧》《盗跖》篇有"同文"，认为《胠箧》的"仁义存焉"四字应校订为"义士存焉"时，刘彬徽认为"两者的文字互有出入，当各有所本。《胠箧篇》的'仁义存焉'并流传于后世，比如《史记·游侠列传》所引就是《胠箧篇》的这一段话，其尾句作'仁义存'而非'义士存'。"① 笔者对

---

① 刘彬徽：《关于郭店楚简年代及相关问题的讨论》，李学勤、谢桂华主编：《简帛研究二〇〇一》，广西师范大学出版社2001年版，第47页。

此问题是依照同源之说进行分析的，认为"《胠箧》很有可能是在引用古代的智者之语"，由此认为虽然司马迁所读《庄子》有《胠箧》，却未必一定如刘彬徽所说是引自《胠箧》①；但是未能解释"仁义存焉"与"义士存焉"的差别。再如对于清华简《金縢》和今传本《金縢》的关系，李学勤先生指出两者"应分属于不同的传流系统"②。笔者过去的分析认为对于两种不同的传流系统，又有两种可能性，一是二者之间各有独立的来源，彼此没有直接关系。则两种差异性的说法各有其合理性，清华简《金縢》的出现，并不能解决今传本《金縢》的某些问题。还有一种可能性是二者虽然属于不同的传流系统，但是二者同源。笔者用"同文"同源法来解释有关的问题，没有考虑"二者之间各有独立的来源"这种可能性，由此对于"周公以身代武王之事和《鲁世家》、《蒙恬传》、《易林》等所载的周公以身代成王之事"之关系，无法讨论③。此后，陈致在分析清华简《耆夜》中简本《蟋蟀》与毛诗《唐风·蟋蟀》两个文本之间的关系时，提出存在着如下三种可能：第一，简文《蟋蟀》是毛诗《唐风·蟋蟀》的前身，或者是更早的一个文本；第二，毛诗《唐风·蟋蟀》是简文《蟋蟀》的前身，或者是更早的一个文本；第三，简文《蟋蟀》与毛诗《唐风·蟋蟀》是源自两个平行互不相干的文本，有各自的传播历史和各自的传播人群和范围④。李峰也列举了简本《蟋蟀》与《唐风·蟋蟀》可能存在的三种关系，与陈致的说法大致接近⑤。这二说似乎忘记了同出一源的可能性，但确实也是因为这种说法似乎很难成立。因为这要预设存在一个早于周公《蟋蟀》诗而又别有流传的某种《蟋蟀》诗，这似乎有一定困难。然而作为即兴而作的诗歌来讲，早有学者怀疑周公的诗才

---

① 参见拙作《〈庄子·胠箧〉之"十二世有齐国"补论》，陈致主编《简帛·经典·古史》，上海古籍出版社2013年版。

② 李学勤：《清华简九篇综述》，《文物》2010年第5期。

③ 参见拙作《清华简〈金縢〉初研》，《同文与族本——新出简帛与古书形成研究》，中西书局2017年版。

④ 陈致：《清华简中所见古饮至礼及〈邶夜〉古佚诗试解》，李学勤主编：《出土文献》第1辑，中西书局2010年版；《诗书礼乐中的传统——陈致自选集》，上海人民出版社2012年版。

⑤ 李峰：《清华简〈耆夜〉初读及其相关问题》，台北"中央研究院"第四届国际汉学会议论文，2012年6月20—22日。

能够连赋三首诗,所以他当有所本,是故这种可能性其实是存在的①(当然,因为这种怀疑,一些学者也就认为《耆夜》不可能是对周初史事的记录了)。真正比较麻烦的是清华简《周公之琴舞》中的《敬之》与《周颂·敬之》,古今无异词皆说是成王所作,如果二者同源,有一个底本,且配乐舞演奏,似乎不该存在异文的。因此较好的假设是认为二者属于不同的系统,故本来就有差别。

最近出版的北大简《老子》,引起了笔者的进一步思考。整理者韩巍比较早期几个《老子》传本之后的结论是:"西汉竹书《老子》的文本形态介于帛书甲、乙本与传世本之间,而更接近于帛书本……我们也不能简单将汉简本视为任何一种传世本的直接前身,汉简本与传世各本的差异,比传世各本之间的差异还是要大得多。汉简本最重要的学术价值,是为我们提供了一个处于'定型'阶段的完整而精善的《老子》古本……在郭店本、帛书本与传世本之间架起了一座桥梁。现有的四个出土简帛《老子》古本,形成了由战国中期到西汉中期由萌芽到成熟的完整链条……从现有材料看来,《老子》的'经典化'及其文本的相对固定,很可能已经在战国晚期已经完成,西汉时期的变化很有限。汉简本也让我们进一步认识到古书文本传承与演变的复杂性。汉简本中有很多实例,有力地证明古书文本的演变不是一条简单的直线,而是多条线索相互交错形成的复杂'网络'……一种古书往往有多个同时或不同时代的版本可供比较,这就促使我们超越过去的'单线进化论'思维,更多的考虑古书文本演变的复杂性。"② 这表明他很注意排除"单线进化论"的简单思维,注意问题的复杂性。他背后的思想观念,也是一源众流说③。

可是一源众流的文本流传观虽然有所进步,但其实也有可疑之处,它

---

① 参见拙作《清华简〈耆夜〉续探》,《同文与族本》。

② 韩巍:《西汉竹书〈老子〉的文本特征和学术价值》,北京大学出土文献研究所编:《北京大学藏西汉竹书[贰]》,上海古籍出版社 2012 年版,第 224—225 页。

③ 当然,目前这种一源众流说尚处于初步出现阶段,使用者在总的倾向上有这种想法,但尚未明确其规则,故在运用时还不严密。如"现有的四个出土简帛《老子》古本,形成了由战国中期到西汉中期由萌芽到成熟的完整链条"之语,或许仍有单线进化的嫌疑。这四个《老子》古本之间是否属于同一个系统,还有待研究。

仍然是一种线性思维，只不过不再是单线思维罢了。在面对《老子》的诸多简帛本时，"同文同源说"尚不能解决《老子》的成书问题。郭店简《老子》三组与帛书本、汉简本、傅奕本之间差别很大，帛书本、汉简本、傅奕本之间的差别也不小，《文子》《韩非子》《淮南子》等古书所引《老子》和简帛本也有一定差别，"汉简本与传世各本的差异，比传世各本之间的差异还是要大得多"。而除了这些字词的差别之外，甚至还有思想差别，最让人瞩目的就是"绝仁弃义"与所谓"绝伪弃虑"的差别了。一源众流的"同文"在流传过程中确实可以产生变异，但这主要应该是无关大旨的字词方面的（某些或许会有较小的思想变化），为什么《老子》以及前述的"诸侯之门，义士存焉"与"诸侯之门，仁义存焉"，会有比较大的思想差别呢？墨家对于关键性的"三表法"也发生了歧异，详后文。

我们一般根据《史记》的记载，或认为《老子》是老聃出关之前应关令尹喜之要求而写的五千言，或预定诸《老子》文本应该来自于一个"祖本"。由此而来，大家对于郭店《老子》的看法就多数是以之为某种原因造成的节选本。当然，这样信从《史记·老子列传》，是不能为西方学者所赞同的，但是他们同样仍未能避免出现"祖本"的观念。也有一些学者如日本池田知久说这个就是最初的、尚处形成过程中的《老子》①。可是今传本《老子》第 64 章的部分章节在郭店《老子》甲、丙中皆有见，而且可以看出用字等方面的历时性差异，再者池田知久这么说也是为了维护他自己过去一贯的某些观点，因此响应其说者不多。他这一学说，也肯定了"祖本"的存在。美国学者罗浩把学界的诸种观点归纳为《老子》来源的三种模型，一是辑选模型，如节选本之说；二是来源模型，认为在郭店简《老子》之外可能还有其他别本，这些文本在某个时候综合成为后世 81 章本的祖本，近于池田知久之说；三是并行文本模型，推测郭店《老子》、81 章本《老子》祖本，以及与《管子·内业》等类似作品一样来自更早的一种或多种原始材料②。可以看出，他所举三种说

---

① ［日］池田知久：《尚处形成阶段的〈老子〉最古文本——郭店楚简〈老子〉》，《道家文化研究》第 17 辑，生活·读书·新知三联书店 1999 年版。

② ［美］罗浩：《郭店〈老子〉对文中一些方法论问题》，《道家文化研究》第 17 辑，生活·读书·新知三联书店 1999 年版，第 200 页。

法，基本上还是预设着存在《老子》的"祖本"或来源。他的第三种模型，根据在于他认为存在所谓的"早期道家"，此说源于他的专著——《源始的道：〈内业〉与道家神秘主义的基础》(Original Tao: Inward Training and the Foundations of Taoist Mysticism)①，他强调《内业》和《老子》的相关性。但是道家这个名称似乎在先秦并不存在，其说还有待研究②。此外还有一些学者继之提出了调整后的一些模型。

与这些说法相反，李若晖提出"并不存在一个绝对的《老子》原本"，而且主张"取消原本"，他按时间顺序将《老子》分为形成期、成型期、定型期、流传期③。宁镇疆通过研究《老子》中"同文复出"的文字，也认为"《老子》原本的完成，不会是一鼓作气，一气呵成的，更可能是断断续续地写一些章，最后总辑而成"，他赞同李若晖所说《老子》存在一个"成型期"的时代，改称为"滥觞期"，并认为"此一时代有着相当的时间跨度"④。李畅然也有《老子》逐渐形成的意见，但是稍微谨慎一些，他认为："从文本对勘上很难看出郭店《老子》摘抄的痕迹，而只能看到《老子》文句上的原始风貌。因为这种原始风貌往往是以文句较少为特征的，所以我们认为帛书本—今本系统的'五千言'的《老子》很可能是在与郭店诸本类似的传本的基础上，经过大规模的文字敷演形成的。在材料不足的条件下不必得出非此即彼的结论，因此本文并未排除郭店《老子》的某个本子或全部是摘抄自某个单纯从篇章规模上可以称为'全本'而文字上却比帛书本—今本系统少很多的原始的全本《老子》的可能性。但假如大规模的文字敷演恰恰发生在汇编诸本的过程中，那么，那样的全本就是不

---

① 参见［美］罗浩《原道：〈内业〉与道家神秘主义的基础》，邢文、陶磊、严明、何金俐译，学苑出版社2009年版。

② 参见拙作《近年西方汉学界对中国古代学派的研究述评》，《战国秦汉时期的学派问题研究》。

③ 李若晖：《郭店竹书老子论考》，齐鲁书社2004年版。按：此原为作者硕士学位论文，武汉大学中文系，2000年。

④ 宁镇疆：《〈老子〉"同文复出"现象初步研究》，《齐鲁学刊》2001年第4期；《从简本看今本〈老子〉的形成——兼论帛书本在〈老子〉文本流传过程中的地位》，《中州学刊》2001年第4期。二文并载《〈老子〉"早期传本"结构及其流变研究》，学林出版社2006年版。

存在的。"①

这里的差别是李若晖持有否定"来源""原本""祖本"的思路,但是没有详细论述;宁镇疆则仍然保留了"原本"之说,而李畅然倾向于排除作为"全本"的"原本",但持论比较谨慎。

我们以为,罗浩的"并行文本"说有可取之处,但是不必牵扯《内业》以及早期道家等内容,因为这可能导致完全消解《老子》的独立性,恐怕不太合适;而且其所说"来自更早的一种或多种原始材料",也有些含混,到底是一种还是多种,其实差别比较大。不过,"并行文本"说可以较好地解释诸本《老子》之间的矛盾之处,如"绝仁弃义"不见于郭店《老子》,就不必假设有某些学派之支流改动后才产生了"绝仁弃义"的文本——因为要假设说文本可能有人改动固然是可以的,问题是对于一个流传广泛的文本,要让共时存在着的其他文本全部听从其改动,并在战国末的帛书《老子》甲乙本出现以前就定形,这恐怕过于困难。要知道学派的传承是以师承、师说、经典等因素来维持的,一个学派绝不会轻易采信别本来改易自家流传的"圣经",尤其是关涉其思想的重大差异之处。这一点,看看汉代今文博士的举动就容易明白。而目前偶然出土的《老子》文本,多数是世间贵族传看的文本,自然是求全(郭店简也是抄了三组本子),多不是学派内部的文本,求其正宗。我们看《文子》《庄子》《淮南子》《韩非子·解老》《韩非子·喻老》等书所引《老子》,就没有一个是完整地涉及后世 81 章的(部分)内容,而且《韩非子·解老》尚有个别溢出今传本《老子》之外的内容。此外,李若晖、宁镇疆和李畅然的意见也有可取之处,他们的说法确实能让人相信《老子》的形成是一个较长期的过程。但是这样的观念或可能仍然带有线性文本流传观念的残余,至少李若晖和宁镇疆在相近的意见之下,仍有不同,李若晖、李畅然有取消原本的想法。李若晖和宁镇疆认为《老子》的形成时间较长的想法,与传统的记载存在一定的差距,势必以否定传统为其立论基础,因此李畅然对此观点有所保留。虽说传统的记载并非神圣不可侵

---

① 李畅然:《郭店〈老子〉和帛—今本五千言关系之我见——从文本对勘上检验早于郭店时代的"全本"《老子》存在的可能性及条件》,《北京大学古文献研究中心集刊》第 3 辑,北京大学出版社 2002 年版。

犯，很可能有错误（不少西方学者就是从否定传统出发），不过在缺少坚强证据的条件下，在两千年之后的今日，我们还是审慎一些为好。或许不妨从其他的角度来考虑这一问题，尽量求圆融、通约的解释，而少做怀疑、否定古代文献记载的事情。

就《老子》而言，如果我们承认有老子这个人，承认《史记》关于他出关而作《老子》五千言的记载（《史记》所说"著书上下篇，言道德之意五千余言"，可能是老子整理自己的旧说，乃至关尹、关尹弟子托老子之名而整理，类似孔子弟子后学托孔子之名整理诗书而归之于孔子，这仍然合于先秦学派著作的规则），也不能排除老子在写五千言之前，还曾经零散地讲过一些话，被其弟子所记录，虽不如五千言完整，但是同样具有"宗师"之言的性质，被再传弟子、后学分别传承，于此就形成了不同的《老子》文本系统。一些文本在当时也早已流传开（当时思想流传的情况可能比后人的设想还要快，很可能有一些今天已经佚失掉了的弟子所整理之老师的言论已经成书了，在当时流传得很迅速，所以一些隐者也知道孔子的思想言论），时人对老子之言有评论，老子也有辩解。如《老子》第67章说："天下皆谓我道大似不肖。夫唯大故似不肖。若肖，久矣其细也夫"①，并且提出以慈、俭、不敢为天下先三宝来保证之。《老子》流行之后的反映是"天下莫能知，莫能行"，而老子认为"吾言甚易知，甚易行"，因此他辩解说"夫唯无知，是以不我知"（第70章）。所以五千言绝对不是最早的《老子》，它虽然相对最为完整，但或只是别子为宗的本子，要之最初的重要性可能没有后世那么大。同时，老子在"著"所谓五千言之后，也可能还有一些言论被弟子所记录，传承，既有与五千言大同小异者，也有主旨相近而文字不同者，以及不见于五千言者。关于不见于五千言者，除却《文子》中的"老子曰"不算（这些内容也有可能本来是"文子曰"），蒙文通先生收集了23条佚文（虽然有一些可以怀疑），可以参看②。老子的弟子后学中，未能自成一家者，会整理、收集老子的言论；而开宗立派者，或可能只传承所得的部分老子言

---

① 王弼本之外诸本多作"天下皆谓我大"，非"我道大"。
② 蒙文通：《〈老子〉佚文》，《道书集校十种》，巴蜀书社2001年版，第121—122页。

论；此外，私淑弟子或博览群书者，则可能只抄写部分老子言论以为己用。因此，不奇怪在老子身前身后，会有各种各样的《老子》文本。今天所见的郭店简《老子》，帛书《老子》和汉简《老子》，以及严遵《老子指归》等版本中，章节、顺序均和今传本不同①。

这种情况就好像《墨子》中有《尚贤》《尚同》《兼爱》《非攻》《节用》《节葬》《天志》《明鬼》《非乐》《非命》等许多三篇并立的情况，一般认为是墨家三派（相里氏、相〈伯〉夫氏、邓陵氏）所传，所记宗师墨子论述十大观点之言长短不一。可是《墨子》佚文记载墨子曾经献书楚惠王，估计其内容还是《兼爱》等阐述其宗旨的篇章。若然，则《墨子》的某一些篇章可能有墨子自作本（但也可能是弟子记录本），其与今存本《墨子》中三篇并立者，最多只可能与一篇相同。但是其他的篇章仍然是记宗师墨子之言，不容否定，所以也被收入《墨子》。其中甚至出现了较大的思想差异，如《非命》上、中、下记载的"三表法"就有不同。上、下篇相近，是"于何本之？上本之于古者圣王之事。于何原之？下原察百姓耳目之实。于何用之？废（发）以为刑政，观其中国家百姓人民之利"，中篇则是"于其本之也，考之天鬼之志，圣王之事；于其原之也，征以先王之书；用之奈何？发而为刑"，中篇前面加上了"天鬼之志"，后面是"先王之书"而不是百姓耳目。于此不难理解墨家会出现分裂。这种情况也可以参考《论语》，其中有一些话记载重复，如《学而》有"子曰：'巧言令色，鲜矣仁'"，《阳货》也有此语。类似的文句相同及小有差别者还有不少，这正表明是不同弟子所记，均被收入《论语》。而《卫灵公》记"子张问行。子曰：'言忠信，行笃敬，虽蛮貊之邦行矣；言不忠信，行不笃敬，虽州里行乎哉？立，则见其参于前也；在舆，则见其倚于衡也。夫然后行！'子张书诸绅。"可见孔子此语不仅子张在记，其他弟子也在记，这个被收进《论语》者还记下了子张是把孔子的话写在了绅带上。而郭店简《忠信之道》讲"忠，仁之实也；信，义之基也。是故古之所以行乎蛮貊者，如此也"，一些学者指出这与《论语》有关；《忠信之道》篇还有"口惠而实弗从，君子弗言尔；心疏

---

① 参见李锐、邵泽慧《北大汉简〈老子〉初研》，《中国哲学史》2013年第3期。

【而貌】亲,君子弗陈尔",与《礼记·表记》所记孔子之言相近①,这都表明孔子之语的流传情况。而孔子的弟子们根据各自所记,在理解上出现了差异,后来学派分裂。

由此来看,先秦秦汉时期古书的形成流传过程中,由后世的校勘学所发展出的"祖本"或"底本""原本"等观念,或许在应用于早期的古书文本时,应该适当地变一变。是否可以说在最初出现的是反映一个人思想的言论,此是思想的起源(但是这个起源也有历时性差别,有早期语与后期言的不同)。思想、言论由于记载、引用、篇章别行,乃至前后期写作不同,口传到记录的历时差异,复述时的差舛,而形成了反映思想的诸多彼此主题思想、主体内容相似的"族本"系统,这是文本的源头。这里的"族本",是借用维特根斯坦的"家族相似"这一观念。但与学界对其观念的分析不同,笔者认为这些"族本"之间不仅存在交叉重叠的相似性关联,而且存在一些共同性的本质特征。至于"家族相似"与结构主义、故事母题等学说之间的关系,拟另文讨论。

我们不应该认为在"族本"之上还有写定的"祖本",如果真有"祖本"的话,它也应该是思想家未写出、说出之前的思想,而思想还会有早晚的差异,所以并没有"祖本"。各"族本"之间,个别思想可能由于哲学家本人的思想变化、不同场合的评论,以及整理、记录者的理解、口传到记录时的流变而小有差舛,但是主题思想应该相近。"族本"之间,也很可能不是同时或大略同时形成的,各"族本"也有一个逐渐定型的过程,自成为一个系统,这就更加造成了"族本"系统之间的差异。"族本"系统之间通过不同的方式流传,互相影响,乃至由于人为的编纂,遂出现了一些主体部分相对"固定""完整"的文本,"完本"较有取代他者的优势,但并不必然能够如此。后世经过政府表彰,以及由于传抄、注疏、损益、散佚、刊刻等原因,某些文本得以成为权威,其他文本逐渐边缘化、被历史湮没或因某种原因得以保存又偶然再现(有些古本由此又成为权威本,如同某些人以马王堆帛书本《老子》来取代王弼本)。因

---

① 参见周凤五《郭店楚简〈忠信之道〉考释》,《中国文字》新廿四期,艺文印书馆1998年版。

此，在多源多流的情况下，"族本"各系统之间彼此或多或少地相似，甚至允许思想的差别。但除非是同源异流且未受干扰的文本系统内部，否则我们很难发现彼此主体相同的文本。因此，不奇怪北大汉简的整理者比较早期几个《老子》传本之后的结论是："西汉竹书《老子》的文本形态介于帛书甲、乙本与传世本之间……汉简本与传世各本的差异，比传世各本之间的差异还是要大得多。"① 所以，如果我们由流去回溯源，就不免会假设只有一个本源，那就只能把"族本"之间的思想差异，解释为某些人的改动，这样理解问题恐怕不符合先秦学派的观念。

当然，"族本"之说，是用来谈论一些特殊的文本，此说可以包容那些存在"祖本"的同源异流、单线传递的文本流传系统，因此并不是要排斥这些文本流传系统。而且如果把同源异流之说的"源"视作先生之言，特别是先生就某一问题只有一次论、作，先生之言后来并没有发生改变的话，同源异流说也未尝不可以和"族本"之说部分融合。而且，以上所举"族本"的例子，多是篇章文字相差较大者。但也有"子曰：'巧言令色，鲜矣仁'"这样相差不大者（文字短、少者，较容易出现差别不大的情况），似乎也可以算作同源异流、一源众流。但这些篇章就其均出于记载先生之言来说，却属于不同系统，不同学派，所以仍然被收录在《论语》中。这种情况，也见于《孟子》等书②。可是这种情况对于早期古书的形成而言，毕竟属于较为特殊的一种。为免概念混淆，我们就将同源异流说严格限定为存在"祖本"的篇章。然则由"族本"的观念来看，古书同文之间可能有三种关系，即：1. 诸同文之间为族本，各系统不同，但家族相似，文本虽有写定时间的早晚，但内容之间无早晚，均出于老师（当然，如果师说有前后不同，且能考订之，那还可以承认有早晚。但是对于先秦的学派而言，这种情况较为困难，《论语》等有一些可考）；2. 某一系统内的几个同文之间同源异流，文本虽有写定时间的早晚，但来源相同，出于一个"祖本"，异流的文本之间形成时间虽有早晚，但内容之间无早晚；3. 同一系统内的几个同文之间同源，存在线性的早晚关系。

---

① 韩巍：《西汉竹书〈老子〉的文本特征和学术价值》，北京大学出土文献研究所编：《北京大学藏西汉竹书［贰］》，上海古籍出版社2012年版，第224页。

② 参见刘殿爵《〈孟子〉的本文》，《采掇英华——刘殿爵教授论著中译集》。

这三种情况正好呈包含关系，而后者均为前者的特殊之例。当然，这些说法主要均是针对古书的形成而言，特别是针对诸子学派的子书篇章而言，它和早期学派著作特殊的形成情况有关。当时多是老师口述，弟子记，所记或同或不同，即便有弟子的理解不同和发挥，但均属于老师之言，此种情况下以"族本"形态为多。虽也有老师写作者，但所写和所述尚不能截然分开，亲炙弟子比之只能读传抄老师之言、老师所作者仍有优越性。当然，由此两种情况所保存下来的文献，均为学派之经典，此种情况下仍有不少书呈现"族本"的形成状态。就传抄老师之言、老师所作者而言，如果老师的作品在单篇别行后又有修订，则此情况下仍是"族本"。只有某一篇作为"原本"而言，后出者均出自此一源而不变或小有变化，才有一源众流的情况出现。大体上越到后世，后两种情况出现的几率就越来越大。因此，只要属于同一系统的"同文"，前述的同源异流分析法还是适用的。但"存在线性的早晚关系"的第三重同文情况，对于早期古书篇章而言，依然面临举证困难的问题。虽然今天所见的"同文"之间，确有可能存在因袭的关系；但是如何判断是否属于因袭，则仍有很大疑问。大抵有一些史书、子书常抄撮或引述它书，一些注疏也常常明引或暗引它书；而有时候一段文字有误，抄者因袭其误，也较容易表明其为抄袭。然而需要注意的是，这些抄撮、引述、因袭的对象，未必一定是今天所存的古书，而有可能只是和今存古书相近的一个版本。因为今存古书有一个不断流变而逐渐定型的过程，即便是一些经典像《尚书》《左传》等，今天所见都和汉代的本子有一些不同，很多书是随着雕版印书的出现才基本定型的。在这个定型过程中，存在众多的古本，而今天所存的古书只是众本之一。因此我们很难保证我们的袭用证据是绝对客观的，因为古人所见书比我们多，他有可能抄自今本的某一佚失了的"族本"。

此外还有一个比较特殊的情况，是在可能存在"祖本"的同源异流情况下，因为某些变化而造成系统变动，因而又出现了"族本"的情况。风仪诚先生指出在郭店简《性自命出》与上博简《性情论》中，常用"於"字，不过两篇简文中都出现了一例用"于"的地方，并且所在文句的位置相同，都在"教所以生德于中者也"一句中。同样的现象还见于郭店简《五行》和马王堆帛书《五行》，多数用"於"字，但郭店简

《五行》有"皆型于内",帛书《五行》则作"皆型于厥内"①。由这种现象来看,郭店简《性自命出》与上博简《性情论》,郭店简《五行》和马王堆帛书《五行》的经文部分,有"于""於"这一特例,这应该是来自于"祖本"的标志。但是这个文字现象都是出现在二者结构相同之处,且接近文本开头。在此后,彼此的篇章结构有了差别,文句有些差异,思想重点已经有所变化,它们显然应该属于不同的系统了。不少学者已经有所研究,如邢文先生认为楚简《五行》当更接近子思之说,帛书《五行》经传失落了"圣智"大义②。《性自命出》与《性情论》的篇章分合不同,廖名春先生已经有很好的分析③。《性自命出》简34、35与子游之语相近的一段话,全不见于《性情论》。郭店简《性自命出》简63、64的"欲务齐而泊,喜欲知而无末,乐欲释而有持,忧欲敛而毋闷,怒欲盈而毋暴",也不见于上博简,丁原植先生认为:"郭店简文本似曾加以整理补述。"④ 这是由"祖本"而后分化为"族本",比较特殊。

这种子书的"族本"观念,可以运用到某些典籍之上。比如传统上认为《尚书》中的不少内容是当时史官的实录,但这主要是周书的大部分内容。至少今本《金縢》与清华简《金縢》,或是本于同一故事而不同人讲述、写作,故有不少差异而主体仍相同,成为"族本"系统关系。它们是否根据了某一个写定了的底本而成为同源的系统内部的关系,还不好揣测,看起来不太像,因为其中周公的"册祝"部分,二者恐怕都不是"原本"的内容。至于《鲁世家》《蒙恬传》《易林》等所载的周公以身代成王之事,则也是此故事的"族本"系统,只是看起来关系更远一些。就商书而言,由近出清华简《傅说之命》三篇来看,恐怕这不是所谓孔子修订的《尚书》中的那三篇《说命》,而只是一些"族本"。比较典型的例子是《尚书·武成》与《逸周书·世俘》,所记故事虽然接近,

---

① 风仪诚:《战国两汉"于"、"於"二字的用法与古书的传写习惯》,《简帛》第2辑,上海古籍出版社2007年版,第81—95页。

② 邢文:《〈孟子·万章〉与楚简〈五行〉》,《中国哲学》第20辑,辽宁教育出版社1999年版。

③ 廖名春:《郭店简〈性自命出〉的编连与分合问题》,《中国哲学史》2000年第4期。

④ 丁原植:《楚简儒家性情说研究》,万卷楼图书有限公司2002年版,第205—206页。

但二者并不等同。虽然《世俘》也很古雅，而《武成》已佚，但是我们仍不能以《世俘》来代替《武成》。《武成》和《世俘》或许是由不同的史官记述而成，若然，不同的史官笔下，就会有不同的"族本"。古代的诗歌特别是《诗经》多经过整理，其最初可能也是有很多"族本"。前述清华简《耆夜》中的周公《蟋蟀》诗与《唐风·蟋蟀》，《周公之琴舞》中的《敬之》与《周颂·敬之》，可能也是这种关系。由此才有"删诗"、正乐的问题。

　　本此种观念来看同文，则很多文献分析还有待于更深入。譬如郭店简《穷达以时》公布之后，很多学者根据运用同文分析法来断代，甚至怀疑郭店楚墓的年代断定有问题。笔者虽然批评了这些意见，但尚亦步亦趋地按照对方的思路考察其可疑之处，尚未明确地认识到所搜集的同文还应该进一步分为不同的系统，不同系统的同文之间不可比较。譬如关于陈蔡之厄，《论语·子罕》所述大概是"岁寒，然后知松柏之后凋也"，《吕氏春秋·慎人》《庄子·让王》《风俗通·穷通》等均说及此语，并强调陈蔡之厄为幸。这些话与《穷达以时》《荀子·宥坐》及《韩诗外传》卷七、《说苑·杂言》《孔子家语·在厄》等所记主旨不同。《荀子·宥坐》虽也讲天人之分，近于《穷达以时》，但是偏重于"君子博学深谋，不遇时者多矣"，有君子固穷的味道。这或许就导致了荀子的《天论》说："楚王后车千乘，非知也；君子啜菽饮水，非愚也；是节然也。若夫心意修，德行厚，知虑明，生于今而志乎古，则是其在我者也。故君子敬其在己者，而不慕其在天者；小人错其在己者，而慕其在天者。君子敬其在己者，而不慕其在天者，是以日进也；小人错其在己者，而慕其在天者，是以日退也。故君子之所以日进，与小人之所以日退，一也。君子小人之所以相县者，在此耳。"干脆不讲天时，而将困窘作为君子之节操。因此，《穷达以时》与《荀子·宥坐》《吕氏春秋·慎人》分属于不同的系统。据后二者以讨论《穷达以时》与之的时代相近云云，实在在根基处就存在问题，不足为凭。

　　当然，需要注意的是，以上所讨论者，多为古书成书初期的状态。有一些"族本"，我们仍然需要用"古书佚失"观来为之预留位置，很多"族本"在后来的载体中才得以表现出来。后世有一些书，专门是收集一些古来的材料者,如《说苑》《新序》《孔子家语》等,甚至包括《礼记》的某些篇章,《荀子·大略》这样抄撮故事的篇章,《淮南子·说林》这样记载格言警句的篇章,其中的"同文"内容很多,甚至有同一篇内的同文。这些文献,有可能不少是同源者,但是也有像上举《穷达以时》这样为"族本"者,需要具体分析。

附录　关于柯马丁新发明的说明

《文学评论》2019年第4期刊登了柯马丁教授的作品《早期中国诗歌与文本研究诸问题——从〈蟋蟀〉谈起》①，讨论清华简《耆夜》中的《蟋蟀》和《诗经·唐风·蟋蟀》的关系问题。这篇文章有很多优点，尤其引到很多西方学者的作品和观点，值得赞扬。

不过，柯马丁教授引到我的作品，却有一些误解。不仅如此，甚至把我的作品贬为该批评的一类，而他自己的"发现"，却和我已经发表的观点相近。未免读者误解我和他的文章，在我和柯马丁教授去信未获回复的情况下，我觉得有必要澄清一下，以免误导读者。

柯马丁教授在第136页说："李锐较为折中地总结：这两首诗可能源自于某个单一文本，该文本后来分化为两个互相独立的'族本'（textual lineages），因此，追问这两个文本之间孰者更早是徒劳之举。"

这一说法中的"这两首诗可能源自于某个单一文本"是一个误解。我的文章《清华简〈耆夜〉续探》（《中原文化研究》2014年第2期）第59—60页说：

> 笔者近来在讨论相近文本、"同文"之间的关系时，认为其尚有一种可能性是互为"族本"的关系，即彼此之间"家族相似"，主题思想及主体内容相近，小有差别。有一些文本可能并没有处于众源流最先的"祖本"，只有一些"族本"，各系统之内才有可能存在"祖本"。

---

① ［美］柯马丁：《早期中国诗歌与文本研究诸问题——从〈蟋蟀〉谈起》，《文学评论》2019年第4期。

因为文中说过"有一些文本可能并没有处于众源流最先的'祖本'"，可见我的文章并不承认"这两首诗可能源自于某个单一文本"。而且，textual lineages 这个译文也是错误的，我的"族本"来自于维特根斯坦（Ludwig Josef Johann Wittgenstein）的"家族相似"（family resemblance）理论。

但由此，柯马丁教授进而说：

> 采取某一种方式，将"从写本到写本的直接抄录是文本传播的主要形式"作为基础假设的学者们，事实上都同意了拉赫曼的"（文本）族谱"（stemma codicum）模型——无论他们是否知晓这一理论。在这一理论模型中，被书写的文本始于一个单一的源头，从这一源头衍生的分支形成了彼此分离的谱系。如李锐提出的不同"族本"概念即是这种观念的显在表达。

这明显是对我观点的误解，并且将我点名。事实上，我的"族本"说根本不承认被书写的文本始于一个单一的源头。

此后，柯马丁教授提出他的发现：

> 今天，我发现"所有这些变本都源于某个'原本'"这一提议已不再有意义；如今的我会更加强调，对一首诗而言，"在不同变本背后并不存在一个单一的书写源头"。

请比较我前面所说"有一些文本可能并没有处于众源流最先的'祖本'，只有一些'族本'"，何其相像！

当然，关于"族本"说与一源共流说的区别与联系等，我也有专门文章讨论，在一定情况下，"原本"说并非不可能成立。

更要指出的是，2017 年，在复旦大学中华文明国际研究中心深度工作坊"中西古典学的会通"上，我和柯马丁教授在主题演讲后二人同组报告，我的文章就是谈论"族本"的。会议快结束时，柯马丁教授用流利的中文谈论了"走出疑古时代"的问题，所以我想柯马丁教授的中文水平要想看懂我的"族本"说完全没有问题。我关于"族本"的文章、"族本"说在 2017 年以《同文与族本——新出简帛与古书形成研究》在中西书局出版，收入了关于《耆夜》一文，一些学者包括国外学者也注意到了。

所以，柯马丁教授的"发现"是有意还是无意误读我的文章，不好揣测。只是建议他以后引用文章时认真核对一下原文。柯马丁教授作为普林斯顿大学教授，兼及汉学界最权威刊物《通报》的主编，不应该出现这样的低级错误。

夏含夷教授说 Bernard Cerquiglini 的 *In Praise of the Variant：A Critical History of philology* 一书已经提及族本说，经研究生丁振梁同学认真查阅，该书只提到中世纪一些宗教类书籍或者文学作品在流传过程中的变化，这个过程中形成了不同的抄本。这和同文或许相关，但和"族本"说并无直接的关系。

从"六位"到"三纲"

七十多年前,陈寅恪先生为王国维先生写挽词时曾指出,"吾中国文化之定义,具于《白虎通》'三纲六纪'之说"①。"三纲六纪"确实一度是反传统的学者所批判的礼教的核心②,这说明陈先生之说有相当的合理性。在今天,对于"三纲六纪"我们可以持相对平静一些的态度去面对了,那么,"三纲六纪"何以能成为"中国文化之定义",又是如何成为"中国文化之定义"的呢?

一

所谓"三纲六纪",我们都比较熟悉,《白虎通·三纲六纪》中说:

> 三纲者何谓也?谓君臣、父子、夫妇也。六纪者,谓诸父、兄弟、族人、诸舅、师长、朋友也。……何谓纲纪?纲者,张也。纪者,理也。大者为纲,小者为纪。所以张理上下,整齐人道也。③

这说明"三纲六纪"以"三纲"为核心,依靠"纲纪"来"张理上下,整齐人道"。这种思想很容易让我们想起《乐记》中子夏对魏文侯之语:"夫古者天地顺而四时当,民有德而五谷昌,疾疢不作而无妖祥,此

---

① 陈寅恪:《王观堂先生挽词·序》,《陈寅恪诗集》,清华大学出版社1993年版,第10页。
② 参见陈独秀《孔子与中国》,蔡尚思编《中国现代思想史资料选编》第四卷,浙江人民出版社1983年版。
③ (清)陈立:《白虎通疏证》,中华书局1994年版,第373—374页。

之谓大当。然后圣人作为父子君臣，以为纪纲。纪纲既正，天下大定。"①

子夏的话当非后人虚构，湖北荆门郭店楚简的《成之闻之》篇就载有："天谕大常，以理人伦。制为君臣之义，著作为父子之亲，分为夫妇之辨。是故小人乱天常以逆大道，君子治人伦以顺天德。……是故唯君子道可近求而可远措也。昔者君子有言曰：'圣人天德'，盖言慎求之于己，而可以至顺天常矣……是故君子慎六位以竢天常。"②

"当"与"常"古为通假字③，《乐记》之"大当"就是《成之闻之》的"大常"；《乐记》的"作为父子君臣"，《成之闻之》作"制为君臣之义，作为父子之亲，分为夫妇之辨"，基本相同。《成之闻之》也提到了依靠"君臣、父子、夫妇"来"治人伦"、定天下。

《成之闻之》篇中所说的"六位"，撰诸此篇以及郭店楚简《六德》，就是"夫妇、父子、君臣"，所论对象与"三纲"一致。而"六位"的说法也见于《庄子》杂篇《盗跖》：

> 满苟得曰："小盗者拘，大盗者为诸侯，诸侯之门，义士存焉……"子张曰："子不为行，即将疏戚无伦，贵贱无义，长幼无序。五纪六位，将何以为别乎？"满苟得曰："尧杀长子，舜流母弟，疏戚有伦乎？汤放桀，武王杀纣，贵贱有义乎？王季为适，周公杀兄，长幼有序乎？儒者伪辞，墨者兼爱，五纪六位将有别乎……"④

司马彪正是以"君臣父子夫妇"来解释"六位"。而且"小盗者拘，大盗者为诸侯，诸侯之门，义士存焉"，近于郭店楚简《语丛四》之"窃钩者诛，窃邦者为诸侯。诸侯之门，义士之所存"，说明此一段对话即使未必真有其事，但所表述的话语，是符合当时的情景的。可见"六位"的观念在当时流传很广，在儒家学说中占有很重要的地位，所以满苟得才着力批驳它。

---

① （清）阮元校刻：《十三经注疏：附校勘记》，中华书局1980年版，第1540页B。
② 参见拙作《郭店楚墓竹简补释》，《华学》第8辑，紫禁城出版社2003年版，第171页。
③ 参见高亨、董治安《古字通假会典》，齐鲁书社1989年版，第299页。
④ （清）郭庆藩：《庄子集释》，中华书局1961年版，第1003—1005页。

传世早期文献中，与"六位"相近的提法有不少，已有许多学者论及①。比较重要的有《逸周书·常训》提到的"八政"："夫妻、父子、兄弟、君臣。"②《左传·昭公二十五年》子大叔述子产之语："夫礼，天之经也，地之义也，民之行也。天地之经，而民实则之……为君臣上下，以则地义；为夫妇外内，以经二物；为父子、兄弟、姑姊甥舅、婚媾姻亚，以象天明。"③《礼记·礼运》中，孔子提到"以正君臣，以笃父子，以睦兄弟，以和夫妇……父慈、子孝、兄良、弟弟、夫义、妇听、长惠、幼顺、君仁、臣忠十者，谓之人义。"④ 可以发现，人际关系一直被认为与政治有关，受到高度重视。

但将"夫妇、父子、君臣"从众多的人伦关系中独立出来予以重视，则似乎是始于孔子，《礼记·哀公问》载：

> 公曰："敢问为政如之何？"孔子对曰："夫妇别、父子亲、君臣严，三者正，则庶物从之矣。"⑤

孔子以"六位"的"正"，作为"为政"的基础。这是孔子晚年归鲁之后的事。孔子"老而好《易》"，与孔子思想有关的帛书《要》篇中记："故易又（有）天道焉，而不可以日月生辰尽称也，故为之以阴阳；又（有）地道焉，不可以水火金木土尽称也，故律之以柔刚；又（有）人道焉，不可以父子君臣夫妇先后尽称也，故为之以上下……"⑥ 而《周

---

① 参见廖名春《荆门郭店楚简与先秦儒学》，《中国哲学》第20辑；徐少华《郭店楚简〈六德〉篇思想源流探析》，刘乐贤《郭店楚简〈六德〉初探》，武汉大学中国文化研究院《郭店楚简国际学术研讨会论文集》。

② 《汉魏丛书》，吉林大学出版社1992年版，第269页A。

③ （清）阮元校刻：《十三经注疏：附校勘记》，中华书局1980年版，第2107页B—2108页B。

④ （清）阮元校刻：《十三经注疏：附校勘记》，中华书局1980年版，第1414B、1422页C。

⑤ （清）阮元校刻：《十三经注疏：附校勘记》，中华书局1980年版，第1611页C；又见于《大戴礼记·哀公问于孔子》；《孔子家语·大昏解》作"夫妇别、男女亲、君臣信，三者正则庶物从之"，恐误。

⑥ 参见廖名春《帛书〈易传〉初探》，文史哲出版社1998年版，第280页。

易·序卦》更从宇宙论的高度提出："有天地，然后有万物；有万物，然后有男女；有男女，然后有夫妇；有夫妇，然后有父子；有父子，然后有君臣；有君臣，然后有上下；有上下，然后礼义有所错。"①

这些说法，都只着重"六位"与人道、礼义的关系，与《礼记·礼运》所记中年孔子所看重的"十者"相比，已经大不一样。其去除兄弟，或与《论语·颜渊》所记"司马牛忧曰：人皆有兄弟，我独亡"有关。总之，儒家之重视"夫妇、父子、君臣"的"六位"关系，当在孔子晚年即已确立。

将"君臣、父子、夫妇"从众多的人际关系中提升出来，作为最基本的人伦关系，并附上宇宙生成学说，以与"天常"相应，使之具备神圣权威，成为先验的道德律令，这是后继的儒者们努力追求的东西。最终，《白虎通》从政治上确认了儒家的这些想法。

但是"夫妇、父子、君臣"之关系能成为"中国文化之定义"，恐怕还不仅仅是因为儒家重视它。当时其他学派的智者，也多围绕"六位"来谈论天下治乱的问题，以人伦关系的好坏作为评价事物的准则。就出土文献来看，已经比较明显，如郭店简《老子（丙）》："故大道废，安有仁义。六亲不和，安有孝慈。邦家昏【乱】，【安】有正臣。"② 文子答平王："是以君臣之间有道，则【忠惠；父子之】间有道，则慈孝，士庶间有道，则【相爱】。"③ 其他学派所遗留下来的传世文献中，这一点表现得更为明显。《墨子·兼爱下》提出："故兼者，圣王之道也，王公大人之所以安也，万民衣食之所以足也。故君子莫若审兼而务行之，为人君必惠，为人臣必忠，为人父必慈，为人子必孝，为人兄必友，为人弟必悌。"④ 甚至就是那些变法、讲究刑名法术的人，对此也是认同的。比如《吕氏春秋·执一》载："吴起谓商文曰：'事君果有命矣夫！'商文曰：'何谓也？'吴起曰：'治四境之内，成驯教，变习俗，使君臣有义，父子

---

① （清）阮元校刻：《十三经注疏：附校勘记》，中华书局1980年版，第96页A。

② 荆门市博物馆编著：《郭店楚墓竹简》，文物出版社1998年版，第121页。通假字写出本字，缺文依文意、帛书本补。

③ 河北省文物研究所定州汉简整理小组：《定州西汉中山怀王墓竹简〈文子〉释文》，《文物》1995年第12期。据《通玄真经》补齐。

④ （清）孙诒让：《墨子间诂》，中华书局2017年版，第127页。

有序，子与我孰贤？'商文曰：'吾不若子'"①，《商君书·画策》中有："所谓义者：为人臣忠，为人子孝，少长有礼，男女有别"②，《慎子》也提出："君明臣直，国之福也；父慈子孝，夫信妻贞，家之福也。"③像《吕氏春秋》这样的集体著作，在《处方》篇开首就说："凡为治必先定分。君君臣臣父父子子夫夫妇妇六者当位，则下不踰节而上不苟为矣，少不悍辟而长不简慢矣。"④乃至《庄子》外篇《天道》也有："君先而臣从，父先而子从，兄先而弟从，长先而少从，男先而女从，夫先而妇从。夫尊卑先后，天地之行也，故圣人取象焉。"⑤而邹衍之说，也是"然要其归，必止乎仁义节俭，君臣上下六亲之施"。云梦睡虎地出土的秦简《为吏之道》有："为人君则惠，为人臣则忠，为人父则慈，为人子则孝……君惠臣忠，父慈子孝，政之本也。"⑥《为吏之道》这些内容，又见于江陵王家台十五号秦墓中的《政事之常》、湖南大学岳麓书院所购买的秦简《为吏治官及黔首》、北京大学所藏秦简《从政之经》，说明重视君臣父子这样的人伦关系，已经成为士子的共识。而《韩非子·忠孝》就已经指出了和"三纲"思想、顺序相近的教条："父而让子，君而让臣，此非所以定位一教之道也。臣之所闻曰：'臣事君，子事父，妻事夫。三者顺，则天下治；三者逆，则天下乱。'此天下之常道也。"⑦而从"臣之所闻"来看，这一思想的出现早于韩非。但从现存《荀子》来看，并没有这样的话，所以韩非此语，当不是得自于其老师。

　　老子、文子等所论的人伦关系，或多或少，就在"三纲六纪"的范围之内，当然也可以化约其重点为"夫妇、父子、君臣"。可以说，在春

---

① 陈其猷：《吕氏春秋新校释》，上海古籍出版社2002年版，第1144页。
② 蒋礼鸿：《商君书锥指》，中华书局1986年版，第113页。
③ 许富宏：《慎子集校集注》，中华书局2013年版，第97页。
④ "君君臣臣父父子子夫夫妇妇"原作"君臣父子夫妇君父子夫妇"，从谭戒甫校改，参见陈其猷《吕氏春秋新校释》，上海古籍出版社2002年版，第1680页。
⑤ （清）郭庆藩：《庄子集释》，中华书局1961年版，第474页。
⑥ 睡虎地秦墓竹简整理小组：《睡虎地秦墓竹简》，文物出版社1978年版，第285页。"惠"字从蔡伟说，见蔡伟《误字、衍文与用字习惯——出土简帛古书与传世古书校勘的几个专题研究》，博士学位论文，复旦大学，2015年，第142—144页。
⑦ （清）王先慎：《韩非子集解》，中华书局2016年版，第510页。

秋战国时期,很多有影响的大哲人包括看似残酷的讲究刑名法术的学者,都在围绕如何和顺"人伦"关系,提出自家的思想。而且,这些智者的目标大体上比较接近,都期望父慈子孝、主惠臣忠、夫信妻贞,"六德"之德或许不同,"六位"却并无不同,只是实现手段不尽相同而已。但是实现手段正是它们各自学说的基点所在,因此这种同归的殊途很值得注意。当然共同高唱的目标也同样值得重视,因为它一经积淀而内化,那么后世的学者不仅是思想,就是个人行为也会难以逃出这个"不证自明"的框架。所以,儒家所称的"六位",并不等于后来的"三纲",而不管是哪个学派得势,都会重视"六位"。

二

但当时儒家所称的"六位",似乎并不等于后来的"三纲"。《白虎通·三纲六纪》说:"君臣、父子、夫妇,六人也,所以称三纲何?一阴一阳谓之道,阳得阴而成,阴得阳而序,刚柔相配,故六人为三纲。……"①"三纲"是以阳、阴划分"君臣、父子、夫妇"。而郭店楚简《六德》篇是以内、外划分"六位":"仁,内也。义,外也。礼乐,共也。内位父、子、夫也,外位君、臣、妇也。"② 二者应该有着不同的思想内核。

我们知道,《白虎通》的说法,渊源于《春秋繁露·基义》:"凡物必有合……阴者阳之合,妻者夫之合,子者父之合,臣者君之合。物莫无合,而合各有阴阳,阳兼于阴,阴兼于阳;夫兼于妻,妻兼于夫;父兼于子,子兼于父;君兼于臣,臣兼于君。君臣、父子、夫妇之义,皆取诸阴阳之道,君为阳,臣为阴;父为阳,子为阴;夫为阳,妻为阴……王道之三纲,可求于天。"③ 仔细分析则不难发现,《春秋繁露·基义》的这种说法,与上引帛书《要》篇或《周易·序卦》的观点并不一致,从乾坤卦或《易传》其他篇章中也难以引申出来,而是近于黄老帛书《称》篇所说的:"凡论必以阴阳【明】大义。天阳地阴……主阳臣阴。上阳下阴。

---

① 《汉魏丛书》,第170页B。
② 廖名春:《郭店楚简〈六德〉篇校释》,《清华简帛研究》第1辑,清华思想文化研究所2000年版,第78页。
③ 《汉魏丛书》,第135页A—B。

男阳【女阴】。【父】阳【子】阴,兄阳弟阴。长阳少【阴】。贵【阳】贱阴。达阳穷阴。"①

但是《六德》篇以内、外划分"六位"的思想,不仅见于《礼记》中许多章节,还下见于《孟子·公孙丑(下)》:"景子曰:内则父子,外则君臣,人之大伦也。父子主恩,君臣主敬……"② 以及《荀子·性恶》:"涂之人者,皆内可以知父子之义,外可以知君臣之正。"③ 这很明显地说明,"六位"的理论思想本身并没有中断,但是董仲舒却并没有承继儒家的"六位"说,而是吸收了阴阳学说的思想观念,在此思想基础之上,改造"六位"为"三纲"。

前面我们已经讨论过,诸子学派基本上都围绕"夫妇、父子、君臣"来提出自己的思想,只是作为出发点的实现手段不尽一致。因此,董仲舒的改造决非小事一桩,而应该是涉及学派性质的转变。因为以阴阳的思想来看待"君臣、父子、夫妇"关系,其结果自然是阳重于阴,那么实现手段就是顺应阴阳,实行原则其实是贵贵尊尊的义道。而依照门内、门外的准则来分别"六位",实行的原则是亲亲的仁道。对于此一差别,《礼记·丧服四制》说得很明白:"恩者仁也……其恩厚者其服重,故为父斩衰三年,以恩制者也。门内之治恩掩义;门外之治义断恩。资于事父以事君,而敬同,贵贵尊尊,义之大者也。故为君亦斩衰三年,以义制者也。"丧服的原则,子为父,父为子(长子)最重,这是根源于血缘之仁,而对君只不过是"资于事父以事君",是"贵贵尊尊"。尤其古代可以择君,而父子亲情则是与生俱来无法选择或改变的。郭店简《语丛一》简78、80、81、69、70、89也说:"父,有亲有尊。长弟,亲道也。友、君、臣,无亲也。父子,至上下也。兄弟,【至】先后也。君臣、朋友,其择者也。"④ 父子、兄弟之间,是有天然亲情的,而朋友、君臣之间,则无此天然亲情。所以父子、兄弟关系,其上下、先后是不言而喻的,而

---

① 马王堆汉墓帛书整理小组:《经法》,文物出版社1976年版,第94页。
② (清)阮元校刻:《十三经注疏:附校勘记》,中华书局1980年版,第2694页A。
③ 《二十二子》,上海古籍出版社1986年版,第347页C。
④ 参见拙作《孔孟之间"性"论研究——以郭店、上博简为基础》,博士学位论文,清华大学,2005年,第46页。

君臣、朋友的关系，则是可以选择的。是故《语丛三》简1—7说："父无恶。君犹父也，其弗恶也，犹三军之旌也，正也。所以异于父者，君臣不相戴也，则可已；不悦，可去也；不义而加诸己，弗受也。"① 这里说"父无恶"，已经有导向父为子纲的倾向。但君只是拟于父，其无恶，需要行正道才可以。

但到了战国中期，这种传统观念已经受到了挑战。《韩诗外传》卷七首章记载了一个有名的故事（《说苑·修文》略同）：

> 齐宣王谓田过曰："吾闻儒者丧亲三年，丧君三年，君与父孰重？"田过对曰："殆不如父重。"宣王忿然曰："曷为士去亲而事君？"田过对曰："非君之土地，无以处吾亲；非君之禄，无以养吾亲；非君之爵，无以尊显吾亲。受之于君，致之于亲。凡事君，以为亲也。"宣王悒然无以应之。《诗》曰："王事靡盬，不遑将父。"②

齐宣王就已经有要以君权挑战父权的意味。等到天下一统于秦汉时，士人纵有"君臣不相戴也，则可已；不悦，可去也"的想法，却已经没有列国可以周游以待致君行道，只有所谓的"蛮夷戎狄"了，君臣关系也逐渐无所逃于天地之间了。

而且北京大学藏秦简《善女子之方》，成文不晚于秦始皇时期，所论述夫妻之道也有了变化，虽说"夫与妻，如表与里，如阴与阳"，但强调为妻者要"善依夫家，以自为光"，要尊重其夫，"虽与夫治，勿敢疾当"，要"屈身受令"③。

"六位"变换为"三纲"，可以看出"君"的地位得到了极大提升。礼制原则下亲恩重于义，由这种原则阐发出的思想，自然是"资于事父以事君"，父子重于君臣；而阴阳学说中，君臣父子同属阴阳，尊君与尊父同等重要（实际结果很可能导致君臣重于父子）。在前一种原则下，容许产生从

---

① 武汉大学简帛研究中心、荆门市博物馆编著：《郭店楚墓竹简》，《楚地出土战国简册合集（一）》，文物出版社2011年版，第158页。间以己意。
② 屈守元：《韩诗外传笺疏》，巴蜀书社2012年版，第309页。
③ 北京大学出土文献研究所：《北京大学藏秦简牍概述》，《文物》2012年第6期。

道不从君的批判思想；而在后一种原则下，只能有忠孝不能两全之遗憾。

所以，"三纲"代替"六位"，原始儒家的思想核心已被改换，"亲亲"变为了"尊尊"。《白虎通》中的"三纲"，与《六德》中的"六位"形同而实不同，《白虎通》所确认之"三纲"的理论基础，并不是儒家的礼制、思想，而是阴阳学说。但是《白虎通》中"三纲"的确立者，却的的确确是一帮儒生。只不过他们所秉承的，已经不是原始儒家的思想了。这很值得我们探索内中的原因。

三

前面已经谈到，"六位"之划分为内外，以礼制原则为基础。礼制原则会随礼仪的变化、人们对之的重视与否而变动，因此，礼制原则及以此原则为基础的思想，需要政治和社会不懈的支持、努力，才能得以巩固，否则就会被从根本上推翻。从春秋末年到汉武帝时期，儒学正经历着这种最为痛苦的摧残。

在孔子生前，已经是"礼崩乐坏"，三年之丧都成为疑问。儒者们所认为最缺少的亲情、恩爱，最有效的使"六位"和谐的方法，并没有受到当权者的重视，"克己复礼"难以实行。据《史记·儒林列传》："自孔子卒后，七十子之徒散游诸侯，大者为师傅卿相，小者友教士大夫，或隐而不见……是时独魏文侯好学。后凌迟以至于始皇，天下并争于战国，儒术既绌焉，然齐鲁之间，学者独不废也。于威、宣之际，孟子、荀卿之列，咸尊夫子之业而润色之，以学显于当世。"①

所谓"以学显于当世"，实际是怎样的一种情况呢？《孔丛子·执节》载孔子后人子顺对赵王说："……至如臣者，学行不敏，寄食于赵，禄仕于魏，幸遇二国之君，宽以容之，若乃师也，未敢承命……"② 自以为"寄食"而已。可见儒家的"以学显于当世"，仅指以学问闻名，子思、子顺、孟子、荀子等都没有受到重用，难以影响政治实践！

然而早期的儒者如子贡、子路、冉有、巫马期等，一度在政治上颇有

---

① （汉）司马迁：《史记》，中华书局1959年版，第3116页。
② 《汉魏丛书》，第346页C。

作为，为什么其后学却不被重用呢？从政治上来看，中央集权已成为当时各国的潮流，集权尤其是君主集权已成为共识。据《孙子兵法·【计】》，五轻（经）之首——"道"就是指"令民与上同意者也"①，非常重视君主的地位与权威。《孙膑兵法·篡卒》也提出："孙子曰：'恒胜有五：得主专制，胜；知道，胜……'"② 明确提出要君主集权、专制。

如此的对外用兵思想，自有其内政上的理论配合。倡导法治的学者迎合这种潮流，在政治上取得了主动。他们之成功得益于君主专制权力的保障；而为了自己的前途，他们也努力维护君主的权力，当然他们也尽量为自己的自由保留空间。而颇有从道不从君思想的儒家，自然会被排斥在政治主流之外。

君权的逐步提升，则使得君主个人行为的随意性对礼制有着较大的破坏，如《礼记·坊记》就记载了："子云：'礼，非祭，男女不交爵。'以此坊民，阳侯犹杀缪侯而窃其夫人。故大飨废夫人之礼。"但失却政治主动的儒家，无法利用政治力量巩固、强化礼制的实行。

经济上，日益贫困的国民经受不起繁礼厚葬；而商人、军功权贵等阶层经济——政治地位的急剧变动，使得礼制所赖以实行的等级制度受到严重破坏，僭越之事屡见不鲜。

思想上，所谓的道家、墨子之学正从两个极端上抵制儒学。儒家讲究修齐治平，推己及人；而所谓的道家关注个人修为、超脱，墨家则重兼爱无私，从思想上削弱了儒家的思想的号召力。

社会生活上，传统礼制因其复杂性，许多已被人所混淆、忘记，遭到严重破坏。

所以，因讲授《诗》《书》而得以延续的儒家，要想占据政治上的主动，必须要做出改变，因此也就要付出一定的代价。

曾入秦参观的荀子，认为秦变法的不足之处是"则其殆无儒邪！"③，他可能已经感觉到了当时儒者不能参与国家政治的遗憾，因此他批评子张氏、子夏氏、子游氏之贱儒，又"非十二子"，对儒家思想进行了改造。

---

① 银雀山汉墓竹简整理小组：《孙子兵法》，文物出版社1976年版，第29页。
② 银雀山汉墓竹简整理小组：《孙膑兵法》，文物出版社1975年版，第54页。
③ 《荀子·强国》，《二十二子》，上海古籍出版社1986年版，第326页 C。

影响他思想最深的有可能是稷下黄老学者。虽然荀子并没有在政治生活中得到重用，反有"齐人或谗荀卿"，然而荀子代表了一部分儒者欲改变自己，参与政治，进入统治阶层的愿望；他的学说也被称为"帝王之术"①，说明新的儒者有了参与政治的实力。荀子的弟子李斯、韩非就进入了主流的政治思想界，只不过他们是以法家的面貌留在了后人的记忆中。

秦之统一，使百家后学面临挑战秦法家、争为主流统治思想的境况，淳于越、荀子弟子鲍白令之②等不少学者都进言讨论定国安邦之计。然而"始皇……专任狱吏，狱吏得亲幸。博士虽七十人，特备员，弗用"③。陈胜、吴广起义使得百家后学又有了游说的对象，而刘邦的胜利以及其政治实践，则将黄老道家扶上了主流统治思想之位。

儒士叔孙通曾为秦博士，颇通时变，在楚汉相争之后，为汉制礼仪，定太子，为太子太傅，议立原庙、献果，厕身于政治主流，尤其是其弟子儒生"高帝悉以为郎"④，为儒家成为一种主流的统治思想铺了路。

这一时期在政治方面有过较大影响的儒者还有郦生、陆贾，也属于改变儒家思想，欲进入政治主流的儒者。郦生自称"酒徒"，惜早死；陆贾与《谷梁》一系的关系，前人已考证详明，他当算荀子再传弟子。今《新语·道基》中记有："……于是先圣乃仰观天文，俯察地理，图画乾坤，以定人道，民始开悟，知有父子之亲，君臣之义，夫妇之别，长幼之序……民知畏法，而无礼义；于是中圣乃设辟雍庠序之教，以正上下之仪，明父子之礼，君臣之义……"⑤ 说明陆贾依旧是围绕"六位"谈论问题，但他大量吸收其他学派的思想，尤其是黄老刑名之学（有学者甚至认为陆贾应算作黄老一派⑥），不再强调当"法先王"还是"法后王"，甚至说："书不必起仲尼之门，药不必出扁鹊之方，合之者善，可以为

---

① （汉）司马迁：《史记》，中华书局1959年版，第2539页。
② 参见《说苑·至公》，《汉魏丛书》，第439页C。鲍白令之即《汉书·楚元王交传》之浮丘伯，荀子弟子。
③ （汉）司马迁：《史记》，中华书局1959年版，第258页。
④ （汉）司马迁：《史记》，中华书局1959年版，第2724页。
⑤ 《汉魏丛书》，第322页C—323页A。
⑥ 参见熊铁基《〈新语〉是汉初新道家的代表作》，《秦汉新道家略论稿》，上海人民出版社1984年版，第69—82页。

法，因世而权行。"①

这一时期，楚元王交及其孙辟强、河间献王德、广川王去、梁怀王揖等都好《诗》《书》，门下多名儒，名儒弟子也多有仕进者，此为后话。这些名儒，多数还是秉承原始儒家的思想，乃至有清河王太傅辕固生与黄生争论汤、武之受命，结果犯忌，"是后学者莫敢明受命放杀者"②。

汉之行分封制，必然使得汉家天下重新面临周朝的窘境。在刘邦平定异姓王叛乱，陈平、周勃等诛除诸吕，和亲，抚南越之后，同姓诸侯王与军功贵族便成为国家的严重威胁。黄老思想中的尊君等主张利于中央，却不适于在地方推行；相反，原始儒家尊王、亲亲等思想却极利于统治。

当时，年轻的贾谊论"事势"，多次提到众诸侯王以及匈奴、经济等方面所存在的问题，很受赏识。贾谊曾为长沙王太傅，马王堆的黄老帛书他很可能读过。但贾谊提出的主要对策——礼，基本上还是原始儒家的思想，从《新书·大政下》就可以看出，他高唱的还是老调："夫民者，诸侯之本也；教者，政之本也；道者，教之本也……事君之道，不过于事父……事长之道，不过于事兄……使下之道，不过于使弟……"③

这说明，原始儒家的思想在当时也能适合统治的需要。但由于窦太后及外戚的权势和诸侯的反对，儒学一时之间还不能成为主流的统治思想。不过孝文、孝景帝已是多使儒生辅佐太子诸侯。然而辕固生与黄生之争论，孝景帝袒护黄生，这说明原始儒家的思想离汉家天下所需要的主流统治思想还有一段距离。

善言灾异的春秋公羊学大师董仲舒，综合了当时流行的许多思想，提出了一系列学说，以阴阳思想结合"六位"的构架，确立了"三纲"。这一思想因其包容性，具有替代黄老思想的理论高度与现实需求。当然，董仲舒也有控制君权的企图，因为当时对天意的体察，主要掌握在儒生、术士手中。

这时，好黄老言的淮南王刘安"招致宾客方术之士数千人，作为内

---

① 《新语·术事》，《汉魏丛书》，第 323 页 C。
② （汉）司马迁：《史记》，中华书局 1959 年版，第 3123 页。
③ 《汉魏丛书》，第 493 页 A—B。

书二十一篇,外书甚众,又有中篇八卷,言神仙黄白之术,亦二十余万言。"① 其思想也有很大的包容性,可以看作是黄老思想的反击,在今存的《淮南子·本经》中,他们描绘了理想社会"六位"的图景:"古者圣人在上……父慈子孝,兄良弟顺……古者上求薄而民用给,君施其德,臣尽其忠,父行其慈,子竭其孝,各致其爱,而无憾恨其间……"② 只是这一切随着淮南王造反的失败而告终。

而就在淮南王谋反之时,丞相公孙弘提出:"臣闻天下之通道五,所以行之者三。曰君臣,父子,兄弟,夫妇,长幼之序,此五者,天下之通道也。智,仁,勇,此三者,天下之通德,所以行之者也。故曰'力行近乎仁,好问近乎智,知耻近乎勇'。知此三者,则知所以自治,知所以自治,然后知所以治人。"③ 确认了要安定天下,必须用儒家的教义④。于是儒家经过盐、铁会议,上升为主流的统治思想,并在政治上占据了优势。再经过白虎观会议,由天子"亲称制临决",协调了儒家内部的矛盾,定出了"三纲六纪"。

可见"三纲"完全是政治、思想斗争之后的结果,儒家利用它的包容性,作为一面旗帜以消解百家思想的矛盾,以及原始儒家与君权的冲突,自身则借助君权获得政治地位;而君权也借助改造过了的儒家思想,为自己的统治找到理论依据,并打击各种不利于统治的思想、学说,而又以这种新的儒家思想为主,尽可能多地包容各种学说。汉家王朝宣称以孝治天下,为儒家思想的实行找回了支撑点;但儒家亲亲的原则、从道不从君的精神已经大为失落。因此,一旦儒家控制君权的手段失效,"三纲"就成为他们自己的网罗,后世的儒者虽然想尽了种种方法,以图遏制君权的膨胀,却无法超越自己亲手树立起来的"君臣"这一纲。

---

① (汉)班固:《汉书》,中华书局1962年版,第2145页。
② 《二十二子》,上海古籍出版社1986年版,第1241页A。
③ (汉)司马迁:《史记》,中华书局1959年版,第2952页。
④ 公孙弘之语略同于《中庸》及《孔子家语·哀公问政》部分内容。

早期中国的天人合一

近现代中国哲人常常说天人合一是中国哲学的一大特色①，中国主合，而西方则主分。这种简单的中西方比较，或恐不足为训。何兆武指出："当代研究中国哲学的学者们，有些人每好谈天人合一乃是中国思想的特征。其实这是一种无征不信、似是而非之说。因为古今中外一切哲学讲到最后，没有一家不是指向天人合一的，宇宙和人生最后终究是要打成一片的，天道、人道终究不可能不是一以贯之的。也可以说，凡不如此的，就不是哲学。问题只在于每个人各有其不同的讲法，这就成为不同的哲学。"② 古代希腊哲学，就有不少人也有与天人合一相近的论述③。李杜也曾指出，中国与西方都有自然义、神性义、玄学义的"天人合一"说，只是表现方式或彼此着重的不同④。一些研究东方或古代中国思想的外国

---

① 参见金岳霖《中国哲学》，《金岳霖集》，中国社会科学出版社2000年版，第41—42页；张岱年《中国哲学之特色》，《中国哲学大纲·序论》，《张岱年全集》第二卷，河北人民出版社1996年版，第7页。

② 何兆武：《优美感与崇高感》，《历史理性的重建》，北京大学出版社2005年版，第75页。按：何著《关于康德的第四批判》（《历史理性的重建》，北京大学出版社2005年版，第67页）也说："天人合一曾被有些学者认同为中国哲学的特征．但古今中外又有哪一家的哲学不是以指向天人合一为自己的归宿的呢？甚至于不妨说，凡是不归本于天人合一的，就不是哲学。所谓哲学，归根到底必然是归本于天人合一的。所以天人合一并不属于某个民族或某个哲学家的特征。它是一切哲学家的本质和鹄的，问题只在于各有其不同的思想方式和论证，而不在于是不是归本于天人合一。"

③ 如斯多亚派关于大宇宙和小宇宙，普罗提诺所说宇宙间的通感等，对后世也很有影响。普罗提诺之说，略可参见钱锺书《谈艺录（补订本）》，中华书局1984年版，第272—274页。

④ 李杜：《"天人合一"论》，《儒学与儒教论》，蓝灯文化事业股份有限公司1998年版。

学者，罕有人涉及"天人合一"是古代中国的特色思想①。至于有些人把中国的"天人合一"说到生态特别是解决当今的生态危机上面，恐怕就诠释过度了。

一　余英时的新说与疑问

近来余英时从轴心时代的文明突破这一角度来讲中国古代的天人之际，认为中国虽然也发展出超越世界与现实世界的二元分立，但是没有截然区分、对立这两个世界，这种超越是"内向超越"，传统与突破之间有持续性。面对礼崩乐坏的时代大背景，孔子将求诸内心的仁作为礼的精神内核，而不是求诸外在的天经地义这种神圣模型。墨子主张返回简朴的夏礼；老庄也针对传统礼乐提出其理论，《道德经》第38章说礼是乱之首，庄子用"坐忘"来超越现实世界，回归大道。到孔子之时，每个人都受命于天，经过长期的"绝地天通"后，人和天的直接联系再次建立起来。《庄子·人间世》借颜回之口说："内直者，与天为徒，与天为徒者，知天子之与己皆天之所子。"意思是只要保持内心诚直，则人人都能成为天子。天人沟通的重点在于人的内心。气化宇宙论流行之后，天人合一观念就进入了新纪元。诸学派的思想家也开始建构各自的天人合一看法，以取代从前的巫术诠释。孟子谈到"养浩然之气"时，其实就是提出他对个人如何达到"天人合一"的看法。只有反求诸己，养心中最精纯之气，才能达到与天地合一。（《孟子·公孙丑上》）他在另一章也说："夫君子所过者化，所存者神，上下与天地同流。"（《孟子·尽心上》）《庄子》的"心斋"也强调养气。"内向超越"是中国轴心突破不同于其他文明的突破的根本所在②。后来，余英时还认为有旧天人合一向新天人合一的转变。他也从"绝地天通"讲起，说旧天人合一是巫师集团创建的，主要是指人世界和鬼神世界在巫的操纵下通而为一，表现了一个特殊的方式和

---

① 葛瑞汉在 *Disputers of the Tao: Philosophical Arguments in Ancient China*（Open Court Publishing Company，1989）中有一章是 *The reunification of the empire and of heaven and man*，但是葛瑞汉并没有强调天人合一之说以及它为中国思想的特色。

② 余英时：《天人之际》，何俊编：《人文与理性的中国》，程嫩生等译，上海古籍出版社2007年版。

一个普遍的方式。所谓特殊方式是地上人王通过巫师的事神法术向"天"上的"帝"取得王朝统治的"天命"。所谓普通的方式则是一般人为了避凶趋吉，往往也仰赖巫为他们乞援于鬼神。新天人合一是思想家在轴心突破过程中发展出来的，它的特征可以归纳为一句话："道"与"心"的合一。新天人合一建立在一个"道""气"不相离的新宇宙论的预设之上。但新天人合一的结构脱胎于旧天人合一，存在延续性。外向超越的旧天人合一中的降神活动为新天人合一系统中"心、道合一"提供了最有效的运作模式①。后来余英时的专著《论天人之际：中国古代思想起源试探》出版，对有关问题有更详细的说明和补充，有一定影响。

余英时这种粗线条的划分，看起来有一定道理，而且符合雅斯贝斯的轴心时代之说，且又强调中国的特色，即中国既有哲学突破，突破的形态却又不同。其"内向超越"说，应该是来自于新儒家所说的"内在超越"，尽管余英时强调其不同之处②。但是这些说法，实在都是一种反向格义的产物。而在西方的话语背景里，超越与内在是无法融通的，为此安乐哲、郝大维与李明辉有往复的争论③。而"天人合一"，其实也不是中

---

① 余英时：《中国轴心突破及其历史进程——〈论天人之际〉代序》，《思想史》第 1 期，联经出版事业股份有限公司 2013 年版，第 22—55 页。按：余英时以为闻一多 1943 年所著《文学的历史动向》中讲到了一种"轴心突破"，实际上国人注意到这一现象还要早，康有为在《万木草堂口说》中已经有相近表述，严复在《天演论》第三章按语中，也比较了战国诸子、希腊诸智者、佛、耶稣，梁启超在《论中国学术变迁之大势》中有《先秦学派与希腊印度学派之比较》之文。

② 余英时认为他的内向超越是"inward transcendence"而不是"immanent transcendence"，后者可以避免承认"道"或"道体"是流行于宇宙之间的一种精神实体之存有论的承诺（ontological commitment），因为余英时对是否存在这样一种精神实体既不能肯定，也不能否定。参见陈致《余英时访谈录》，（香港）中华书局 2012 年版，第 59—62 页。

③ 参见 David L. Hall and Roger T. Ames, *Thinking through Confucius*；蒋弋为、李志林译《孔子哲学思微》，江苏人民出版社 1996 年版；何金俐译《通过孔子而思》，北京大学出版社 2005 年版。David L. Hall and Roger T. Ames, *Thinking from the Han: Self, Truth, and Transcendence in Chinese and Western Culture*, Albanny: State University of New York Press, 1998；[美]郝大维、[美]安乐哲《当代中国的"超越性之辩"》，施忠连译，《汉哲学思维的文化探源》，江苏人民出版社 1999 年版；[美]安乐哲《中国式的超越，抑或龟龟相驮以至无穷》，萧振邦编《儒学的现代反思》，文津出版社 1997 年版；李明辉《儒家思想中的内在性与超越性》，《当代儒学之自我转化》，"中央研究院"中国文哲研究所，1994 年；《再论儒家思想中的"内在超越性"》（转下页）

国才有的思想。古代希腊哲学,就有不少人也有与天人合一相近的论述;基督教也有人谈神人合一或天人合一①,余英时自己也承认道慈(E. R. Dodds)、亚都(Pierre Hadot,或译为阿多)所说"精神锻炼"(spiritual exercises,或译作灵修)对于希腊罗马哲学的影响,并以亚都所举柏拉图派、伊壁鸠鲁派、斯多葛派为例,说:"上面三家其实是用西方的哲学语言宣说'天人合一'的理想。而且稍一分析即可知,它和中国轴心突破以后的'天人合一'新系统几若出于同一模型,若称之为'殊途同归'丝毫不算夸张。"②在近代科学发展之后,西方讲天人合一的学者少了一些,但是卢梭、怀特海等人仍然很有影响。将古代中国的天人合一、关联性思维等与近现代科学的思维方式相对照,其实是一种误置。而且余英时所说"旧天人合一中的降神活动为新天人合一系统中'心、道合一'提供了最有效的运作模式",也值得怀疑,因为他的解释主要是立足于《管子·内业》等篇而来。其实"绝地天通"之后,昏迷术、降神活动其实是受到限制的③,王通过占卜与神明沟通,祝宗卜史成为重要的王官。他们的占筮术其实依据的是天人感通的宇宙论,到马王堆帛书《要》篇载孔子提出与巫史同途殊归之后,天人感通的宇宙论却并没有多少改变。而且亚都(阿多)在他的书中明确表示对将灵修与萨满教结合起来,他持保留态度④。而亚都所关

(接上页)问题》,刘述先主编《"中央研究院"第三届国际汉学会议论文集思想组:中国思潮与外来文化》,台湾"中央研究院"中国文哲研究所,2002年。按:虽然李明辉在后一文中指出美国学者巴克翰(John Wright Buckham)检讨西方的"内在论",白诗朗(John H. Berthrong)赞同用"内在超越性"来说明儒家的宗教性,赫桑(Charles Hartshorne)的神学思想中有"双向超越性"之说(第230—234页),但这多是立足于宗教或者个别人如怀特海哲学的视域,影响有限。余英时提及:"西方汉学家论及中国轴心时代有无'超越'者,Heiner Roetz 取肯定立场,见 Confucian Ethics of the Axial Age, A Reconstruction under the Aspect of the Breakthrough toward Post-conventional Thinking(Albany: State University of New York Press, 1993), esp. pp. 272 – 274; Mark Elvin 则取否定的立场,见'Was There a Transcendental Breakthrough in China?' in S. N. Eisenstadt, ed., The Origin and Diversity of Axial Age Civilizationd, pp. 325 – 359"。见氏著《论天人之际:中国古代思想起源试探》,中华书局2014年版,第78页。

① 参见宋其正《天人合一论——中国天人合一思想与基督教启示可能关系之研究》,硕士学位论文,亚洲浸信会神学研究院,1982年。
② 余英时:《论天人之际:中国古代思想起源试探》,中华书局2014年版,第194页。
③ 参见陶磊《从巫术到数术——上古信仰的历史嬗变》,山东人民出版社2008年版,第22—26页。
④ 参见[法]皮埃尔·阿多《古代哲学的智慧》,张宪译,上海译文出版社2012年版,第189—197页。

注的神秘体验，毕竟是一种个人的内在感受，即便亚都不完全同意福柯所说哲学的"理论化"开始于笛卡尔，因为笛卡尔的《沉思录》之"沉思"仍然指的是古代灵性传统中的一种灵魂练习①，但这种"理论化"倾向、专业化毕竟越来越明显；基督教在近代对神秘主义也保持距离，一如讲究静坐的王学在明亡之后受到清人批评一样。所以天人合一不仅未必是古代中国思想的特色，而且也不是一贯地受人尊崇。

二 早期中国天人合一的思想基础与发展

因此，我们不能浮泛地讲天人合一。在当前，应该深入地探究天人合一的具体说法，以期和西方进行比较。在这方面，张岱年曾有贡献。他指出天人合一有两种意义：一是天人相通，二是天人相类。他认为前者发端于《中庸》《孟子》，大成于宋代道学；后者则是汉代董仲舒的思想，并说"天人相类是一种牵强附会的思想"②。当然，现在看来，这些说法或许有些地方还可以斟酌，因为天人相通和天人相类是有思想关联的。而天人相通之发端，至少有天降祸福之说，有《洪范》之言。此外先秦讲天人相通的不止子思学派的《中庸》和《孟子》，并且讲法不一，思孟偏向于圣人与天地参，这是比较极端者，其他学者未必认同这一点。

当时天人相通、天人相类、天人合一的思想基础是同类相感，天人感应。如邹衍学说的理论就是"类固相召，气同则合，声比则应"的天人感应，银雀山汉简《曹氏阴阳》也说"夫物故从其向动其类矣"，而且《周易·乾·文言》有："子曰：'同声相应，同气相求；水流湿，火就燥，云从龙，风从虎。圣人作而万物睹。本乎天者亲上，本乎地者亲下，则各从其类也。'"《管子·白心》说："同则相从，反则相距也。"《庄子·渔父》也说："同类相从，同声相应，固天之理也。"《中庸》发展了此类思想，说之为诚："至诚之道，可以前知。国家将兴，必有祯祥；国家将亡，必有妖孽。见乎蓍龟，动乎四体。"而至诚前知之说，又可以联系精

---

① ［法］皮埃尔·阿多：《古代哲学的智慧》，张宪译，上海译文出版社 2012 年版，第 285—288 页。

② 张岱年：《中国哲学大纲》，《张岱年全集》第二卷，河北人民出版社 1996 年版，第 202—207 页。

诚感通。如《吕氏春秋·精通》说："身在乎秦，所亲爱在于齐，死而志气不安，精或往来也。月也者，群阴之本也。月望则蚌蛤实，群阴盈；月晦则蚌蛤虚，群阴亏。夫月形乎天，而群阴化乎渊；圣人形德乎己，而四方咸饬乎仁……故父母之于子也，子之于父母也，一体而两分，同气而异息。若草莽之有华实也，若树木之有根心也，虽异处而相通，隐志相及，痛疾相救，忧思相感，生则相欢，死则相哀，此之谓骨肉之亲。神出于忠，而应乎心，两精相得，岂待言哉？"

同类相感——天人感应的思想很容易发展出天人相类。因此可以说董仲舒的天人相类、人副天数，有承于先秦诸子中很多人认同的思想，在当时是一种合理的说法。如《文子·九守》说："天有四时、五行、九解、三百六十日，人有四支、五藏、九窍、三百六十节。天有风雨寒暑，人有取与喜怒，胆为云，肺为气，脾为风，肾为雨，肝为雷，人与天地相类，而心为之主。耳目者日月也，血气者风雨也，日月失行，薄蚀无光，风雨非时，毁折生灾，五星失行，州国受其殃。"文亦略见于《淮南子·精神》。《黄帝内经·灵枢·邪客》谓："黄帝问于伯高曰：愿闻人之肢节以应天地奈何？伯高答曰：天圆地方，人头圆足方以应之。天有日月，人有两目；地有九州岛，人有九窍；天有风雨，人有喜怒；天有雷电，人有音声；天有四时，人有四肢；天有五音，人有五脏；天有六律，人有六腑；天有冬夏，人有寒热；天有十日，人有手十指；辰有十二，人有足十指、茎、垂以应之，女子不足二节，以抱人形；天有阴阳，人有夫妻；岁有三百六十五日，人有三百六十五节；地有高山，人有肩膝；地有深谷，人有腋腘；地有十二经水，人有十二经脉；地有泉脉，人有卫气；地有草蓂，人有毫毛；天有昼夜，人有卧起；天有列星，人有牙齿；地有小山，人有小节；地有山石，人有高骨；地有林木，人有募筋；地有聚邑，人有䐃肉；岁有十二月，人有十二节；地有四时不生草，人有无子。此人与天地相应者也。"《文子》与《淮南子》有大量重复文字，可能有共同来源。《黄帝内经》现在一般认为编成于西汉，但《素问》引《灵枢》而称经，说明《灵枢》要早。《黄帝内经》某些篇章的成书时代要早或有较早来源，如马王堆帛书、张家山汉简《脉书》等。《邪客》一篇所记十二脉较帛书、汉简十一脉先进，但手少阴一脉无腧穴，不及《灵枢·经脉》篇十二脉皆有腧穴完整，"处于过渡的中间状态"①。《经脉》可能迟至西汉中期才成书。结合《文子》《淮南子》来看，天人相类的思想并非始于董仲舒。天人相类观念应该是天人相通思想的一种极端发展，其发展的中间阶段可能是阴阳五行观念与人的性别、五脏的对应，《尚书·洪范》五行、五事也可以与人对应，故后来有仁义礼智圣五行和《洪范五行传》。董仲舒天人相类学说的思想核心是天人感应学说，此说大概与《公羊春秋》相关，故可以算儒家思想。以今天的理性来批评董仲舒之说为牵强附会，未免苛责。何况他的天人感应的神学体系，有控制皇权的目的，他动则曰"天戒若曰：……"

儒学利用《洪范》《春秋》以及《周易》等②，大讲天人感应的灾异学说，将宇宙论和人事相结合，其天人合一的思想因此比较发达，一些思想家即使不直接讲经与灾异，也能说出不少玄妙之言，且有多个发展方向。

其发展的一个方向是子思之《中庸》的圣人"赞天地之化育"，"与天地参"，"君子动而世为天下道，行而世为天下法，言而世为天下则"，成为素王，"配天"，这是一种天人合一，天德合在圣人君子身上。孟子所言也与此相类："夫君子所过者化，所存者神，上下与天地同流"（《孟子·尽心上》），"圣人之于天道也，命也，有（又）性焉，君子不谓命也"③（《孟子·尽心下》）。《易·乾·文言》也说："夫大人者，与天地合其德，与日月合其明，与四时合其序，与鬼神合其吉凶。先天而天弗违，后天而奉天时。天且弗违，而况于人乎？况于鬼神乎？"不用说，《书·洪范》五行，《春秋公羊传》《诗》之美刺比兴，乃至《乐记》所谓"大乐与天地同和，大礼与天地同节"等，皆可以发展出一套类似的天人感应、天人合一理论。子思的仁义礼智圣五行的修圣方法是仁义礼智圣五行"型"于内，孟子的修养方法则是讲"尽其心者，知其性也。知

---

① 王洪图主编：《内经》，人民卫生出版社2000年版，第37页。
② 《易·系辞上》说："天垂象，见吉凶，圣人象之。河出图，洛出书，圣人则之"。可参《汉书·五行志》。
③ 或谓作"圣之于天道也"，以与仁义礼智圣五行相应，今不从，因为孟子心目中的圣人是五百年一出的王者。参见拙作《仁义礼智圣五行的思想渊源》，《新出简帛的学术探索》。

其性，则知天矣。存其心，养其性，所以事天也"（《孟子·尽心上》），以及养浩然之气等。《易传》的修养方法则是治《易》研几了，《系辞》说："易简而天下之理得矣。天下之理得而成位乎其中矣。"由此可知，诗、书、礼、乐、易、春秋的修养方法是读书。这种修养方法相对于思孟而言，是不同的两种路径。后世宋明理学所谓尊德性与道问学之争，实际已经隐含于此。但这些思想皆源于孔子，如《论语·泰伯》有孔子所谓："唯天为大，唯尧则之"，而他又以诗书礼乐易春秋教。

另一个方向则是将人世伦理说为天之规则，称之为天常，人依之而行则可谓天人合一。郭店简《成之闻之》于此尤为说得清楚："天谕大常，以理人伦。制为君臣之义，著作为父子之亲，分为夫妇之辨。是故小人乱天常以逆大道，君子治人伦以顺天德。……是故唯君子道可近求而可远揩也。昔者君子有言曰：'圣人天德'，盖言慎求之于己，而可以至顺天常矣……是故君子慎六位以嗣天常。"① 它将君臣、父子、夫妇六种人伦关系，作为"天常"。圣人求己可以顺天常，君子注重六位，也可以合乎天常。本来在马王堆帛书《经法·国次》里，是说："故唯圣人能尽天极，能用天当（常）"，人行事要顺天常，如《经法·道法》所言："称以权衡，参以天当（常）"，这些是古来一贯的思想。而在《天常》里，圣人不再是高高在上者，君子也可以与天相合。《中庸》《孟子》都讲到"诚"，"诚者，天之道也。思诚者，人之道也"，"思诚"，"反身而诚"是修养方法，也是达到与天合一的方法。《天常》则着重讲人在人伦关系里修养。这种将人伦称为天常的思想，或可能肇端于《左传·哀公六年》所记孔子之语："楚昭王知大道矣。其不失国也，宜哉！《夏书》曰：'惟彼陶唐，帅彼天常，有此冀方。今失其行，乱其纪纲，乃灭而亡。'又曰：'允出兹在兹。'由己率常，可矣。"而郭店简《六德》为了证明

---

① 《乐记》中子夏对魏文侯之语："夫古者天地顺而四时当，民有德而五谷昌，疾疢不作而无妖祥，此之谓大当。然后圣人作为父子君臣，以为纪纲。纪纲既正，天下大定。""当"与"常"古为通假字，《乐记》之"大当"就是《成之闻之》的"大常"；《乐记》的"作为父子君臣"，《成之闻之》作"制为君臣之义，作为父子之亲，分为夫妇之辨"，基本相同。但是子夏是讲在大常的情况下圣人制定人伦纪纲，《成之闻之》则直接将人伦关系看作依天所晓谕者而来，圣人的作用被隐蔽了。

"夫夫、妇妇、父父、子子、君君、臣臣，六者各行其职而狱豻无由作也"，其证据就是"观诸《诗》《书》则亦载矣，观诸礼、乐则亦载矣，观诸《易》《春秋》则亦载矣。"很明显，研读六经也是一种修养方法。

三 诸子百家的天人合一

圣人有神通之说，早有流传。而将人世伦理说为天之规则，将自己所看重的思想说为天经地义不可违背者，这种方法可能来自于刘康公、子产、晏子等将礼作为天经地义的规则的解释。在这种思想下，各种自己所认可的准则，都会被作为先天的准则或天（之意志）的要求，人必须实行，行之就达致天人合一或得道得福，否则受害。如此一来，诸子百家都会用这种方法来说起私义。

墨子讲"天志"，为其"兼爱"的主张服务，在这一点上最明显；而且他也讲圣人的神通。《天志上》篇说："顺天意者，兼相爱，交相利，必得赏。反天意者，别相恶，交相贼，必得罚。"《天志中》讲："夫爱人利人，顺天之意，得天之赏者谁也？曰若昔三代圣王，尧舜禹汤文武者是也。尧舜禹汤文武焉所从事？曰从事兼，不从事别。兼者，处大国不攻小国，处大家不乱小家，强不劫弱，众不暴寡，诈不谋愚，贵不傲贱。观其事，上利乎天，中利乎鬼，下利乎人，三利无所不利，是谓天德。聚敛天下之美名而加之焉，曰：此仁也，义也，爱人利人，顺天之意，得天之赏者也。不止此而已，书于竹帛，镂之金石，琢之盘盂，传遗后世子孙。"《天志下》称之为"圣王""圣人"，而《尚贤中》称赞圣人是"与天地同常"的："周颂道之曰：'圣人之德，若天之高，若地之普，其有昭于天下也。若地之固，若山之承，不坏不崩。若日之光，若月之明，与天地同常。'则此言圣人之德，章明博大，埴固，以修久也。故圣人之德盖总乎天地者也。"《墨子·法仪》也说："子墨子曰：天下从事者不可以无法仪，无法仪而其事能成者无有也。虽至士之为将相者，皆有法，虽至百工从事者，亦皆有法，百工为方以矩，为圆以规，直以绳，正以县……然则奚以为治法而可？故曰莫若法天。天之行广而无私，其施厚而不德，其明久而不衰，故圣王法之。既以天为法，动作有为必度于天，天之所欲则为之，天所不欲则止。然而天何欲何恶者也？天必欲人之相爱相利，而不欲人之相恶相贼也……昔之圣王禹汤文武，兼爱天下之百姓，率以尊天事鬼，其利人多，故天福之，使立为天子"，墨子的天人合一，是合在圣王、圣人、天子身上，但都是为其兼爱的主张服务。墨子的尚同思想里，还有一种以天灾惩罚不能上同于天者的恐吓说法。《尚同中》说："夫既尚同乎天子，而未上同乎天者，则天菑将犹未止也。故当若天降寒热不节，雪霜雨露不时，五谷不孰，六畜不遂，疾菑戾疫、飘风苦雨，荐臻而至者，此天之降罚也，将以罚下人之不尚同乎天者也。"或说此为董仲舒思想的来源，强调了天有意志①，其实皆是源自古代的思想资源而售其一家之言罢了。天有无意志，要看具体的思想学说和言论场合来决定。墨家的修养方法，是《贵义》篇墨子所说的"必去六辟。嘿则思，言则诲，动则事，使三者代御，必为圣人。必去喜，去怒，去乐，去悲，去爱，而用仁义。手足口鼻耳，从事于义，必为圣人。"

老子把道放在了天之上，但是他多次提到"天之道"，他所看重的道就是天道，并且有天道与人道之差别："天之道，其犹张弓与？高者抑之，下者举之；有余者损之，不足者补之。天之道，损有余而补不足。人之道则不然，损不足以奉有余。孰能有余以奉天下？唯有道者"（77章）。老子的目的是要将人道或德统一、复归于天道，这是他的天人合一。其修养方法常见于《老子》，如抟气致柔，致虚等等。

上博简《恒先》则说"举天下之作，强诸果；天下之大作，其敦庞不自若作，庸有果与不果"，为了褒扬天下之大作，反对人为的天下之作，干脆提出"有人焉有不善，乱出于人"，"祥义、利巧、彩物出于作，作焉有事，不作无事"，讲人带来的恶，反对人为乃至人本身（当然在篇末提及明王、明君、明士，这当是顺天而行者）。这一思想和视人为五行之秀气的思想很不同，倒与卢梭在《爱弥儿》中所说的"出自造物主之手的东西，都是好的，而一到了人的手里，就全变坏了"，以及康德讲人的自由，但是"自由的历史则由恶而开始，因为它是人的创作"②，有些

---

① 冯禹：《天与人——中国历史上的天人关系》，重庆出版社1990年版，第44—49页。
② ［法］卢梭：《爱弥儿》，李平沤译，商务印书馆1978年版，第5页；［德］康德：《人类历史起源臆测》，何兆武译，《历史理性批判文集》，商务印书馆1990年版，第68页；参见何兆武《"普遍的历史观念"如何可能?》，《历史理性批判论集》，清华大学出版社2001年版，第83页。

相似。后来讲全天灭人以及人性恶者，或和这种思想有同调之处。

　　老子的后学将本根、源始、自然乃至无为状态视为"天"，意义虽小有所变化，但是完全在当时人的认识范围之内。如《庄子·秋水》说："（河伯）曰：'何谓天？何谓人？'北海若曰：'牛马四足，是谓天；落马首，穿牛鼻，是谓人……'"《天地》记："夫子曰：'夫道，覆载万物者也，洋洋乎大哉！君子不可以不刳心焉。无为为之之谓天，无为言之之谓德……"《天下》篇说："不离于宗，谓之天人。不离于精，谓之神人。不离于真，谓之至人"，《在宥》篇则称得道者为天："黄帝再拜稽首曰：'广成子之谓天矣！'"《庚桑楚》则提出了像虫一样比圣人高明的全人："羿工乎中微，而拙乎使人无己誉。圣人工乎天，而拙乎人。夫工乎天而俍乎人者，唯全人能之。唯虫能虫，唯虫能天。全人恶天，恶人之天，而况吾天乎人乎？"其修养方法是"忘人，因以为天人矣。故敬之而不喜，侮之而不怒者，唯同乎天和者为然。"这一类的修养方法绝对排斥外在的知识积累、读经，而追求内在的体认。《庄子·养生主》就说："吾生也有涯，而知也无涯。以有涯随无涯，殆已"。

　　《庄子》还以天人合一的社会是被圣人所破坏，来攻击仁义之说，《马蹄》曾经描述了一幅原始社会里天人合一的图卷："至德之世，其行填填，其视颠颠。当是时也，山无蹊隧，泽无舟梁；万物群生，连属其乡；禽兽成群，草木遂长。是故禽兽可系羁而游，鸟鹊之巢可攀援而窥。夫至德之世，同与禽兽居，族与万物并，恶乎知君子小人哉！同乎无知，其德不离；同乎无欲，是谓素朴；素朴而民性得矣。"这个原始的美妙社会的破坏，《庄子》归于圣人——这与儒墨把天人合一归为圣人正相反："及至圣人，蹩躠为仁，踶跂为义，而天下始疑矣；澶漫为乐，摘辟为礼，而天下始分矣。故纯朴不残，孰为牺尊！白玉不毁，孰为珪璋！道德不废，安取仁义！性情不离，安用礼乐！五色不乱，孰为文采！五声不乱，孰应六律！夫残朴以为器，工匠之罪也；毁道德以为仁义，圣人之过也。"类似之言在《庄子》里尚多见，《应帝王》说："有虞氏不及泰氏。有虞氏，其犹藏仁以要人，亦得人矣，而未始出于非人。泰氏，其卧徐徐，其觉于于；一以己为马，一以己为牛"。《胠箧》篇更是说："圣人不死，大盗不止"①。这种思想与《老子》的"绝圣弃智""绝仁弃义"及追求返朴归真相应。

在《庄子·天下》篇里，还记有不少人的天人合一论。如"决然无主，趣物而不两，不顾于虑，不谋于知，于物无择，与之俱往"的彭蒙、田骈、慎到，他们"齐万物以为首"，即是"于物无择，与之俱往"，要与天地万物为一，尤其慎到是"与物宛转，舍是与非，苟可以免，不师知虑，不知前后，魏然而已矣。推而后行，曳而后往，若飘风之还，若羽之旋，若磨石之隧"，这近似于老子卫生之经的"与物委蛇，而同其波"，然而"豪桀（杰）相与笑之曰：'慎到之道，非生人之行，而至死人之理，适得怪焉。'"篇末提到惠施看似喜欢与人辩论，但是他也有"泛爱万物，天地一体"的追求。然而此篇（《天下》，或曰讲惠施的是《惠施篇》，不属于《天下》）作者对他的批评是"弱于德，强于物……夫充一尚可，曰愈贵道，几矣！惠施不能以此自宁，散于万物而不厌"，这是因为《庄子》书认为与道、天道合一才是至高境界。《庄子》对这些人都不忘记批评，例外的是讲老聃、关尹"澹然独与神明居"，庄子本人则是"独与天地精神往来……上与造物者游，而下与外死生、无终始者为友"，与《齐物论》的"天地与我并生，而万物与我为一"相近。然而在荀子眼里，庄子是"蔽于天而不知人"（《解蔽》篇），不值得尊崇。荀子所重视的，是人道，所以他要讲天人之分，天和人各有其职分。荀子批评说：

> 大天而思之，孰与物畜而制之！从天而颂之，孰与制天命而用之！望时而待之，孰与应时而使之！因物而多之，孰与骋能而化之！思物而物之，孰与理物而勿失之也！愿于物之所以生，孰与有物之所以成！故错人而思天，则失万物之情。（《天论》）

荀子的理想是人依照天地的规律治理天下："天有其时，地有其财，人有其治，夫是之谓能参。"而这，又有天人合一的味道了②。这个合一，

---

① 按："圣人"，陈景元《庄子阙误》指出张君房本作"圣智"。
② 刘又铭指出荀子是"合中有分"的天人关系论，见氏著《荀子的哲学典范及其在后代的变迁转移》，《汉学研究集刊》第三期，台湾云林科技大学汉学资料整理研究所，2006年。

却是合在了人身上。

综上可见，天人合一并不是中国哲学、思想的特色，中国古代思想家对于天人合一也有不同的讲法，有不同的"合"，或合于圣人君子，或把人伦合于天常，或合于天道而非人道，或合于天而非人，乃至非圣人。而即使讲天人之分的荀子，也在讲天人合一于人。而在西方，人的地位相对于神较低，大约耶稣，以及黑格尔把拿破仑看作绝对精神之说，可以算作天人合一于圣人，有关问题还有待进一步研究。

道精、道一与道德、道说

——试论理解《老子》之"道"的另一种角度

中国古代的学问，以"道"为最崇高的概念，最终的目标，最基本的原动力①，似乎得到不少人的认同。英国汉学家葛瑞汉将他研究先秦思想的著作定名为《论道者：中国古代哲学论辩》，美国汉学家史华慈也认为"道"的观念是先秦诸家的根本主题②，类似的观点还有很多③，这说明对于"道"的探究，已经成为一个国际性的话题。

然而，如何对"道"进行探索，则颇费思量，因为《老子》开篇就"正言若反"地讲："道可道，非常（恒）道"，并且说过"吾不知其名，字之曰道。强为之名，曰大"（第25章）。金岳霖先生倒是作有名著《论道》，只是他使用了旧瓶装新酒的方法，书中所谈的"道"（"道是式—能"），距西方的哲学思辨较近，离中国学问或者说中国学者心目中那温情脉脉的"道"，似乎有些距离④。古代中国的"道"应该如何理解呢？

---

① 金岳霖：《论道·绪论》，商务印书馆1987年版，第16页。

② ［美］史华慈（Benjamin I. Schwartz）, *Transcendence in Ancient China*, in Daedalus, spring 1975, pp. 57–68. 转摘自［美］许倬云《中国文化与世界文化》，贵州人民出版社1991年版，第104页。

③ 参见葛兆光《七世纪前中国的知识、思想与信仰世界·导论》第三节，复旦大学出版社1998年版。

④ 参见俞宣孟《移花接木难成活——评金岳霖的〈论道〉》，《学术月刊》2005年第9期。陈康先生也曾谓金先生所著《论道》的方法为"用从半空中飞下来的结论作推论的前提（'道曰式，曰能'）"，颇有批评。见陈康《陈康哲学论文集》，联经出版事业公司1985年版，第214页；转引自汪子嵩、王太庆编《陈康：论希腊哲学·编者的话》，商务印书馆1990年版，第ii页。

历代汗牛充栋的解老著作,并没有提供一个清晰的对于"道"的解说。综观近现代以来对于"道"的探索,大约有两个趋向。一是从哲学角度来正面探讨"道"之含义,或分析,或综合;一是从文化人类学、历史文献学、哲学史等角度进行体会、探赜索隐。这两个趋向至今尚未能互相利用,而且,由于学界是从不同专业角度来讨论有关问题,有一些文章或观点因种种原因未能引起彼此的注意,所以本文将略为引述先哲时贤之说,随后提出笔者之陋见,以就教于闻道高士。

一

近几十年来,据笔者不完全的统计,讨论"道"尤其是《老子》中的"道"之含义的文章有一百余篇,但是有分量的文章却是寥寥。台湾袁保新先生研究《老子》之"道"时,选取了几个代表性人物的观点,作了评论,在此基础之上提出了一种贯通性的解释[①],较有影响。

刘笑敢先生在袁氏之说的基础上,将学界对于"道"的大部分理解,归纳为四类[②]:

其一,本体和原理类。这一类解说包括"道"是宇宙本体,是原初物质,是绝对观念,是精神实体,是原理或法则、规律、动力。把"道"看作实体的又分为物质性实体和精神性实体。看作物质实体的多强调实体与规律的结合。诸说虽有实体与非实体之别,但都是"客观实有"的,属于形而上之论。诸说滥觞于胡适、冯友兰,绝大多数华人学者的观点属于此类,但有以西观中、隔靴搔痒之弊。

其二,综合解说类。这里的综合包括了探讨形而上、形而下两方面的意义。其做法是并列"道"的若干意义或以"道"的一种意义为主同时介绍其他意义,避免单从客观实有一个方面来定义或解说"道"。此说以方东美为代表,他分"道"为本体论(道体,是实体,是活动的法式)、宇宙发生学(道用,遍在一切万物之中)、现象学(道相,在无界中即用

[①] 袁保新:《老子哲学之诠释与重建》,文津出版社1991年版。
[②] 刘笑敢:《关于老子之道的新解释与新诠释》,《中国文哲研究通讯》(台湾)1997年第7卷第2期;刘笑敢:《老子之道:关于世界之统一性的解释——兼论"道"在科学与宗教之间的位置与意义》,《道家文化研究》第15辑,生活·读书·新知三联书店1999年版。

显体，在有界中即体显用）、特征学（道征，道之高明可以具体而微地显现在圣人身上，道成肉身）。

其三，境界形态说。这是牟宗三先生的独特理解，他认为尽管《老子》对"道"的描述含有客观性、实体性的意思，但这只是一种姿态。"道"的观念来自于主体修养所证成的主观境界，"道"之创生万物，实乃万物自生自济。

其四，贯通性解说。以袁保新先生为代表，认为"道"为价值世界的形而上基础。因为把"道"解释成第一因、实体、规律这些存在原理，都无法与人生实践的应然原理构成关联。而中国哲学的传统，存有学也就是价值论。所以存在界就是价值世界，"道"也就是规范一切事物的地位与关系的价值之理。老子心目中的"道"也就是人类理解自己在存在界中的地位，决定自己与其他人、物、鬼、神、天地之间关系的意义基础，或规范一切的价值理序。

袁保新先生的贯通性解说，思想来源有三，一是方东美先生所说的中国哲学的传统：存有学也就是价值论；二是傅伟勋先生以创造性诠释学论老子与海德格尔的文章；三是陈康先生的名文《老子哲学中"道"之意义》。我国著名的古希腊史研究专家陈康先生，在沉浸希腊哲学多年后，致力于《老子》之"道"的含义的理解，其文非常值得重视。为后文讨论方便，将其说大概引用于下。

陈先生指出：道有数义：一为本源，一为贮藏之所（奥，藏也，河上注），三为一切之楷式。凡此三义皆偏于静止。与此相对，复有动义数焉：一则为生，再则为长，三则表示反复之历程。凡此诸义皆指普遍原理，独一无偶，不为时空所限。自此观之，"道"为一普遍有效之原理，其拘束力永恒弗替，此"道"之所以曰"常"。然老子又言"大道废"，大道苟废，胡可曰"常"？按老子之义，大道废弛，乃由于人之违道。人事范围而外，"道"则周行不殆。于是"道"有总义二焉：一为存有之原理，一为规范性之原理。规范性之原理可从可违，向背任人自择，物则不能如是，唯受制于存有原理而已[①]。

---

① Chuang-hwan Chen, what Does Lao-tzu Mean By The Term "Tao",《清华学报》（台湾）1964年新第 4 卷第 2 期。

陈先生的文章厘析"道"的含义非常详尽（尽管少了诸如言说这个在开篇的"道可道"中即有的意思，以及"大道甚夷，而民好径"中作为道路讲的"道"），而且又将之合为总义，启人深思。袁保新先生就是在此基础上继续追问而提出了他的贯通性意见，他所追问的是：存有原理与规范原理属于不同层次，却都隶属在"道"之下，是否老子混淆了实然与应然？

刘笑敢先生在充分承认袁氏之说的贡献之基础上，也提出了批评：袁氏所讨论的问题之所以成为问题，完全是因为学术界在解释老子之"道"时未加说明地使用了"存在（存有）""实然""应然"等西方哲学的概念而引起的，所谓必然性和规范性的矛盾，或存有原理和应然原理之间的对立，在老子之"道"中本来是不存在的。袁氏之说把"道"的概念规约和限定在价值意义之中，略去了"道"和本体论相似或相通的内容。如果说老子之"道"是价值之理，是价值世界的形上基础，那么孔孟之"天"，宋儒之"理"又何尝不是价值之理或价值世界的形上基础？在此基础之上，刘笑敢先生也提出了自己的见解：老子之道是对世界之统一性的根源与根据的解释和诠释。

对于刘笑敢先生这种新的贯通性解说，袁保新先生回应说：老子的"道"相当于西方哲学中的"存有"，存有与存有物不同。"道"与万物的关系，不是因果关系，"道"是万物的虚理①。袁先生认为他们二人的差别似乎在于如何看待《老子》中的宇宙生成论意涵。他认为老子的宇宙生成论有"气化"特点，道与气是一体的两面，指涉的都是形上的根源、造化力自身；它们都不是经验界中的任何一物，而是这些存在物得以生续长养的形上根源或依据；而刘笑敢先生之说，为了保留宇宙论成分，试图提炼"总根源"这一概念，保留了"道"为实存之对象的说法，不免推论太过。

刘、袁二位先生没有继续往复问难。不过关于刘笑敢先生所提到的中国哲学研究过程中不可避免的借用西方哲学而产生的"反向格义"，袁保

---

① 袁保新：《再论老子之道的义理定位——兼答刘笑敢教授〈关于老子之道的新解释与新诠释〉》，《中国文哲研究通讯》（台湾）1997年第7卷第2期。

新先生在上述回应文章中有所补充,二人在此点上可谓达成了共识。后来,刘笑敢先生有专文讨论"反向格义",指出:传统的格义是普及性、启蒙性、工具性的,是权宜之计;而近代反向格义却是研究性、专业性的,是主流的或正统的方法。对反向格义的利弊得失应该进行严肃的反思和讨论①。并认为"袁氏对陈康之说感到不安的根源在于他心中的理论前提(assumption),而不在于陈康的解释本身。这种不安正说明'实然—应然'对立两分的概念不适于对老子之道的诠释。""以一个现成的现代的(实际上来自西方)哲学概念来定义或描述老子之道是非常困难的。"他将自己的贯通性解说阐释为不是狭义的定义,而是采取了一种通过"功能性、描述性定义(引者按:指泛化后的定义)"来解释"道"的方案。

关于袁保新的解释,可以补充的批评是,他很注重考虑海德格尔的意见,将"道"和"存在"比看。然而海德格尔本人对于"道"有所研究,而且很看重"道"作为道路的本源意义,并着重"为一切开出道路之道"②。如前所述,作为道路讲的"道",确实见于《老子》中(第 53 章)。

刘笑敢先生所归纳的种种对于"道"的解释,是许多前贤时哲的呕心沥血之作,虽然存在着一些问题,但都是特定历史时期的精神之花,值得崇敬。类似的用"反向格义"来探究"道"之含义的文章还有很多,譬如金岳霖先生所说"所谓道就是合起来说的道,道一的道"③(对于"道一",金先生后来还有所论述④);叶秀山先生所说的"道"是一切"物"(万物)之所以为"物"之本⑤,等等⑥。可以说,"反向格义"从

---

① 刘笑敢:《"反向格义"与中国哲学研究的困境》,《中国哲学与文化》第 1 辑,广西师范大学出版社 2007 年版。

② 参见张祥龙《海德格尔所理解的"道"》,《海德格尔与"道"及东方思想》,均载《海德格尔思想与中国天道:终极视域的开启与交融(修订版)》,生活·读书·新知三联书店 2007 年版,第 426—428、444—446 页。

③ 金岳霖:《论道·绪论》,商务印书馆 1987 年版,第 18 页。

④ 如金岳霖《道、自然与人》,《金岳霖集》,中国社会科学出版社 2000 年版,第 94—95 页。

⑤ 叶秀山:《我读〈老子〉的一些感想》,《道家文化研究》第 2 辑,上海古籍出版社 1992 年版。

⑥ 如杜保瑞《反者道之动》,鸿泰出版社 1995 年版;吴汝钧《老庄哲学的现代析论》,文津出版社 1998 年版。

种种不同的思想角度加深了我们对于《老子》之"道"的理解。

然而"反向格义"的不足也是明显的：学者们可以从不同角度"格义"出不同的意思，各有其理。如果要强分轩轾，势必要牵涉到"格义"背后的西方的思想背景，学者们仍有可能由此产生不同的理解，乃至引起进一步的歧异——这种歧异或许对于中西文化交流有益，但是对于我们探求"道"本身则无甚益处，因为诠释者所讨论的问题看似论"道"，实际上很大程度上乃是西方的语境下的"道"。还有一个不足是，不少解说并没有关注"道"的多种不同意义，即便注意到了，也有略过不表者，如上述陈康先生对于"道"的解释中，就没有包括"道可道"中第二个"道"之言说的含义，以及"使我介然有知，行於大道，唯施是畏。大道甚夷，而民好径"（第53章）中的"道"之道路的含义。

此外，上述从哲学角度来解释"道"，对于我们理解"道"的含义大有裨益。但是以上的解释，基本上都从一个共时性的角度来解读《老子》中的"道"。虽然说我们今天对于《老子》一书到底是一时形成的文本还是历时形成的文本尚难以达成一致，大约其最终定本可以看作是一个相对共时性的文本。

可是《老子》的"道"之诸种含义彼此之间是共时性的抑或是历时性的产品，则还值得探究；而上述的讨论，则都不免将之预设为共时性的了，由此认为"道"的诸种含义可以通过某种方式贯通，或可以图示为一种结构系统。这里借用索绪尔（Saussure）提出的共时与历时这一对概念，目的只在于说明用"反向格义"的方法来讨论《老子》中的"道"，未免过于执着于《老子》之"道"的内部结构，而忽视了"道"之含义本身的来源、发展。

二

郭沫若先生曾指出《管子》中的《内业》、《白心》、《心术》上、下等篇为宋钘、尹文的遗著（引者按：此四篇一般被称为"《管子》四篇"，郭氏原文还包括《管子·枢言》），并说："《内业》和《心术》的基调是站在道家的立场的，返复咏叹着本体的'道'以为其学说的脊干……宋鈃这一派，无疑是战国时代的道家学派的前驱"①。由于郭沫若先生认为《老子》成书甚晚，所以不难推知他心目中的宋鈃、尹文的遗著中所论的"道"，是《老子》的前驱。与其观点相近的还有刘节先生②。

冯友兰先生认为尚不能确信这几篇是宋鈃、尹文的遗著③，蒙文通先生则认为管子四篇是田骈、慎到遗著④，后来裘锡圭先生也有相近意见⑤。但是至今这些篇章的作者还难以确定，裘先生后来就曾指出其说与郭说，"证据都嫌不足"⑥。冯友兰先生在晚年所著《中国哲学史新编》中，就是将这些篇通称为"稷下黄老之学"⑦。重要的是，这几篇中所论的"道"以及与"道"相关的思想或其来源，有可能很早，即使不是《老子》的思想来源，或也可以看作《老子》的思想背景。

冯友兰先生在研究"《管子》四篇"时曾指出："在《内业》等四篇中，道就是精气，也称为灵气。"⑧裘锡圭先生则进一步提出："《心术》、《内业》这一派稷下道家的'道'的概念，跟他们的精气说是紧密联系在一起的。前面说过，他们时常直接以'道'来指称精气。这在其他道家著作里是看不到的，可见在他们那里，'道'除了用于规律、方法等意义外，是被当作精气或精气的总体来理解的。……《心术》《内业》这一派稷下道家所说的'道'既然指天的精气，其位置就只能在'天'之下，而不能像老、庄所说的'道'那样居于'天'之上，真正成为宇宙的根源。……《老子》说'道''窈兮冥兮，其中有精。其精甚真，其中有

---

① 郭沫若：《宋鈃尹文遗著考》，《青铜时代》，《郭沫若全集·历史编》第 1 卷，人民出版社 1982 年版，第 563、570 页。按：笔者尚难以认同将"道家"运用到先秦时期。

② 参见刘节《管子中所见之宋鈃一派学说》，《古史考存》，人民出版社 1958 年版。

③ 冯友兰：《先秦道家所谓道底物质性》，《中国哲学史论文集》，上海人民出版社 1958 年版。

④ 蒙文通：《杨朱学派考》，《古学甄微》，巴蜀书社 1987 年版。

⑤ 裘锡圭：《马王堆〈老子〉甲乙本卷前后古佚书与"道法家"——兼论〈心术上〉〈白心〉为慎到田骈学派作品》，《文史丛稿——上古思想、民俗与古文字学史》，上海远东出版社 1996 年版，第 59 页。

⑥ 裘锡圭：《稷下道家精气说的研究》，《文史丛稿——上古思想、民俗与古文字学史》，上海远东出版社 1996 年版，第 17 页。

⑦ 冯友兰：《中国哲学史新编（修订本）》第 2 册，人民出版社 1984 年版。

⑧ 冯友兰：《先秦道家哲学主要名词通释》，《中国哲学史论文二集》，上海人民出版社 1962 年版，第 190 页。

信'。这是否反映了道即精气的思想的影响呢?"① 关于"精",冯友兰先生曾有过讨论。裘锡圭先生则根据中外文化人类学的材料,有详细的申论。他所论"精"和原始思维中的"马那"之关系,揭示了"精"这个概念的原始性,足以证明《管子》四篇的某些思想,可以看作《老子》的思想背景。

裘先生区分"精"与"气"的意见尤其值得注意:"《内业》等篇里确有把精气简称为'气'的情况,但是我们不能因此就在精气和一般的气之间划等号。一般的气没有精气的那种'神性',但是单靠精气也构不成万物。例如按《内业》等篇的说法,精气在人心中能使人聪明,但是人的形并不是天的精气构成的,而是地之所'出'。"② 《内业》说:"人之生也,天出其精,地出其形,合此以为人。"因此,中国古代有些"道"的含义,我们可以称它为"道精"。它不是构成万事万物的宇宙本体或原初物质,它虽然赋予万事万物以动力,但是还不足以构成原理或规律。当然,由裘锡圭先生所引文化人类学的资料不难看出,这样的"道",有发展成为哲学上的宇宙根源的观念的潜力③。

不过关于"道"与"精"的时代先后,冯友兰和裘锡圭先生都曾有过反复。冯先生在论证《老子》中的"道"是物质性时,认为《管子》四篇中的"精"是物质,《老子》吸收了这种思想,所以《老子》中的"道"也主要是物质性的④。但是后来在《中国哲学史新编》中,则将这些篇章放在《老子》之后。裘先生先是认为"精气"的观念早,而《老子》关于"道"的思想是高于道即精气的思想的,当晚;后来则认为《老子》之"道"的观念,最初是直接受比较原始的"精"的观念的启发而形成的,而不是在稷下道家以精气为"道"的思想的影响下产生的⑤。

---

① 裘锡圭:《稷下道家精气说的研究》,《文史丛稿——上古思想、民俗与古文字学史》,上海远东出版社 1996 年版,第 44—46 页。

② 裘锡圭:《稷下道家精气说的研究》,《文史丛稿——上古思想、民俗与古文字学史》,上海远东出版社 1996 年版,第 44—45 页。

③ 裘锡圭:《〈稷下道家精气说的研究〉补正》,《文史丛稿——上古思想、民俗与古文字学史》,上海远东出版社 1996 年版,第 55 页。

④ 冯友兰:《先秦道家所谓道底物质性》,《中国哲学史论文集》,上海人民出版社 1958 年版。

⑤ 裘锡圭:《稷下道家精气说的研究》、《〈稷下道家精气说的研究〉补正》,均载《文史丛稿——上古思想、民俗与古文字学史》,上海远东出版社 1996 年版,第 46、56 页。

这种思想观念之时代先后的问题，比较复杂。由于哲学思想的产生、发展，往往是以一种突破的形式而出现，而未必遵循简单直线进化的态势；而且先秦古书的产生、流传、主体定本的年代等问题比较复杂，所以"道精"与《老子》"道"之观念的先后，不易于判断。不过，《管子》四篇中，"道"虽然和"精"有些相近，但是这几篇中"道"还表示规律、方法等意义。而且《心术上》篇的"心处其道，九窍循理"；"有道之君"；"以无为之谓道"；"道之与德无间"；"事督乎法，法出乎权，权出乎道"；"道贵因"，以及《白心》篇有关"道"的论述中，"道"的意味绝非"精"所能尽。郭沫若先生曾指出《管子·心术下》是《内业》的副本①，如果一定要把这四篇看作一个整体的话，则即便《内业》《心术下》中的"道"较为接近"精"之义（"道"之外延，恐怕仍当比"精"大），《心术上》《白心》中的"道"，当比"精"之义更复杂，已经就"道"谈论人事，只是尚没有将"道"作为宇宙本源。所以，《内业》篇里的"道"的概念，有可能是受"精"的观念的启发而形成的特殊称谓（其含义已经不止于"道精"）。若然，则"道精"恐怕要早于《老子》中含义丰富的"道"——当然，所论二者也可能有更早的思想源头，或者一如裘锡圭先生所指出过的，《老子》关于"道"的思想比《内业》关于"道"的思想晚，却并不代表《老子》成书的时代比《内业》等晚。这涉及中国古书逐渐形成，以及思想内容的形成与文本形式的写定不统一等较复杂的问题，同时也并不因为有了更发达的思想之后，较不发达的思想就不会再流传、发展，不再受较发达思想的影响。

在《内业》等篇中，还谈到了"一"。冯友兰先生认为《内业》等篇中的"一"都只作"专一"解，《老子》《庄子》中的"一"则就是"精气"②。这个观点恐怕有些问题。《内业》中讲"执一不失，能君万物"，讲"得一"，这个"一"虽然其本源可能和"精"有关，但是并不适合落实为"精气"。相较于比较原始的"精"而言，"一"要抽象得

---

① 郭沫若：《宋钘尹文遗著考》，《青铜时代》，《郭沫若全集·历史编》第 1 卷，人民出版社 1982 年版，第 553—557 页。

② 冯友兰：《先秦道家哲学主要名词通释》，《中国哲学史论文二集》，上海人民出版社 1962 年版，第 190 页。

多。《老子》中的"一",恐怕也不能全然以"精气"当之,比如《老子》第22章讲"圣人抱一为天下式",很难说这里的"一"是实实在在的"精气",抱守精气能成为天下的法式(虽然《老子》第10章的"载营魄抱一"可能有养生守精之义,但这只不过说明了"一"可能有从"精"发展而出的特点)。所以,很多学者将《老子》"得一"章(第39章)的"一"当作"道"之别名来解释,是比较合适的。否则将"侯王得一以为天下正"之"一",解释为"精气",恐怕实在难通。

"一"有可能是从"精"发展而出的一个特殊称谓,或二者思想有相关之处(如《古文尚书》中说到过"惟精惟一"),而"一"这个称谓很特别。将"一"或者"大一(太一、泰一)"作为天地万物的根本,是东西方都有的一种观念,但是略有不同。古代中国以"一"为宇宙生成论之开始阶段的论述有很多,如郭店简《太一生水》,《淮南子·诠言》:"洞同天地,浑沌为朴,未造而成物,谓之太一。同出于一,所为各异……"古代中国的礼乐制度,也被认为源于"一",如《礼记·礼运》(《孔子家语·礼运》略同)中孔子说:"是故夫礼,必本于大一",《吕氏春秋·大乐》说:"音乐之所由来者远矣,生于度量,本于太一……万物所出,造于太一……"在古希腊,米利都学派的泰勒斯说"水是万物的始基(本原)",阿那克西曼德则说本原是"无定",阿那克西美尼认为是"气",这个传统还有后来者如德谟克里特等的原子论发展其说。但是毕泰戈拉学派则提出数是万物的本原,晚期的毕泰戈拉学派还有过万物的本原是"一"的观点。这里的"万物",已经包括了抽象的东西如正义、理性、灵魂等,类似于古代中国思想中的礼乐。

古希腊哲学比较特别的地方,是巴门尼德提出了"存在(存有,是)"是唯一真实的,是"一",其意就是说"存在(存有,是)"是万物的本原[1]。顺此而下,柏拉图、亚里士多德等建构了独特的古希腊哲学,亚里士多德在《形而上学》中,多次说到"存在(存有,是)"与"一"意义相同,但是哲学最终选择了"存在(存有,是)"。而在中国,

---

[1] 参见方朝晖《"存在"作为本原》,《思辨之神:西方哲学思潮选讲》,复旦大学出版社2007年版,第107—111页。

是逐步将"一"作为"道"的别名,并且最终"道"超越了"一"。如《吕氏春秋·大乐》说:"道也者,至精也,不可为形,不可为名,强为之,谓之太一",马王堆帛书《道原》说:"一者其(道)号也"。到《老子》说"道生一,一生二,二生三,三生万物"时,"一"就不能等于"道"了,"道"比"一"更具有优先性(马王堆帛书《经·成法》也说:"黄帝曰:一者,一而已乎?其亦有长乎?力黑曰:一者,道其本也,胡为而无长")。或许因为中西方都曾重视"一","一"似乎可以沟通中西方两个终极性的观念:"道"和"存在(存有,是)",故袁保新先生要根据海德格尔的有关意见,将"道"和"存有"打通,不过二者恐怕终究有些不同。

需要强调的是,和上文《礼记·礼运》《吕氏春秋·大乐》《太一生水》等相应,古代中国思想中也曾有过重视"一"甚于"道"的思想或者二者并重的思想(后文将略有论述①)。这些思想的来源年代有可能很早,故我们也至少可以将之作为《老子》的思想背景。无论是更重视"道",还是更重视"一",都让"道"和"一"更进一步地彼此融合起来,故《老子》中的某些"道"或者"一"(如《得一》章的"一"和《老子》29 章的"道之为物,惟恍惟惚"等),或可以称为"道一"。但这是从"道"和"一"的相近相关性上来说的,并不是金岳霖先生所表述过的形而上学式的"道一"。

《老子》中的"道",蕴涵了"道精"和"道一"这两个当时思想背景中的通义。试借用陈康先生对于"道"的厘析来看,则本源、贮藏之所、一切之楷式诸"静"义,以及反复之历程这一"动"义,可以由"一"而得;而生、长这二"动"义,可以循"精"而求。然则陈先生对于《老子》中"道"义之厘析,正相关其时之通义,而这几个方面恰好是陈康先生所谓普遍原理、存有之原理。

上述郭沫若、冯友兰、裘锡圭等先生的研究,主要是运用哲学史、历史文献学的方法,利用文化人类学的资料,对于《管子》四篇进行研究,

---

① 可参见[日]赤冢忠《中国古代思想家们对"一"的探求》,[日]佐藤将之、朱湘钰合译,《鹅湖》(台湾)2004 年第 11 期。

多不直接与《老子》的"道"相关，而仅可以看作《老子》之"道"的思想背景。从此种角度来看，则《老子》中之"道"为历时性的思想产品，"道"之名下，有不同之实义，恐怕值得注意。《老子》很可能只是在当时的思想背景和自己的理解中去使用"道"，而不必强求对这些"道"的内涵有整齐的规定。然则这些历时发展而成的同名异实的思想，是否能够在今天由后人来作一种共时性的贯通，求出一个可以通约的定义，就很让人怀疑了。

三

"道"的"道精"和"道一"两方面的含义，是当时思想背景下的"公言"。那么，《老子》在此公言之外，是否还另有新的意蕴呢？《老子》中的"道"义，还多有与人事相关者，"道精""道一"不能尽之，如仁义、智慧、治民、用兵等等，此或可以用"道德"来表示。论"德"，在古代中国早有根源，也非《老子》一派之专利，在《老子》之后也有单独重视此领域者。其实这正如同在《老子》之前，有较原始的重视"精"的观念，在《老子》之后，也有专门重视"精"而将之转入保精养生者；在《老子》之前肯定有重视"一"的思想，在《老子》之后仍有重视"一"甚于"道"者（参后文）。但是《老子》或许特别注意从"道"的角度，吸取当时思想背景中的"道精""道一"，并着力开拓出"道德"这个领域①，故而《老子》又名《道德经》。在马王堆汉墓帛书甲、乙本《老子》，都是《德》篇居前，《道》篇在后。

前引《管子·心术上》中，已经有"道之与德无间"，说明该篇于"道德"也有所注意。但是一则我们尚不能判断此篇与《老子》的早晚及影响等问题，二则此篇论"道德"远远不及《老子》详尽。所以我们仍然可以说，《老子》着力开拓出了"道德"。于是《老子》中的"道"，至少拥有三方面意义，"道精""道一""道德"。"道精""道一"是当时之通义，"道德"则是《老子》特别着意的地方。后来的《文子》《庄

---

① "精""一"与"德"，也是有思想联系的。比如《内业》讲对于"精气"，要"敬守勿失，是谓成德"；《尚书》中有"咸有一德"。

子》等继承了《老子》从三方面来论述"道"的传统,尤其注重讨论"道德"方面的问题;申子、韩非子的刑名法术,被认为"原于道德之意"(《史记》),而"慎到、田骈、接子、环渊"等,则被称为"学黄老道德之术",皆重"道德"。因此,可以说自《老子》之后,曾经流行的"道精""道一"所受重视的程度,有被涉及人事领域的"道德"所超越的趋势。这里关键的当然不是"德"论(其他诸子多有之),而是从"道"的角度来谈论德。《老子》在这一转折过程中的作用,或尚需要重新估量。自然,其时之思想界,亦有虽受其影响,然而仍然更注重"道精""道一"者。如马王堆帛书《道原》,既说"一"是"道"之号("一者其号也"),也说:"复此道者,是谓能精",论"一"论"精",对于人事方面的"道德"领域,则较少论述。《管子》等书中有一些篇章也是如此,对于人事方面讨论得不充分。

"道德"所探讨的,多是陈康先生所谓人事范围内的规范性之原理,正是陈先生所说和普遍原理存在矛盾的地方,也就是"大道废"之所指。现在既知《老子》之"道"有"道精""道一""道德"三义,前两者为思想界之通义,而"道德"是《老子》新开拓的领域,则所谓存有之原理与规范性之原理的矛盾,或可能换一个角度来看,可能只是通义和私意之间的隔膜。其来源既各不同,势必难以统一于一个对于"道"的简单的解释之下(其实即便"道精"与"道一"也难以完全统一)。故而《老子》可能仅仅是使用"道"这个"名"(或者"字")将三者勾连起来,而同名之下的实义虽然有思想关联,但是并不尽同。可能"周行而不殆,可以为天下母"的"道"(第25章),并不同于"大道废"的"道"(第18章)。

但是笔者更重视的是,除了"名"的相同之外,它们有思想关联,或可以称为"玄通"。名为"玄通",是表明它不像一以贯之的贯通那样简洁、全面,几个解释可以视作"道"的结构,形成一个对于"道"的共时性的解释;而是几种思想之间有可能在历史上有渊源,其最终统一于"道"之下,乃是一个历时性的发展过程,而这个过程后来可能已被遗忘。就《老子》来看,这个长期的历时性过程,无疑是被浓缩、敉平在《老子》这个相对为共时性的文本之中了;《老子》中"道"的诸种意涵之间的思想联系早已被今人所遗忘，人们反而乞求从诸种意涵之间寻求一个共时性的可以通约的解释。然而于《老子》中求一个简单概括的对于"道"的通约性解释，或可能本身就有问题，可能是出于用"反向格义"研究《老子》所带来的思想误置。至少，上述各种对于"道"的解释，都没有关注"道"之"言说"的意义。这就好比西方的"逻各斯"（也有学者以此与"道"相联系进行考察），在使用过程中分化出了很多义项，从词源上来考察，有可能能够勾连、玄通诸义项，但恐怕不能以一个简单概括的表述贯通各处文本。《老子》既然说过"道可道，非常（恒）道"，也说过"道"只是勉强的一个"字"，那么《老子》在使用"道"时，或者在当时的思想情景中，根本就不会考虑需要一个一以贯之的简单定义，而只不过是使用了一个含义丰富的"道"。

四

前文曾指出"道可道"中的第二个"道"，以及"大道甚夷"中的"道"，分别是作言说和道路讲，多为论"道"之含义者所忽略，或是因为此二义不能贯通于《老子》中其他的"道"，或者是此两义不够玄味。但是晚年的西方大哲海德格尔甚至更看重这两个意义的"道"，它们或许比其他本体、原理之类的道更有哲理味道。作言说和道路讲的"道"，或可以称为"道说"（这里借用孙周兴先生翻译海德格尔的"Sage"时所用的名词①）、"道路"。现在反过来的问题是，"道说""道路"与"道精""道一""道德"是否有思想渊源？我们是否确实有必要避开"道说""道路"这两个义项呢？

"道说"与"道精""道一""道德"的思想渊源，在新出《上海博物馆藏战国楚竹书（七）》中的《凡物流形》篇，有一些线索，或也可以玄通。上博的整理者已经对《凡物流形》篇作出了筚路蓝缕的工作，我们在其基础上，对于简序以及某些关键字的释读，提出了一些新的意见。有一些意见，学界尚处于讨论之中，有一些则基本达成共识。我们发现

---

① 孙周兴：《后期海德格尔基本词语的汉译》，《我们时代的思想姿态》，东方出版社 2001 年版，第 242 页。

《凡物流形》篇多有与《老子》《文子》《管子》四篇，以及马王堆帛书《经法》诸篇接近者，可能有共同的思想背景。这是一篇较多论"道"论"一"的战国学术作品，但是因为先秦时期未必有所谓道家，所以本篇简文并不能算作道家的作品。其具体的学派属性，目前尚难以断定。由其以"闻之曰"（整理者多读为"问之曰"）连缀全篇，可以看出这是一个取材广泛的思想作品。全篇虽多有疑问而且是韵文，但只不过是思想作品，并非如整理者所说的类似《天问》、属于《楚辞》。

《凡物流形》篇述及"道"，但是没有详论"道"和"一"的关系，从"是故识道，所以修身而治邦家。闻之曰：能识一，则百物不失；如不能识一，则百物具失"以及其他论述来看，大约"道"和人事关系较紧密，而"一"和万物关系较紧密。《凡物流形》篇多处论"一"，述及"一"之效用之语很多，有"闻之曰：一生两，两生三，三生四，四成结。是故有一，天下无不有顺；无一，天下亦无一有顺"之语，与《老子》的"道生一，一生二，二生三，三生万物"相比较，《凡物流形》篇在"一"之上没有更高一级的"道"，此篇显然对于"一"更为推崇。《凡物流形》篇况"一"之语谓"是故一，咀之有味，嗅之有臭，鼓之有声，近之可见，操之可抚，掾之则失，败之则高，测之则灭"，和《老子》说"故道之出言，淡兮其无味。视之不足见，听之不足闻，用之不足既"（35章），"视之不见""听之不闻""抟之不得"（14章），全然不同乃至相反。《庄子·大宗师》也说"道"是"不可见"，马王堆竹简《天下至道谈》开篇很可能当读为"天下至道淡如水"，凡此皆谓道不可见，无味，无声，不可抟；而《凡物流形》篇反而谓"一"有味、有香，有声，可见，可抚，这很可能是在有了对于"道"之描述之后的反模拟，很可能是受到了《老子》的影响①。但是《凡物流形》篇这种对于"一"之重视的特别思想，在后世看来还是抵不过"道"的影响力。

值得注意的是，《凡物流形》开篇所谓"凡物流形，奚得而成？流形成体，奚得而不死？既成既生，奚呱而鸣？……闻之曰：民人流形，奚得

---

① 郭店简《老子》丙组有相应于今本《老子》第35章之论"道"无形者，没有相近的相应于第14章者，估计是墓主未收录。若然，则郭店简本《老子》当为节选本。

而生？流形成体，奚失而死，又得而成？"有问无答，殆就是以《管子》中的"天出其精，地出其形"，或与之相近的思想为其论说背景，故读者自明。若然，前述"精"之生、成义，于此可以见之。而且，由"既成既生，奚呱而鸣"，或也可以看出"道"之"言说"的含义本也孕育于"道精"之中。《逸周书·官人》也说："气初生物，物生有声。"（《大戴礼记·文王官人》作："初气主物，物生有声"），物生下来就有声，可以"呱而鸣"；就人来说，就是能哭能叫，长大后能言能说。中国古代不乏圣人生而能言的传说，如上博简《子羔》记禹"生而能言"，而契"生乃呼曰：'□金'"。因此，"道可道"中，第二个"道"的"道说"义，可谓是"道精"的题中应有之义。

《上海博物馆藏战国楚竹书（三）》中的《恒先》篇也说到："'有'出于'或'，'生'出于'有'，'音'出于'生'，'言'出于'音'，'名'出于'言'，'事'出于'名'。"古代"音""声"或不别，《恒先》不仅说"生"之后有"音"①，而且将"言"与"音"作了区分，为"道精"与"道说"之间的联系作了说明。《恒先》更进而论至"名""事"，这就属于"道德"的领域了。《恒先》的开篇，是气化宇宙生成论，"或""有""生""音""言""名""事"等序列，是宇宙生成论中的生化步骤，而"精"与"气"有相关性，所以《恒先》或可谓将"道精""道说"与"道德"相连在了一起。《凡物流形》还说到"能寡言乎，能一乎，夫此之谓小成"，说到了"言"与"一"的关系。然则"道说"之与"道精""道一""道德"，也是有思想关联，可以玄通的。"言说"是当时思想界所关心的重要问题，《老子》从"道"的角度所提出的对于"言"的态度，是"行不言之教"（第2章），"多言数穷，不如守中"（第5章，帛书本作"多闻"），"贵言"（第17章）、"希言"（第23章），"知者不言"（第56章），这些很明显仍然是当时思想界的通义。

至于作为"道路"讲的"道"，确实如多数人所领会以及海德格尔所讲的，是"道"最本源的含义，是不言而喻的公言。"道"是道路、路

---

① 笔者曾据《逸周书·官人》和《大戴礼记·文王官人》之说解释《恒先》"音"字，有学者根据王念孙校《管子》之说读"音"为"意"。现在看来，此说虽有利于解释后文的"言"，但是却无法解释"'音'出于'生'"，似仍当以读"音"为是。

径，它才让一切通达成为可能。《内业》说："凡物之精，此〈出①〉则为生。下生五谷，上为列星。流于天地之间，谓之鬼神；藏于胸中，谓之圣人。"《内业》说"出"，《吕氏春秋·尽数》则说"入"："精气之集也，必有入也。集于羽鸟，与为飞扬；集于走兽，与为流行；集于珠玉，与为精朗；集于树木，与为茂长；集于圣人，与为夐明。"可见"道精"之流行，还需要"道路"之保证，才可能出、入。"道路"之义虽未之言，而实际上已经先在。同理，"道路"也是"道一""道德""道说"之来源、保证，这些都如同海德格尔所说的，是从"道"开出的"路"，是表现"道"的方式。当然，"道"开出"道路"的源初意义，也必然会被扬弃或者说只能限制在一定的范围之内。《老子》中讲天道、人道，褒扬的是天道，批评的是人道——而从开出"道路"的角度来讲，人道自然也是"道"，但这恰恰是《老子》所着力批评的，"大道甚夷，而民好径"，"大道废"就是因为民多欲有为。

于是，《老子》中的"道"，至少和"道路""道精""道一""道说""道德"有关，"道路"是诸说的来源和保证；本源、贮藏之所、一切之楷式诸"静"义，以及反复之历程这一"动"义，可以由"道一"而得；而生、长这二"动"义，可以循"道精"而求；言说这一"动"义，可以自"道说"而获；"大道废"这一"道"义，可以从"道德"而溯。"道路""道精""道一""道说"四个公言和"道德"这个私意，可谓《老子》中之"道"的五个重要维度，而《老子》所着重开拓的，在于"道德"这一维度。这几个维度之间，彼此有一定思想渊源，但是这种渊源的历时性发展过程比较幽微，在《老子》本文中基本上没有呈现出来。所以这几个维度不能视作《老子》中的"道"的结构组成部分，"道"的这些意义不是共时性的，而是历时发展而出的。《老子》中的"道"，或许尚有其他思想背景或者重要维度，还有待于我们继续研究。

已经有综合解说《老子》之"道"的学者指出过："《老子》书上所

---

① 或以为"化"之讹，恐不可信。战国文字尤其楚文字中，"此"与"出"仅有一笔之差，今人考释时或有误；齐文字以及楚文字中有可能源于齐的篇章中，"此"与"出"亦相近，猜想《内业》此处亦是字误。

谓的道字，符号形式虽然是同一的，但在不同章句的文字脉络中，却具有不同的意含。……因而，同时谈'道'，而意含却不尽同。意含虽不同，却又可以贯通起来。"① 但是这里所谓的贯通，既不是直接的贯通，也不是曲折的思想上的玄通，而是一个"符号形式"。笔者研究的路径，不是专注于《老子》本文而进行共时性的哲学的区分与贯通，而是从历时性的思想背景出发，探究"道"的通义与《老子》中"道"的私义，做的是历史文献的勾勒。这并不是要刻意强调哲学与史学的差别，而是感觉哲学的"反向格义"及概念区分，做的是共时性的分析，难以贯通"道"之名下的各种不同含义。我们似乎有必要在借助"反向格义"来加深对"道"之认识的同时，回到中国古代思想史的情景中来，尝试从哲学史的路径，从历时性的角度去把握《老子》中的"道"。

---

① 陈鼓应：《老子注译及评介》，中华书局1985年版，第2页；刘笑敢：《关于老子之道的新解释与新诠释》，《中国文哲研究通讯》（台湾）1997年第7卷第2期。

从历时性角度再论孟子的人性论

有关孟子人性论的讨论，古今中外非常多。孟子从人禽之辨来讲人性，故人性善，这一见解早已是众人皆知。但是陈大齐在《孟子待解录》中列出了孟子人性论中"性"义的多样性①，说明孟子的人性论并不是那么简单。牟宗三也推荐这本书，尽管他批评陈大齐"重要的地方大体都错"，而且说"头一段就讲错了"②——这应该是指的讲性的第一段，陈氏说根据公都子问孟子"'今曰性善，然则彼皆非与'。问语中有'今'字，可见孟子的弟子确认性善说之为前人所未道"，而牟宗三等新儒家是或明或暗地认为孔子已经讲到性善的。但是由孔子、早期儒家的人性论来看，牟宗三等的结论恐怕是由当今的情景反溯古代，由孟子来讲孔子，所说可疑③。

目前关于孟子的人性论的研究，非常细致，并且广及海内外④。但多是用共时性的方法，将孟子论性的观点比类而观之。这一方法有未尽善之处，特别是没能从历时性的角度分析孟子的人性论，而把孟子对于人性的看法预设为一成不变的了。虽说孟子思想的历时变化不可尽考，但某一些言论还是可以考见其发展轨迹。

---

① 陈大齐：《孟子待解录》，台湾商务印书馆股份有限公司1980年版。
② 牟宗三主讲，卢学昆整理：《孟子讲演录》，《鹅湖月刊》第30卷第1期。
③ 参见拙作《郭店简〈成之闻之〉与孔子"性相近"说新研》，《思想与文化》第21辑，华东师范大学出版社2017年版。
④ 参见［美］江文思、安乐哲编《孟子心性之学》，梁溪译，社会科学文献出版社2005年版。

一

前人已经研究过，告子及见墨子，那么他与孟子辩论，当是其晚年，孟子年轻之时。《墨子·公孟》中二三子诋毁告子，墨子却称赞他"言谈甚辩，言仁义而不吾毁"，而且《墨经》中还有批评"仁内义外"说的内容，则墨子去世时告子至少当有二三十岁，甚至更长①。而孟子出游见梁惠王是在公元前319年，时孟子已五十余，告子若在世，至少已有八九十岁，辩论不大可能在此时进行。因此孟子当是远在此之前与告子辩论，且从辩论过程来看，当时孟子的人性思想尚未完全定型。

二人的辩论，《孟子·告子上》记曰：

> 告子曰："性，犹杞柳也；义，犹桮棬也。以人性为仁义，犹以杞柳为桮棬。"孟子曰："子能顺杞柳之性而以为桮棬乎？将戕贼杞柳而后以为桮棬也？如将戕贼杞柳而以为桮，则亦将戕贼人以为仁义与？率天下之人而祸仁义者，必子之言夫！"
>
> 告子曰："性，犹湍水也，决诸东方则东流，决诸西方则西流。人性之无分于善不善也，犹水之无分于东西也。"孟子曰："水信无分于东西，无分于上下乎？人性之善也，犹水之就下也。人无有不善，水无有不下。今夫水，搏而跃之，可使过颡，激而行之，可使在山，是岂水之性哉？其势则然也。人之可使为不善，其性亦犹是也。"
>
> 告子曰："生之谓性。"孟子曰："生之谓性也，犹白之谓白与？"曰："然。""白羽之白也，犹白雪之白，白雪之白，犹白玉之白欤？"曰："然。""然则犬之性犹牛之性，牛之性犹人之性欤？"
>
> 告子曰："食色，性也。仁，内也，非外也。义，外也，非内也。"孟子曰："何以谓仁内义外也？"曰："彼长而我长之，非有长于我也。犹彼白而我白之，从其白于外也，故谓之外也。"曰："异

---

① 钱穆将墨子年岁定为公元前480—公元前390年，告子定为公元前420—公元前350年，见《先秦诸子系年》，商务印书馆2001年版，第694—695页。按：据清华简《系年》鲁阳公的年代，墨子卒年当在公元前389—公元前385年之间或稍后不久，参见拙作《〈系年〉零札》，李守奎主编《清华简〈系年〉与古史新探》，中西书局2016年版。

于白马之白也，无以异于白人之白也！不识长马之长也，无以异于长人之长欤？且谓长者义乎？长之者义乎？"曰："吾弟则爱之，秦人之弟则不爱也，是以我为悦者也，故谓之内。长楚人之长，亦长吾之长，是以长为悦者也，故谓之外也。"曰："嗜秦人之炙，无以异于嗜吾炙。夫物则亦有然者也。然则嗜炙亦有外欤？"

前文说过，《墨经》中对于"仁内义外"的批驳更为有力，因为告子、孟子二人的辩论多是用譬喻来辩，而譬喻并不是严格的思辨方式，所以陈大齐深怪孟子与告子的第一辩没有首先指出告子之譬喻不当，并以之为孟子人性论中不可解者[1]。其实当时孟子是晚辈，只能顺着告子之譬喻而为说，而墨家长于譬喻。第一辩中，孟子留下了一个可能的解说没有讨论：对于"子能顺杞柳之性而以为桮桊乎"，与"将戕贼杞柳而后以为桮桊也"，他只批评了后者。后人对于"杞柳"与"桮桊"的解释已经有些分不清，如果照朱熹的解释，"桮桊，屈木所为"，则告子可以说"顺杞柳之性而以为桮桊"，"性无善无不善"。因为告子的人性论本墨子的所染而来，所以是可以说"顺杞柳之性而以为桮桊"的。其所说"性，犹湍水也，决诸东方则东流，决诸西方则西流。人性之无分于善不善也，犹水之无分于东西也"，当就是此义——决定人性的，是决诸东还是西。

对此，孟子说"人性之善也，犹水之就下也。人无有不善，水无有不下"，看似第二辩辩胜，其实已经把告子所要说的水流的东西向，改为了上下，偷换了概念，逻辑上有问题。《墨子·兼爱下》说过："我以为人之于就兼相爱交相利也，譬之犹火之就上，水之就下也。"[2] 告子应当然也知道水之就下的道理，最多只能说自己比喻不当罢了。

因此告子直接用接近于下定义的方式讲"生之谓性"。在这第三个辩论中，孟子用归谬的方法得出"然则犬之性犹牛之性，牛之性犹人之性欤的结论，"人非禽兽，这在一般人看来很有道理[3]，但如前所述，这个观点墨家早已经有了。因此告子似乎是胸有成足地补充说："食色，性也。"

---

[1] 陈大齐：《孟子待解录》，台湾商务印书馆股份有限公司1980年版，第19—20页。
[2] 《孙子兵法》也说过："夫兵形象水，水之形，避高而趋下。"
[3] 其实郭店简《性自命出》中讲："四海之内，其性一也。"

对此说，就不见孟子的反驳了，孟子只讨论了告子所说的仁义内外的问题。是不是"食色，性也"和"生之谓性"接近而孟子不论了呢？不是。因为不仅孟子也用食色作为譬喻，以说人和犬马不同："口之于味，有同嗜也，易牙先得我口之所嗜者也。如使口之于味也，其性与人殊，若犬马之与我不同类也，则天下何嗜皆从易牙之于味也"（《告子上》）；而且当齐宣王说寡人好色时，孟子讲"昔者太王好色"；孟子甚至也承认："形色，天性也"，虽然他强调的只是"惟圣人然后可以践形"，其他人则不能如是："尧舜，性之也；汤武，身之也；五霸，假之也。"（《尽心上》）① 其中舜是"由仁义行，非行仁义也"（《离娄下》），所以从圣人的生性中可以看出他本有仁义，则孟子当然不能反对生性，故不能反对食色是性。

由以上的分析可以看出，孟子说："然则犬之性犹牛之性，牛之性犹人之性欤？"已经有了人禽之别的观点，但是他还不能反对传统上的"食色，性也"，他只能说惟有圣人才能尽此性，好像孔子的"从心所欲，不逾矩"。传统的人性论，非常重视人的自然性，告子顺此谈人的生性、自然性，而不是谈社会性以及人之为人的本质属性②，孟子和告子的思想起点、立论对象有较大差别，而孟子要想一位前辈依从自己的想法来讨论人性，是很难办到的。

因此，孟子与告子之辩论的关键，在于孟子要从人之为人的本质——人禽之辨上谈论人性，而传统以及告子的人性论却多从生性、自然性来谈人性。

二

人禽之辨，无疑是孟子性善论、人性本善论的奠基石。不过年轻时的孟子虽然提出了"然则犬之性犹牛之性，牛之性犹人之性欤"，抓住了人

---

① 《离娄下》有："尧、舜，性者也；汤、武，反之也"。陈大齐认为"形色，天性也"与"食色，性也"全不相同，故认为不可解（《孟子待解录》，台湾商务印书馆股份有限公司1980年版，第23—24页），恐非是。

② 参见廖名春《人性论》，《孟子的智慧》，汉艺色研文化事业有限公司1994年版，第50—54页。

禽之别这个问题，但是还无法完全否认人性中的自然性，这是孟子所要解决的问题。

孟子后来对此疑难有了一个解决方法，那就是用接近下定义的方式，称这些自然性为命而非性："口之于味也，目之于色也，耳之于声也，鼻之于臭也，四肢之于安佚也；性也，有（又）命焉，君子不谓性也。"（《尽心下》）既然食色只是命，那么除去这些自然性之外，犬、牛之性与人之性就不同了，人还有社会性，故人非禽兽，人和禽兽的差别就是人之所以为人的本质之性①，所以孟子多次强调"人之所以异于禽兽"。至此，孟子的人性论中的人禽之别就完全确立了。孟子论性、命的差别，注意者很多。但将孟子定义命作为孟子解决其思想中的难题，非历时性考查不能体现。

由人禽之别，孟子进而曰："无恻隐之心，非人也；无羞恶之心，非人也；无辞让之心，非人也；无是非之心，非人也。恻隐之心，仁之端也；羞恶之心，义之端也；辞让之心，礼之端也；是非之心，智之端也。人之有是四端也，犹其有四体也"（《公孙丑上》）②，意谓只要是人，就有仁义礼智四端。因此孟子的人性论既奠基于人禽之别，就可以进而至人性本善。

但是孟子还在圣人、君子和庶民之间画了一道线，这可能是有些人说孟子的性善论是可善之说的根源所在："人之所以异于禽兽者几希，庶民去之，君子存之。"（《离娄下》）当孟子答陈相时，就说"当尧之时……人之有道也，饱食暖衣，逸居而无教，则近于禽兽。圣人有忧之，使契为司徒，教以人伦：父子有亲，君臣有义，夫妇有别，长幼有序，朋友有信"（《滕文公上》），认为是圣人教民人伦，则不仅圣人和庶民有差别，

---

① 杨泽波特别强调应该说为"孟子之性指人之所以为人的道德特质"，因为"人与禽兽不同的地方至少有两个，一是人有道德，二是人能认知，而孟子的性善论只以道德立论，并不涉及认知。"见氏著《孟子性善论研究》，中国社会科学出版社1995年版，第30页。按：孟子也谈"是非之心，人皆有之"；"是非之心，智之端也"，关乎认知。

② 《告子上》记孟子答公都子问，说："恻隐之心，人皆有之；羞恶之心，人皆有之；恭敬之心，人皆有之；是非之心，人皆有之。恻隐之心，仁也；羞恶之心，义也；恭敬之心，礼也；是非之心，智也。仁义礼智，非由外铄我也，我固有之也，弗思耳矣。"

人性之善也是人为之"伪"的结果。但此处孟子与荀子的差别大概在于圣人之性中本有人伦礼义,这不是"伪";荀子则认为圣人制礼义是思虑、"伪"的结果。虽然孟子说过:"圣人与我同类者",但"圣人先得我心之所同然耳"(《告子上》),圣人依然超绝于一般人。即便孟子曾提出一般民众能得"平旦之气",皆有善性,不善"非才之罪",但在性善之外,圣人和一般人有差别。陈澧也由此说:"孟子所谓性善者,谓人人之性,皆有善也;非谓人人之性,皆纯乎善也……盖圣人之性纯乎善;常人之性,皆有善恶"[①]。

然而到曹交问孟子"人皆可以为尧舜,有诸?"孟子却同意人人可以为尧舜。不过在孟子的答辞中,却只是教人努力为之,而且说"子服尧之服、诵尧之言、行尧之行,是尧而已矣。子服桀之服、诵桀之言、行桀之行,是桀而已矣"(《告子下》),不回答以"思"仁义礼智,或人有"圣"之端,也不讲子贡所说的仁且智就是圣(《公孙丑上》),而是答以"为之而已",则终究会因为努力之多少而有差别,实际上不可能人人都成为尧舜。并且此处孟子所谈的还是一种接近所染的人性论,人因衣服言行可以为尧也可以为桀,完全不符合孟子谈性善的思想路向。看来曹交的问题让孟子很是窘迫,对孟子的理论具有颠覆性,所以孟子不喜欢曹交,不愿为其师。

三

孟子之所以如此为难,其实很可能是因为孟子的人性论,是有差别的圣人超绝于一般人的人性论,其圣人观是五百年才有王者出之说,其人性论和圣人观是一致的。而认为圣人和一般人的人性论有差别,这是古来的通义,孔子所谓"上知(智)与下愚不移",郭店楚墓竹简《成之闻之》所说"圣人之性与中人之性,其生而未有分之;即于能也,则犹是也;虽其于善道也,亦非有怿足以多也。及其溥长而厚大也,则圣人不可由与殚之,此以民皆有性而圣人不可慕也",所说皆是如此。所以《尽心下》的"仁之于父子也,义之于君臣也,礼之于宾主也,智之于贤者也,圣人之于天道也,命也,有性焉,君子不谓命也"之语,有学者为了贴合

[①] 陈澧:《东塾读书记·孟子》,世界书局1936年版,第19页。

仁义礼智圣五行，认为"圣"后的"人"字是衍文。但笔者以为"圣"后有"人"字更符合孟子本人的意思。孟子对仁义礼智圣五行有所取舍，谈人性时只谈人有仁义礼智四端，不谈圣之端①。所以孟子的性善论背后，实际上是有差别的人性论。圣人由仁义行，一般人则需要扩充四端，"凡有四端于我者，知皆扩而充之矣，若火之始然、泉之始达。苟能充之，足以保四海；苟不充之，不足以事父母"（《公孙丑上》）。一般人是否能够扩充为圣人，本来不是孟子要讨论的问题。因曹交的逼问，孟子不得不做肯定的回答。因为不论是子贡所说的仁且智就是圣，颜回所说的"舜何人也？予何人也？有为者亦若是"（《滕文公上》），还是仁义礼智圣五行说所讲，都足以让孟子承认人可以为尧舜，成圣人。但这只是可能性，并不具备必然性。圣人有生而知之和学而知之的差别，人有劳心者和劳力者的差别，孟子也说过："夫物之不齐，物之情也。或相倍蓰，或相什百，或相千万；子比而同之，是乱天下也。"（《滕文公上》）所以孟子的人性论虽是性本善，却是有差别的人性论，并不奇怪。

很可能正是因为这种有差别的人性论，因此才有那么多学者认为孟子的性善论不是性本善论，而是人性向善论或人性可善论，因为一般人的四端虽善，却不像圣人那样完满自足，故需要教育、教化。新儒家如李明辉对此有批评，但他主要就良知、绝对的善立论讲人性本善②。这种从康德哲学而来的说解，恐怕并不符合古代中国的思想背景。鄙意从孟子主张的人禽之别这种几乎是属加种差的定义方式，以及人皆有四端来讲，人性可谓本善，这是孟子的贡献，因为他突破了孔子所说的"唯上知（智）与下愚不移"。但一般人与圣人有差别，这个问题与性本善并无深度的关系，这是古来的通义，连孔子都说："我非生而知之者，好古，敏以求之者也"，"若圣与仁，则吾岂敢？抑为之不厌，诲人不倦，则可谓云尔已矣！"（《论语·述而》③），故教育、教化、扩充善端，仍然是必需的。孟子依从这种通见，但又把并未自认为生而知之的孔子抬高，如引有若的话

---

① 参见拙作《仁义礼智圣五行的思想渊源》，《齐鲁学刊》2005 年第 6 期。
② 李明辉：《对于孟子"性善说"的误解及其澄清》，《康德伦理学与孟子道德思考之重建》，"中央研究院"中国文哲研究所 2008 年版。
③ 《公孙丑上》作："圣则吾不能，我学不厌而教不倦也。"

讲:"圣人之于民,亦类也。出于其类,拔乎其萃。自生民以来,未有盛于孔子也。"(《公孙丑上》)圣人与人本同类,但又出于其类,这种说法和仁义礼智圣五行之圣与仁义礼智并列、又超越仁义礼智的五行观是一致的。荀子批评思孟五行"甚僻违而无类",可谓有的放矢了。

孟子的性善论存在圣人与一般人的差别,有可能是为了应对教化的难题:尧有丹朱,舜有商均,为什么圣人之子却不贤不肖?也许孔子的"唯上知(智)与下愚不移"是在针对这种情况作解释。孟子有差别的人性论也可以解答这一问题,根据其人性论和圣人观,因为圣人不世出,所以圣人之子可以不贤不肖,不管是"不能尽其才",还是"陷溺其心",他们都不可能成为圣人。所以孟子是乐于"得天下英才而教育之",必须是英才才教之,他不像孔子那样有教无类。可是面对曹交的问题,他又不得不承认人人可以为尧舜。因此孟子这种有差别的人性论存在一定缺陷,但这种缺陷是时代使然,他可以很好地解释当时的一些问题,却往往会留下新的问题,古代思想也由此而不断丰富、发展。因此,孟子的某些说法,是不足深信的。比如公孙丑曾问他关于教育的问题,他说古代易子而教,君子不教子:

> 公孙丑曰:"君子之不教子,何也?"孟子曰:"势不行也。教者必以正;以正不行,继之以怒;继之以怒,则反夷矣。'夫子教我以正;夫子未出于正也。'则是父子相夷也。父子相夷则恶矣。古者易子而教之,父子之间不责善,责善则离,离则不祥莫大焉。"(《离娄上》)

其实不论是古书所记周公教伯禽,还是孔子教孔鲤,都足以怀疑孟子之说。但是孟子所设想的情况却是为父的不正,故不得不"易子而教",这显然不是为圣人所设计的教育情况。可如果真信了孟子易子而教的说法,则尧有丹朱,舜有商均,反而倒不是尧舜之失误了。孟子这套"易子而教"的说辞,或可能是后来要修正其早期理论的一种想法吧。因为"父子之间不责善"[①]——所以不是教育存在难题,而是"易子而教"的

[①] 《离娄下》也提到了父子不责善:"夫章子,子父责善而不相遇也。责善,朋友之道也。父子责善,贼恩之大者。""易子而教"可能是由之而来的假说。

教育制度有问题；故丹朱、商均仍有可能成为圣人，人人可以为尧舜；那么在人性论上，圣人与一般人没有差别，圣人可以世出。不过这只是我们的一种推测，孟子后来是否改变了他的人性论与圣人观，还有待研究。

葛瑞汉曾说："除了在与告子争论时，以及在回答他为什么不同意所有三种当时流行的学说的一个门徒的提问以外，孟子自己绝不说性善。"① 虽然上文揭示了孟子人性论中的多个面向和历时性差别，不过鄙意性善仍然当作为孟子人性论中的重要内容。因为《孟子》中很多内容没有讲话背景，只记孟子曰，而有很多话就与性善相关，所以我们不能因为其中没有"性善"二字，就认为孟子自己不讲性善。此外，《孟子》外篇中有《性善辩》②，由篇题可知此中当有论性善的内容。而且据荀子的《性恶》篇所引，孟子曾说过"人之学者，其性善"，"今人之性善，将皆失丧其性，故也"③，"人之性善"。王充《论衡·本性》篇说："孟子作《性善》

---

① 葛瑞汉（A. C. Graham），"*The Background of the Mencian Theory of Human Nature*"，《清华学报》1967 年第 1、2 期；参见［美］江文思、安乐哲编《孟子心性之学》，梁溪译，社会科学文献出版社 2005 年版，第 73 页。

② 赵岐《孟子题辞》曾说《孟子》"有外书四篇：《性善辩》、《文说》、《孝经》、《为正》。其文不能弘深，不与内篇相似，似非孟子本真，后世依放而托之者也。"也有人标点为："《性善》、《辩文》、《说孝经》、《为正》。"南宋孙奕《履斋示儿编》称："昔尝闻前辈有曰：亲见馆阁中有外书四篇：曰《性善辩》，曰《文说》，曰《孝经》，曰《为政》。则时人以《性善》、《辩文》为一句，《说孝经》、《为正》为一句，甚乖旨趣"（"丛书集成初编"0205，卷6，第53页），南宋刘昌诗《芦蒲笔记》说："予乡新喻谢氏多藏古书，有《性善辩》一帙"（中华书局1986年版，第15页），南宋史绳祖《学斋占毕》亦说："《孟子序》谓有外书四篇，《性善辩》居其一，惜其不传"（"丛书集成初编"0313，卷1，第15页）。翟灏《四书考异》曾怀疑孙奕等之说，以新喻谢氏之书为伪（《续修四库全书》，第167册，卷19，第81B—82A页），则恐成见过深。

③ "今人之性善，将皆失丧其性，故也"，一般读作"今人之性善，将皆失丧其性故也"，有一些费解，不少学者提出了一些改字或补字的解释（如或谓"善"当为"恶"，或谓"将"当为"恶"，或谓"故"下当有"恶"字，参见董治安、郑杰文《荀子汇校汇注》，《齐文化丛书·文献集成》，齐鲁书社1997年版，第796、799—800页）。有学者认为此处无误，把"今"解释为"若"。但上下文中十余见"今人之性"，不得再改。鄙意从下文"曰：若是则过矣。今人之性，生而离其朴、离其资，必失而丧之。用此观之，然则人之性恶明矣"来看，由谈失丧而转至证明人性恶，疑当读作"今人之性善，将皆失丧其性，故也"。"故"是孟子的一个专门名词，《孟子·离娄下》："孟子曰：'天下之言性也，则故而已矣。故者，以利为本……'"（参见拙作《郭店〈性自命出〉与〈孟子〉"天下之言性也"章的"故"字》，《新出简帛的学术探索》）。（转下页）

之篇，以为'人性皆善，及其不善，物乱之也'。谓人生于天地，皆禀善性，长大与物交接者，放纵悖乱，不善日以生矣。"虽然早有学者怀疑荀子、王充所引为外篇的内容①，或是。但荀子目的在于批评孟子，当是据孟子或其学派的主要观点进行批评，一如孟子之距杨墨，不能以凡是不见于今天《孟子》中的内容，皆归为外篇（即使是外篇，也足以怀疑葛瑞汉之说）。前人尝谓《法言》《盐铁论》《说苑》等书中孟子逸语为外篇之文，其实未必恰当。因为中秘之书，未必包罗无遗①。虽然荀子所引孟子语，可能只是撮述大意。但在当时情势下，不可能张冠李戴，就好比荀子批评思孟五行，必然有所本。

（接上页）"今人之性善，将皆失丧其性，故也"，据裴学海《古书虚字集释》，"将"可训为其（裴以此句善为恶之误，并读将为则，非是），此句引孟子之言，是说人性善，那些失丧善性者，是有缘故的（根本上是因为利）。此与《论衡》之"人性皆善，及其不善，物乱之也"相应。殆孟子对于人性善，除上述和告子辩论之外，还有一个认识过程，先是讲学者性善，后来认为物、利乱人之善性，最后才谈人性本善，此善性不会失丧。早期的学说，可能被放入了外篇。

① 参见（明）周应宾《九经考异》，《四库存目丛书》，齐鲁书社1997年版，第150册，第598页B。

① 参见拙作《〈古书通例〉补》，《战国秦汉时期的学派问题研究》。按：就是翟灏也反对这种做法，见氏著《四书考异》，《续修四库全书》，第167册，卷19，第83页A。

荀子人性论的历时性研究

先秦百家争鸣，诸子由人性出发而说其道理，在当时很流行。孟子说其时是天下言性，儒家内部也有很多不同意见。但时至今日，当时的人性大讨论留给人们的基本印象是孟子主性善，荀子主性恶。虽然近来的研究对这种标签式的说法提出了异议，如说荀子是性朴论，《性恶》非荀子作品等，这些研究都非常深入细致，推动了人性论的研究。只是，这些研究并未取得普遍的认同，对"标签"无法根本改变。其中的主要原因，恐怕不是因为我们对于文本的解读不够仔细，而是因为在认识论和方法论上，我们有意无意地在用共时性研究法，把思想家的作品平列地视为同时完成的作品，各家都根据相应文本所提供的内容来考察诸子的人性论，认定谁是重点，不断翻案。因此新说旧说，都言之成理，持之有故，无法取得长期的压倒性优势，以致争论不休，商榷不已。是故即便发现思想家的人性论并非如同标签所示，而是尚有不同的观点，但是如何解释这种貌似矛盾、并列的现象，则缺乏令人信服的说法。其实这些不同的观点，是思想家不同时期、不同环境下的看法，是历时性的观点，可能并无矛盾。我们应该重视对这些思想家的人性论作历时性的考察，不能把不同时期的早晚不同的人性论，当作同时提出的说法，于是在不同的思想环境或成见之下，为了作选择而排除不能认同的说法。所以很多学者为了崇扬荀子或其他原因①，而努力去证明《性恶篇》并不是荀子本人的思想之说，恐怕是

---

① 参见［日］金谷治《"荀子"の文献学的研究》，《日本学士院纪要》1951年第九卷第一号；李哲贤《荀子人性论研究在美国》，《政大中文学报》2007年第8期。

不了解荀子一生思想有变化，性恶虽是荀子一时的思想，但并不是他最后的结论。我们应该重视对这些思想家的人性论作历时性的考察，不能"关公战秦琼"，争战不休。

一 关于荀子人性论的问题

关于荀子的人性论，论者很多。近来的研究，在孟子性善、荀子性恶的对立叙述之外，有了新变化。其实自清代以来，戴震、陈澧、罗根泽、梁启雄等都认为荀子的人性学说中都包含有性善的内容①，已经和传统上多数人所认为的先天性恶说有不同，高步瀛等更谓《性恶论》非荀子亲著②。日本金谷治1950年指出在研究荀子思想时过度重视其性恶论有不当，米田登继之于1958年提出性恶论并非荀子自己的主张，儿玉六郎总结当时的研究情况，指出："真能接近荀况所论者，不过唐杨倞的伪矫性说、日本冢田大峯性朴说、'其类'天官天君说、台湾陈大齐的人性向恶说以及韦政通在《荀子与古代哲学》中所论内容。虽然所论力量微薄，但是已然与刘向、谢墉、钱大昕等众多学者所信奉先天性恶说、伪作为说相抗衡"③，主张荀子人性论的特色是"性朴论"，而非性恶论。此后日本探讨荀子的人性论者，皆重视荀子人性论的多样性，均认为不宜动不动就

---

① 参见廖名春《人性论》，《荀子新探》。按：上述诸人之说，尚较为简单。1920年姜忠奎尝撰《荀子性善证》一书，但囿于当时研究成绩，影响不大。参见赖柏霖《姜忠奎〈荀子性善证〉辨》，《世新中文研究集刊》2009年第5期。

② 按：蔡元培1896年7月9日日记记高步瀛（阆仙）来访，以《荀子大谊述》写定之20篇见示，并谓高氏"初欲辨荀子不非子思、孟子，及性恶论非荀卿所著"，见王世儒编《蔡元培日记》，北京大学出版社2010年版，第45页；1923年1月16—18日北平《晨报副刊》连载的刘念亲《荀子人性的见解》一文认为《性恶》非荀子亲撰而属其后学所出之伪书。参见林桂榛《荀子驳性善言性无善及材性本朴》，《中国社会科学报》2013年9月30日。刘念亲之文，梁启超《识语》云"不敢遽下批评"，参见梁启超著，夏晓虹辑《饮冰室合集集外文》，北京大学出版社2005年版，第926页。1923年2月6日有胡睿《"荀子人性的见解"的研究》一文回应。张西堂云："荀子《性恶》篇是有人以为不是荀子所作"，见氏著《〈天论〉、〈性恶〉等篇之再探讨》，《〈荀子·劝学〉篇冤词》，《古史辨》第6册，上海古籍出版社1982年影印本，第152页。

③ ［日］儿玉六郎：《论荀子性朴说——从性伪之分考察》，刁小龙译，《国学学刊》2011年第3期。原文发表于《日本中国学会报》，第26集，1974年。

将之与孟子的性善论对比①。但陈大齐之说后来有所改变,已与儿玉六郎所见不同。陈大齐指出:孟子的性善说与荀子的性恶说相差不远,乃至"大体上两相符顺","两家人性学说之所以貌似相反而实不相反,关键所在,在于两家所用性字之名同而义异","孟荀两家所说,其相异较甚的,是善的由来的理论。孟子以善为属于先天所固有,荀子以善为出于后天所养成。但细察两家所说存善与致善之道,则又大体相同"②;自唐端正说"通观荀子全书,他所能证明及所要证明的,不在性恶,而在善伪"起③,之后龙宇纯、蔡锦昌、王庆光、刘又铭,以及在台湾大学任教的日本学者佐藤将之等,反对学界主流的成说,特别是新儒家对于荀子人性论的看法。金谷治曾怀疑至少《性恶》篇的第一部分是荀子的晚期弟子受到法家的韩非学派的影响而写成的,孟旦(Donald J. Munro)由之认为不能赋予性恶论过大的意义,并认为《荀子》所说的性是未开发的、中性的,这意味着依据道德观念的指令而立即行动的倾向不是人性本身的特征。此为孟荀的一个主要差别。孟子持论乃某一先天的倾向必然导致某种道德行为的践履,而评价之心只不过是恰当地引导这种倾向。荀子则不认为道德行为是先天倾向的直接表现④。不过朱晓海已经批评了金谷治的结论⑤。

---

① 参见[日]金谷治《欲望のありか:荀子の所説をめくつて》,《死と运命:中国古代の思索》,(东京)法藏馆1986年版,第86—187页;[日]米田登《荀子性恶论管见》,《文芸と思想》,福冈女子大学文学部,第15号,1958年;[日]儿玉六郎《荀子性朴说的提出》,《日本中国学会报》第26辑,1974年;[日]儿玉六郎《荀子の思想:自然・主宰の两天道观と性朴说》,(东京)风间书房1993年版。上文除儿玉六郎部分外,皆转摘自佐藤将之《荀子哲学研究之解构与建构:以中日学者之尝试与"诚"概念之探讨为线索》,《"国立台湾大学"哲学论评》2007年第34期。

② 陈大齐:《孟子性善说与荀子性恶说的不相抵触》,转摘自廖名春选编《荀子二十讲》,华夏出版社2009年版。按:文后附录谓原载《孟子性善说与荀子性恶说的比较研究》,台湾"中央文物供应社"1953年版。据陈大齐《八十二岁自述》,此文当成于1967年版,单独成篇,收入《浅见集》,见《孔孟荀学说·附录》,《陈百年先生文集》,第1辑,台湾商务印书馆股份有限公司1987年版,第460页。儿玉六郎文成于1974年版,但未见陈大齐新说。

③ 唐端正:《荀子善伪论所展示的知识问题》,《先秦诸子论丛》,东大图书股份有限公司1995年版,第171页。按:唐端正也是新儒家所教弟子,某些思想仍受影响。

④ [日]金谷治:《"荀子"の文献学的研究》,《日本学士院纪要》1951年第九卷第一号。Donald J. Munro, The Concept of Man in Early China, pp. 77-81. 参见[美]孟旦《早期中国"人"的观念》,丁栋、张兴东译,北京大学出版社2009年版,第84—88页。

⑤ 朱晓海:《〈荀子·性恶〉真伪辨》,《张以仁先生七秩寿庆论文集》,学生书局1999年版。

英语学界，其初一些学者承认"性恶"篇章的存在，但不承认荀子对此观点的认真程度。如德效骞（Homer Dubs）认为"荀子说出性恶论的主要目的是为了证明自己对当局政府的承认，是为了政治和社会目的，而不是对人性的真实讨论。"① 葛瑞汉认为荀子说出性恶论单纯是一个口号，好把自己和孟子以及其他中国早期哲学家分开②。美国自王志民全译《荀子》之后，学术研究才出现热潮，专门研究荀子人性论的就有十余位学者，多认为性恶之命题不能用来概括荀子对人之看法，但史华慈认为如果能掌握荀子本人对"恶"所赋予之意义，则将会发现，《性恶》所论述的内容和《荀子》整个文本是一致的；而何艾克（Eric Hutton）也主张荀子之性恶主张是前后一致的。在对《性恶》的文本分析上，某些学者有特别见解。如孟旦之说虽受金谷治启示，但他指出《荀子·性恶》中"性恶"陈述之反复出现，在某种程度上是为了强调对孟子的批评，然而，"荀子一书的其余部分再未提及性恶论，如果性恶论真的那么重要，这是匪夷所思的。其次，荀子真正关心的问题相当明显：不实行禁欲苦行如何达到一种物质和人欲间的平衡。最后，在著作的其余部分中提到的"性"显然不是"恶"的，而是一种尚待发展的东西"，因此，孟旦怀疑此等"性恶"之反复文字是后人所添窜。陈汉生（Chad Hansen）则指出，性恶之主张与荀子著作之支配性主题极不协调。在《性恶》篇中，"人之性恶，其善者伪也"这类重复出现的口号只出现在篇中各个段落的开头和结尾，而在论证过程中从未出现过。此类重复文句在《性恶》篇进行至全文约三分之二处突然消失，且直到《性恶》全文结束时皆未再出现，主题回到了所有人和圣王的本性相似。口号之间没有接近于证明人性本恶而反对人性是中性的内容。各个段落所论证的观点只是在本性和习性之间存在差异，所强调的重点总是放在学习的作用方面而不是在本性上。在《性恶》篇中，口号之间的文字与《荀子》一书其他各章的观点是一致的。依此，陈汉生认为《性恶》篇中反复出现的口号出自后人的

---

① ［美］德效骞（Homer Dubs），*Mencius and Siin-dz on Human Nature*，Ivanhoe ed.，Thought and Culture，1956，pp. 195 – 199.

② ［英］葛瑞汉（A. C. Graham），*Disputers of the Tao：Philosophical Argument in Ancient China*，pp. 250 – 251.

添窜。罗丹（Dan Robins）将《性恶》篇开头三分之二之文本称之为"核心文本"，此文本由重复文句"用此观之，然则人之性恶明矣，其善者伪也"等所前后贯串而成，有九个自成体系的论证和一个片段。罗丹指出，《性恶》并非一篇单一、连贯之作品，即便"核心文本"也是如此，在论证和修辞上缺乏一致性。因此他主张，这些段落在被合并成篇之前是个别独立之文本①。

孟旦、陈汉生、罗丹等均怀疑《性恶》篇的文本构成。如果我们认为由"用此观之，人之性恶明矣，其善者伪也"构成的文本为《性恶》篇的主体部分，罗丹、朱晓海均已经指出这一部分中有些段落存在同文，如论枸木的第二、八段，论"古者圣王以人之性恶，以为偏险而不正，悖乱而不治"的第二段与第六段等等。罗丹怀疑核心文本经过了编排，刘向加上了后面的部分，朱晓海则认为全篇是刘向整理所形成②。其实按照刘向刘歆父子校子书取诸本相校的原则，朱晓海的意见比较可取，即便核心文本经过编排，但其后论"涂之人可以为禹"等文字，当是刘向所见于《性恶》篇者。这些内容看似与性恶不相关，但《性恶》的写作或论述，目的不仅仅是要和孟子立异，而是要论"今人之性恶，必将待师法然后正，得礼义然后治"，强调圣人、师法、礼义的作用，即强调"伪"的作用。而从文字内容看，"涂之人可以为禹"一段，其实不仅是进一步说明前一段的"尧、舜之与桀、跖，其性一也；君子之与小人，其性一也"，也是讲礼义（仁义法正）为人所能知能行。"尧舜论人情不

---

① ［美］史华慈（Benjamin I. Schwartz），*The World of Thought in Ancient China*，pp. 290 - 320；何艾克（Eric Hutton），"Does Xunzi Have a Consistent Theory of Human Nature?" in T. C. Kline III and Philip J. Ivanhoe eds.，*Virtue, Nature and Moral Agency in the Xunzi*，Indianapolis/Cambridge：Hackett Publishing Co. Inc.，2000，pp. 220 - 236；［美］孟旦（Donald J. Munro），*The Concept of Man in Early China*，Stanford：Stanford University Press，1969，p. 78；［美］陈汉生（Chad Hansen），"Xunzi: Pragmatic Confucianism"，in *A Daoist Theory of Chinese Thought: A Philosophical Interpretation*，Oxford University Press，1992，pp. 336 - 337；［美］罗丹（Dan Robins），"The Development of Xunzi's Theory of Xing, Reconstructed on the Basis of A Textual Analysis of Xunzi 23, 'Xing E' 性恶（Xing is Bad）"，Early China 26 - 27（2001—2002），pp. 99 - 158。参见李哲贤《荀子人性论研究在美国》，《政大中文学报》2007年第8期。Eric Hutton 原文未见，引自李哲贤文。

② 朱晓海：《〈荀子·性恶〉真伪辨》，《张以仁先生七秩寿庆论文集》，学生书局1999年版。

美"一段，与性恶紧密相关，其"唯贤者为不然"，引出论圣人之知、士君子之知、小人之知、役夫之知，比前文多出役夫，但上文有"工匠农贾"，或即为役夫之所指；而役夫之知所谓"不恤是非，不论曲直，以期胜人为意"，与下一段论上勇、中勇、下勇之下勇的"不恤是非，然不然之情，以期胜人为意"相近，二者可能是相重或相关的章节，故放在一起。这种区分，当是指明人当历阶而上，达致圣人、上勇。最后的"繁弱、巨黍"一段（或以"夫人虽有性质美而心辩知"后另为一段），强调人需要得贤师良友积靡于善道，不仅和"涂之人可以为禹"相关，也是点出谈人性恶的目的是要讲人可以化性起伪，归于善道。因此，这一部分内容是《性恶》篇不可缺少的内容，不能排除不论①。否则荀子只是简单立异，而且所说都是人性"顺是"而导致的恶，并非人性本恶，那就太缺乏理论深度，甚无谓了。龙宇纯就曾指出荀子的目的是强调礼义："性恶说乃是有所为而发，故表面上虽取与性善说相对，出发点则不在性本身，而是在圣王礼义；不在性之果为恶，而在圣王礼义之不可无。"② 所以，《性恶》的主题思想不在性恶，即使其中有同文内容说明刘向歆父子编定时可能有取舍，但是不能认为主体部分是只讲"用此观之，人之性恶明矣，其善者伪也"的内容。

中国学者怀疑《性恶》是荀子的作品，已见前述。近来周炽成指出："第一，根据司马迁在《史记》中的记载，荀子的著作，都是在他的晚年完成的……晚年著书，这是先秦哲学家的一个通例。作为一个成熟的思成熟的思想家，荀子在晚年时一方面在一篇文章中力辩人性恶，另一方面又在其他文章中不以人性为恶，这看来是不可能的。第二，在现存《荀子》一书中，只有《性恶》一篇主张人性恶，而其他各篇都没有这种主张……如果荀子真的主张过人性恶（不管是在早期，还是在晚

---

① 杨筠如早已指出"涂之人可以为禹"后的论圣人之知、上勇两段与性恶无关，是杂凑的文字；后面论习惯论的"夫人虽有性质美而心辩知"一段与性恶冲突，"似为后人修正荀子的学说而作。大概是杂凑在篇末，并不是原来所有"，见氏着《〈荀子〉书的伪证》，《关于〈荀子〉本书的考证》，《古史辨》第6册，上海古籍出版社1982年影印本，第136页。按：杨筠如并不认为《性恶》前文为伪作。

② 龙宇纯：《荀子思想研究》，《荀子论集》，台湾学生书局1987年版，第74页。

期),为什么只在惟一的一篇文章中表述这种主张呢?"周炽成认为"该篇和他篇是由不同的作者所写的这种解释更为合理……荀子本人不主张性恶,而他的后学主张性恶;《性恶》为荀子后学所作。"他还提出了韩非子等弟子、后学不主张性恶、司马迁没有谈孟荀人性分歧等证据①。此说使用默证过多。其实晚年著书说,只是司马迁的一种书法,并非通例。韩非子的《说难》《五蠹》就不是晚年所作。《荀子》只有《性恶》一篇主张人性恶,自然是荀子后来不再明言此说,陈登元就说《礼论》《荣辱》等篇讲到欲恶,"吾虽不能积极的证明性恶即是欲恶,然有几分同于欲恶,则亦可断言"②。梁启超也曾指出:《荣辱》篇"中多阐发性恶语",《儒效》篇"内中有'隆性''隆积'一段,为性恶论之要语"③。而说韩非子的文章中"均未看到对以人性为恶的明述或暗示",则恐怕不能服众。

何志华从孟荀立论表述方法相合、义理相合、设喻相同、用语相同出发,指出不能认为荀子依据传闻论评孟子,孟荀疏隔。而《性恶》误解孟子人性论,所引孟子曰为外篇《性善》的内容,赵岐说是"后世依放而托"者,"或非荀卿所能及见。《性恶》之作,当为荀卿后学综合师说,藉以与孟子后学辩诘者也。"也说及性恶之说不见《荀子》它篇为证,并引及何艾克和罗丹之说④。此文所论主要在批评韦政通、徐复观之说。至于所论《性恶》的问题,前文内容已可答复。

总之,不少学者已经注意到了荀子人性学说的丰富性,以及孟荀思想的相近性,因此有学者怀疑《性恶》篇存在问题⑤,不是荀子的作品,这恐怕在某种层面上是一种矫枉过正。孟荀作为儒家思想的传人,虽然性善

---

① 周炽成:《〈性恶〉的作者不是荀子》,《荀子韩非子的社会历史哲学》,中山大学出版社2002年版,第36—42页。

② 陈登元:《荀子之心理学说》,《荀子哲学》,《民国丛书》第四编,第4册,上海书店1992年版,第157页。

③ 梁启超:《要籍解题及其读法》,《梁启超全集》第16卷,北京出版社1999年版,第4642页。标点不全依原文。

④ 何志华:《〈荀子〉述〈孟〉考:兼论〈性恶篇〉相关问题》,《中国文化研究所学报》2015年第60期。

⑤ 尤其可参见何志华《〈荀子〉述〈孟〉考:兼论〈性恶篇〉相关问题》,《中国文化研究所学报》2015年第60期。

性恶差别看似很大，但其人性论的相近之处，也是不可忽视的。

近来刘又铭据《不苟》篇的"君子养心莫善于诚"一段，《劝学》篇的："积土成山，风雨兴焉；积水成渊，蛟龙生焉；积善成德，而神明自得，圣心备焉"，指出荀子"化性起伪"话语底下蕴涵着"积善成性"的修养功夫，荀子的人性论表面上是性恶论，其实是人性向善论，弱性善论（相对于孟子的强性善论或人性本善论）①。佐藤将之则继之研究"诚"的概念，提出荀子的论述中让"性恶"和富有性善蕴意的"诚"概念共存，有两种可能性："第一，荀子将像《不苟》这样的'诚论'视为已经达成'圣人'之境界的人之属性，而非成为'圣人'的方法。第二，荀子预设两种不同工夫……我们看《修身》的论述解构，便可以观察到荀子设计'由礼'和'积善'两种功夫。因此，我们可以推测，荀子的'性恶论'可能成为他的'由礼'工夫的理论基础，而'诚论'则为'积善'工夫之基础，而由此我们可以观察到荀子居于先秦各种思想的统合角色。"②

二 有关《荀子》篇章年代的讨论

刘又铭、佐藤将之之说，是认为荀子的人性论中存在《不苟》《劝学》（乃至《修身》）等的积善成性论和由礼而来的化性起伪论两个进路。但根据很多学者的研究，《不苟》《劝学》《修身》都是荀子早期的作品。鄙意很多思想未必是荀子个人独特之思想，而有可能是因袭成说。其论诚的内容，与《中庸》《孟子》等有相近之处；而《子思子》也有《劝学》篇，今《大戴礼记》《尸子》等也有《劝学》篇，不少文句、思想与《荀子·劝学》相近，故"积善成性"一语未必可以代表荀子本人的成熟思想。

有关《荀子》中一些篇章的年代，里西认为：《劝学》《修身》《天

---

① 刘又铭：《荀子的哲学典范及其在后代的变迁转移》，《汉学研究集刊》第三期，台湾云林科技大学汉学资料整理研究所，2006年。按：唐端正已引《荀子·性恶》之"伏术为学，专心一志，思索孰察，加日县久，积善而不息"，谓"与孟子并无二致"。见氏著《荀学述要》，《先秦诸子论丛》，东大图书股份有限公司1995年版，第163页。

② [日] 佐藤将之：《荀子哲学研究之解构与建构：以中日学者之尝试与"诚"概念之探讨为线索》，《"国立"台湾大学哲学论评》2001年第34期。

论》《正论》《解蔽》《性恶》等篇作于稷下;《礼论》《乐论》《王霸》《富国》《君道》《臣道》《王制》《不苟》《仲尼》《非十二子》《非相》(可能为两篇合并)为在兰陵所作;在赵有《议兵》;在秦有《儒效》;《强国》前半部说齐相之相为田单,在荀子离开稷下不久之前,与后半部分应侯与荀卿答问是两篇何为一篇;《成相》《赋》为晚年作品①。

廖名春的研究认为,"属于荀子亲手所著的共有二十二篇,它们是:《劝学》、《修身》、《不苟》、《荣辱》、《非相》、《非十二子》、《王制》、《富国》、《王霸》、《君道》、《臣道》、《致士》、《天论》、《正论》、《礼论》、《乐论》、《解蔽》、《正名》、《性恶》、《君子》、《成相》、《赋》。这二十二篇,尽管不免有错简等问题存在,但都是荀子围绕一个论题而撰写的论文,它们都真实地反映了荀子的思想。""荀子的著作大致分为三个时期:一是前286年游学于齐前的作品,可考定的只有《不苟》篇;二是前279年以后至前255年以前荀子在稷下的作品,它们是《王霸》、《王制》、《正论》、《天论》、《劝学》、《修身》,还可加上《解蔽》、《荣辱》、《正名》、《性恶》、《礼论》、《乐论》;三是荀子前255年以后居于兰陵时的作品,它们是《非相》、《臣道》、《君道》、《非十二子》、《成相》、《赋》,还可加上《富国》、《致士》、《君子》、《议兵》、《强国》、《儒效》,反映的都是荀子前255年以前之事;《大略》反映的则各个时期都有;《仲尼》篇的前半篇反映的可能是其在稷下时的思想,后半篇反映的可能是其在兰陵时的思想。"②

美国王志民认为荀子游学于稷下,在齐写了《解蔽》《正论》,《仲尼》;其后在楚,写了《劝学》《修身》《富国》《礼论》《君子》;复归稷下,写了《荣辱》《王霸》《天论》《乐论》《性恶》;后至秦、赵,写了《儒效》《议兵》《臣道》《王制》《致士》《非十二子》,任兰陵令时的作品是《不苟》《非相》《正名》《赋》;废居兰陵后的作品是《成相》③。

---

① 里西:《〈荀子〉书重要篇章的写作年代考证》,《哲学研究》1990年增刊(中国哲学史研究专辑)。

② 廖名春:《著作考辨》,《荀子新探》,文津出版社1994年版,第55—90页。

③ [美] 王志民 (John Henry Knoblock), Xunzi: *A Translation and Study of the Complete Works*, Volumn I, Stanford University Press, 1988, pp. 3 – 35.

高正则认为荀子三十岁以前，著有《劝学》《修身》《不苟》《荣辱》《非相》《非十二子》；赵武灵王死后，著《礼论》《乐论》；齐闵王死后，著《王制》《富国》《王霸》；在稷下著《天论》《解蔽》《正名》《性恶》；其后在赵有《议兵》；其后入秦，《强国》篇有记载；后在兰陵，有《君道》《臣道》《成相》《赋》①。

这几位学者讨论《荀子》篇章的年代，多依据文中的时代内证而作文献考据，方法是可信的。虽然王志民对某些篇章用了非一时写定的方法来考虑，里西、高正也有自己的意见，但在总体上，本文更倾向于廖先生的意见，因为他依据的时代线索如五国攻齐、"闵王毁于五国"、"天王非其人"、"齐秦袭"、"子宋子"、"唐举"、"赵之奉阳"、"春申道缀"、在赵孝成王前与临武君议兵、批评"尧舜擅让"等。只不过鄙意《荣辱》可能属于荀子在兰陵时的晚年作品，其写成应该在李斯、韩非离开荀子之后（详后文）。

故综合而论，与其说荀子关于人性论有两个不同的进路，不如说荀子的人性思想发生了历时性变化，或者说荀子结合古代的传统，当时的思想、社会形势，逐渐形成了自己独特的人性论，其目的则是为了给礼义、教化等提供基础。因此讨论荀子的人性论，不能将《荀子》各篇做共时性的研究，而应该做历时性的分析。

三 荀子人性论的历时发展

荀子的人性论，在最初可能是持《不苟》《劝学》等篇中所反映的积善成性论，至诚成圣论；其后，也可能同时，是《王制》篇中与仁义礼智圣五行相关的人性可贵论："水火有气而无生，草木有生而无知，禽兽有知而无义，人有气、有生、有知，亦且有义，故最为天下贵也。"帛书《五行》传文说"循草木之性，则有生焉，而无好恶。循禽兽之性，则有好恶焉，而无礼义焉。循人之性，则巍然知其好仁义也"，仁义与礼义不别，则《王制》中荀子说的"义"，可能也是统合仁义和礼义。人性可贵

---

① 高正：《荀子的生平和思想》，《诸子百家研究》，中国社会科学出版社1997年版，第207、237—238、265—269页。

论与积善成性论，至诚成圣论并不矛盾，反而是一种补充。由此也不难察觉，此时荀子的思想还只是顺着子思、孟轲等人的思路在往下走。

其后，《礼论》中讲："凡生乎天地之间者，有血气之属必有知，有知之属莫不爱其类……故有血气之属莫知于人，故人之于其亲也，至死无穷"，仍是发展《五行》《王制》之说；又由礼的文质相合，说道："故曰：性者，本始材朴也；伪者，文理隆盛也。无性则伪之无所加，无伪则性不能自美。性伪合，然后圣人之名一，天下之功于是就也。故曰：天地合而万物生，阴阳接而变化起，性伪合而天下治。天能生物，不能辨物也，地能载人，不能治人也；宇中万物生人之属，待圣人然后分也。"这里荀子的人性论突出了"本始材朴"之说，不是性善的，但是结合"有知之属莫不爱其类"来看，是偏向于善的；所说的圣人仍带有至诚成圣足以配天的超越意味："足以为万世则"，"非顺孰修为之君子，莫之能知也"。这里的特别之处是荀子提出了性伪相合之说，表明他对人性论有了自己的看法。

此后，荀子的人性论进一步发展，体现于《正名》篇①。他说："生之所以然者谓之性；性之和所生，精合感应，不事而自然谓之性。性之好、恶、喜、怒、哀、乐谓之情。情然而心为之择谓之虑。心虑而能为之动谓之伪；虑积焉，能习焉，而后成谓之伪"，具体解释了他所说的性和伪，谈到了情、心之虑。荀子强调人的生性、天性为性，这对应《礼论》中的本始材朴。但是荀子特别讲到了欲："人之所欲生甚矣，人之所恶死甚矣；然而人有从生成死者，非不欲生而欲死也，不可以生而可以死也"，这尚同于孟子的舍生取义之说，也可知荀子没有完全否定欲，他说："性者，天之就也；情者，性之质也；欲者，情之应也。以所欲为可得而求之，情之所必不免也；以为可而道之，知所必出也。故虽为守门，欲不可去，性之具也"。这里的性、情、欲和前面的性、情、心、虑，成为一个体系，表明荀子的人性观初步形成。

---

① 或疑《礼论》用"故曰"讲性伪合，可能在《正名》之后。但是今《荀子》中《正名》正在《性恶》前，《礼论》《乐论》后为《解蔽》《正名》。当然，《礼论》《正名》均可能并非一次所形成，但《礼论》中讲偏向于善的性伪合之说，与《正名》中偏重讲"欲"的性伪合之说有差别。

之后到《性恶》篇，荀子从"从人之性，顺人之情"、"欲"讲人性恶，并且说"凡人之性者，尧、舜之与桀、跖，其性一也；君子之与小人，其性一也"，想提出一个贯通的无差别的人性论，认为圣人君子与小人的差别在于能不能化性起伪；由此不难得出涂之人可以为禹（即圣人）的结论："今使涂之人伏术为学，专心一志，思索孰察，加日县久，积善而不息，则通于神明，参于天地矣。故圣人者，人之所积而致矣"；并提出"人情甚不美"，"唯贤者为不然"来补充其说；结尾还有"夫人虽有性质美而心辩知，必将求贤师而事之，择良友而友之"之说，强调师友的作用；最后说"得贤师而事之，则所闻者尧、舜、禹、汤之道也；得良友而友之，则所见者忠信敬让之行也。身日进于仁义而不自知也者，靡使然也……传曰：'不知其子，视其友；不知其君，视其左右。'靡而已矣！靡而已矣！"强调环境积靡的作用。至此，荀子可谓依傍孟子的性善论和人人可以为尧舜之说，形成了自己有特色的性恶论和人人可以为禹之说。

荀子独特的性恶论，除了继承了性伪合、积善成性论等说法外，和他以前的人性论多不一样。他意欲提出一个贯通的人性论，说一般人都顺情性，导致违背礼义的事发生，是为人性恶；但是圣人、贤者则可以利用人性中具备的基质，化性起伪，圣人可积而至，故涂之人可以为禹①，而人是和贤人还是不善人相处，也有很重要的影响。这里荀子虽说提出了有特色的观点人性恶，而且强调人人都具有成为圣贤的基质，想形成一种普遍的人性论，但是所说的"人情甚不美"，"唯贤者为不然"，与"夫人虽有性质美而心辩知"，似乎仍表明圣贤与一般人有差别，人性也有不同者。因此荀子的性恶论，与他所抨击的孟子的人性善论一样，都不是讲的人人都有的、圣人和一般人没有差别的人性论。

但荀子的人性论至此并非最后定论，他后来可能不满于"夫人虽有性质美而心辩知"之说所昭示的圣人、贤者的特殊性，及与一般人的差别性，在《荣辱》篇提出："材性知能，君子小人一也。好荣恶辱，好利恶害，是君子小人之所同也，若其所以求之之道则异矣……故君子者……

---

① 《性恶》讲"今使涂之人伏术为学，专心一志，思索孰察，加日县久，积善而不息，则通于神明，参于天地矣。故圣人者，人之所积而致矣"，仍是积善成性论。

穷则不隐,通则大明,身死而名弥白,小人莫不延颈举踵而愿曰:'知虑材性,固有以贤人矣。'夫不知其与己无以异也,则君子注错之当,而小人注错之过也。故孰察小人之知能,足以知其有余,可以为君子之所为也。譬之越人安越,楚人安楚,君子安雅,是非知能材性然也,是注错习俗之节异也……凡人有所一同……可以为尧禹,可以为桀跖,可以为工匠,可以为农贾,在{埶}注错习俗之所积耳。是又人之所生而有也,是无待而然者也,是禹、桀之所同也……尧禹者,非生而具者也,夫起于变故,成乎修为,待尽而后备者也。人之生固小人,无师无法则唯利之见耳……汤武存,则天下从而治,桀纣存,则天下从而乱。如是者,岂非人之情,固可与如此,可与如彼也哉"。荀子在这里虽然采用了曾有过的"本始材朴"之说,但不大再说性伪合,而是说人之生固小人,君子、小人之性没有差别,可如此,可如彼,有汤武则治,有桀纣则乱,随环境而变。这种说法虽然近似墨家、告子之论,不过仍是远承孔子的"习相远"和贾谊《治安策》中所引孔子语"少成若天性,习贯之为常"之说。而且荀子尚有独到之处,他说小人虽然"唯利之见",但这并非人性恶,而是因为习俗和没有师法。小人的"知能材性"足以为君子,但要得注错习俗之当,或有师有法,才能成为君子,"起于变故,成乎修为,待尽而后备"才能成为圣人。

至此,荀子的人性论就是一种精熟的无差别的人性论了。这种人性论讲人的材性智能先天本没有差别,只是因为后天的习俗和师法教化以及自己的修为而有差别。它与性恶论的相同之处在于都强调习俗、环境的作用,强调师友或师法的作用,但是不再谈人性本身是善还是恶(这是继承孔子的"性相近,习相远"之说,但是却消解了"唯上智与下愚不移");此说与墨家所染、尚同之说的区别在于强调自身的修为,他还强调要保存"先王之道,仁义之统,诗书礼乐之分","非顺孰修为之君子,莫之能知也"。荀子此处再次提到的"非顺孰修为之君子,莫之能知也",显然不同于《礼论》中君子超绝一般人的说法,因为这里君子和小人在材性上是没有差别的。因此,从逻辑上来看,《荣辱》篇的写成年代,至少是其中论人性的内容,应该是荀子最后所形成的思想,应该晚于在稷下写《性恶》的时代,当是在兰陵时所作。《荣辱》篇中的某些人性思想,曾部分地体现于《儒效》篇中，如其中所说的：

> 故人无师无法，而知则必为盗，勇则必为贼，云能则必为乱，察则必为怪，辩则必为诞；人有师有法，而知则速通，勇则速威，云能则速成，察则速尽，辩则速论。故有师法者，人之大宝也；无师法者，人之大殃也。人无师法，则隆性矣；有师法，则隆积矣。而师法者，所得乎积，非所受乎性，不足以独立而治。性也者，吾所不能为也，然而可化也。积也者，非吾所有也，然而可为也。注错习俗，所以化性也；并一而不二，所以成积也。习俗移志，安久移质。并一而不二，则通于神明，参于天地矣。故积土而为山，积水而为海，旦暮积谓之岁，至高谓之天，至下谓之地，宇中六指谓之极，涂之人百姓，积善而全尽，谓之圣人。彼求之而后得，为之而后成，积之而后高，尽之而后圣，故圣人也者，人之所积也。人积耨耕而为农夫，积斲削而为工匠，积反货而为商贾，积礼义而为君子。工匠之子，莫不继事，而都国之民安习其服，居楚而楚，居越而越，居夏而夏，是非天性也，积靡使然也。故人知谨注错，慎习俗，大积靡，则为君子矣。纵性情而不足问学，则为小人矣；为君子则常安荣矣，为小人则常危辱矣。凡人莫不欲安荣而恶危辱，故唯君子为能得其所好，小人则日徼其所恶。诗曰："维此良人，弗求弗迪；维彼忍心，是顾是复。民之贪乱，宁为荼毒。"此之谓也。

《儒效》有很明显的综合此前的人性论[①]，过渡为《荣辱》篇中的人性论之特点[②]。《儒效》肯定是入秦参观之后所作，所说人性部分甚短，

[①] 如"积土而为山"，"涂之人百姓，积善而全尽，谓之圣人"，与此前《劝学》中的"积土成山，风雨兴焉；积水成渊，蛟龙生焉；积善成德，而神明自得，圣心备焉"；"性也者，吾所不能为也，然而可化也"，与此前的"性者，天之就也"以及"化性起伪"相应，"积也者，非吾所有也，然而可为也"，不仅与《劝学》相应，而且和《性恶》所强调的"靡"相应；开篇"人无师无法"一段，则对应《性恶》。

[②] 如"居楚而楚，居越而越，居夏而夏，是非天性也，积靡使然也"，对应《荣辱》的"越人安越，楚人安楚，君子安雅，是非知能材性然也，是注错习俗之节异也"；"人知谨注错，慎习俗，大积靡，则为君子矣。纵性情而不足问学，则为小人矣"，对应《荣辱》的君子小人之分。

《荣辱》则较多而较单一，故《荣辱》当是荀子最后的人性论。

至此，荀子的人性论成熟了。人人材性智能相同，成为圣人、君子还是小人，只在于习俗和自己是否选择师法，以及修为所达到的地步。而要成为圣人，更需要"起于变故，成乎修为，待尽而后备"。既强调了环境的作用，也注重个人的主观能动性。这里在变故之中的修为得尽当然非常重要，但是在习俗与变故之中如何选择，自己如何修为，师法就突显得更加重要了。而在当时的社会上，百家异说，有很多人"其持之有故，其言之成理，足以欺惑愚众"，所以荀子要作《非十二子》。荀子认为儒家的孔子之道才是正道，其他各种教义都是外道邪说，所以当他考察人性发现人性无别，人人都可以成为君子、圣人，而成就的关键在于师法和习俗之后，那么抨击外道就是必须要做的事情了。

虽然人性恶可能不是荀子最后的人性论，但是在当时的政治情势、思想背景下，荀子对于人性的观点不断变换，却体现了顺应时代潮流的特点。当时天下言性，荀子承认人的自然属性也是性，《正名》篇说："生之所以然者谓之性。性之和所生，精合感应，不事而自然谓之性"①，这种人性论思想是古来的通义，孟子却认为这是命，"君子不谓性也"。荀子的人性论既然是从古来的、多数人的理解传统出发，就不得不承认人性中有负面的方面，而这就需要用礼义来教化，这同时也是为礼义教化的作用提供了合法性。

我们知道，春秋时期就已经礼崩乐坏，到战国之时，礼乐之废更甚。孟子倡议甚高，说人固有仁义礼智之性，但是曲高和寡，内修之路缺少外在的具体操作手段。因此荀子不得不对于思孟的传统进行反省、改造，回到孔子的"性相近，习相远"和上博简《孔子诗论》中孔子所强调的民性与礼的紧密关系那里②，甚至一度不惜说人性恶；而其养心之说，也归本于孔子的"从心所欲，不逾矩"。因此，荀子的思想，不仅符合孔子的一些思想，而且根本上是对子思、孟子之说的一种补救，是对诸家思想的综合。荀子在思想史上的意义和地位，还需要重新估量。

---

① 关于此句话的具体解释，参见廖名春《人性论》，《荀子新探》。
② 参见拙作《从上博〈诗论〉看孔子的"民性"观》，《新出简帛的学术探索》。

总之，由上文可以看出，合理利用学界对于古代思想家作品著作年代的研究成果，对古代思想家的某些思想进行历时性的分析，不仅能展示思想家的早晚变化，而且能合理地解释许多看起来矛盾或杂陈的观点。希望今后从历时性方面进行研究的成果更多一些。

再论商韩的人性论

先秦思想家论人性，由人性出发而说其道理，下面用历时性方法研究研究《商君书》《韩非子》中的人性论，看看是否有所不同。

一 关于研究基础的讨论

历时性与共时性之区别，来自索绪尔（Saussure）的语言学，今日已经是耳熟能详，似乎卑之无甚高论。而且后世材料众多，我们能熟练地按照年谱来排比材料，运用历时性研究法。但是对于材料缺少的先秦时期，则似乎缺乏运用历时性研究法的可能性。因此即便对诸子书进行年代学、文献学分期者，也罕见运用历时性研究法来研究诸子的思想。是故今天很多的从事早期思想研究者，多是有意无意地在用共时性的视角看待文献内部篇章的形成，由此自觉或不自觉地追求思想家之思想的融贯性、一致性，要让一种说法战胜另一种意见。比如一些学者所认为的思想家只应该有一种人性论，由此怀疑孟子是否说过"性善"，怀疑《性恶篇》是不是荀子的作品，等等。个中原因之一，当是因为我们没有自觉地用历时性的视角来研究文本的形成，乃至认为不存在这种可能性。然而追求思想的融贯性、一致性，本身也存在问题，这正是昆廷·斯金纳（Quentin Skinner）所批判的观念史研究方法中的三个神话之一："融贯性的神话"（mythology of coherence）——将研究对象的思想和著作视作一个融贯的整体[①]。

如果努力地按照历时性的方法来考察先秦思想家的人性论，可以得出

---

① ［英］昆廷·斯金纳（Quentin Skinner），"Meaning and Understanding in the History of Ideas", *History and Theory*, 8 (1969), pp. 3 – 53; *Visions of Politics*, Vol. 1: *Regarding Method*, Cambridge University Press, 2002, pp. 57 – 89.

不同于以往的结论,推进人性论的研究。笔者已经用此方法讨论了如何研究孟子、荀子的人性论,在学术会议上引起了一些学者的兴趣。循此方法,也可以用来研究其他的专题,笔者尝用之研究《老子》之"道"①,受到一些学者的关注。因此,事实证明,用历时性研究法来研究一些问题,是值得重视的方法。

关于本文要研究的对象《商君书》和《韩非子》,研究者众多,尤其是讨论两书篇章的真伪、年代,更是详尽,需要分别论述。

很多研究者认为,《商君书》中的很多篇章不是商鞅本人所作。高亨以《商君书》为商鞅遗著与其他法家遗著的合编②;郑良树为《商君书》中的篇章分期,指出《商君书》中的篇章为商鞅及其学派的学生分别在不同时代内完成,然后编纂成书③;日本学者好并隆司对郑良树的一些说法提出了批评与不同意见④;近年仝卫敏在前人研究基础上,对《商君书》做了综合研究,认为此书可视为商鞅及其学派的著作⑤;最近,尤锐(Yuri Pine)教授又为《商君书》中的篇章提出了比较详细的年代范围⑥。

但是按照余嘉锡《古书通例》之说,子书为学派著作集合;而且依照近来出土简帛给我们的启发,古书篇章很多是在流动中逐渐定型的,我们似乎应该视《商君书》为商鞅学派的作品。此说与郑良树的关键差别在于,按照余嘉锡的说法,应当认为《商君书》中的篇章,师弟子之说不分;而根据古书成书的情况来看,篇章的主体部分之成书时间,并不等于思想来源、定型的时间⑦。因此,像高亨、郑良树等这样判定《商君

---

① 拙作:《道精、道一与道德、道说——试论理解〈老子〉之"道"的另一种角度》,《人文杂志》2009年第5期。已收入本书。

② 高亨:《商君书注译》,中华书局1975年版。

③ 郑良树:《商鞅及其学派》,上海古籍出版社1989年版。

④ [日]好并隆司:《商君书研究》,溪水社1992年版。

⑤ 仝卫敏:《出土文献与〈商君书〉综合研究》,潘美月、杜洁祥主编:《古典文献研究辑刊》第16编第16册,花木兰文化出版社2013年版。

⑥ 尤锐(Yuri Pine), *DATING A PRE-IMPERIAL TEXT: THE CASE STUDY OF THE BOOK OF LORD SHANG*, Early China, june 2016.

⑦ 参见拙作《先秦古书年代问题初论——以〈尚书〉〈墨子〉为中心》,《学术月刊》2015年第3期。已收入本书。

书》成书年代的方法与观点，本文难以完全采用。仝卫敏的意见与我们比较接近，可作参考，但其考证方法仍然比较传统，严格区分了商鞅作品和其后学作品，此外还有杂篇。

《韩非子》中的篇章，因为有《史记》等的记载，《说难》《孤愤》《五蠹》等篇章一般认为是韩非子的著作。胡适、梁启超等都对《韩非子》中的篇章有过讨论，全面深入研究真伪及年代者，有容肇祖、陈千钧、潘重规、梁启雄、赵海金、陈启天、周勋初、张觉、町田三郎、郑良树、马世年等①。

郑良树主要辨议容肇祖、梁启雄、陈启天等的意见讨论各篇年代，引证详细，辨析重视客观证据，认为有十三篇不是韩非的作品。此中除去《二柄》首段，《存韩》后半部（为李斯所作）外的部分，仍为韩非作品；《初见秦》《有度》《十过》《喻老》《饬令》，与韩非无关；《说疑》《忠孝》《制分》与韩非思想不类；而《问田》后段《人主》《心度》，为韩非后学作品（其中《人主》是学韩者，它与《心度》皆短小）。周勋初文则除了《人主》《十过》《问田》《初见秦》及作为档案的《存韩》外（还有专文论《饬令》乃节录《商君书》），全部列为韩非作品或收集的材料。

马世年书后出，参考了除町田三郎外的作品，但不足之处是不像周勋初和郑良树那样对确定为韩非的作品做历时性划分。两人都把这些作品分为早中晚三期，但断限稍有不同，而周勋初说得不明确，我们可作推定。周勋初假说韩非大约享年 50 上下，他将《难言》《安危》《六反》《守

---

① 参见容肇祖《韩非子考证》，商务印书馆 1936 年版；陈千钧《韩非子书考——韩非子研究之一》，《学术世界》1935 年第一卷第一期；梁启雄《韩子浅解》，中华书局 1960 年版；潘重规《韩非著述考》，《香港大学五十周年纪念论文集（二）》，香港大学中文系 1966 年版；赵海金《韩非子研究》，正中书局 1967 年版；陈启天《增订韩非子校释》，台湾商务印书馆股份有限公司 1969 年版（《韩非子校释》为中华书局 1940 年版）；周勋初《韩非子札记》，江苏人民出版社 1980 年版；陈其猷、张觉《韩非子导读》，巴蜀书社 1990 年版（按：此书实为张觉所作）；张觉《韩非子全译·前言》，贵州人民出版社 1992 年版；张觉《韩非子校疏》，上海古籍出版社 2010 年版；[日] 町田三郎《关于〈韩非子〉的编成》，邓红译，《中国人民大学学报》1991 年第 6 期；郑良树《韩非之著述及其思想》，台湾学生书局 1993 年版；马世年《〈韩非子〉的成书及其文学研究》，上海古籍出版社 2011 年版。

道》《解老》《用人》《亡征》划为早期作品；认为《五蠹》在 30 岁（公元前 254 年）以后写出，是中期以后的作品；《有度》作于魏安厘王卒年（公元前 243 年）之后，是韩非晚期的作品，《饰邪》（公元前 236—公元前 233 年）、《存韩》（公元前 233 年）《难一》《难二》《难三》《难四》《喻老》《忠孝》《难势》也是晚期作品①。则周勋初所说早期大约是三十岁之前，中期在三十岁之后，晚期在四十岁之后；所列韩非子早晚期之外的作品，除了收集的材料（《说林》上下）外，看起来要划入中期，如此则计有《八说》《诡使》《奸劫弑臣》《说疑》《爱臣》《八奸》《备内》《孤愤》《说难》《和氏》《八经》《定法》《心度》《制分》《二柄》《南面》《安危》《三守》《功名》《显学》《问辩》《扬权》《主道》《大体》《观行》内外储说诸篇。

郑良树假定韩非生于公元前 280 年，认为《难言》《观行》《爱臣》《安危》《奸劫弑臣》《守道》《三守》《用人》《解老》《功名》《备内》《大体》《八奸》《六反》是 34 岁以前初期的作品〔韩釐王十六年—（韩桓惠王）② 二十六年，即公元前 280—公元前 247 年〕，《二柄》（二三段）《难势》《八经》《问辩》《五蠹》《定法》《显学》《诡使》《孤愤》《八说》《和氏》是中期的作品（韩釐〈桓惠〉王二十七年—三十四年崩，即公元前 246—公元前 239 年），《主道》《南面》《扬权》《说难》《亡征》《存韩》（前半部）《饰邪》是晚期（韩王安元年—六年公元前 238—公元前 233 年）作品，而内外储说《说林》《难》诸篇创稿于年轻时代，要到中期之际才能完成③。

考虑到《荀子》中绝大多数作品为其本人所作，说明从此时起诸子个人写作风气兴盛，而韩非身处战国末期，其身前作品已经单篇别行，即使有弟子，但因其游说活动失败身死，此后不久秦便统一六国，后来挟书律颁布，诸子学传承失去统序，因此韩非的弟子后学至汉代仍传其学者，

---

① 周勋初：《韩非子札记》，江苏人民出版社 1980 年版，第 126—133 页。
② 按："釐王"无二十六年乃至三十四年版，当为"桓惠王"，今补并订正下处。郑良树假定韩非生于公元前 280 年，时当韩釐王十六年版，见氏著《韩非之著述及其思想》，台湾学生书局 1993 年版，第 9 页。
③ 郑良树：《韩非之著述及其思想》，台湾学生书局 1993 年版，第 373—572 页。

恐怕极少。即便韩非子的著作在挟书律颁布后在秦仍可能允许流传，有人收集，但恐怕继统者也很少。所以潘重规说韩非的著作，是"他人仓皇收拾"，或有可能，但说"编次的人，未能加以辨别"①，则是出自他对《韩非子》内篇章的判定了。《韩非列传》说"申子、韩子皆著书，传于后世，学者多有"，这恐怕主要是讲世间学者存其书。《史记》载："御史大夫韩安国者，梁成安人也，后徙睢阳。尝受韩子、杂家说于驺田生所"，显然驺田生并非专主韩子之人，他恐怕并不是有传承的韩非后学，大概是参考韩非之书而有学名之人。《汉书·艺文志》中，杂家载有《博士臣贤对》一篇，注云"汉世，难韩子、商君"，也是这种存书的情况。因此，《韩非子》虽然仍可视为韩非学派之著作集合，但我们应该知道此中韩非弟子后学的作品很少。周勋初、郑良树的意见和我们比较接近，郑良树更严格，后文综合二说而论。《忠孝》篇可能如郑良树所说不是韩非的作品，详另文。虽然有些研究方法仍然比较传统（特别是对于"同文"的判定还有可议者），但韩非子处在战国末年，流变的情况已经较其他子书为少了。

当然，历时性研究法并不是万能的，我们仍然需要注意合理地利用共时性研究法，这里所说的主要是一个思想家可能同时存在两种乃至多种不同的理论，其中乃至存在互相矛盾者，这是因为他所处的环境不同，尤其是所要游说、晓谕的对象不同。比如上博简《慎子曰恭俭》，很多学者以为是儒家的慎子，其实应该是慎到，并非儒家的慎子，这里慎子之言，是教导他的学生如何修身，自然和游说君主的说辞不同②。

二 《商君书》中的人性论

商鞅学派本于古今变异的历史观，认为"古之民朴以厚，今之民巧以伪"（《商君书·开塞》），主张今世要根据今世的人性，用新的方法治理民众。如《错法》篇说："人生而有好恶，故民可治也……好恶者，赏罚之本也。"③ 就

---

① 潘重规：《韩非著述考》，《香港大学五十周年纪念论文集（二）》，香港大学中文系1966年版，第87页。
② 参见拙作《上博简〈慎子曰恭俭〉管窥》，《中国哲学史》2008年第4期。
③ 参见蒋礼鸿《商君书锥指》，中华书局1986年版，第65页。按：《商君书》原文有通假字及讹字，据改。下引文同。

从人性的状况出发，据此而提出自己主张法治的学说。有好恶，有人归为自然性，其来源很久远①。《算地》篇被一些学者认为是商鞅所著②，篇中论人性好名利：

> 夫治国者能尽地力而致民死者，名与利交至。民之生，饥而求食，劳而求佚，苦则索乐，辱则求荣，此民之情也。民之求利，失礼之法；求名，失性之常。奚以论其然也？今夫盗贼上犯君上之所禁，下失臣子之礼，故名辱而身危，犹不止者，利也。其上世之士，衣不暖肤，食不满肠，苦其志意，劳其四肢，伤其五脏，而益裕广耳，非性之常，而为之者，名也。故曰："名利之所凑，则民道之。"……民之性，度而取长，称而取重，权而索利。明君慎观三者，则国治可立，而民能可得。

篇中一再批评追逐名利"失性之常"，"非性之常"，所谓"性之常"，或是本于"古之民朴以厚"而立论。《开（启）塞》篇也被一些学者认为是商鞅所著③，其开篇云：

> 天地设而民生之，当此之时也，民知其母而不知其父，其道亲亲而爱私。亲亲则别，爱私则险；民众，而以别险为务，则民乱。当此时也，民务胜而力征。务胜则争，力征则讼，讼而无正，则莫得其性也……故曰：王道有绳……<u>故曰：民愚，则知可以王；世知，则力可以王。民愚，则力有余而知不足；世知，则巧有余而力不足。民之性，不知则学，力尽而服。故神农教耕而王天下，师其知也；汤武致强而征诸侯，服其力也。</u>夫民愚，不怀知而问；世知，无余力而服。故以爱王天下者，并刑；力征诸侯者，退德。圣人不法古，不循今。法古则后于时，循今者塞于势。周不法商，夏不法虞，三代异势而皆

---

① 如《左传·昭公二十五年》子大叔引子产之言讲："民有好恶、喜怒、哀乐，生于六气"。
② 仝卫敏：《出土文献与〈商君书〉综合研究》，潘美月、杜洁祥主编：《古典文献研究辑刊》第16编第16册，花木兰文化出版社2013年版，第124—131页。
③ 参见仝卫敏《出土文献与〈商君书〉综合研究》，潘美月、杜洁祥主编《古典文献研究辑刊》第16编第16册，花木兰文化出版社2013年版，第131—137页。

可以王。故兴王有道，而持之异理。武王逆取而贵顺，争天下而上让；其取之以力，持之以义。今世强国事兼并，弱国务力守；上不及虞夏之时，而下不修汤武之道。汤武之道塞，故万乘莫不战，千乘莫不守。此道之塞久矣，而世主莫之能开也，故三代不四。非明主莫有能听也，今日愿启之以效。

刘家和先生指出：这种从人类的原始状态立论而且把人性说为自私险恶的模式，和《墨子·尚同》类似，可能受过墨家学派的影响①。而其中三代异势的观点，可能也受到了《经说下》的"尧善治，自今在诸古也。自古在之今，则尧不能治也"的影响。

但是上引文的下文便说"古之民朴以厚，今之民巧以伪"，与原始状态中的人性恶之说显然有矛盾。或许《开塞》篇本当于此分为两部分乃至二篇②。"此道之塞久矣"，"今日愿启之以效"，已经说完了开塞之义。而且上引文中，带有下划线的"故曰"所引一段文字，略同于《算地》篇的"故民愚，则知可以胜之；世知，则力可以胜之。民愚，则易力而难巧；世巧，则易知而难力。故神农教耕而王天下，师其知也；汤武致强而征诸侯，服其力也"，是一种解经体，"故曰"是解释《算地》。此段中还有"故曰：'王道有绳'"一段，但今本《商君书》中未见到相似之文，或有佚失（当然不能排除另有经文，《算地》也是引用之）。自"古之民朴以厚，今之民巧以伪"以下，则不见这种文体。两种人性论不同，当是因为《开塞》是为了让"明主"茅塞顿开，故特立新的人性说。就像墨家的人性论本来是所染之义，但是《尚同》篇则为了标举尚同之义，又从人类的原始状态出发，设立一种由于"人是其议""交相非"以至"若禽兽然"的人性论一样。

比较而言，不难发现"古之民朴以厚，今之民巧以伪"当是商鞅学

---

① 刘家和：《关于战国时期的性恶说》，《史学、经学与思想：在世界史背景下对于中国古代历史文化的思考》，北京师范大学出版社2005年版，第341页。
② 尤锐（Yuri Pine）教授最近为《商君书》的篇章确定了写作时间，本文与之不同，关于《算地》是否该分为两篇，我们简单地讨论过，各持己见。参见 Yuri Pine, *DATING A PRE-IMPERIAL TEXT: THE CASE STUDY OF THE BOOK OFLORD SHANG*, Early China, june 2016.

派主要的人性论。因为《算地》所说"失性之常""非性之常",以及其他篇对人性恶的表述,可以说都能纳入"古之民朴以厚,今之民巧以伪"之中。这说明,商鞅学派的主要的人性论,不是人性恶之论,人性恶只是某一历史阶段的情况,所说原初社会人性恶则是为了让君主茅塞顿开这种环境之下而偶一为之之说。

但这一结论,还只是涉及了表面的情况。史载商鞅曾以帝道、王道说秦孝公,不得用,最后以霸道、强国之术得用①。因此,商鞅(学派)的人性论可能是复杂的,随着环境和情势,存在历时性变化。其谈性之常、朴以厚的,可能是帝道、王道的讲法,是开始想讲、一直认同的人性论。讲古今有别,不求民众反性于常于朴,而是根据民众的好恶,用赏罚来治民,恐怕是强国之术的人性论,是后来在实际中用于操作的人性论。他甚至不惜以人性恶来开启君主之茅塞,是偶一为之的人性说。这虽然是共时性的学说,但是因环境、游说对象不同,可以不同。所以,商鞅学派的人性论有多种,存在历时变化。

商鞅论帝道、王道的人性论,少有人留心;他讲霸道、强国之术所用的人性论,显然随着其变法的成果,在当时形成了较大影响。《韩非子·五蠹》说:"今境内之民皆言治,藏商、管之法者家有之"。后来荀子或可能也受到了这一派的影响,发展出了人性恶的学说②。

三 韩非子的人性论

荀子的弟子韩非子,被很多人认为将人性恶之说推至了极端。很多学者都注意到了韩非子的人性恶之说(其实韩非子并未明言人性恶),并谓其根源来自于荀子。荀子在《性恶》篇中说:一般人都顺情性,导致违

---

① 或谓商鞅讲帝道、王道说秦孝公不可信,其实当时思想界确有类似的划分,如《荀子·王制》、《富国》等,参见唐端正《商鞅的强国之术》,《先秦诸子论丛(续编)》,东大图书股份有限公司2009年版,第124页。《庄子·天道》还有所谓"圣道"。但唐端正也以为"商鞅所谓帝王之道,只是一些浮说,不是他的本质"(第125页),恐非,殆于商鞅人性论中的差别未有留意。其实帝道、王道乃古来流行的思想,若是浮说,商鞅就不必先对秦王反复讲这些了。

② 参见仝卫敏《出土文献与〈商君书〉综合研究》,潘美月、杜洁祥主编《古典文献研究辑刊》第16编第16册,花木兰文化出版社2013年版,第274页。

背礼义的事发生，是为人性恶。韩非子则进一步指出父子之间都没有仁亲，有的只是计算之心、私利：

> 且父母之于子也，产男则相贺，产女则杀之，此俱出父母之怀衽，然男子受贺，女子杀之者，虑其后便，计之长利也。故父母之于子也，犹用计算之心以相待也，而况无父子之泽乎！（《六反》）
>
> 人为婴儿也，父母养之简，子长而怨。子盛壮成人，其供养薄，父母怒而谯之。子父，至亲也，而或谯或怨者，皆挟相为，而不周于为己也。（《外储说左上·说三》）

因此，就更不用说君臣、夫妻之间会有善了。韩非子认为人性非常功利：

> 利之所在，民归之；名之所彰，士死之。（《外储说左上》）
>
> 夫买庸而播耕者，主人费家而美食，调钱布而求易者，非爱庸客也，曰：如是，耕者且深，耨者且熟云也。庸客致力而疾耘耕，尽功而正畦陌者，非爱主人也，曰：如是，羹且美，钱布且易云也。此其养功力，有父子之泽矣，而必周于用者，皆挟自为心也。故人行事施予，以利之为心，则越人易和；以害之为心，则父子离且怨。（《外储说左上·说三》）①

相对于荀子的"其善者伪也"的伪是人为，韩非子认为善都是虚"伪"、"伪"装，如对于尧舜禅让，韩非子说：

> 尧之王天下也，茅茨不剪，采椽不斫；粝粢之食，藜藿之羹；冬日麑裘，夏日葛衣；虽监门之服养，不亏于此矣。禹之王天下也，身执耒臿，以为民先，股无胈胫不生毛，虽臣虏之劳，不苦于此矣。以

---

① 参见陈启天《增订韩非子校释》，台湾商务印书馆股份有限公司1969年版，第493—495页。按：下引文也参考了此书，标点不全依原文。

是言之，夫古之让天子者，是去监门之养，而离臣虏之劳也，故传天下而不足多也。(《五蠹》)

像韩非子这样以尧舜禹汤之善行为脱离苦楚、近于虚伪者，似乎不多见。但我们看《竹书纪年》竟然说"舜囚尧于平阳，取之帝位"；"舜囚尧，复偃塞丹朱，使不与父相见也"；"益干启位，启杀之"等，或与韩非子有思想关联，也可能二者有共同来源，或与燕国禅让悲剧相关。这种古史说法与一般的传说不一样，不一定是蒙文通所说三系古史不同①。

韩非子还强调人性的古今差别，说"上古竞于道德，中世逐于智谋，当今争于气力"(《五蠹》，《八说》作"古人亟于德，中世逐于智，当今争于力")，这或是吸收了商鞅的"古之民朴以厚，今之民巧以伪"之说②。但是商鞅虽有此说，却未解释形成如此状况的原因，而且与他偶一说之的原始状态中的人性恶之说存在一定矛盾。这在商鞅学派或许不需要解释，但韩非子却需要说明。韩非子用环境之说来解释人性古今有差别的原因，如：

古者丈夫不耕，草木之实足食也；妇人不织，禽兽之皮足衣也。不事力而养足，人民少而财有余，故民不争。是以厚赏不行，重罚不用，而民自治。今人有五子不为多，子又有五子，大父未死而有二十五孙。是以人民众而货财寡，事力劳而供养薄，故民争，虽倍赏累罚而不免于乱。(《五蠹》)③

---

① 蒙文通：《古史甄微》，《蒙文通文集》第五卷，巴蜀书社1999年版。
② 刘家和先生认为韩非之说的远源是《老子》第38章的"失道而后德，失德而后仁，失仁而后义，失义而后礼"而来，见氏著《试说〈老子〉之"道"及其中含蕴的历史观》，《南京大学学报》2014年第4期。
③ 以上论述，参见张素贞《自利之人性观》，《韩非子思想体系》，黎明文化事业股份有限公司1979年版，第51—63页；吴秀英《人性论之研议》，《韩非子研议》，文史哲出版社1979年版；姚蒸民《韩非政治哲学之基础》，《韩非子通论》，东大图书股份有限公司1999年版；刘家和《关于战国时期的性恶说》，《史学、经学与思想：在世界史背景下对于中国古代历史文化的思考》，北京师范大学出版社2005年版；蒋重跃《人性论》，《韩非子的政治思想》，北京师范大学出版社2000年版。

环境之说，孔子的"习相远"，墨家所染及告子性若湍水之说，皆有此义。但是儒家在孔子之后逐渐重视尊德性而不强调环境对人性的重要影响作用，重视内因而无视外因，如郭店简《穷达以时》的"君子敦于反己"，以及孟子所说"富岁，子弟多赖；凶岁，子弟多暴。非天之降才尔殊也，其所以陷溺其心者然也"（《告子上》）皆是。至荀子在《性恶》篇才重提外因，强调环境积靡的作用。但是荀子并没有关注人性的古今差别，由此倒正可见韩非子自成一家之言之处。然而在前引《五蠹》篇中，韩非子解释尧舜禅让，却是以"古之让天子者，是去监门之养，而离臣虏之劳也，故传天下而不足多也"为说，而不是用上古竞于道德来为说，似乎也存在矛盾①。不过这或许是因为燕国的禅让惨剧让诸侯、诸子都鄙弃禅让之论，孟子、荀子都改造禅让之说，韩非子可能也是顺之而想对禅让有别的解释。

韩非子的人性论至《五蠹》，解决了商鞅学派既说"古之民朴以厚，今之民巧以伪"，又说原始状态中的人性恶，还杂以"性之常"说的矛盾，以环境的原因来解释古今差异，以功利来看待人性。于是当时之世，就只有丑恶的人性了，"今天下无一伯夷，而奸人不绝世"（《守道》）。他讲人性恶，目的是为了告诉人主如何保持统治，宣讲自家的学说。

不过需要注意的是，按照周勋初、郑良树的研究，韩非子一生可以分为三个思想阶段。据之可见上述人性学说，多是韩非子早中期的思想表现。然而即便是早中期，他也承认"夫智，性也"（《显学》），"子母之性，爱也"（《八说》），"夫人情莫不爱其子"（《难一》），"人之情性，贤者寡而不肖者众"（《难势》），"人之情性，莫先于父母皆见爱"（《五蠹》）②。这些虽然是一般性的看法，但显然韩非子无法否认之。所以他的人性论也有共时性的一面。他即便在早期说过"父母之于子也，犹用计算之心以相待"，这恐怕也不是常例，其目的是为了说那"无父子之泽"的君臣上下，写作对象是君主。因此，以韩非子思想为主张人性

---

① 参见蒋重跃《人性论》，《韩非子的政治思想》，北京师范大学出版社2000年版，第147—148页。

② 《难一》《难势》，周勋初归为晚期作品，但此处引文为一般性说法，不必要等到韩非晚年才能听闻之。

恶，恐怕并不确切。

有学者说韩非对人性不作价值判断，只据事实利用之①。其实，在韩非子思想的晚期，他说："人臣有私心，有公义。修身洁白而行公行正，居官无私，人臣之公义也；污行从欲，安身利家，人臣之私心也。明主在上，则人臣去私心行公义；乱主在上，则人臣去公义行私心"，这是接近于善恶混的人性论，而仍旧保留着环境（明主乱主）决定论。韩非子对此的解决方法，是用赏刑使臣民效命："故君臣异心，君以计畜臣，臣以计事君，君臣之交，计也。害身而利国，臣弗为也；富国而利臣，君不行也。臣之情，害身无利；君之情，害国无亲。君臣也者，以计合者也。至夫临难必死，尽智竭力，为法为之。故先王明赏以劝之，严刑以威之。赏刑明，则民尽死；民尽死，则兵强主尊。刑赏不察，则民无功而求得，有罪而幸免，则兵弱主卑。故先王贤佐尽力竭智"（《饰邪》）。这里所说的"君臣也者，以计合者也"，说明韩非子对于人性的计算之心，仍然有所保留；对环境之于人性的作用，仍然很重视；但是强调人臣有公义，则是新思想，带有价值判断。因此，说韩非对人性不作价值判断，仍然不确切。

因此，韩非子关于人性的思想，有一个历时发展的过程。他后来虽然不像早期为君主考虑时那样偏激，把父母之于子女的感情都想否认掉，但是也保留了一些早期的思想，重点仍在于防止人性之阴暗面。他所说的"人臣有私心，有公义"之"公义"，参以荀子入秦所见，以及秦简《为吏之道》《政事之常》《为吏治官及黔首》来看，"修身洁白"可以表明"公义"并非出于先天本有，而是后天赏罚之下的教育而成。这和荀子最终形成的重视"师法和习俗"的人性观非常接近，只不过在秦是以吏为师，以赏罚为习俗、环境罢了。所不同的是，荀子重视个人的修为得尽，讲究发挥主观能动性；韩非子则主张用赏罚来达到这一目的。

我们知道荀子的人性论有一个发展变化的过程，而现在看来韩非子也有一个发展过程，则二者可能存在思想关联。学界一般据《史记》，认为李斯在秦庄襄王三年（公元前247年）入秦，韩非子大概也在此年离开

---

① 参见王晓波《韩非的哲学思想》，《儒法思想论集》，时报文化出版企业有限公司1986年版；姚蒸民《自为之人性观》，《韩非子通论》，台北东大图书有限公司1998年版；林义正《先秦法家人性论之研究》，台湾大学哲学系主编《中国人性论》，东大图书股份有限公司1990年版。

荀子，卒于秦始皇十四年（公元前233年）。根据廖名春先生的研究，荀子的《性恶》篇是在稷下所作①，此篇早于韩非子离开荀子，因此韩非子受到其影响。但从韩非子晚期的《饰邪》来看，恐怕也受到了荀子晚期作品《荣辱》篇中人性论的影响（详另文）。如果这一推断可信，那么它说明古代师弟子分别，弟子自成一家之后，仍然会有思想交流。这种想法应该是很自然的事情，但学者们往往囿于韩非子之法家与荀子之儒家的身份，不太注意。如果参照近出简帛而将古代思想的交流想得便利一些的话，这其实是没什么可怀疑的。

但佐藤将之先生认为韩非子的人性观并没有受到荀子的影响，怀疑两人是否有师生关系②。不过他分析荀子、韩非子两人思想时，没有作历时性的人性论考察，所以其说恐不可信。值得注意的是，他在论证"韩非子人性观之特色可能基于所谓'前期法家'的思想传统"时，认为"趋利避害"的人性观，又见于《商君书·说民》《管子·版法解》《管子·明法解》《吕氏春秋·论威》；《韩非子》认为人类基本上都是自私的，统治者必须善用人自私的天性之思想，也可以在《慎子·因循》和《群书治要》引田骈佚文中找到，这些都值得重视，说明韩非子思想渊源的复杂性。只不过人之"趋利避害"，是人人都承认的观点，可能有更早的思想来源。不要说荀子，即使是孔孟，讲杀身成仁，舍生取义，也都是基于此而言，才体现出仁义之可贵。荀子也承认"人之所欲生甚矣，人之所恶死甚矣"，"今人之性，饥而欲饱，寒而欲暖，劳而欲休，此人之情性也"，"人情甚不美"。荀子由此人性恶，也认为统治者、圣人应该利用之："古者圣王以人之性恶，以为偏险而不正，悖乱而不治，是以为之起礼义、制法度，以矫饰人之情性而正之，以扰化人之情性而导之也"，只是目的和韩非不同，是要"起礼义、制法度"；韩非等则利用人之自私，为之赏罚以控制之，而其实这也是一种法度。

总之，由上文可以看出，合理利用学界对于古代思想家作品著作年代的研究成果，对古代思想家的某些思想进行历时性的分析，不仅能展示思

---

① 廖名春：《著作考辨》，《荀子新探》。
② ［日］佐藤将之：《〈荀子〉的"性"论与〈韩非子〉的人论》，《荀子礼治思想的渊源与战国诸子之研究》，台湾大学出版中心2013年版。

想家的早晚变化，而且能合理地解释许多看起来矛盾或杂陈的观点。希望今后从历时性方面进行研究的成果更多一些，也希望对传世典籍篇章形成时间的研究更多一些。

当然，需要注意的是，有一些作品看似在用历时性方法研究问题，如美国白牧之、白妙子分析《论语》篇章的完成时间①，日本渡边卓等断定《墨子》中《尚贤上》至《非命下》二十三篇（通称为十论）的形成②，刘笑敢、英国葛瑞汉等研究《庄子》内外杂篇的早晚等③，均认为这些作品是历时形成的，但是论证过程尚存在不少问题，乃至已出现了反证④，不能令人信服⑤。其中的原因，恐怕是因为，《论语》的编纂、结集主体上是在某一大致固定的时间段，传为子思（学派）所作的《礼记·坊记》已经称引此名；《墨子》是学派作品集，十论是墨子学派的作品，其思想流传时间和写定时间存在差异，不能仅仅根据据写定时间来推论思想的发展变化；《庄子》分为内外杂篇，是后人的行为，古书多不题撰人，很难证明《庄子》内篇就是庄子的作品，《庄子》应该看作此一学派的作品集合⑥。

---

① 白牧之（E. Bruce Brooks）and 白妙子（A. Taeko Brooks），*The Original Analects*：*Sayings of Confucius and His Successors*，New York：Columbia University Press，1998.

② ［日］渡边卓：《古代中国思想の研究》，（东京）创文社1973年版；［日］渡边卓：《墨家思想》，［日］宇野精一主编：《中国思想之研究·（三）墨家、法家、逻辑思想》，林茂松译，幼狮文化事业公司1984年版。

③ 刘笑敢：《〈庄子〉内篇的年代》，《庄子哲学及其演变（修订版）》，中国人民大学出版社2010年版；葛瑞汉（A. C. Graham），HOW MUCH OF *CHUANG TZǓ* DID CHUANG-TZǓ WRITE？*Studies in Chinese Philosophy & Philosophical Literature*，Institute of East Asian Philosophies，Singapore，1986，pp. 283 – 321.

④ 渡边卓认为《明鬼下》形成时间最晚，在战国末期。佐藤将之指出：直到"上博简《鬼神之明》的出现证实，现本《明鬼》中出现（即'鬼神明不明'等）的议题大概在孟子之前已有过讨论，而且以文献的型态流传。那么，按照渡边以来的《墨子》文献成立模式，《明鬼》反而倏地跃升为最早成篇之作。"见氏著《日本近代墨学研究之崛起与中日学者之墨荀思想关系论探析》，《人文论丛》2010年卷，中国社会科学出版社2011年版。

⑤ 参见拙作《先秦古书年代问题初论——以〈尚书〉〈墨子〉为中心》，《学术月刊》2015年第3期。

⑥ 参见拙作《郭店简〈唐虞之道〉中出现的"性命"与〈庄子〉内篇早出的问题》，《人文杂志》2011年第4期；《再论〈庄子〉内外杂篇的问题——回应刘笑敢先生》，《思想与文化》第17辑，华东师范大学出版社2015年版。

老子《道》《德》篇历时研究

自马王堆帛书《老子》至今,已经有了多个出土本。项羽妾冢本已不见原貌,马王堆帛书甲乙本、北大汉简本都是德篇在前,道篇在后,基本完整,郭店楚墓竹简中的《老子》有甲乙丙三组,全文两千余字,甲、丙皆有今本第64章部分内容,文字有早晚差异。

学界讨论讨论郭店《老子》的成书时,美国学者罗浩(Harold D. Roth)把学界的诸种观点归纳为《老子》来源的三种模型,一是辑选模型,即是郭店《老子》为节选本之说;二是来源模型,认为在郭店简《老子》之外可能还有其他别本,这些文本在某个时候综合成为后世81章本的祖本;三是并行文本模型,推测郭店《老子》、81章本《老子》祖本,以及与《管子·内业》等类似作品一样来自更早的一种或多种原始材料①。罗浩所举三种说法,基本上还是预设着存在《老子》的"祖本"或来源。他所描述的第三种模型,是因为他认为存在"早期道家"。而李若晖则提出"并不存在一个绝对的《老子》原本",要"取消原本",他按时间顺序将《老子》分为形成期、成型期、定型期、流传期②。宁镇疆通过研究《老子》中"同文复出"的文字,指出"《老子》原本的完成,不会是一鼓作气,一气呵成的,更可能是断断续续地写一些章,最后总辑而成",他赞同李若晖所说《老子》存在一个"成型期"的时

---

① [美]罗浩:《郭店〈老子〉对文中一些方法论问题》,《道家文化研究》第17辑,生活·读书·新知三联书店1999年版,第200页。

② 李若晖:《郭店竹书老子论考》,齐鲁书社2004年版,第87—108页。

代，改称为"滥觞期"，并认为"此一时代有着相当的时间跨度"①。李畅然也有《老子》逐渐形成的意见，但是稍微谨慎一些，他认为："从文本对勘上很难看出郭店《老子》摘抄的痕迹，而只能看到《老子》文句上的原始风貌。因为这种原始风貌往往是以文句较少为特征的，所以我们认为帛书本—今本系统的'五千言'的《老子》很可能是在与郭店诸本类似的传本的基础上，经过大规模的文字敷演形成的。在材料不足的条件下不必得出非此即彼的结论，因此本文并未排除郭店《老子》（的某个本子或全部）是摘抄自某个单纯从篇章规模上可以称为'全本'而文字上却比帛书本—今本系统少很多的原始的全本《老子》的可能性。但假如大规模的文字敷演恰恰发生在汇编诸本的过程中，那么，那样的全本就是不存在的。"② 这里的差别是李若晖持有否定"来源""原本""祖本"的思路，但是没有详细论述；宁镇疆则仍然保留了"原本"之说；而李畅然倾向于排除作为"全本"的"原本"，但持论比较谨慎。

我们曾用"族本"说弥合诸种分歧③，但这大抵是关于《老子》的成书而论的。就《老子》的思想而言，我们在用"族本"说作《老子会笺》，弥合诸本异文的过程中，发现《道》《德》篇有一些历时差别的现象，这对于深入研究老子的思想，或许有一定作用。今草就此文，以就教于海内外方家。

一

在讨论历时差别之前，我们需要考察一下《老子》的文本，不能将一个章节流动可变的文本作为讨论对象。所幸我们发现，《老子》全文，内部章节大体上早已定型。由于郭店简《老子》性质不明，我们不以之

---

① 宁镇疆：《〈老子〉"同文复出"现象初步研究》，《从简本看今本〈老子〉的形成——兼论帛书本在〈老子〉文本流传过程中的地位》，并载：《〈老子〉"早期传本"结构及其流变研究》，学林出版社2006年版，第279—308页。

② 李畅然：《郭店〈老子〉和帛—今本五千言关系之我见——从文本对勘上检验早于郭店时代的"全本"〈老子〉存在的可能性及条件》，《北京大学古文献研究中心集刊》第3辑。

③ 李锐、邵泽慧：《北大汉简〈老子〉初研》，《中国哲学史》2013年第3期；拙作：《从出土文献谈古书形成过程中的"族本"》，《同文与族本——新出简帛与古书形成研究》，中西书局2017年版。已收入本书。

为主要的讨论对象，而以出土本、传世本（王弼本）及严遵本为主要讨论对象。

北大简《老子》保存较完整，全文七十七章，《德》篇四十四章，被称为《老子上经》；《道》篇三十三章，为《老子下经》。《道》《德》篇内的章节顺序与传世本差别不大，只有数章分合，共计七处不同：1. 第四十二章相当于传世本七十八、七十九两章；2. 第五十章相当于传世本第六、七两章；3. 第七十三章相当于传世本第三十二、三十三两章；4. 第六十章相当于传世本第十七、十八、十九三章；5. 汉简本第二十七、二十八两章相当于传世本第六十四章；6. 传世本第五十八章的"方而不割，廉而不刿，直而不肆，光而不耀"，汉简本归下章；7. 传世本第二十八章的"大制无割"，汉简本归下一章。

严遵《老子指归》已残，将《老子》分为七十二章，也是《德》篇在前，《道》篇在后，《道》篇今已佚，只有残文；《德》篇四十章，其中通行本的第三十九、四十章（景龙碑本同），第五十七、五十八章，第六十七、六十八章，第七十八、七十九章（同汉简本），在严遵本中是合一的，第五十八章的"方而不割，廉而不刿，直而不肆，光而不耀"也是归下章，同汉简本。

马王堆帛书甲、乙本全文顺序参照传世本八十一章顺序有不同：第三十八章——三十九章、第四十一章，第四十章，第四十二章——第六十六章，第八十章——八十一章，第六十七章——七十九章；第一——二十一章，第二十四章，第二十二章，第二十三章，第二十五——三十七章。帛书甲本残存有六个点，似是分章符号，见于第四十六章、五十一章、五十二章、七十二章、七十五章、八十一章。

按：第七十八章末的"正言若反"，与七十九章的"和大怨，必有余怨，安可以为善"，押元部韵，这大概是汉简本将之合为一章的原因，但是内容上没有联系。而第六十四章中，"其安易持"节，和"为之者败之"节，"合抱之木，生于毫末；九层之台，起于累土；千里之行，始于足下"，与"民之从事，常于几成而败之，慎终如始，则无败事"有一点思想关联，但也不是很密切。郭店简甲组中，这两节分在两处抄录，或说明其之不紧密。这两处的分合，就是汉简本的四十四章，和传世本的

《德》篇四十四章的差别所在。而严遵本分为四十章，相对而言，所要合并的就比较多，但是多数没有思想关联。倒是第六十七、六十八章，帛书乙本在六十八章"善为士者不武"开篇多一个"故"字，或表示有联系，但傅奕本作"古之善为士者不武也"，此处帛书乙本的"故"也有其他解释的可能（我们的《会笺》是根据《经词衍释》："故，犹'夫'也"①作解，分章，不合并）。

至于《道》篇，将汉简本与通行本比较，第六、七两章，第三十二、三十三两章，第十七、十八、十九三章合在一起，只有第十八章的"大道废，有仁义；慧智出，有大伪；六亲不和，有孝慈；国（邦）家昏乱，有忠臣"，和十九章的"绝圣弃智，民利百倍；绝仁弃义，民复孝慈；绝巧弃利，盗贼无有。此三者，以为文不足，故令有所属：见（视）素抱朴，少私寡欲"有一些联系。汉简本《道》篇只有三十三章，传世本有三十七章，故相对而言，汉简本有所拼合。

而传世本第五十八章的"是以圣人方而不割，廉而不刿，直而不肆，光而不耀"，帛书乙本较完整，"是以圣人"作"是以"，表明和前文有关系。而前文"祸兮福之所倚，福兮祸之所伏，孰知其极？其无正？正复为奇，善复为妖。人之迷，其日固久"，所对举之祸福、奇正、善妖两者，转化无方，变化莫测，故据其一则不要有其害，方可不迷，因此下接"方而不割，廉而不刿，直而不肆，光而不耀"是可取的。传世本第二十八章的"故大制无割"，想尔注本作"是以大制无割"，义近，与上文连接紧密。帛书本作"夫大制无割"，《古书虚字集释》有"夫"犹"故"之用法②。蒋锡昌指出："大制无割"与四十一章"大方无隅……大象无形"，及《庄子·齐物论》"大仁不仁"词例一律。此句乃本章之主③。所以它归属第二十八章或更可取。

关于帛书本，首先讨论帛书甲本残存的五个点的问题，我们觉得这可能是分节而非分章的符号，相关章中内部的逻辑关系还是存在的。这些讨论过于琐碎，今举第81章为例："信言不美，美言不信；善者不辩，辩

---

① （清）吴昌莹：《经词衍释》，中华书局1983年版，第94—95页。
② 裴学海：《古书虚字集释》，上海书店1935年版，第886—887页。
③ 蒋锡昌：《老子校诂》，东升文化事业有限公司1980年版，第192页。

者不善；知（智）者不博，博者不知（智）。圣人不积，既以为人，己愈有；既以与人，己愈多。天之道，利而不害。圣人之道，为而不争"，初看"圣人不积"和前文没有关系，因此帛书甲本在此前的黑点，有学者认为是分章符号。但是张帆指出，"善者不辩，辩者不善"，帛书乙本作"善者不多，多者不善"，"辩"当读为"繁"（古音皆为并纽元部），古书中有可通假的例证，如此则帛书本和传世本的异文可以解决。而且帛书本、汉简本此句皆在"圣人不积"之前，而繁多和积又有一定顺承关系，故"圣人不积"前的点，不能表示分章①。

关于帛书本各章的顺序，传世本中第四十章："反者，道之动；弱者，道之用。天下万物生于有，有生于无"，严遵本、景龙碑本是连上章，王弼注说"高以下为基，贵以贱为本，有以无为用，此其反也。动皆知其所无，则物通矣。故曰：反者，道之动也"，表明第三十九、四十两章之间联系紧密。但王弼之"反"主要指相反，照此解释的话，第四十一章的"明道若昧，进道若退，夷道若纇"等正是皆相反。故帛书第四十章位于第四十一章之后下接"道生一"章（今第四十二章）。而第四十章的"有生于无"，与"道生一"有一定关联，所以此处帛书本的顺序可以说是有根据的。至于第八十一章的"天之道，利而不害。圣人之道，为而不争"，或许是将之放至第六十七章讲到"三曰不敢为天下先"之前的原因。而第二十四章的"企者不立，跨者不行，自见者不明，自是者不彰，自伐者无功，自矜者不长"，和二十二章的"曲则全，枉则直，洼则盈，敝则新，少则得，多则惑"，特别是"不自见故明，不自是故彰，不自伐故有功，不自矜故长"紧密相关，故两章排在了一起。

但是帛书为什么会有这种排列顺序，颇疑存在错简的情况，简册散乱后，虽能复原一些章节内部顺序和诸章之间的先后，但是有一些还是失其先后，故重排时出现了错误。由于甲乙本或有残缺，故参比甲乙本，则其中发生位置变化的第四十一章，约98字，第八十章，约71字，第八十一章55字，第二十四章，约42字。相较而言，如果是用竹简书写，大概每简容25字左右（郭店《老子》甲组每简29字左右，乙组24字左右，丙

---

① 张帆：《帛书〈老子〉"善者不多"新解》，《江海学刊》2020年第4期。

组 23 字左右；北大汉简《老子》每简 28 字左右），每章完后简下端未书者留白，如同北大汉简。如果帛书乙本不是为了和甲本对比而按其章节抄写，那么就说明错简发生的时间要早，流传到战国末秦汉时，文本已经发生了小变化。

其实，《道》篇和《德》篇中有不少相近文字者，但是帛书等都没有打破《道》篇和《德》篇的界限，将之连接在一起，只有今人才敢于将《老子》全部打散。马叙伦认为一些文字相同者是错简所致，我们不妨考察一下《老子》中出现的"同文"。第十二章、三十八章、七十二章都有"去彼取此"，但所去所取不同，所以这句话并不具代表性。但第二章有"作焉而不辞（治），生而不有，为而不恃（持），功成而弗居"［帛书汉简本作"昔（作）而弗始（治），为而弗侍（持）也，成功而弗居也"，郭店本无"功"字］，第十章有"生而不有，为而不恃（持），长而不宰，（是谓玄德）"［帛书汉简本作"生而弗有，长而弗宰也，（是谓玄德）"］，第五十一章有"生而不有，为而不恃（持），长而不宰，（是谓玄德）"，第七十七章有"为而不恃（持），功成而不处"（帛书、汉简本作"为而弗有，成功而弗居也"，持、有义近）。其中第十章、五十一章皆指玄德，更近；第二章、七十七章皆有"功成弗居"①，更近。第四章、五十六章都有"挫其锐，解其纷，和其光，同其尘"，第十六章、五十二章都有"没身不殆"，第三十章、五十五章都有"物壮则老，是谓不道，不道早已"，第三十四章、六十三章都有"终不为大，故能成其大"②。以上都是《道》《德》篇各有其一者。

此外，第二十四章、三十一章都有"物或恶之，故有道者不处"③，第五十二章、五十六章都有"塞其兑，闭其门"，这些是《道》篇、《德》篇内部出现"同文"。

另外第六十三章、七十三章都有"是以圣人犹难之"，但是第七十三

---

① 第三十四章有"万物恃之而生而不辞（治），功成不名有"，但是帛书本作"成功遂事【而】弗名有也"，汉简本作"万物作而生弗辞（治），成功而弗名有"，古今本有差距。或也可以看作《道》篇讲功成弗居者。

② 王弼本作"自为大"。

③ 郭店简相应于第三十一章没有这一句，只有后面的内容。

章对应的严遵本、帛书本、汉简本都没有这一句。第十七章的"信不足，焉有不信焉"，第二十三章的帛书本没有这一句，但是汉简本有。

由上所述，我们不难看出，《德》篇和《道》篇虽有文句相近之"同文"，乃至有内部的"同文"，但不会因此调整章节到前后相邻。章节大体固定，调整只在内部的分合和及个别文句的属前属后上，帛书甲乙本章节调整幅度稍微大一些，但也多有原因可说。《德》篇四十四章，汉简本和传世本差别较小，这大概是后来刘向校书也不得不把《德》篇定为四十四章的缘故。汉简本《道》篇三十三章，严遵本三十二章，都有神秘的数字意义（汉简本是三十三对《德》的四十四），传世本三十七章则是合为八十一章这个神秘数字的安排。汉简本《德》篇是"老子上经"，它和传世本《道》篇的章数看来都以《德》篇的章数为基础。

另外，对于"同文"的现象，第二十四章、三十一章都有"物或恶之，故有道者不处"，第五十二章、五十六章都有"塞其兑，闭其门"，可能代表了《道》《德》二篇中内部的"重言"。而其余的多是《道》篇、《德》篇分别出现一次，这当然也是"重言"，同时也说明了两篇之间语辞、思想的连续性。然而，《道》篇、《德》篇到底何者在先？抑或不分先后呢？

二

我们认为，《道》篇在先，《德》篇在后。

一个比较明显的证据是，《老子》第六十七章云："天下皆谓我道大似不肖。夫唯大故似不肖。若肖，久矣其细也夫"①，这说明老子的道论已经流传开来，当时已经有不少人在评论老子的"道"了。这些道论的确切内容虽不得而知，但我们可以看到《道》篇中有不少况道之言，如第十四章："视之不见名曰夷。听之不闻名曰希。搏之不得名曰微。此三者不可致诘，故混而为一。其上不皦，其下不昧，绳绳不可名，复归于无物。是谓无状之状，无物之象，是谓惚恍。迎之不见其首，随之不见其后"，第二十一章："道之为物，惟恍惟惚。惚兮恍兮，其中有象。恍兮惚兮，其中有

---

① 王弼本之外诸本多作"天下皆谓我大"，非"我道大"。然"大"乃"道"之名。

物。窈兮冥兮，其中有精。其精甚真，其中有信"；第二十五章："有物混成，先天地生。寂兮寥兮，独立不改，周行而不殆，可以为天下母。吾不知其名，字之曰道。强为之名，曰大。大曰逝，逝曰远，远曰反（返）"；第三十四章："大道泛兮，其可左右"。而类似的内容不见于《德》篇。

这使我们有理由考虑老子的《道》篇或其中的部分内容，或包括《德》篇的某些内容，可能先流传出去了。如果《老子》的《道》《德》二篇分篇很早的话，那应当是《道》篇先流传出去了。谢守灏《混元圣纪》云："按刘歆《七略》：刘向雠校中《老子》书二篇，太史书一篇，臣向书二篇，凡中外书五篇，一百四十二章，除重复三篇六十二章，定着八十一章，上经第一三十七章，下经第二四十四章"[1]，所引应该属于《别录》佚文，太史书只有一篇；《汉书·艺文志》中有《老子傅氏经说》三十七篇，当时有一篇本《老子》流传，傅氏做《经说》三十七章，这很可能是《道》篇本经、说，而不是太史之书一篇本不分《道》《德》两部分。

老子虽然对批评者用了简单的反诘："若肖，久矣其细也夫"，但是也有所回应。我们发现，老子在《德》篇中用了一个传统的词汇"天道"，第四十七章云："不窥牖，见天道"；第七十九章曰："天道无亲，常与善人"，这句话更是见于多种古代文献。朱谦之云：《说苑》所引《黄帝金人铭》，《后汉书·袁绍传》引《太公金匮》，《郎凯传》引《易》等有"天道无亲，常与善人"，乃古语[2]。王叔岷曰：与犹亲也。《书钞》一四九引《太公·六韬》、《左传·僖公五年》引《周书》"皇天无亲，惟德是辅"（又见伪古文尚书《蔡仲之命》），辅亦亲也。《国语·晋六》"天道无亲，惟德是授"，《广雅·释诂三》："受，亲也。"[3] 郑良树指出伪古文尚书《太甲》有"皇天无亲，惟德是辅，克敬惟亲"；《文子·符言》《淮南子·诠言》引作"天道无亲，唯德是与"[4]。所以这可以看作

---

[1] （宋）谢守灏：《混元圣纪》卷3，《道藏》，文物出版社、上海书店、天津古籍出版社1988年影印本，第17册，第814页B。(宋)董思靖《老子集解序说》则说："刘歆《七略》云：刘向定著二篇八十一章，上经三十四章，下经四十七章。"见《道藏》，第12册，第821页C。

[2] 朱谦之：《老子校释》，中华书局2000年版，第306页。

[3] 王叔岷：《古籍虚字广义》，中华书局2007年版，第506页。

[4] 郑良树：《老子新论》，上海古籍出版社2011年版，第285页。

是老子向传统的回归。像《论语·公冶长》就记子贡说："夫子之言性与天道，不可得而闻也"，可见当时谈天道的人不少。

不过老子更特别的是使用"天之道"。虽然《道》篇第九章有"功遂身退，天之道"，但是这里只是说这种举动符合天道；第十七章则说"功成事遂，百姓皆谓我自然"，这表明《道》篇中"天之道"的使用或许并无深意。但《德》篇不同，第七十三章云："天之道，不争而善胜，不言而善应，不召而自来，繟然而善谋"，第八十一章曰："天之道，利而不害"，这都是类似下定义的方式来讲说"天之道"是如何的。第七十七章则是况"天之道"之言："天之道，其犹张弓与？高者抑之，下者举之；有余者损之，不足者补之。天之道，损有余而补不足。"前文说《德》篇没有况道之言，现在却有况天之道，论天之道之语，这或许是老子的一种变通。因为他要讲的是恒道（道可道，非恒道），但是第七十章曰："吾言甚易知，甚易行，天下莫能知，莫能行"，大家不能理解，于是他用大家熟悉的天道特别是用天之道来讲，同时他又对"天之道"进行了限定和描述。虽然在老子看来，道先天地生，天之道不能和恒道相比，但是"天法道"，天之道与他所说的恒道并不远，而天之道或比恒道更能让人接受。

三

可以注意的是，《德》篇讲"天之道"的诸章，传世本都在第六十七章之后。只有帛书本将第八十、八十一章放在第六十七章之前，现在看来，这个排序方式恐怕不合适。当然，这假设了《德》篇内部的内容存在先后。不过，在此前的《德》篇中，确实还有老子对道的论说，而第八十一章有论天之道："天之道，利而不害"。

《德》篇此前的论道之说，如第四十章"反（返）者，道之动；弱者，道之用。天下万物生于有，有（又）生于无"①，可以说是老子对"道"

---

① "天下万物生于有，有（又）生于无"，郭店简作"天下之勿（物）生于又（有），生于亡（无）"，不少人疑郭店简"又"字脱重文符，也有学者认为郭店本才是正确的（如丁原植《郭店竹简〈老子〉释析与研究》，万卷楼图书有限公司1998年版，第213—220页；陈鼓应：《从郭店简本看〈老子〉尚仁及守中思想》，《道家文化研究》第17辑，生活·读书·（转下页）

的一个总结。《道》篇只有第二十五章有"大曰逝,逝曰远,远曰反(返)",并未直接表述"返者,道之动"。《道》篇还用复,如第十六章"夫物云云,各复归其根",帛书汉简本都作"天物云云",但是郭店简却作"天道云云"。"道"与"物",史杰鹏认为音韵可通(幽物相通)①,从上文"万物并作"来看,恐怕还是读为"物"好。而《德》篇第六十五章有"玄德深矣,远矣,与物反(返)矣,然后乃至大顺",玄德也是返的了。

《德》篇第四十二章还有:"道生一,一生二,二生三,三生万物",这里是以道作为宇宙生成论的开端,也可以看作老子对道论的论述。第五十一章有:"道生之,德畜之,物形之,势成之",可以算一个补充,强调了德的重要性。此章后文说"故道生之,德畜之,长之、育之、亭之、毒之、养之、覆之",帛书汉简本没有"德"字,但是后文又有"生而不有,为而不恃,长而不宰,是谓玄德",仍以玄德总括之。可见老子在《德》篇中有对道论的新论述,但也注意用玄德来照应之。

老子在《德》篇还有解决《道》篇中遗留问题之文。如道和自然的关系,《道》篇用了几次"自然",第二十五章云:"人法地,地法天,天法道,道法自然",虽有多种解释(我们倾向于解释"法"为合法度),但好似自然比道还高,当今学界有不少争论,猜想古人或也有所疑惑吧。《德》篇就在第五十一章云:"道之尊,德之贵,夫莫之命而常自然",道德的尊贵不是谁赋予,而是自然而然的;特别是第六十四章曰:"是以圣人,欲不欲,不贵难得之货;学不学,复众人之所过,以辅万物之自然,而不敢为",讲自然乃"万物之自然",圣人辅之而不敢为,自然是以道辅之,用无为之法。如此则"道法自然",是说道合乎万物之自然的法度,故能辅之。这就相当于是在回答《道》篇的疑问。

(接上页)新知三联书店1999年版,第78—79页;赵建伟:《郭店竹简〈老子〉校释》,《道家文化研究》第17辑,生活·读书·新知三联书店1999年版,第278—279页;郭沂:《郭店竹简与先秦学术思想》,上海教育出版社2001年版,第679—680页;聂中庆:《辨"有生于无"》,《求是学刊》2003年第6期),与"有无相生"相应(王庆节:《道之为物:海德格尔的"四方域"物论与老子的自然物论》,《解释学、海德格尔与儒道今释》,中国人民大学出版社2004年版,第196—199页)。本文认为传世本改读"有"为"又"后,与郭店本一致。

① 史杰鹏:《由郭店〈老子〉的几条简文谈幽物相通现象及相关问题》,《简帛》第5辑,上海古籍出版社2010年版,第123—139页。

再如道和一的问题，在第三十九章中有"昔之得一者，天得一以清，地得一以宁，神得一以灵，谷得一以盈，万物得一以生，侯王得一以为天下贞（正）"，一般将此处的"一"视为道。因为《道》篇第十章云："载营魄抱一，能无离乎"，二十二章曰："圣人抱一为天下式"。在早期中国思想中，道和一都有作为哲学始源的可能性，如上博简《凡物流形》就讲"一生两，两生三，三生四，四成结"。《道》篇讲"圣人抱一为天下式"，"一"就有代替"道"的可能性。但是我们再仔细看第三十九章，里面就只提到了"侯王得一"，不再讲圣人。因此得一虽然重要，但属《德》篇的第四十二章云"道生一，一生二，二生三，三生万物"，实际上就完全将"道"置于"一"之上了。《孟子·尽心上》云："子莫执中。执中为近之。执中无权，犹执一也。所恶执一者，为其贼道也，举一而废百也。"抱、执义近，可见即使孟子也不能同意抱一、执一，更不用说老子能够认识到其中的问题了。

还有道和物的问题。《老子》第二十五章云："有物混成，先天地生，寂兮寥兮，独立不改，周行而不殆，可以为天下母。吾不知其名，字之曰道，强为之名曰大。"这里是把道先说为物的，先天地生的道，是一个"物"①。虽然《老子》里的道多数是超越于物之上的，但是作为一个描述或者指称，道还是可以被称为物。这个物是一个代称，且其中还有物，第二十一章云："道之为物，惟恍惟惚。惚兮恍兮，其中有象。恍兮惚兮，其中有物。""道之为物"，帛书、汉简本作"道之物"，邢州龙兴观道德经幢本作"道之于物"。按《古书虚字集释》："'之'犹'诸'也（'诸'与'之於'同义）"②，《经传释词》："家大人曰：为，犹'于'也……（'于''於'古字通）"③。"之於"，《文言复式虚词》指出："表示前者同后者相比。一般用作主语部分，谓语说明比较的结果。可译为'同……相比'。"④所以"道之为物"是道和物相比，而"恍兮惚兮，其中有物"，是道中有物。道、物之关系，稍嫌混乱。《德》篇的"道生一，

---

① "物"，郭店简作"𧗱"，或疑读为"状"。郭店简没有"周行而不殆"这一句。
② 裴学海：《古书虚字集释》，上海书店1935年版，第748页。
③ （清）王引之：《经传释词》，岳麓书社1985年版，第46页。
④ 楚永安：《文言复式虚词》，中国人民大学出版社1986年版，第503页。

一生二，二生三，三生万物"出来之后，就比较清楚地说明，道不是物。

尽管这些论述都在六十七章之前，但由此我们已经可以看出《德》篇比《道》篇要晚。而由上述内容，再来看郭店简三组《老子》，《道》《德》篇开篇的章节都没有，只有第二十五章"又（有）脜蟲〈蟲（混）〉城（成）"，第四十章"返也者，道僮（动）也"，是描述道的内容，都在甲组《老子》。比较奇特的是《老子》中同文复出的章节都没有同时在郭店简《老子》中出现，甚至是不在同一组中。如第三十章、五十五章传世本都有"物壮则老，是谓不道，不道早已"，但郭店本第三十章没有这一句，第五十五章有"物壮则老，是谓不道"（都在甲组）。而第十六（甲组）、五十二章（乙组）传世本都有"没身不殆"，郭店本两处都没有这一句。这些现象，不能不让人怀疑郭店简《老子》是摘抄（当然，甲组和丙组都有第六十四章，这说明甲乙丙来源不同，但是两处六十四章文字有差别）。

另外郭店简有传世本六十六章的内容，但是六十七章之后的章一个都没有。前面我们曾假设此章回应天下人对其道论的评议，此后才着重用天道、天之道，郭店简没有这一部分内容，很让人回味。而上述所论"解决《道》篇中遗留问题之文"，又都是在六十七章之前。第六十三章的"报怨以德"，《论语·宪问》都记"或曰：'以德报怨，何如？'子曰：'何以报德？以直报怨，以德报德'"，或是对老子之言的响应。看来，也有可能老子的《道》篇以及《德》篇六十七章之前的内容可能很早都流传了出去。若然，则不仅《德》篇比《道》篇要晚，《德》篇内部也有早晚。可能郭店简摘抄的对象，就是没有六十七章之后的文本。这种《老子》，显然也是"族本"之一。当然，这也可能存在某种偶然性，像《说苑·敬慎》载年长的叔向曾引《老子》第七十六章之言："人之生也柔弱，其死也刚强；万物草木之生也柔脆，其死也枯槁。"因此观之，"柔弱者生之徒也，刚强者死之徒也"。不过，这个记载是否可靠，形成于何时，还有待研究。即便可靠，也不是论"天之道"的那些内容。可以注意的是，《韩非子·解老》中，主要是解释《德》篇的内容，加以个别《道》篇论道的内容。其中虽然有第六十七章，但是并没有"天下皆谓我道大，似不肖。夫唯大，故似不肖？若肖，久矣其细也夫"这一句，只有后面"我有三宝"的某些内容,此外再无六十七章之后的内容,这也是值得注意的情况。

因此,相较而言,《道》篇既然早有流传,那么有所补充的《德》篇,尤其是有了新内容者,应该更重要,因而被作为《老子上经》,《道》篇则居其次,这可能是《德》篇在前《道》篇在后的原因。至于后世改为《道》篇居前,我们曾经指出过:这是因为秦火之后以至西汉末等书籍聚散之厄,使子学传承、子书流传受到很大的打击,论道的著作有不少佚失,故而《恒先》《凡物流行》不为后人所见。《老子》则因易于流传,在汉初被作为意识形态,故《老子》论"道"的内容得以相对地凸显。而且道是终极性的观念,因此马王堆帛书有《道原》,《文子》有《道原》篇、《淮南子》有《原道》篇,皆论道,成为一种风气①。

---

① 李锐、邵泽慧:《北大汉简〈老子〉初研》,《中国哲学史》2013年第3期。

"二重证据法"的界定及规则初探

王国维提出的"二重证据法",作为具有理论自觉的方法论,一直深有影响,为众多古文献、古史等领域研究者奉为圭臬。特别是在出土文献日益众多的今天,许多学者以之为基础方法。不少学者试图扩充"二重证据法",① 或者阐发其学理,② 乃至指出操作步骤,③ 以图规范之。不过,

---

① 如于大成将古物材料的范围扩大到严耕望所说的"图绘",并提出新的"二重证据":"宋以下之刻本钞本书,不问为新出,为旧有,书本材料也,一也;金石、甲骨、竹帛、书画、六朝唐人钞本书,以及一切有资考订之材料,古物材料也,二也",他还指出"二重证据"的十二种作用(于大成:《二重证据》,《理选楼论学稿》,台湾学生书局1979年版,第514—517、507、520—560页)。更有学者提出"诗史互证法""三重证据法""四重证据法",当然,有学者认为这些方法不同于"二重证据法"(参见叶国良《对二重证据法的几种误解》,《二重证据法的省思》,叶国良、郑吉雄、徐富昌编《出土文献研究方法论文集》,"国立"台湾大学出版中心2005年版,第9—12页)。另有一些学者将"二重证据法"和冯友兰的"释古"乃至"清华学派"的治学特色联系起来,不过已有学者对此提出了商榷(参见廖名春《试论冯友兰的"释古"》,《中国学术史新证》,四川大学出版社2005年版)。

② 如刘家和指出:"出土资料对于传统的文献资料具有权威性的检验作用,如所周知,这是由于它所固有的第一手性质决定的","在某一问题上出土资料的阙如,这不能作为证实或证伪有关文献资料的默证","在直接的资料不具备的情况下,文献中的问题是可以也应当用分析文献的方法来寻求解决","二重证据法不仅承认出土资料在证实或证伪文献资料方面的重要作用,而且承认文献资料对于说明或论证出土资料的重要性。"(刘家和:《关于殷周的关系》,《史学、经学与思想:在世界史背景下对于中国古代历史文化的思考》,北京师范大学出版社2005年版,第297—301页)朱渊清说:"二重证据法"的"方法价值根本在于开拓了历史研究资料的来源,同时还提出了检验传承文献的问题……出于两个或两个以上的独立观察的记载如果可以相互印证,那么其记载的准确性无疑就增强了。"(朱渊清:《走向现代的中国历史学》,《书写历史》,上海古籍出版社2009年版,第542—543页)

③ 如于大成指出"古物材料,必加鉴别,然后可用之学术研究"[于大成:《二(转下页)

近年在对于"二重证据法"的肯定态度之外,也有一些异议。其中值得关注的至少有两类意见,一是指出"二重证据法"的一些缺点,乃至批评其不是一个严格科学性的概念;二是认为"二重证据法"古已有之,王国维只是命名者。此外,还有若干持折衷态度者,如虽承认"二重证据法"的作用,但认为不宜夸大;或者调和王国维和顾颉刚的差别,认为两人观点并无根本上的矛盾,①等等。

在此问题上学界之所以歧见纷呈,应和学界对于"二重证据法"的界定很有关系。因此,有必要从"二重证据法"的来源出发,看看它该如何界定?它是王国维的发明,还是古已有之?"二重证据法"是否有效,或者说如何才能保证"二重证据法"的有效运用?"二重证据法"牵涉的问题很多,也比较重要。笔者不揣谫陋,敢呈愚见,以就教于博雅君子。

一 "二重证明法"与"二重证据法"

王国维在提出"二重证据法"之前,还提出过"二重证明法",学界对此关注较少。"二重证明法"与"二重证据法"有同有异,值得分析、比较。

1913 年 4 月,王国维于《明堂庙寝通考》中,提出"二重证明法":

> 居今日而欲言古制,将安所正哉?宋代以后,古器日出。近百年之间,燕秦赵魏齐鲁之墟,鼎彝之出,盖以千计,而殷虚甲骨乃至数万。其辞可读焉,其象可观焉。由其辞之义与文之形,参诸情事,以言古人之制,未知视晚周秦汉人之说何如?其征信之度,固已过之矣。如此书所欲证明者……或亦略见于晚周秦汉人之书,而非有古文

(接上页)重证据》,《理选楼论学稿》,台湾学生书局 1979 年版,第 510 页]。叶国良也强调这一点,并说:"比较地下材料与纸上材料的异同,可视状况处理,或以纸上材料为底本,或以地下材料为底本。既得出异同,应解释其矛盾处或不合处,以定两者孰是孰非;若无法解释,则阙疑不论。"(叶国良:《二重证据法的省思》,叶国良、郑吉雄、徐富昌编:《出土文献研究方法论文集》,"国立"台湾大学出版中心 2005 年版,第 18 页)

① 参见黄永年《论王静安"二重证据法"的历史地位》,吴泽主编《王国维学术研究论集》第 3 辑,华东师范大学出版社 1990 年版,第 252 页。

字及古器款识，则亦不能质言其可信也。

然则晚周秦汉人之书，遂不可信欤？曰：不然。晚周秦汉之际，去古未远。古之制度、风俗存于实事者，较存于方策者为多。故制度之书或多附会，而其中所见之名与物，不能创造也。纪事之文或加缘饰，而其附见之礼与俗，不能尽伪也。故今日所得最古之史料，往往于周秦两汉之书得其证明，而此种书亦得援之以自证焉。吾辈生于今日，始得用此"二重证明法"，不可谓非人生之幸也。①

不过后来王氏在《观堂集林》里将这些话删去了。②

12年之后的1925年秋，王氏在清华学校研究院讲授《古史新证》时，于第一章"总论"中提出"二重证据法"：

研究中国古史，为最纠纷之问题。上古之事，传说与史实混而不分。史实之中，固不免有所缘饰，与传说无异。而传说之中，亦往往有史实为之素地。二者不易区别，此世界各国之所同也，在中国古代已注意此事……孟子于古事之可存疑者，则曰："于传有之"；于不足信者，曰："好事者为之"……疑古之过，乃并尧舜禹（引案：即禹）之人物而亦疑之。其于怀疑之态度及批评之精神，不无可取，然惜于古史材料未尝为充分之处理也。吾辈生于今日，幸于纸上之材料外，更得地下之新材料。由此种材料，我辈固得据以补正纸上之材料，亦得证明古书之某部分全为实录，即百家不雅驯之言，亦不无表示一面之事实。此"二重证据法"，惟在今日始得为之。虽古书之未得证明者，不能加以否定；而其已得证明者，不能不加以肯定，可断言也。

《古史新证》第二章"禹"，第三章"殷之先公先王"，第四章"商诸臣"（王氏是以旧文《殷卜辞中所见先公先王考》与《殷卜辞中所见先

---

① 罗振玉校补：《雪堂丛刻》（三），北京图书馆出版社2000年版，第298—299页。
② 参见王国维《明堂庙寝通考》，《观堂集林·附别集》，中华书局1959年版。

公先王续考》为主体,删去"多后""大示 二示 三示 四示"两节,补充了"禹"和"商诸臣"两章,以及"康丁""后祖乙""文武丁"三小节),于此下有一段按语总结前文:

> 右商之先公先王及先正见于卜辞者大率如此,而名字之不见于古书者不与焉。由此观之,则《史记》所述商一代世系,以卜辞证之,虽不免小有舛驳而大致不误。可知《史记》所据之《世本》全是实录。而由殷周世系之确实,因之推想夏后氏世系之确实,此又当然之事也。又虽谬悠缘饰之书如《山海经》、《楚辞·天问》,成于后世之书如《晏子春秋》、《墨子》、《吕氏春秋》,晚出之书如《竹书纪年》,其所言古事亦有一部分之确实性。然则经典所记上古之事,今日虽有未得二重证明者,固未可以完全抹杀也。

这一段话和《总论》相呼应,言辞有前后相因者,如《古史新证》的按语中用了"二重证明";"缘饰""吾辈生于今日""始得"等词句,也一直沿用。此外,王国维《明堂庙寝通考》提及的材料是鼎彝和甲骨,而《古史新证》谈及地下之材料仅有二种:"(一)甲骨文字殷时物,自盘庚迁殷后迄帝乙时;(二)金文殷周二代"。① 从这点来看,"二重证明法"与"二重证据法"比较接近。有学者遂认为"二重证明法"与"二重证据法"没有很大不同,② 忽视了二者的差别。

王氏的"二重证明法"所关注的主要是"古制"[分而为"制度"、(名物)、"风俗"、(礼俗)],他撰《明堂庙寝通考》,"全根据金文、龟卜文,而以经证之无乎不合"。③ 他在 1913 年 10 月编《齐鲁封泥集存》时云:"自宋人始为金石之学,欧、赵、黄、洪各据古代遗文以证经考史,咸有创获。然涂术虽启,而流派未宏。近二百年始益光大,于是三古遗物应世而出。金石之出于邱陇窟穴者,既数十倍于往昔。此外如洹阴之

---

① 王国维:《古史新证——王国维最后的讲义》,清华大学出版社 1994 年版,第 1—3、52—54 页。
② 参见乔治忠《王国维"二重证据法"蕴义与影响的再审视》,《南开学报》2010 年第 4 期。
③ 吴泽主编:《王国维全集·书信》,中华书局 1984 年版,第 37 页。

甲骨，燕齐之陶器，西域之简牍，巴蜀齐鲁之封泥，皆出于近数十年间，而金石之名乃不足以该之矣。之数者，其数量之多，年代之古，与金石同。其足以考经证史，亦与金石同"，① 这是将证经考史的材料扩大了。王氏 1917 年在《殷卜辞中所见先公先王考》中也说"使世人知殷虚遗物之有裨于经史二学者有如斯也"，② 关注基点仍为经史之学。1923 年王氏作《殷虚文字类编序》，云："文字之外，若人名，若地理，若礼制，有待于考究者尤多。故此新出之史料，在在与旧史料相需。故古文字古器物之学，与经史之学实相表里。惟能达观二者之际，不屈旧以就新，亦不绌新以从旧，然后能得古人之真，而其言乃可信于后世"，③ 于此可见，"人名""地理""礼制"都包含在经史之学中。1925 年 7 月，王氏在开讲《古史新证》之前，于清华讲演《最近二三十年中中国新发见之学问》，谓："然则中国纸上之学问赖于地下之学问者，固不自今日始矣"，④ 已经将新发现的汉晋木简、敦煌写卷、内阁档案与殷墟甲骨文字并列，则不仅是材料进一步扩大了，所关注者也由经史之学扩大到了纸上、地下之学问。

但是在《古史新证》里，王氏所说的地下之材料只有甲骨、金文；所关注的对象，是处于传说和史实之间的"上古之事"，即是上古人物及其行事——说到底是人物。就王氏的学术视野来看，在《古史新证》中他运用的材料和关注的问题，突然都急遽缩小，这显然不符合他的学术发展脉络。

什么原因使得王氏要缩小学术视野和材料范围，提出"二重证据法"呢？很多学者指出，这与学术情势有关，"古史新证"是针对"疑古"而发。1923 年，顾颉刚在《与钱玄同先生论古史书》一文中，提出"层累

---

① 王国维：《齐鲁封泥集存序》，《观堂集林·附别集》，中华书局 1959 年版，第 920 页。
② 王国维：《殷卜辞中所见先公先王考》，《观堂集林·附别集》，中华书局 1959 年版，第 411 页。
③ 王国维：《殷虚文字类编序》，《观堂别集》卷 4，第 3 页 a，《王国维遗书》第 4 册，上海古籍书店 1983 年影印本。
④ 王国维：《最近二三十年中中国新发见之学问》，《静安文集续编》，第 65 页 b，《王国维遗书》第 5 册。

地造成的中国古史"说，批评传统三皇五帝的古史系统，由此引发古史大讨论，一度形成声势浩大的"疑古派"（或称"古史辨派"）。当时顾颉刚和胡适已经知道王国维用甲骨证明殷商史之事，① 却将神话和历史截然分开，② 借用西方从神话史诗到信史的模式考察中国上古史，相信《诗经》中的史诗而质疑《尚书》的可靠性。③ 这些意见有西方"科学"背景，对中国古史研究造成很大冲击，导致中国文化不可信的观念盛行。

王氏虽然没有直接参加当时的古史讨论，但在《古史新证》中提出传说和史实相混之说，实际上是反对将神话与信史截然分开的观点。王氏《古史新证》是要研究处于传说和史实之间的人物，而能和这些传说与史实相及的材料，在当时只有年代早的甲骨、金文中所见的一些内容。也只有甲骨、金文中的这些内容，才足以证明传世文献中的相应内容不能怀疑，"东周以上无史论"等说法便不攻自破。④ 在当时的学术情境下，王国维正是要从"二重证据法"的微观考证中衍生出宏观论题，那就是传说与史实相混的上古史，是能够证而可信的，中国的上古史可以由此而重建，这在"疑古"流行的背景下，具有很大意义。王氏进一步的理想，是要利用以"二重证据法"来证明的上古史，重建学界对古史系统及其上所维系的中华文明的信仰，用"证古"抗衡"疑古"。李学勤曾指出："一部书……如果说一部分，比如有十篇，里面有一篇证明是真的，其余九篇不知道真不真，那至少证明一篇是真的，就使其他几篇是真的的可能性提高；相反也是如此，如果证明十篇里面有一篇是假的，那么其他各篇是假的可能性也会加大。"⑤ 可能性虽然不能代替证明，没有逻辑绝对性，但是在资料缺乏的情况下，确实会让研究者由已知推未知，出现一定的偏

---

① 参见陈以爱《胡适对王国维"古史新证"的回应》，《历史研究》2008年第6期。
② 很可能当时顾颉刚对于"神话"只是一种望文生义的理解，参见黄铭崇《古史即"神话"——以〈大荒经〉及〈尧典〉为中心的再检讨》，《新史学》1996年第7卷第3期。
③ 参见拙作《经史之学还是西来之学："层累说"的来源及存在的问题》，《学术月刊》2009年第8期；《新出简帛的学术探索》，北京师范大学出版社2010年版，第397—416页。
④ 王氏只谈甲骨、金文，当然不是因为胡适、顾颉刚等人不会运用这些材料，起码钱玄同懂《说文》，而容庚曾经和这些人过从甚密，他还专门以钱玄同的意见及自己的补充去问王氏一些问题。参见吴泽主编《王国维全集·书信》，中华书局1984年版，第436—438页。
⑤ 李学勤：《清华简与〈尚书〉、〈逸周书〉的研究》，《史学史研究》2011年第2期。

向或成见。因此王国维利用"二重证据法",使"古史新证",由部分被二重证明可信的古书古史古人物,为经史之学以及其他研究奠定基础,进而恢复对于中国文化的信仰。

胡适、顾颉刚等人的"疑古",既然面向古史、古书,那么,王氏以古史、古书、甲骨金文来证明古史人物,自然不会运用针对"古制"的"二重证明法",也不必涉及全面的经史之学,而只以古史人物为核心,所以王国维对"二重证据法"的界定非常清楚。

其实,"二重证据法"与"二重证明法"虽有前述的因袭、相近之处,但是两者很大差异:两者的目标、所关注的对象、对出土材料的运用及写作模式等均有不同。

《古史新证》里提出的"二重证据法",针对传说与史实之间的人物;而在《明堂庙寝通考》里提出的"二重证明法",则关注"古制"。"二重证据法"是要运用地下之新材料,补正纸上之材料,偏重于利用出土材料来解读纸上材料,如用甲骨卜辞证实《史记》殷商世系,用卜辞证明晚出的《山海经》、《楚辞·天问》、古本《竹书纪年》以及诸子书等"所言古事,亦有一部分之确实性";而"二重证明法"则是运用周秦、乃至较晚的两汉之书,证明出土材料并自证,偏重于用传世材料来解读出土材料,如用明堂制度来解读甲骨、金文中的太室,因此两者对出土材料的运用是不同的。

"二重证据法"与"二重证明法"的写作模式也有不同。许冠三曾区分王氏与出土文献有关的一些研究成果,认为:"《先公先王》(引案:即《殷卜辞中所见先公先王考》与《续考》)以地下材料为主,《简牍检署考》则以纸上材料为本……此外,不可忽视的,尚有据文献以考释文物的一种互证,这与《先公先王考》之据文物以证订文献的取径恰好相反,《流沙坠简》诸跋和《观堂古金文考释》所用方法,都属这一类型。"[①]这诚为的论。王氏《殷卜辞中所见先公先王考》及《续考》统一先列出土文献,然后结合传世文献等进行疏通解释(作为附录的《商之都邑及诸侯》稍不同;王氏的《殷卜辞中所见先公先王考》及《续考》中,有

---

① 许冠三:《新史学九十年》,岳麓书社2003年版,第111页。

些人物的考证如"上甲"等，没有先列甲骨材料）。而《明堂庙寝通考》则先论传世文献，再以出土文献作补充，与之有所不同。

此外，"二重证明法"的证明范围，尤其是地下材料的范围，可以无限扩充，而"二重证据法"既然是讨论处于传说和史实之间的古史人物，则其地下之材料在今天看来恐怕主要仍然是甲骨、金文。①

当然，"二重证据"的目的是为了"二重证明"；王氏在《殷虚文字类编序》中谈经史之学时，提到考订人名，则"二重证明法"的研究范围包括了研究传说与古史，可以说"二重证明法"包含了"二重证据法"。但是，"二重证据法"的特殊性和针对性，不容忽视。

由"二重证据法"与"二重证明法"的异同可以看出，如果抛开作为材料的甲骨文出土的时间有特殊性，那么只可以说"二重证明法"古已有之；古人虽也有用铜器证上古人物者，但所说多难凭信。② 而就提出"二重证据法"的《古史新证》而言，如果除去作为附录的《商之都邑及诸侯》中《邶鄘卫》一节用了铜器铭文，以及第三章第十五节《祖某 父某 兄某》所引的"三句兵"铭文（均未对应文献中可考的人物），则王国维主要是用金文证明"禹"（这一点其实是可疑的，详后），真正所根据的主要材料是甲骨卜辞。因此"二重证据法"必须要在甲骨文出土并且被释读之后，才有可能产生，确实并非古已有之。"二重证据法"的确是王国维的发明，"此'二重证据法'，惟在今日始得为之"。

然而由于"二重证明法"与"二重证据法"的包含关系，以及学界对"二重证据法"的界定多未深究，因此许多人说的是"二重证据法"，实际上却将之扩大为"二重证明法"了。比如杨宽说："释古派的长处就是王国维自称的二重证据法……王国维为首的释古派也还不免有缺点，就是依据少数的地下实物否定文献上所载典章制度"，③ 有学者由此认为这

---

① 近来公布的战国竹简特别是清华大学藏简中有一些关于楚人、秦人祖先事迹的记述，如《楚居》《系年》，或可以纳入地下之材料的范围，有待讨论。

② 宋人早就在做利用金文证明古史人物的工作，王国维的评价是："至宋人说古器铭中所见姓名事实，则颇多穿凿可笑……其说极支离难信。"（王国维：《宋代之金石学》，《静安文集续编》，第 73 页 b，《王国维遗书》第 5 册）

③ 杨宽：《三个新学派兴起的巨大影响》，《先秦史十讲》，复旦大学出版社 2006 年版，第 418 页。

是"二重证据法"不成功的例子。① 其实将王国维归入释古派，有学者并不同意；② 而由杨宽所说的"制度"不难判断，他所论的应该是"二重证明法"；因此，这不是"二重证据法"不成功的例子。③

更甚者，论者或又引陈寅恪之语，或王氏弟子吴其昌之语，以表明王氏的"二重证据法"之所指（如许冠三④）。陈寅恪在《王静安先生遗书序》中曾将王氏的学术内容及治学方法概括为三目："一曰取地下之实物与纸上之遗文，互相释证"；"二曰取异族之故书与吾国之旧籍，互相补正"；"三曰取外来之观念与固有之材料，互相参证。"⑤ 吴其昌说："先师于学问上最大之贡献，乃在将物质与经籍，证成一片……将地下纸上，打成一片。"⑥ 但这里是陈寅恪、吴其昌总结王氏一生的学问之言，并不

---

① 参见曹峰《价值与局限：思想史视野下的出土文献研究》，刘笑敢主编《中国哲学与文化》第6辑，广西师范大学出版社2009年版，第91页。按：此文初稿名为《出土文献可以改写思想史吗?》(《文史哲》2007年第5期)，引用裘锡圭、李若晖等的意见，对"二重证据法"有一些质疑。但笔者以为，"二重证据法"对于思想史并没有太大帮助；而根据出土文献改写思想史，最重要的是需要学界由反思认识论、方法论入手；经观念的变革，方可改写思想，否则只不过是补写或补充旧的思想史而已。

② 参见廖名春《试论冯友兰的"释古"》，《中国学术史新证》，四川大学出版社2005年版。

③ 其实杨宽在《中国上古史导论》开篇对"二重证据法"的认识倒基本正确："此二重证据之方法，惟殷史因殷墟卜辞之出土乃得为之，夏以上则病未能"。[吕思勉、童书业编著：《古史辨》第7册（上），上海古籍出版社1982年影印本，第66页] 又如前述于大成对"二重证据法"的扩充，多数和处于传说与史实之间的人物无关，其实是对"二重证明法"的扩充。再如叶国良已经认识到《古史新证》只关注上古史，但认为这是"草创未暇修饰之讲义"，所以地下之材料囿于甲骨文字和金文；并说王氏在次年"发表《宋代之金石学》（北京历史学会演说稿）一文，文中盛称宋人之成就，并谓'近世金石之学复兴，然于著录考订，皆本宋人成法'，指出近世出土材料的研究方法实承袭自宋人，又提出'既据史传以考遗刻，复以遗刻还正史传'二语，以概括宋代研究石刻的具体方法"，是修正前说，遂以己意补充了"二重证据法"。（叶国良：《二重证据法的省思》，叶国良、郑吉雄、徐富昌编：《出土文献研究方法论文集》，"国立"台湾大学出版中心2005年版，第6—9页）其实前文已详细指出"二重证据法"有特定研究对象，因此《古史新证》恐怕不能说是草创未暇修饰之作；王氏讲《宋代之金石学》，恐怕也并不表示他对《古史新证》之说有所修正。

④ 参见许冠三《新史学九十年》，岳麓书社2003年版，第110页。

⑤ 陈寅恪：《王静安遗书序》，《王国维遗书》第1册，第1页a—b。

⑥ 吴其昌：《王观堂学述》，《国学论丛》1928年第1卷第3号[王静安（国维）先生纪念号]。

是专门针对"二重证据法"而论。学者从陈寅恪所总结的第一目乃至全部三目来理解"二重证据法",或者从吴其昌之语来认识"二重证据法",就不免将"二重证据法"扩大化了。

此外,不少人都不满意王国维以甲骨文字、金文为地下材料,如王国维当年的同事李济直言王氏的地下材料是"以有文字者为限",因此李氏把"地下材料"扩大为现代考古学的定义:"凡是经过人工的、埋在地下的资料,不管它是否有文字,都可以作研究人类历史的资料。"① 有学者干脆提议将非文字的考古资料也看作一重证据。

可是,一则李氏此言针对考古学及"研究人类历史",包含史前史等很广泛的内容;二则非文字的考古资料不能自己说话,其解读实际上和研究者的"预设"相关,恐怕并不具备"证据"的效用。另外,也有学者提议将民族学资料、异邦的古史资料、口述史料等看作新的一重证据,但是这些证据恐怕最多只能算作间接证据,② 还达不到作为第三重证据的程度。

总之,虽然学界一直试图扩充"二重证据法",但目前似乎还没有一个得到学界普遍承认的结论,因此本文的讨论,只关注王氏谈论"二重证据法"时的严格限定。

二 "二重证据法"是否科学

近年来,在众人推崇"二重证据法"的声音中,有知名学者说"二重证据法"也有不成功的例子,而李幼蒸更是在其两部专著中用不少篇幅讨论了多个与"二重证据法"相关的问题,认为"二重证据法"不科学。③ 这些关于"二重证据法"的说法,引起很多学者的注意,引发一些议论,值得深入分析。

---

① 参见李济《安阳发掘与中国古史问题》,张光直、李光谟编《李济考古学论文选集》,文物出版社 1990 年版,第 796—797 页。
② 参见饶宗颐《谈三重证据法——十干与立主》,《饶宗颐二十世纪学术文集》卷 1,新文丰出版股份有限责任公司 2003 年版,第 16—18 页。
③ 李幼蒸:《顾颉刚史学与历史符号学》,《历史和伦理:解释学的中西对话》,中国人民大学出版社 2008 年版;《儒学解释学:重构中国伦理思想史》,中国人民大学出版社 2009 年版。

有学者指出：

> 在用二重证据法校读古书方面，也有不成功的例子。例如：《周易·萃》六二爻辞中有"引吉"之语，高亨在《周易古经今注》中，闻一多在《周易义证类纂·四·余录》中，都根据甲骨卜辞中常见的所谓"弘吉"，说《周易》的"引吉"是"弘吉"之误。到70年代，有学者证明卜辞中的所谓"弘吉"，其实是"引吉"的误释，《周易》并没有错。①

引文以《周易》中的"引吉"是否为"弘吉"的例子，讨论校读古书的问题，是将传世文献和出土文献对照，可归于名物一类，应该属于"二重证明法"讨论的范围。因此说"二重证据法"校读古书不成功，恐怕不成立。在将出土文献和传世文献相对照的过程中，学者们或将出土文献和传世文献"趋同"，或者"立异"。② 上述的例子或可以看作是和《周易》"立异"（只不过释读"弘"字者或未必注意到了《周易》），而高亨、闻一多根据误释来"趋同"。"二重证明法"和"二重证据法"虽然都注重在同源的情况下"趋同"，但是"二重证据法"关注的是处于传说与史实之间的人物。

不过，在《古史新证》及《殷卜辞中所见先公先王考》中，王国维所论传说与史实之间的人物"夒"，就因"趋同"而有问题。王氏认为甲骨文中"'夒'必为殷先祖之最显赫者，以声类求之，盖即帝'喾'也……或作'夋'者，则又'夒'字之讹也"。③ 但实际上"夒"与"喾"韵部虽近，声纽却罕见相通者；这一处考证还有其他不少问题。④ 这看起来是王

---

① 参见裘锡圭《中国古典学重建中应该注意的问题》，《中国出土古文献十讲》，复旦大学出版社2004年版，第5页。

② 参见裘锡圭《中国古典学重建中应该注意的问题》，《中国出土古文献十讲》，复旦大学出版社2004年版，第8页。其实为这两种倾向奠基的是"源流"同异的问题，故在此两种倾向之外还有学者在从事"溯源"的工作，于此不能详论。

③ 王国维：《古史新证——王国维最后的讲义》，清华大学出版社1994年版，第7—8页。

④ 参见常金仓《古史研究中的泛图腾论》，《二十世纪古史研究反思录》，中国社会科学出版社2005年版，第103—104页。

氏本人使用"二重证据法"不成功的例子。不过现在裘锡圭把"夔"视为"蓐收"的合音，并运用神话分化说，指出"少皞四叔中的玄冥和蓐收，跟商族先祖冥和夔是一回事，这正是少皞与契为同一传说之分化的反映"。① 则照此来看，此处使用"二重证据法"或没有问题，只不过是王氏在运用时找错了对象。这显然是因为王氏过于理想化，牵合喾和夔。由此可知，卜辞中的"土"是不是"相土"、"季"是不是"冥"等，也还有待研究。当然，"夔"即是"蓐收"目前恐怕还不能说已经得到了"二重证明"，详后文。

值得注意的是，当出土文献中的人物和传世文献不能直接对应时，我们总要找一种对应，或做出解释。今人常通过一些通假、讹误、名与字的关系等解释，来沟通纸上之文献与地下之文献，以弥合矛盾。但是严格来说，凡属不直接对应者，所作解释都只是一种假说。当然，就假说来讲，其可信度有高有低。比如王氏所说王亥，古书或作核、该等，视之为通假，可信度比较高；惟《史记》相应人物作"振"，其他则多是从"亥"得声之字，则视"振"为讹误，可信度也比较高。但是以"夔"为"喾"或"夋"，可信度就要低得多。当然，即便可信度较低，那也是一种有意义的探索。但是探索，远不等于证明。

在对"二重证据法"的评论中，李幼蒸利用西方的符号学分析方法进行研究，认为它不科学。李氏说：

> 众所周知，在西方，history 这个词一直具有二义性〔作为历史1：历史实在过程（史事）；历史2：作为表达此过程的文字表现（史书）〕，二者的区别也是到了晚近才趋于明确的……古史辨派的古籍批评运动，可以说是自发地倾向于区分了 history 的这两层意思，意识到史书（历史2）不仅不等于史事（历史1），而且史书不一定正确"代表"史事。其次他们意识到，古史学家的研究对象，应当是

---

① 裘锡圭：《释〈子羔〉篇"铅"字并论商得金德之说》，《简帛》第2辑，上海古籍出版社2007年版，第66页。按：裘文主要是根据杨宽的"神话分化说"来作解释，不过笔者认为"神话分化说"有一个不可靠的一元论预设，那就是在远古时期，相关神话有一底本，诸族皆本之而讲说、分化。

指历史2,而不是指历史1……严格来说,古史学家的"真正"对象是历史2和历史1之间的"意指关系",也就是历史2如何"指涉"历史1……从历史符号学角度看,所谓"二重证据法"显然不是一个严格科学性的概念。因为它简化了两个不同学科(考古学和古史学)运作程序之间的关系问题。例如,就殷商史研究中的二重证据法而言,问题还不在于实物史料和史书史料在指涉时间上是否相合,而在于两类史料对象的构成不同。何况先秦史书的指涉时间和制作时间二者也不是一回事。另一方面,尽管先秦史书伪作甚多,但编写者在竹帛上刻制文字时具有的记录编写意识和技能,是和甲文时代书写者在龟骨上刻句时的记录意识和技能极不相同的。因此也就是,二者在各自文字实践中体现的观察、记录、目的、惯习、技术条件等情况非常不一样。二重证据法打算将两套文本类型统一处置,乃因简单化地以为二者都"体现"着(实仅"指涉"着)同一客观历史对象。①

李氏谈历史1和历史2,重视"甲文时代",比较符合"二重证据法"的限定范围;但是他将"二重证据法"指向"考古学和古史学",已经将之扩大了。关于王国维是否混淆了历史1和历史2,即使他真有所混淆,也是时代使然,不足深责。(可注意王氏在《殷虚文字类编序》中是说"得古人之真",在《古史新证》里说"孟子于古事之可存疑者,则曰:'于传有之'")一般认为,李大钊在1924年的《史学要论》里才初步将历史1和历史2区分开,当时有此认识的研究者并不多。自谓打倒了"三皇五帝"的疑古派,真能说他们从来没有以史书代表史事吗?他们不是自己立标准,为古书定时代,并把其中的内容区分为可信之史与不可信者吗?②

---

① 李幼蒸:《顾颉刚史学与历史符号学》,《历史和伦理:解释学的中西对话》,中国人民大学出版社2008年版,第85、96—97页。
② 参见梁园东《〈古史辨〉的史学方法商榷》,姚奠中、梁归智选编《梁园东史学论集》,山西人民出版社1991年版。

李氏对顾颉刚有价值认同,① 却没有将王国维的理想和作为方法本身的"二重证据法"进行区分,这可能会影响他的判断。比如出土古籍已经一再证明顾颉刚等对历史文本(典籍)的断代分析、定伪结论多是不确实的,② 李济甚至称之为"不可知论",③ 试问在此情况下,怎能说疑古派的历史2(史书)研究得好?历史2(史书)更好地"指涉"了历史1(史事)?更何况疑古派讲究"不立一真,惟穷流变",④ 根本不想讨论历史1。其实出土文献和传世文献二者都是历史文本、历史材料,它们合在一起,显然比单一的传世文献要丰富;而且有些史事不见传世记载而见于新出土文献。因此结合二者所进行的文本分析,显然要比疑古派单一的典籍文本分析更丰富、更可信,更有利于讨论历史2和历史1之间的"意指关系"。

而"二重证据法"中的纸上之材料与地下之材料之间,虽然可能存在着李氏所说的一些差别:构成不同,指涉时间也不尽相合,甚至"二者在各自文字实践中体现的观察、记录、目的、惯习、技术条件等情况非常不一样",二者属于两套不同类型的文本系统。但是需要注意的是,甲骨文、金文都是比较特殊的坚硬易保存的材料,却并不是反映上古史的唯一的、全部的材料。当时最常见的应该还是竹简,只是不能保存至今——这一点常常为许多研究者忽视,而以甲骨文、金文为当时唯一的历史记录。李氏强调出土文献和历史文本的差别,恐怕就是由此认识而来。李氏认为"二重证据法"要统一处置两套不同类型的文本系统,可谓抓住了"二重证据法"的核心。但是更关键的问题在于系统不同是如何造成的;

---

① 李氏说"二十年来本人在现代中国学人间,研读最多的即为顾颉刚先生的著作",见《顾颉刚史学与历史符号学》,《历史和伦理:解释学的中西对话》,中国人民大学出版社2008年版,第79页。

② 参见拙作《疑古与重建的纠葛——从顾颉刚、傅斯年等对三代以前古史的态度看上古史重建》,《清华大学学报》2009年第1期;《疑古与重建的纠葛——从顾颉刚、傅斯年等先生对三代以前古史的态度看古史重建》,《新出简帛的学术探索》,北京师范大学出版社2010年版,第380—397页。

③ 李济:《安阳的发现对谱写中国可考历史新的首章的重要性》,张光直、李光谟编:《李济考古学论文选集》,文物出版社1990年版,第790页。

④ 顾颉刚:《答李玄伯先生》,《古史辨》第1册,第273页。

而且即使系统不同，并不代表系统之间就不具有可比性，也不代表只有一个系统具有合理性，必须要二者选一。

其实地下之材料所记载的东西，和纸上之材料所记载的东西，本来都是历史记录，是同源的，应该大体接近，指涉同一对象，只是流传方式不同。纸上之材料迭经传承，较易为后人所理解、接受、认同；但后人也会产生某些不同的理解，会存在分歧。这是因为传承、接受往往是选择性的，会屏蔽、忘掉很多内容，有时则因天灾人祸等原因佚失很多材料。地下之材料的传承，则是传之不久后便中断了，出土后再传承。而且受保存条件的限制，会偶然地只有某些文献留存下来。但由于时代变化，有些东西会使后人难以理解，需要借助纸上之材料来理解，甚至因为有些纸上之材料已经被屏蔽、遗忘、佚失而一时无法理解。① 由此才造成出土文献和传世文献是同源而又看似系统不同的两者，"二重证据法"则是要对这不同类型的文本系统"求同存异"。

譬如，就甲骨文来说，其中出现的商代先公先王，多见于周祭卜辞，它和传世文献《史记》等所载商代先公先王，属于不同的文本类型。参互比较数者所载先公先王，不能完全对应。根据学者们对于商代周祭制度的研究，有汤之子太丁（未立而卒）受祭，武丁之子祖己（未立）等受祭，但是未发现仲（中）壬（或以为即南壬，恐不可信）、沃丁、廪辛（卜辞中康丁所称的兄辛）受祭。对于这种情况，应该求同存异，关注不同文本类型之相同者，以说明《史记》等有可证、可信之部分；而不宜以地下之材料否定纸上之材料。像有学者认为"名号既不见于卜辞，在周祭中又没有祭祀位置的中壬、沃丁，很可能都是未曾被确定继承王位的"，② 虽然用了"很可能"，但是证据恐怕并不充分。因为根据同样的理由，难道要说"名号既见于卜辞，在周祭中有祭祀位置的太丁、祖己，很可能都是实际继承了王位的"，《史记》等的记载有问题吗？毕竟周祭卜辞是比较特殊的地下之材料，如果我们尚不清楚是否列入周祭所当遵循的准则，最好对中壬、沃丁等阙疑。陈梦家曾解释说："中壬沃丁的不见

---

① 此段文字除了"选择性接受"和"偶然地留存"两句外，全部是笔者于2012年3月6日下午请益于刘家和教授所得。

② 常玉芝：《商代周祭制度》，中国社会科学出版社1987年版，第138页。

于卜辞，因为他们都是较早的小宗，故武丁以后的祀典中没有他们了。"①此说后来又有发展，见于《殷虚卜辞综述·商王继统法》及其后数节。但他是否可信，还需要再讨论。

李幼蒸对王国维"虽古书之未得证明者，不能加以否定；而其已得证明者，不能不加以肯定，可断言也"的论断，特别提出批评："此句重点在前半，它成了其后信古派的座右铭……如按'不能证伪，即应视为真实'原则，则可为任何虚假话语的制作大开方便之门"，②但是这个批评恐怕存在误解和夸大。

其实王氏此句话的重点或许在于后半，因为他提出"二重证据法"是为了"古史新证"，是要通过部分证明了的古史，恢复对于古史系统的信心。已经得到证明了的古书，就应该肯定古人所述古史有可信性（至少这些古史对于作为阐述者的古人而言是"真"的，至于历史2是否符合历史1，那是近现代才有的认识）。正因为古书可证，因此未得二重证明者，是待证，尚不能否定。当然这里有个人的理想或偏向在，他认为某些古书古史虽未得完全证明，"然容有可证明之日"。③ 至于王氏的"否定"，是指的"抹杀"，因为他在《古史新证》第四章按语中说："经典所记上古之事，今日虽有未得二重证明者，固未可以完全抹杀也。"李幼蒸说"如按'不能证伪，即应视为真实'原则，则可为任何虚假话语的制作大开方便之门"，这当然是正确的。问题是，王氏的意思只是：不能证伪，则不能被疑古派否定（或抹杀）——当然王氏的理想是相信"容有可证明之日"。

而且王氏所说的古书，有明确范围：（一）《尚书》，（二）《诗》，（三）《易》，（四）《五帝德》及《帝系姓》，（五）《春秋》，（六）《左氏传》《国语》，（七）《世本》，（八）《竹书纪年》，（九）《战国策》及周秦诸子，（十）《史记》。再确切一点说，是这些书中有关传说和史实的

---

① 陈梦家：《商王名号考》，《燕京学报》第27期。
② 李幼蒸：《顾颉刚史学与历史符号学》，《历史和伦理：解释学的中西对话》，中国人民大学出版社2008年版，第95页。
③ 王国维：《殷卜辞中所见先公先王考》，《观堂集林·附别集》，中华书局1959年版，第411页。

部分内容。① 疑古派对于这些古书古史的态度多是存疑、否定或认为晚作,抹杀了很多。这一点,看看顾颉刚的《中国上古史研究讲义》就很清楚。相反,王氏本人也做辨伪工作,他就专门花时间来研究今本《竹书纪年》,指出它是伪书;而且在考证王亥时还说过"《纪年》一书,亦非可尽信者",② 这是说古本《竹书纪年》也不可尽信。

王国维的重要成绩是考证商代的先公先王,李幼蒸又根据丁山和陈梦家的部分意见,认为王氏的经典文章《殷卜辞中所见先公先王考》所论"殷商史实"有问题。③ 这个批评不能让人信服。

丁山指出:"自'高祖夒'至'高祖亥',这个八九世的'高祖之主,昭穆之世',在甲骨文里至今尚未见成系统的记载;可见殷商王朝尚知那群祖宗都是神祇,不是人物。"④ 陈梦家也在《殷虚卜辞综述》中指出:"商殷世系的研究,还不曾完结。第一,关于上甲以前的先公部分,其中夹杂着传说与神话人物,他们和神祇如何分别……由于系统祭祀(周祭)的发现,王国维以为上甲至示癸六示为先公的说法,已不能成立。上甲以前,属于神话传说的时代,也可以得到证明。"⑤

丁山和陈梦家之说看似接近,其实不同。甲骨文中自"高祖夒"至"高祖亥",《史记》有一个系谱:喾—契—昭明—相土—昌若—曹圉—冥—振(亥),而这些人物多数不见于卜辞,或不能与卜辞完全对应,丁山说这些都是虚构的神祇;陈梦家对于"神话"则有专门的叙述:"神话的发生似乎可大别为二,一是自然的,一是人为的。自然的发生,因为神话本身是历史传说,历史传说在传递中不自觉的神化了,于是

---

① 按:上述书中不包括《周礼》《仪礼》《礼记》这三本与礼制最相关的经书,这一点也有助于说明"二重证据法"与"二重证明法"有区别,因为要作《明堂庙寝通考》这样的文章,肯定不会遗漏"三礼"。

② 王国维:《古史新证——王国维最后的讲义》,清华大学出版社1994年版,第14页。

③ 参见李幼蒸《儒学解释学:重构中国伦理思想史》,中国人民大学出版社2009年版,第105—111页。李幼蒸文中所引文献云出自丁山《甲骨文所见氏族及其制度》,匿名评审人已经指出实乃《中国古代神话与宗教考》。

④ 丁山:《神话观之夏、商、周、秦建国前的先王世系》,《中国古代宗教与神话考》,龙门联合书局1961年版,第549页。

⑤ 陈梦家:《殷虚卜辞综述》,中华书局1988年版,第335—336页。

变成又是历史又是神话；但是我们可以批剥华伪，把神话中的历史部分提炼出来，重造古史。还有一种自然发生的神话，乃是由于人类求知欲的伸长，以及人类想象力的奔放，往往造成极离奇的神话。人为的神话，就是所谓神道设教……本文对于神话研究，偏重从神话传说中提取古史，建立一个较可信的世系……"可见他的神话和传说之差别不大，倒是神话传说人物与神祇有明确的区别。前述其《殷虚卜辞综述》也说："传说与神话人物，他们和神祇如何分别……"因此陈梦家会说"得明义士牧师诸拓片，乃深信王亥绝非神话人物，而是与大乙祖乙小乙武丁同为商代有功的先祖"，"高祖夒在卜辞中仅为求雨求年的对象而从无降熯施雨的权力，他实是人王而非天帝……先祖与河岳之神是同类的……河伯山神皆为先正，故以事人之道事之。"①

但李幼蒸在文章中批评陈梦家称赞王国维考证王亥之说："王亥作为殷商祭祀远祖何以是'先公'呢？武丁以后殷人祭祀其神话远祖，与所谓先公之历史身份无关，也不能以此反过来证明《殷本纪》系谱的'真实性'。'真实性'在此何义？二者即使真的相合，只能证明二者取自同一传说系统。"②

李氏说"只能证明二者取自同一传说系统"，其实二者未必来自于同一传说系统，而是世系和周祭两个系统中有相同的一部分。至于传说与神话的概念，李氏的认识大概和丁山不远，即凡是神话、传说人物，就并非实有其人，只不过是后来神话人物被历史化了；但是王国维、陈梦家等人的意见则正好相反：神话、传说人物有"史实"依据，后来历史人物被神化了。不难发现，这里存在两种对于神话、传说截然相反的认识。王国维、陈梦家认为神话中含有史迹，即西方学界所说的"爱凡麦（évhémère）化"。③ 丁山、李幼蒸的观点，则属于反"爱凡麦化"，认为神话被解释成了历史。其实，目前关于"神话"的定义，以及这一概念是否适合于分

---

① 陈梦家：《商代的神话与巫术》，《燕京学报》第20期。
② 李幼蒸：《儒学解释学：重构中国伦理思想史》，中国人民大学出版社2009年版，第108页。
③ 参见［法］马伯乐（Henri Maspéro）《书经中的神话》，冯沅君译，商务印书馆1939年版，第1、92页。按：此书有顾颉刚1936年为中译本写的序。

析中国上古史等有关问题，正处于争议之中。① 在此种情况下，应该允许不同人对"神话""传说"和"历史"之间的关系，存在不同的理解。李氏在不区分众人"先见"不同的情况下，要求王国维等人按照他对"神话""传说"的理解来讨论有关问题，恐怕不太合适。更何况李氏所推崇的顾颉刚，也相信王国维对于王亥故事的考证，指出《周易》卦爻辞中记有王亥丧牛羊于有易的故事。②

至于陈梦家所说"王国维以为上甲至示癸六示为先公的说法，已不能成立"，也非定论。王国维以为六示为先公，是根据传统的商汤灭夏而建立商朝之说而言的。陈梦家认为六示不是先公，是根据这些人见于商代的周祭而得出的。因为周祭制度建立的原则我们不清楚，故不能说在周祭制度之中的就是先王。而且治甲骨的专家如于省吾，在陈梦家之后发表的文章里也仍然称六示为先公，③ 可见陈梦家之说并未得到公认。

由此处的争论，或许可以看出李幼蒸不满意"二重证据法"的地方，恐怕主要在于它所要证明的殷商世系谱的开端部分。确实，许多系谱的开端部分往往都有问题（详后），李幼蒸的这个质疑是可取的。只是殷商世系谱的开端中，王亥比较特殊，因此李氏的具体观点难以令人信服。

---

① 参见常金仓《中国神话学的基本问题：神话的历史化还是历史的神话化》，《二十世纪古史研究反思录》，中国社会科学出版社2005年版，第131—147页；黄铭崇《古史即"神话"——以〈大荒经〉及〈尧典〉为中心的再检讨》，《新史学》1996年第7卷第3期。

② 顾颉刚：《周易卦爻辞中的故事》，《燕京学报》第6期。按：李幼蒸提到顾颉刚《当代中国史学》对王亥的确信，但认为"在这本介绍性的小册子中，顾颉刚对于现代史家成就尽量推崇，实相当于一种礼貌上肯定大家共同成就的姿态。（此书为与他人合写的宣传性小册子，具体文字可能出于合写者之笔。）"李氏在脚注中还提到："顾颉刚说，迟至战国统治者尚且故弄玄虚，'拉拢上帝作自己的祖先，何况神权时代的商人'，他们把上帝请下来，'奉之为"高祖"，那还有什么奇怪'（《古史考》，76）。存有这样的科学怀疑思想，顾氏还能够承认商代世系表么？"见氏著《儒学解释学：重构中国伦理思想史》，中国人民大学出版社2009年版，第71页。李氏恐怕并不知道顾颉刚的《周易卦爻辞中的故事》一文，而其脚注所举顾颉刚之语，其实是指的高祖夒，不是高祖王亥。见顾颉刚《鸟夷族的图腾崇拜及其氏族集团的兴亡——周公东征史事考证四之七》，吴锐等编《古史考》第6卷，（海口）海南出版社2003年版，第76页。李氏非历史学专业出身，但致力于跨学科的研究，这个取向很重要。因此，类似的细节方面的问题，不再一一讨论。

③ 于省吾：《略论甲骨文"自上甲六示"的庙号以及我国成文历史的开始》，《社会科学战线》1978年第1期。

三 "二重证据法"的学术理据、局限与规则

上文区分了"二重证明法"和"二重证据法",讨论了对于"二重证据法"的一些误解和批评。这些批评意见有一定合理因素,如指出王国维本人以"夒"为"喾"之"二重证据"的不成功,过分相信世系谱的开端人物,过于理想化等等,这对于学界破除对于王国维的迷信,深入认识"二重证据法"很有帮助。

当前,对于"二重证据法",也有进一步的质疑。如有学者提出:"王国维的'二重证据法',其实是个很模糊的概念,怎样的史料才算是'二重'?'二重'的材料怎样结合成证据?这种结合有什么规范?如此等等,皆属朦胧状态,极易被人任意发挥,引入歧途,变为荒唐的穿凿附会。"① 这种质疑,深入到了"二重证据法"的核心。"怎样的史料才算是'二重'",前文有述。"'二重'的材料怎样结合成证据",是问"二重证据法"如何可能?有何操作步骤?这主要是讨论"二重证据法"的学术理据和具体操作,关于后者,前述《古史新证》的写作模式,或可算一种解答。"这种结合有什么规范",则是问"二重证据法"是否有一定的规则?因此,对于此处的质疑,尚需要探索"二重证据法"的学术理据和规则。

"二重证据法"的学术理据,王国维生前并没有直接论述,对于规则倒有部分的说明。本文对"二重证据法"的界定虽然是严格根据王国维之说而来,但是有鉴于许多学者对"二重证据法"的怀疑和批评,加之王国维提出"二重证据法"有一定理想因素在其中,因此"二重证据法"的学术理据和规则不能完全按照王国维之说而定,而只能就如何使"二重证据法"合理有效来进行探讨。关于"二重证据法"的学术理据,笔者注意到傅斯年1927年在《史料论略》中,曾用西方的直接史料和间接史料互相为用的观点给予过说明。他指出:

> 史学便是史料学……史料是不同的,有来源的不同,有先后的不

---

① 乔治忠:《王国维"二重证据法"蕴义与影响的再审视》,《南开学报》(哲学社会科学版)2010年第4期。

同，有价值的不同，有一切花样的不同……"史学的方法是以科学的比较为手段，去处理不同的记载"……凡是未经中间人手修改或省略或转写的，是直接的史料；凡是已经中间人手修改或省略或转写的，是间接的史料。《周书》是间接的材料，毛公鼎则是直接的。《世本》是间接的材料（今已佚），卜辞则是直接的……直接材料的来源有些限制，所以每有偏重的现象……若是我们不先对于间接材料有一番细功夫，这些直接材料之意义和位置，是不知道的……直接材料每每残缺，每每偏于小事，不靠较为普通、略具系统的间接材料先作说明，何从了解这一件直接材料……直接材料虽然不比间接材料全得多，却比间接材料正确得多。

其后专门选取王国维的《殷卜辞中所见先公先王考》《殷卜辞中所见先公先王续考》为例，"以见直接间接史料之互相为用"。虽然傅斯年很客气地说："原文太长，现在只节录前篇的'王亥'、'王恒'、'上甲'三节，下篇的（引案：即《殷卜辞中所见先公先王续考》）的'商先王世数'一节，以见其方法。其实这个著作是不能割裂的，读者仍当取原书全看。"但很显然，傅斯年回避了高祖夒、季、土等这些考证有问题的部分。

"不同的记载"被区分为直接史料和间接史料，二者各有特点，相互为用，均有助于探讨"二重证据法"的学术理据。不过"二重证据法"所涉及材料的范围要小得多，而傅斯年还指出：

> 有些间接的材料和直接的差不多，例如《史记》所记秦刻石；有些便和直接的材料成极端的相反，例如《左传》、《国语》中所载的那些语来语去。自然，直接的材料是比较最可信的，间接材料因转手的缘故，容易被人更改或加减；但有时某一种直接的材料也许是孤立的，是例外的，而有时间接材料反是前人精密归纳直接材料而得的：这个都不能一概论断，要随时随地的分别着看。①

---

① 傅斯年：《史料论略》，《史学方法导论》，欧阳哲生主编：《傅斯年全集》第2卷，湖南教育出版社2000年版，第309—321页。按：傅斯年此前的《中国古代文学史讲义》中也有《史料论略》，所述与此有同有异。

这些情况，就使问题变得复杂了。因此如果要借用直接史料和间接史料的区分来表述"二重证据法"的学术理据，恐怕还需要配合王国维所说的"纸上之材料""地下之材料"为宜。

由前面的有关论述，或可以将"二重证据法"的学术理据表述为：地下之直接史料和纸上之间接史料所记载的处于传说与史实之间的古史人物及其行事，本来同源，指涉着相同的对象。但是因为文献流传、材料保存等原因，造成地下之直接史料和纸上之间接史料并不完全、直接对应。纸上之间接史料较为系统，地下之直接史料虽然多数比较零碎，但封存后未再经改动。因此可以用地下之直接史料补正纸上之间接史料，证明古书之某部分全为"实录"，百家不雅驯之言也表示一面之"事实"，以利于进一步探讨史料所述古史与真实史事之间的关系。由此，"二重证据法"得以成立。

可是，"二重证据法"的学术理据既然是让地下之直接史料补正纸上之间接史料，证明古书之某部分全为"实录"，百家不雅驯之言也表示一面之"事实"，那么"二重证据法"的使用就主要是证实、补正而不是证伪，是求同而非立异，这容易导致为了较多地求同而附会，这是"二重证据法"本身所具有的第一个局限。像前述甲骨文中的商之先祖"夒"，就有"嚳""夋""蓐收"等多种说法，此中恐怕只有一种说法是正确的，也可能都不正确。对于附会，要保持警醒。

另外，"二重证据法"的学术理据既然说明处于传说与史实之间的古史人物可以证明，并且很多人物都得到了证明，这就容易让人相信处于传说与史实之间的人物全部可证。即使有些人物现在一时不可证，也相信将来可以得证。因此，遂有王国维所说"古书之未得证明者，不能加以否定"。这种想法，其实是一种由已知推未知、不完全归纳的思维陷阱，是"二重证据法"的第二个局限。有些人物，恐怕永远难以得到有效的证明（详后）。所以要对"处于传说与史实之间的人物全部可证"保持警醒。

由"二重证据法"的学术理据，可以探索其所应该遵循的规则，以及可能存在的一些推论。笔者找出了三条规则和三条推论：

傅斯年有一句名言："一分材料出一分货，十分材料出十分货，没有材料便不出货……推论是危险的事，以假设可能为当然是不诚信的事……

材料之外我们一点也不越过去说。"① 这或可能是要修正王国维在《古史新证》中所说："由殷周世系之确实，因之推想夏后氏世系之确实，此又当然之事也。"就严格的史料证明来讲，没有夏代出土文献材料所反映的夏代的人和事，就不能证明《史记》《世本》等关于夏代的纪录可信。王国维对于夏后氏世系使用了推想，这表明他有些出于理想而非实证了。

不过这里似乎存在一个"悖论"：王氏所根据的甲骨卜辞，很显然全部都是在先公先王的年代之后的，然而却可以结合传世文献，讨论年代在此前的"王亥""王恒""上甲"等先公先王。这一点，傅斯年甚至顾颉刚都没有疑问。这当是因为甲骨卜辞是商代的遗存，它与商的先公先王算是属性相同的；它与夏后氏的世系则是属性不同的。因此，当王国维推论夏时，顾颉刚和傅斯年都反对。② 而当王国维在《古史新证》中，根据直接史料秦公敦（引案：实为簋）和齐侯镈、钟铭文都提及"禹"，又根据间接史料即传世的《尧典》《皋陶谟》《禹贡》《吕刑》《诗》等，断定"春秋之世，东西二大国，无不信禹为古之帝王，且先汤而有天下也"时，顾颉刚反在跋文中据此以证己说，说明春秋时"都不言尧舜""最古的人王只有禹"。③ 同是依据直接史料和间接史料，同是根据"二重证据法"，王国维和顾颉刚得出不同的结论。对此笔者曾指出：

> 为什么王国维的《殷卜辞中所见先公先王考》和《续考》二文，根据甲骨文证《史记》等所记殷商世系，受人推崇；而根据铜器铭文证大禹为古帝王，却适得其反呢？这涉及"二重证据法"的规范性问题。王国维的前二文，是根据殷商时期的直接史料，证间接史料，直接史料的时代与所要证明的时代基本是共时性材料，故其结论可信。而根据铜器铭文证大禹为古帝王，则是希望根据春秋时期的直接史料，去证时代远在此前的史实，把异时性材料当作共时性

---

① 傅斯年：《历史语言研究所工作之旨趣》，欧阳哲生主编：《傅斯年全集》第3卷，湖南教育出版社2000年版，第10页。

② 顾颉刚指出这是王国维受传统学说的包围而不能突破，《帝系姓》是秦、汉间的伪史。参见顾颉刚《我是怎样编写〈古史辨〉的?》，《古史辨》第1册，第15页。

③ 参见顾颉刚《附跋》，《古史辨》第1册，第267页。

材料,故而缺少说服力,不成功——春秋时期的史料只能说明春秋时期的情况。①

王国维的不当之处在于把异时性证据当作共时性证据。因此,结合前文的分析,可以得出"二重证据法"的第一条规则是:地下之直接史料,应与所要证明的纸上之间接史料属性相同,所指涉的时间基本上是共时的。只有遵循属性相同、共时这样的规则,"二重证据法"才能发挥效用。

"二重证据法"的第一条规则说明了不能得到属性相同、共时的证明,就不能保证其有效性。可是如果反思一下,就可以发现很多记述古代人物的文献之时代是要晚很多的,即以《尚书·尧典》而论,开篇说"曰若稽古帝尧",很多学者就已经指出这是后人追述之语。另外,很多单线传递的世系谱也都是后人追述而形成的。② 而目前所能见到的有文字的地下之材料,只是甲骨和金文。即使将来的考古发掘能提供更早的甲骨、金文乃至其他材质的文字材料,这些文字也很可能不足以表述当事人的名姓、事迹。③ 因此所能得到属性相同、共时的证明的古史人物,常常是世系谱的后段而非开端的一些人物。而且从文化人类学、民族学等的研究成果来看,世系之开端部分的那些英雄祖先,往往并非真实的人物,或可能有过加工。④ 因此,可以提出"二重证据法"的第一条推论为:古史人物世系谱的后段可能有希望得到确切的证明,开端部分可能很难得到严格的证明(此条推论有利于对"二重证据法"的第二个局限保持警醒)。

也就是说像炎帝、黄帝、尧、舜、禹这样的人物,恐怕很难得到属性相同、共时的证明,较多的只是异时性的证明(目前大概最多只能说在

---

① 参见拙作《经史之学还是西来之学:"层累说"的来源及存在的问题》,《学术月刊》2009年第8期;《新出简帛的学术探索》。按:此处引文笔者小有修改。
② 参见拙作《由佛门传灯看古代中国的学术传承系谱》,《清华大学学报》2011年第1期。
③ 参见徐旭生《我们怎样来治传说时代的历史》,《中国古史的传说时代》,广西师范大学出版社2003年版,第36页。
④ 参见王明珂《英雄祖先与弟兄民族:根基历史的文本与情景》,允晨文化实业股份有限公司2006年版,第15—21、319—324页。

周代人的观念中他们是"存在"的),而这种证明的有效性是不足的。根据"二重证据法"的第一条推论,以及甲骨卜辞,可以证明王亥以下的一些商代先公可信。虽然这些人的时代可能是夏代,但是甲骨文中并没有出现年代在此前的夏代的直接证据,而且夏和商是属性不同的。因此关于夏代,目前得不到严格的证明。

不过,在殷商史得到证明后,学界常常纠缠于夏代史以及先夏史,却忘记一个比较重要的问题。那就是在王国维用甲骨文证殷商史之后,尚未见于甲骨文的帝乙、帝辛,尤其是属性不同的周代的世系、历史其实也一直未得到严格的证明(尽管金文中不乏可以对应的周代大臣名,但是周的世系尚没有完整地出现,或因此王国维在《古史新证》中也没有专门证周代史),可是大家都不再怀疑商末史、周代史。胡适也改变了疑古的态度,他和顾颉刚都不再谈"东周以上无史论"。此后,东西方学者也基本上没有人再怀疑周代历史的真实性。但其实,直到近年眉县杨家村青铜器铭文的出土,里面从周文王历叙至周厉王,以及时王(周宣王),才大体上可谓用"二重证据法"证明了《史记》所述西周君王世系的可靠性。[①] 近年在周公庙甲骨中,才出现了王季。

这说明,由"二重证据法"对殷商部分历史的证实,可以让时代稍晚、属性相同的商代史,时代更晚、属性不同的周代史得到附带的证明——虽然当时仍未有确切的证据;但是不能让时代较早的、属性不同的夏代史得到证明,也不能让人确信时代稍早、属性相同的王亥之前的先公也是真实人物。因此,可以尝试提出"二重证据法"的第二条推论:经"二重证据法"得到证明的部分古史,可以让部分所述时代晚的纸上之间接史料被附带证明,但是不能让所述时代早的纸上之间接史料被附带证明。这里的"附带证明",并不是源自于严格的"二重证据法"的证明,而是史学研究者的理性推导,因此也只是一条推论。

当然,根据"二重证据法"的第一条推论,这里所说的附带证明西周的世系,恐怕并不能包括周后稷等起源人物。至于秦、楚等的世系,根

---

① 参见李学勤《眉县杨家村新出青铜器说明了什么》,《中国古代文明研究》,华东师范大学出版社2005年版,第139页。

据"二重证据法"的第二条推论,也可以得到一些附带证明。但是根据第一条推论,以及新近公布的清华简《系年》来看,秦世系谱中,蜚廉以后的世系才较有可信度(当然像蜚廉于霍太山得有铭石棺这样的故事未必可信)。

根据"二重证据法"的第一条推论,可以知道像禹这样的人物,很难得到共时性的证明。但是近年公布的燹公盨铭文,有助于探讨相关的问题,下面试做一些推导。

对照"二重证据法"的第一条规则,地下之直接史料秦公敦(簋)和齐侯镈、钟铭文虽然都提及"禹",但只能证明春秋时人提到禹,并不能证明此前必定有禹。不过,我们可以替王国维申辩说:地下之直接史料的时间虽晚,尚可等待新的发现;而且纸上之间接史料,尚有时间在直接史料年代之前者,则禹之年代尚可提前,他只是根据出土文献为说而已。

恰好顾颉刚在《古史辨》第一册《自序》中曾说及,1922年他已不信《尧典》和《皋陶谟》的年代,但是相信《吕刑》的年代较早。① 顾氏后来曾有《论〈今文尚书〉著作时代书》一文,仍然认为《吕刑》"可信为真"。② 则即便《古史新证》中王国维为证明禹而举的《尧典》《皋陶谟》《禹贡》的年代不可信,但是仍有《吕刑》《诗》的年代较早,都提及了禹(陆懋德在和顾氏辩论时曾指出《尚书》中的《立政》篇也提及禹,年代早于西周中叶,③ 但是顾氏在《论〈今文尚书〉著作时代书》中将此篇定为"东周间的作品"④)。当然,顾氏可以说,这时的"禹"是神,还不是人。但是王国维可以反驳说禹的神话、传说中有史实。这两种结论涉及"神话"的定义和个人"先见"的问题,难以裁断。但很可能因为有这种难以解决的间接史料时代的问题,以致顾氏后来釜底抽薪,怀疑《吕刑》成于吕灭于楚之后,⑤ 只不过他的这个意见难以服

---

① 参见顾颉刚《自序》,《古史辨》第 1 册,第 52—53 页。
② 顾颉刚:《论〈今文尚书〉著作时代书》,《古史辨》第 1 册,第 201 页。
③ 参见陆懋德《评顾颉刚〈古史辨〉》,《古史辨》第 2 册,第 374 页。
④ 顾颉刚:《论〈今文尚书〉著作时代书》,《古史辨》第 1 册,第 201 页。
⑤ 参见顾颉刚《顾颉刚读书笔记》卷 9,联经出版事业公司 1990 年版,第 6753 页,转引自顾颉刚、刘起釪《尚书校释译论》,中华书局 2005 年版,第 2090 页。

人。在当时的条件下，无意于聚讼者，只能采取如郭沫若这样的态度：根据秦公敦（簋）和齐侯镈、钟铭文，小心地说："在春秋时代一般人之信念中，确承认商之前有夏，而禹为夏之先祖。"①

近年发现的燹公盨铭文，开篇就说："天命禹敷土，随山浚川"。盨的年代是西周中期，裘锡圭指出："虽然燹公盨恰好是西周中期器，但是这却并不能成为支持顾氏'禹是西周中期起来的'说法的证据。在此盨铸造的时代，禹的传说无疑已经是相当古老的被人们当作历史的一个传说了。"燹公盨铭文虽然还不足以证明王国维心目中的禹，但是回顾前面的讨论，可以看出，将说及禹的《吕刑》乃至《立政》之时代定在西周中期，应该可信。如果当时王国维肯取顾颉刚之证据定《吕刑》年代，那么在地下之直接史料（秦公簋和齐侯镈、钟）年代较晚的情况下，王国维可据间接材料，说西周中期已经信"禹为古之帝王"了（当然王国维并不会以西周中期为满足）。

由此可以提出"二重证据法"的第三条推论：如果地下之直接史料的形成时代较晚，但是纸上之间接史料的写定时代可以确定较早，则地下之直接史料所能证明者，时代可以提前至纸上之间接史料的写定时代。当然，就严格的证据来讲，用地下之直接史料的时代比较稳妥，因为对于纸上之间接史料的形成时间，常有不同意见。所以这个说法只是一个推论。

不过，裘锡圭根据燹公盨铭文指出："可见在较早的传说中，禹确是受天，即上帝之命来平治下界的水土的。"② 但是笔者对于"天命禹敷土"，有不同的理解。刘掞藜曾经在和顾颉刚的辩论中说过，如果根据顾氏之说，那么商汤、文王也是神不是人。因为当时人的思维习惯乃至当事者自己，都认为其成功是天命。③ 西周恭王时期的史墙盘铭文，根据裘锡圭的考订，提及恭王得到"上帝、后稷亢保"，恭王由此得到"绾命、厚

---

① 郭沫若：《夏禹的问题》，《中国古代社会研究》，《郭沫若全集·历史编》第1卷，人民出版社1982年版，第306页。

② 裘锡圭：《新出土先秦文献与古史传说》，《中国出土古文献十讲》，复旦大学出版社2004年版，第22页。

③ 参见拙作《由新出文献重评顾颉刚先生的"层累说"》，《人文杂志》2008年第6期；《新出简帛的学术探索》。

福、丰年"，① 则远逊文王的周恭王也是受命者。因此所谓天命，至少对西周人而言，只是一种思想观念，不能说得天命行事者都是神。

根据前文的讨论，特别是"'二重证据法'的古书"的内容，可以提出"二重证据法"的第二条规则是：地下之直接史料与纸上之间接史料皆有明确的范围。

地下之直接史料，主要是甲骨和金文。最近的战国竹简特别是清华大学藏简中有一些关于楚人、秦人祖先事迹的记述，这一部分或许可以纳入其中，有待讨论。

纸上之间接史料，王国维已经指出过有：（一）《尚书》，（二）《诗》，（三）《易》，（四）《五帝德》及《帝系姓》，（五）《春秋》，（六）《左氏传》《国语》，（七）《世本》，（八）《竹书纪年》，（九）《战国策》及周秦诸子，（十）《史记》。再确切一点说，是这些书中处于传说和史实之间的人物这部分内容。

不过根据"二重证据法"的第一条推论，可以知道《五帝德》及《帝系姓》中所记载的那些人物，恐怕很难得到共时性证明。因此，这一部分纸上之间接史料或可以取消。但是王国维在《古史新证》中提到了《山海经》《楚辞·天问》，值得考虑。《山海经》多神怪之说，涉及的人物多比王亥早，目前或可以暂时不考虑；《天问》中却有不少值得重视的记述，可以补充为纸上之间接史料。然则纸上之间接史料是：（一）《尚书》，（二）《诗》，（三）《易》，（四）《春秋》，（五）《左氏传》《国语》，（六）《世本》，（七）《竹书纪年》，（八）《战国策》及周秦诸子，（九）《史记》，（十）《楚辞·天问》。

根据王国维的《殷虚文字类编序》，以及前面"关于'二重证据法'的不科学"中的内容，可以提出"二重证据法"的第三条规则为：不能屈纸上之间接史料以就地下之直接史料，也不能绌地下之直接史料以从纸上之间接史料。地下之直接史料和纸上之间接史料可能分属不同的文本系统，对之应该求同存异。如果二者所论古史可以对应，或者说有比较可信的证据证明其相应，则可以适用"二重证据法"；如果二者所论古史尚不

---

① 裘锡圭：《史墙盘铭解释》，《古文字论集》，中华书局1992年版。

能有比较坚实的证据证明其相应，则应该阙疑，或者说学者对之所做的解释只是一种假说，尚有待研究，不得视为定论。没有充分的证据，不要轻易断言相异者有一误。"阙疑"之法，有助于对"二重证据法"的第一个局限保持警醒。

"有比较可信的证据证明其相应"，可参前文所提到的王亥之"亥"或作核、该，《史记》作"振"当是讹误的例子。关于"没有充分的证据，不要轻易断言相异者有一误"，从形式逻辑上来讲，二者之间，一真必然另一假，才不违反（不）矛盾律。因此研究者往往在面对不可调和的差别之时，要判断地下之材料和纸上之材料的真假对错。但是就古史资料的形成来看，尚需要看地下之直接史料和纸上之间接史料的两个文本系统是否同源、属性是否相同。只有同源或属性相同者之间才有真假对错；不同源、属性不同的只能具体分析，条件不足的话，阙疑比较好。比如前述甲骨文周祭制度中的先公先王谱系，和《史记》等记载的殷商世系，二者有同源的部分，那就是殷商的世系，祭祀先公先王和世系有关系；但是也有属性不同的部分，一个是单纯的世系，一个则是祭祀系谱，祭祀不必要一定完全遵循世系，多数是有选择的（或者说除非找到该祭祀完全包含所有世系的证据，否则不能认为二者是属性相同的）。从同源的世系部分看，能够说周祭的先公先王多数见于《史记》等记载的世系，《史记》有一些错误，可据以改正。从不同的部分来看，因为祭祀制度的原则不清楚，所以某些人物被纳入祭祀，某些不见于祭祀，其原因还是阙疑较好。

四　结论

综上可以看出，王国维的"二重证据法"，从其"二重证明法"而来，主要是针对疑古思潮而发，讨论处于传说和史实之间的人物及其行事，有明确的对象性和时代性，并非古已有之，确实是王国维的发明，与"二重证明法"有诸多不同，值得特别重视。将"二重证据法"与王国维重建古史的理想剥离之后，对于作为考证方法的"二重证据法"，笔者推导出"二重证据法"的学术理据、三条规则和三条推论，以及两个局限性。王国维在提出"二重证据法"之时，曾对学术理据及一些规则有所论述（特别是规则二和规则三），但是因其时代的学术情境和其理想，他在使用"二重证据法"的时候，也有不合规则之处。

以上所说"二重证据法"的学术理据和局限、规则、推论，只是笔者就所见问题粗疏得出的，或有不足乃至错误之处，肯定也还有需要补充之处，希望博学之士批评指正。

平心而论，"二重证据法"所讨论的对象，极其狭窄，是在特定文化情势下提出的奠基式理论，所讨论的问题其实长时间内进展不大。相关的研究进展，都是在此基础上扩充至其他领域，使用"二重证明法"，或所谓"三重证据法"等方法得出的，但学界于此未有明确区分，对于规则未进行详细限定，因此出现某些混淆，并导致不少人怀疑"二重证据法"的效用。希望学界能进一步厘清"二重证明法""三重证据法"等的学术理据及运用规则，不致滥用才好。

上古史新研

——试论先秦古史系统的四阶段变化

中华民族的古史传说，所述久远。然而司马迁的《史记》开篇《五帝本纪》以黄帝为首，且有许多疑难问题存于其间，故后世学者对此一直不能满意，后人多做补述工作。虽然期间欧阳修、刘恕、崔述等已有过和后来顾颉刚类似的想法①，乃至出现了对顾颉刚之说可能极有影响的戴震之《诗生民解》，但是在当时的影响都很有限。在经学时代，学者们研究上古史多效法司马迁，折中于孔子、儒家之说。康有为为维新变法寻找理由而提出的诸子"托古改制"说，也被视为异端。但此后的上古史研究，有了长足的进步。

一 近现代的古史研究与新进展

1923年，顾颉刚在《与钱玄同先生论古史书》一文中，提出了"层累地造成的中国古史"说（下文简称"层累说"），重点指出"东周的初年只有禹是从《诗经》上可以推知的；东周的末年版，更有尧舜，是从《论语》上可以看到的。""从战国到西汉，伪史充分的创造，在尧舜之前更加了许多古皇帝。"② 由此引发了古史大讨论，一度形成了声势浩大的"疑古派"，推翻了古来相传的"三皇五帝"的古史系统，影响深远。此后先秦史研究一度占据中国历史学研究领域的半壁江山，为后续的讨论奠

---

① 参见王煦华《试论顾颉刚的疑古辨伪思想》，《中国哲学》第17辑，岳麓书社1996年版。
② 顾颉刚：《与钱玄同先生论古史书》，《古史辨》第1册，第61—66页。

定了基础。虽然顾颉刚的观点仍然是为了史学革命，但是毕竟在学理上持之有故，言之成理。

1925 年，王国维在清华学校研究院讲授《古史新证》时，于开篇曾经感叹："研究中国古史，为最纠纷之问题。"① 王国维虽然提出了著名的"二重证据法"，并试图用之重建黄帝以来的中国上古史，但是能使用的材料只是殷商甲骨文。其用春秋铜器意欲证明大禹，反而成了证成顾颉刚之说的工具②。

1927 年，蒙文通提出中国上古民族可以分为江汉、海岱、河洛三系的学说（以下简称"三系说"），与顾颉刚的观点迥异其趣。蒙文通从空间上的文化区系出发，把谈论古史的记载理出头绪，认为《天问》《山海经》代表楚人的历史观，儒家六经阐发鲁人之说，汲冢竹书则是三晋所传，三系民族传说之史各不相同，"北方三晋之学邻于事实"③。与蒙文通之说相呼应的有徐中舒的《从古书中推测之殷周民族》，傅斯年的《夷夏东西说》④，徐旭生的《中国古史的传说时代》，孙作云的《后羿传说丛考——夏初蛇、鸟、猪、鳖四部族之斗争》，乃至考古学界苏秉琦的"区系类型"说、"满天星斗"说，张光直的"多中心互动"说⑤，"多元一体"说，及多元视角下的"新中原中心"说等。

1940 年，疑古派的殿军杨宽在《中国上古史导论》中总结前人，分析了古来至当时的流行学说，着重指出王国维的"二重证据法"对于

---

① 王国维：《古史新证——王国维最后的讲义》，清华大学出版社 1994 年版，第 1 页。
② 参见顾颉刚《附跋》，《古史辨》第 1 册，第 267 页。
③ 蒙文通：《古史甄微》，巴蜀书社 1999 年版，第 11 页。
④ 按：对于傅斯年是否受过蒙文通的影响，有不同意见。徐旭生认为："他们两个似乎是各自独立的研究，没有谁承袭谁的嫌疑。"见氏著《中国古史的传说时代》，广西师范大学出版社 2003 年版，第 61 页注 1。或说傅斯年是受到王国维《殷周制度论》的影响，参见王泛森《一个新学术观点的形成——从王国维的〈殷周制度论〉到傅斯年的〈夷夏东西说〉》，《中国近代思想与学术的系谱》，河北教育出版社 2001 年版。但是蒙文通的著作曾经于 1929—1930 年刊载于南京《史学杂志》等，1933 年由上海商务印书馆出版，同年再版，影响不可谓不小。
⑤ 按：张光直的"多中心互动"说是用王明珂的译法（见氏著《英雄祖先与弟兄民族：根基历史的文本与情景》，允晨文化实业股份有限公司 2006 年版，第 19 页），张光直的《古代中国考古学》一书的中文版有"相互作用""相互关联"等说法，参见张光直《古代中国考古学》，印群译，辽宁教育出版社 2002 年版，第 242 页。

"夏以上则病未能"①；又批评了廖平、康有为、钱玄同的"托古改制"说；刘恕、崔述、顾颉刚的"层累说"；蒙文通的"三系说"，特别仔细分析过蒙文通证明三系不同之说的第一个例子，认为"犹非探本穷源之论也"，"邹鲁、晋、楚三方传说之不同，非机械的相互并立，实亦同其源流而相互演变者。"②杨宽采用顾颉刚、童书业《夏史三论》、陈梦家《商代的神话与巫术》、王国维《古史新证》的成果，认为"今日论有史时代之历史，自当断自殷墟物证"，力主"古史传说之全出殷周东西民族神话之分化与融合"③之说（以下简称"分化说"），于是将三皇五帝、唐虞君臣、夏代"人物"皆归为上天下土之神物，谓多名者实乃一物之分化或融合，至今仍然有影响。

1943年，徐旭生的《中国古史的传说时代》批评了疑古派的一些问题，踵王国维之说，在神话和历史之外，提出要考察传说时代的古史，重提我国古代部族三集团说；徐旭生本人也根据传说参加了考古发掘工作，影响很大。其弟子苏秉琦和苏氏弟子皆重视考古文化区系的研究。苏秉琦曾评价过王国维、傅斯年、徐旭生的学说，特别批评"夷夏东西说"是"把考古新材料与古史传说都派上用场，'五千年文明'落到真假参半。"④

1992年，经过六十多年系统的考古发掘、出土和传世文献的研究反思之后，李学勤发表了《走出疑古时代》的演讲，还重提炎黄二帝的问题⑤，引起了学界的强烈反响。虽然反对者或异议者尚有之，但是影响深远。

其后，《走出疑古时代》的记录、整理者之一李零的《出土发现与古书年代的再认识》《考古发现与神话传说》等文⑥，对于上古史也有新见

---

① 杨宽：《中国上古史导论》，《古史辨》第7册（上），第66页。
② 杨宽：《中国上古史导论》，《古史辨》第7册（上），第89—91页。
③ 杨宽：《中国上古史导论》，《古史辨》第7册（上），第117页。
④ 苏秉琦：《中国文明起源新探》，生活·读书·新知三联书店1999年版，第7、103页。
⑤ 参见李学勤《古史、考古学与炎黄二帝》，《走出疑古时代》，辽宁大学出版社1997年版，第38—46页。
⑥ 参见李零《李零自选集》，广西师范大学出版社1998年版。

解。而黄彰健则承接前人，主要依据《左传》《国语》整理中国的古史系统，注意区分春秋和战国之别，力求排列一个矛盾最小的古史人物先后的系统①。此外，谢维扬等参考西方文化人类学的成果，以"酋邦"等观念探讨中国的上古史，在历史和考古学界均有一定影响；王明珂的《华夏边缘》《羌在汉藏之间》《英雄祖先与弟兄民族》等历史人类学著作，对于"华夏""炎黄"的探讨也颇有启发性；陶磊则从萨满教中的巫统和血统的概念出发，将之扩大到一般文化领域，讨论古帝传说的问题②。相关的古史研究成绩，以及考古学界的成果还有不少，于此不一一列举。

从顾颉刚的《与钱玄同先生论古史书》一文发表至今，已经有九十多年，中国考古学、上古史的研究，已经取得了长足的进步。学者们尝试了从诸多学科领域或跨学科研究出发，从时间分段、空间分域等许多角度，对于古史的形成情况进行了多种阐释，但仍然莫衷一是。看起来学界已经基本上抛弃了顾颉刚把古史从大禹讲起的想法，逐渐向五帝特别是黄帝回归，但是持异议者仍多有之，并批评此为信古之说。

大陆和台湾今天的上古史，都是运用"双轨制"的方法来讲。在介绍完古人类发现之后，对于新石器时代以来的文明时期，是先用仰韶文化、龙山文化等考古类型学的序列来讲，然后用黄帝或尧舜以降的古史系统来讲。有很多学者不满于这种讲法，将古史系统和考古时段相结合，如李伯谦等的《考古学视野的三皇五帝时代》等文章。但是也有考古学者对这种研究提出了批评，认为考古学有独立性，不应该依附于历史学来作这种无法坐实的研究，因为二里头文化早期是不是夏，并未得到文字的证明，遑论更早的时代？陶寺遗址虽有个别文字，但也无法证实是尧之都，遑论其他遗址？其实在历史资料丰富的中国，将考古学和历史学相结合进行研究，包括上古史的研究，是可行的。但是如果不严格、认真，那么就会流于比附，强调考古学独立性这种说法虽然矫枉过正，倒是值得肯定。因为就中国的上古史著述、研究而言，各种古史系统纷繁不一，里面存在很多问题。尤其是以顾颉刚为代表的疑古派出现之后，引起了很多人对上

---

① 黄彰健：《中国远古史研究》，"中央研究院"历史语言研究所1996年版。
② 陶磊：《巫统、血统与古帝传说》，浙江古籍出版社2010年版。

古史的关注，出现了很多结合西方新学科知识对于上古史中之问题的新解释。但这些解释在1949年后被五种社会发展模式的历史叙述所代替，尧舜禹之禅让由摩尔根——恩格斯的部落联盟模式的解释被确立，其他的解释乏人问津。一旦五种社会发展模式被抛弃之后，"双轨制"的叙述就出现了，但是历史学中旧有的问题并未得到解决，所以现在拿某一古史系统、解释模式去对照考古时期，实在值得怀疑其可靠性。

近几十年来，最切实的进步，是以简帛古书为代表的出土文献不仅提供了新的古史研究材料，更使我们对于研究材料有了新看法。不但许多过去被疑古派视为伪书、晚书，因而被摒弃在古史研究之外的书籍得以翻案，而且学界更认识到古书的形成是一个主体内容确定较早，外在的形式如文字、个别章节、篇章结构等不断流变的动态形成过程。因此，今人对于许多古书篇章的年代与过去有了不同的认识，这对上古史的研究产生了重要的影响，主要表现在两个方面，一是重新认识古书的形成年代；二是重新讨论古书中所记载的上古史问题。

（一）重新认识古书的形成年代

关于古书的形成年代，首先是对上古史研究重要材料的《尚书》和《逸周书》中的一些篇章有新认识。在疑古思潮流行的时期，不少人认为《尚书》中一些西周篇章实际作成年代较晚，《逸周书》则几乎无人采信。近几十年来，不少学者将《尚书》和《逸周书》的一些篇章与甲骨、青铜器比较，在年代判定上有了新看法，断定或重新确定不少篇章是西周初或反映西周初年历史的文献。晚年的顾颉刚也认为：《逸周书·世俘》记载了"周初历史"，"《尚书》里时代最早、记载最真的，应该属于《周诰》八篇，但《周诰》重于记言，略于记事。《世俘》一篇刚好弥补了这个空白点"[1]，其助手刘起釪认定《尚书》篇章为西周者更多（认为有一些篇章的少量文字有后世的改动）[2]。新近公布的清华大学藏战国简中，有和《尚书》《逸周书》中的《金縢》《程寤》《皇门》《祭公》《命训》等内容可以对应的篇章，并且有和真古文尚书《尹诰》《说命》对应的篇

---

[1] 顾颉刚：《〈逸周书·世俘篇〉校注、写定与评论》，《文史》第2辑，中华书局1963年版，第29页。

[2] 参见顾颉刚、刘起釪《序言》，《尚书校释译论》，中华书局2005年版，第1页。

章；湖南慈利出土战国楚简中也有《逸周书·大武》。虽说竹简的时代只是战国中期，但是在一定程度上有助于佐证《尚书》《逸周书》中的某些材料来源很早。

其次，是讲上古史资料非常丰富的《左传》《国语》两书。虽然《左传》《国语》主体的写定年代可能是战国时期，但是根据出土的金文等材料可以发现，其中很多记载符合春秋的情况，因此越来越多的学者认为或重新相信其材料的主体部分应该是源自春秋时期，《国语》中有些材料则可能源自西周。湖南慈利出土战国楚简中，有和《国语·吴语》相对应的内容；上海博物馆藏战国竹简中，有不少故事和《左传》《国语》相关；清华大学藏战国竹简《系年》等篇章中，有很多内容和《左传》《国语》相应；尚未批露的安徽大学藏战国简中，可能有大量内容与《左传》《国语》相联，这些材料从侧面表明《左传》《国语》的材料来源不可能晚于战国中期。

由这些新认识以及相关的对古书形成年代问题的讨论，学界对于古书年代的分析，已经逐渐认识到过去通过分析几则"重文"之间的先后以断定早晚、真伪的方法，存在预设错误，不适用于研究先秦文献。其实"重文"之间可能是同源的关系，而未必是一个抄袭另外一个；"重文"之间甚至可能属于不同的系统，故有传闻异辞，无法分析彼此的先后关系①。

（二）重新讨论古书中所记载的上古史问题

虽然多数人早已认为顾颉刚把上古史从大禹讲起是不对的，其考证方法使用"默证"过多，不可信。但是在燹公盨铭文、新出竹简引发的讨论中，却见有学者在讲顾颉刚在古史传说方面的见解"得多于失"，并继续讲古史是从大禹开始，表明顾颉刚等的具体学说结论仍有影响，上古史的问题远未达成一致。

这引起了笔者对有关问题的研究和反思。笔者发现顾颉刚的"层累说"、蒙文通的"三系说"、杨宽的"分化说"等，重视了时间、空间的

---

① 参见拙作《"重文"分析法评析》，《清华大学学报》（哲学社会科学版）2008 年第 1 期；《先秦古书年代问题初论——以〈尚书〉、〈墨子〉为中心》，《学术月刊》2015 年第 3 期。均收入本书。

区分，对于推进中国上古史以及相关学科的研究实有莫大之功，在今日确实仍有可资借鉴之处；但是省思其学理，却都存在问题。顾颉刚的"层累说"，论者已多，笔者也有考查，此不赘述①。蒙文通的"三系说"和杨宽的"分化说"，不仅存在不少可以有不同解释的地方，而且都存在一个理论预设的盲点：那就是在远古时期，神话、古史应当有某种母本，是公共思想资源，诸族、文化区系皆本之而讲说、分化——可是我们很难确定这些本源是来自夏代的"定论"；而夏之前，从现在的考古成果来看，很难说当时的中国是一个统一的王朝，或者存在具有文化支配力、能统一诸氏族古史系统的强权政治实体，因此何来母本？且杨宽之说，与其相近者虽多，但失于滥用古音通假，不同时期的史料杂陈，因此对于同一名称的分化或融合，不同的学者可以有不同的看法。而且杨宽立说的重大根基——依从王国维论殷人高祖夒为帝俊、帝喾，实际上并未得到严格的证明②。王国维欲以恢复上古史的"二重证据法"，笔者也发现它有适用范围和应当遵循的规则，目前确如杨宽所说，不足以解决殷商甲骨文之前的古史问题③。

由这些反思，笔者感觉到如果要继续研究上古史，应注意以下问题：

首先，应该淡化神话、传说与历史的区别。因为不仅神话、传说的定义还存在问题，而且目前关于"神话"这一舶来的概念是否适合于分析中国上古史，正处于争议之中④。将古史分为神话和历史，特别是只注重神话历史化而较少注意历史神话化，把上古史的许多问题简单化了。其实

---

① 参见拙作《疑古与重建的纠葛——从顾颉刚、傅斯年等对三代以前古史的态度看上古史重建》，《清华大学学报》2009年第1期；《经史之学还是西来之学："层累说"的来源及存在的问题》，《新出简帛的学术探索》，北京师范大学出版社2010年版。

② 按：王国维之后徐中舒、容庚、唐兰、吴其昌、陈梦家、杨树达等均不同意王国维之隶定或解释。裘锡圭把"夒"视为"蓐收"的合音，并运用杨宽的"分化说"，指出"少皞四叔中的玄冥和蓐收，跟商族先祖冥和夒是一回事，这正是少皞与契为同一传说之分化的反映"（见氏著《释〈子羔〉篇"铯"字并论商得金德之说》，《简帛》第2辑），但此说仍难凭信。

③ 参见《"二重证据法"的界定及规则初探》，见本书。

④ 参见常金仓《中国神话学的基本问题：神话的历史化还是历史的神话化》，《二十世纪古史研究反思录》，中国社会科学出版社2005年版，第131—147页；黄铭崇《古史即"神话"——以〈大荒经〉及〈尧典〉为中心的再检讨》，《新史学》1996年第7卷第3期。

在讲古史的口传或成文文献中，不可能不存在怪力乱神。因此，至少就中国而言，我们不妨把所谓神话、传说、古史杂糅的东西当作古人的"古史"来看待。因为中国古人讲说它的目的不仅仅是讲史，对英雄祖先的吹嘘与追思，记忆与回忆，述说、选择、争论"过去"，而且包含了古人对开天辟地以来的许多事情的"理解"和"解释"，对"秩序""规则"的确定，对"权力"的屈服，对"原因"的说明，对现实的认同或批评，对君主的规谏，对族群的巩固等许多东西，是一种宇宙论、政治学、历史学、修辞学。虽不乏言过其实者，但是主体部分应该是"公认"的，否则不可能让听众信服。

其次，上古史的研究要注重古史系统的分析。以前的多数学者都存在一个朴素的但是不合适的预设，那就是中国的上古史应该有一个唯一客观的"真相"，学者们认为自己的研究正是揭示或证明了这个客观的"真相"。但其实西方学者早已经辨明，这个"真相"［历史1：历史实在过程（史事）］，早已经离我们远去，难以复验了。对于没有文字可以详细考究的上古史而言，甚至可以说完全无法复原，没有客观的"真相"了。我们所能依凭的，是后人对于上古史的叙述［历史2：作为表达历史实在过程的文字表现（史书），或口头传述的内容］。而我们目前所面对的，是对历史2进行统合而成的"古史系统"（本文暂称为历史3）。古史系统是在不同的时代，由不同的人整合一些资源形成的。后来的人依据不同的形势、听众群，将这些古史系统进行整合、袪魅，遂有了新的古史系统。

再次，上古史研究受条件的限制很多，目前只能研究西周以来的古史系统。古史研究和考古有联系也有区别，古史研究依赖文献，而目前系统的文字遗存，最早的是殷商的甲骨文。真实的上古史既然已经不可还原或者说无法检验了，如果我们不愿意以考古所分的文化时代作为上古史的序列的话，那么看起来应该研究殷商的上古史。但是如前所述，"夒"是不是喾或俊，目前还无法证实，而商的文献也较缺乏，虽知其祖先系谱，但整个的古史系统不全。因此我们当前主要的研究对象，是西周以来的古史系统。

经研究，笔者发现，周人至少进行了三次古史系统的整理，有三阶段的变化。这一现象说明，在周人那里并没有一个前世流传下来的客观、系统的帝王谱，他们只是根据不同时期的需要建构出不同的帝王世系。此后至战国时期，诸侯、诸子继续构拟、整合新的古史系统，出现了《世本》《帝系》等书。后人以为这些结果就是古史的"真相"，研究者把持存在一个唯一的古史系统"真相"的观念，不免所见皆是矛盾，故虽批判这个系统或弥缝其间，但是多未能反本穷源。因此，我们需要区分周人的古史系统建构和后人的建构、追述、解释之间的差别。同时，因为周人有不同的古史系统，有一些早期的古史系统材料当时可能尚有流传，如今却是前略后详，是故我们也不能期望解决周人古史系统所有的细节问题，只能求同存异，多所阙疑。下面试为说明，以请大方之家指正。

二 周人第一阶段的古史系统

周人第一阶段的古史系统，以夏商周三代古史为主。虽然相关的古史材料或超出了这个范围，但这些材料并未被周人纳入古史系统之中，未得到政治上的承认和确立。此中最关键的，是后稷与大禹的关系，以及周初人对夏之前历史的认识这两个问题。

（一）后稷与大禹的问题

周人的始祖是后稷，其年代在大禹之后，这一点在反映周初的文献中已经有明白的说明，顾颉刚的"层累说"正是以此为起点。他举的例子有《诗经·大雅·生民》的"厥初生民，时维姜嫄……载生载育，时维后稷"，《鲁颂·闷宫》的"是生后稷……俾民稼穑……奄有下土，缵禹之绪"。《闷宫》的时代有些晚（鲁僖公时），其实很可能是周初的《逸周书·商誓》已经说："在昔后稷，惟上帝之言，克播百谷，登禹之绩，凡在天下之庶民，罔不惟后稷之元谷用蒸享"①。

---

① 《生民》一般认为是周初史诗；《闷宫》的时代，顾颉刚在《与钱玄同先生论古史书》中根据传统说法定在鲁僖公时。这两首诗反映了西周早期的历史，是顾颉刚"层累说"中曾经使用过的史诗。《逸周书·商誓》，刘起釪确认为西周文献［见氏著《尚书学史（订补本）》，中华书局2016年版，第96页］；黄怀信认为"文字质古不减《世俘》，其为周初使臣所记无疑"［见氏著《前言》，《逸周书校补注译（修订本）》，三秦出版社2006年版，第54页］。

《尚书·立政》有"陟禹之迹"①,《诗经·大雅·文王有声》的"丰水东注,维禹之绩",《商颂·殷武》的"设都于禹之绩",《左传·哀公元年》的"复禹之绩",皆假"绩"为"迹"②。杨筠如根据《说文》:"陟,登也"来解释《尚书·立政》的"陟禹之迹"③,则《逸周书·商誓》中武王所说的"绩",也是假借字。比较春秋时期的秦公簋铭文和相近的秦公王姬镈、钟和秦公镈铭文,与"鼏宅禹迹"相应的是"赏宅受国""奄有下国",我们可以知道《閟宫》所说后稷"奄有下国",也就是《商誓》的"登禹之绩(迹)"。它们都是讲得到居处的土地;而未必是顾颉刚在"层累说"中所强调的"做国王",更不是讲古史,以禹为历史的开端。因为有的说到了禹,有的只是讲"赏宅受国""奄有下国"——因此以禹为历史的开端,这是顾颉刚在成见指导下的误读。其实这一类话是当时的套话,春秋时期的叔弓镈(旧称齐侯镈钟)铭文也说其祖先成汤"处禹之堵"。这里关于禹迹的叙述,只能说明在古人的观念里这些人比大禹要晚,古人重视大禹治水的成绩,却不能证明大禹是历史的开端。

《閟宫》说后稷"缵禹之绪",又有"至于文武,缵大王之绪",似乎《閟宫》中后稷和禹的关系,类似文武和大王一样,有血缘关系,因此顾颉刚以禹为周人所述的祖先。不过无血缘关系而缵绪的例子也存在,如《大戴礼记·少闲》孔子说成汤"服禹功以修舜绪";清华简《保训》也说尧舜之事,讲舜得中之后,"用作三谕之德。帝尧嘉之,用受厥绪"④;此外古文《尚书·仲虺之诰》也有:"天乃锡王勇智,表正万邦,缵禹旧服。"看来"缵禹之绪",只是表彰后稷的"克播百谷"的大功勋,以之为大禹治水的未竟之功,为周朝的统治披上合法化的外衣。

---

① 此篇刘起釪认为顾颉刚晚年已倾向于相信是"西周传下来的",刘起釪定为"周初",参见顾颉刚、刘起釪《尚书校释译论》,中华书局2005年版,第1706—1707页。

② 参见(清)马瑞辰《毛诗传笺通释》卷32,中华书局1989年版,第1186—1187页。刘掞藜认为"丰水东注,维禹之绩"之"绩"当从毛传、郑笺(见氏著《讨论古史再质顾先生》,《古史辨》第1册,第166页),恐非是。但是他的目的在于反驳顾颉刚。

③ 杨筠如:《尚书覈诂》,陕西人民出版社2005年版,第407页。

④ 简文释读参见拙作《读清华简札记(五则)》,《简帛研究二〇一二》,广西师范大学出版社2013年版。

有关大禹治水之事，近年出土的西周中期的燹公盨铭文，开篇就说："天命禹敷土，随山濬川"，时代在西周中期。裘锡圭指出："虽然燹公盨恰好是西周中期器，但是这却并不能成为支持顾（颉刚）氏'禹是西周中期起来的'说法的证据。在此盨铸造的时代，禹的传说无疑已经是相当古老的被人们当作历史的一个传说了。"① 但我们不能由"天命"就承认顾颉刚所说的禹本来是神，后来（《鲁颂·閟宫》，鲁僖公时）才成为有天神性的人，是商周共同追述者，是历史的开端的结论。其实，《尚书·洪范》已经提及鲧、禹，其时代可能在西周初年②，禹之前有鲧；其次，周公在《君奭》《立政》中均称"我有夏"，在《康诰》中称"我区夏"，虽然是对族人讲话，但是其以本族为夏之后继者乃至前朝遗民的意思很明显，以与其宗主殷商抗衡③；再次，周公、召公在对殷周人的讲话中多次提及夏的历史，《汤誓》也讲伐夏，《商颂·长发》也讲到"韦顾既伐，昆吾夏桀"，这说明商周之先有夏存在是当时的古史常识。因此，我们不能像顾颉刚那样仅仅根据《诗经》只有商周史诗，都提到了禹，没有讲夏和禹的关系，而后稷"缵禹之绪"，就断定当时的古代史是从禹开始。

（二）周初人对夏之前历史的认识

禹是夏启的父亲，夏朝的创始人，但是《洪范》提及了鲧。而由苏秉琦的"满天星斗"说，我们不难推想古代各族关于自己氏族的古史传说（历史2）各自不同。几经征伐、合并、建构之后，亡佚者虽多，但是仍然当有不少遗存者，以及氏族融合之后的改造之说、古史系统的建构（历史3）。传说武王渡孟津时，诸侯不期而会者有八百国。这些诸侯、部

---

① 裘锡圭：《新出土先秦文献与古史传说》，《中国出土古文献十讲》，复旦大学出版社2004年版，第22页。

② 参见徐复观《阴阳五行及其有关文献的研究》，《由〈尚书〉〈甘誓〉、〈洪范〉诸篇的考证，看有关治学的方法和态度问题——敬答屈万里先生》，均载《中国人性论史（先秦篇）》。李学勤《帛书〈五行〉与〈尚书·洪范〉》，《简帛佚籍与学术史》，江西教育出版社2001年版（1994年台湾时报出版公司繁体版）；《叔多父盘与〈洪范〉》，《中国古代文明研究》。裘锡圭《燹公盨铭文考释》，《中国出土古文献十讲》，复旦大学出版社2004年版，第70页；丁四新《近九十年〈尚书·洪范〉作者及著作时代考证与新证》，《中原文化研究》2013年第5期。

③ 参见陈致《从礼仪化到世俗化：〈诗经〉的形成》，吴仰湘等译，上海古籍出版社2009年版，第103—110页。

落中，当仍然流传着不少古史传说，而且有一些部落的历史可能比夏商周还要久远。《左传》里记有很多古代名族的宝器和名人的"虚"，如《左传·定公四年》记祝佗之言："昔武王克商，成王定之，选建明德，以蕃屏周。故周公相王室，以尹天下，于周为睦。分鲁公以大路、大旗，夏后氏之璜，封父之繁弱，殷民六族……因商奄之民，命以伯禽而封于少皞之虚……分唐叔以大路、密须之鼓、阙巩、沽洗，怀姓九宗，职官五正"，《昭公十七年》记梓慎说："宋，大辰之虚也；陈，大皞之虚也；郑，祝融之虚也……卫，颛顼之虚也"。这些虚，如同殷虚（墟）一样，应该是一些古代氏族曾经活动过，后来荒废了的场所。当然，这些地方未必是其氏族开始或不变的活动场所，有一些也可能只是后人的传说或虚拟的祭奠、追忆之所，未必能证实。

与这些远古民族可能存在系统的古史传说相类似的，是商人的世系谱。其世系开端的高祖里有一些人物很可怀疑[1]，其后有一些人物事迹不清楚。比如报乙、报丙、报丁，秩序井然，即使确有其人，其名号恐怕是出自后世的追定[2]。但是至少成汤之后的历史，对当时人而言是众所周知的。

因此，《吕氏春秋·慎大》所记："武王胜殷，入殷，未下辇，命封黄帝之后于铸，封帝尧之后于黎，封帝舜之后于陈；下辇，命封夏后之后于杞，立成汤之后于宋以奉桑林"（《礼记·乐记》《史记·周本纪》等略同而小异[3]），这应该是表明周人对于古代圣贤、氏族古史的一种承认。不过疑古者恐怕不信武王之时有封黄帝、尧、舜之后的事情，会指为后世的伪托。但是起码陈、杞、宋之封，当比较可信（虽然宋未必是武王在位时所封）。《左传·襄公二十五年》载子产答晋人云"昔虞阏父为周陶正，以服事我先王。我先王赖其利器用也，与其神明之后也，庸以元女大

---

[1] 殷商"高祖亥"之前的人物，甲骨文与《殷本纪》等的记载不能完全对应，很多学者表示怀疑。参见丁山《神话观之夏、商、周、秦建国前的先王世系》，《中国古代宗教与神话考》，龙门联合书局1961年版，第549页；陈梦家《殷虚卜辞综述》，中华书局1988年版，第335—336页。

[2] 参见常玉芝《商代宗教祭祀》，中国社会科学出版社2010年版，第226页。

[3] 参见王叔岷《史记斠证》，中华书局2007年版，第131页。

姬配胡公，而封诸陈，以备三恪"，《昭公三年》称晏子说："箕伯、直柄、虞遂、伯戏，其相胡公、大姬已在齐矣。"《国语·鲁语下》则记孔子说："昔武王克商，通道于九夷、百蛮，使各以其方贿来贡，使无忘职业。于是肃慎氏贡楛矢、石砮，其长尺有咫。先王欲昭其令德之致远也，以示后人，使永监焉，故铭其栝曰'肃慎氏之贡矢'，以分大姬，配虞胡公而封诸陈……"均记虞舜之后人与周的关系，以及周武王以太姬配胡公之事。《上海博物馆藏战国楚竹书（七）》中的《吴命》篇，有不少史事可与《左传》《国语》等相参，其简8记吴国之辞说"以陈邦非它也，先王故姊大姬之邑"①，也与周武王以大姬配胡公并封之于陈之事相关。这些记载的年代虽晚，但有的是博物君子之言，有的是外交辞令，有的是出土竹简，虽或不免有增饰之辞②，但恐怕难以协同作假。故周初人对于虞舜故事及其后裔，当均有所了解，因此才有周武王嫁女之事，然则舜之后裔受封看来不假。由这些故事还能判别《左传·昭公八年》所记史赵说的话有真有假（假话是相对的，其实是后起之说）："陈，颛顼之族也，岁在鹑火，是以卒灭。陈将如之。今在析木之津，犹将复由。且陈氏得政于齐而后陈卒亡。自幕至于瞽瞍无违命，舜重之以明德，寘德于遂。遂世守之。及胡公不淫，故周赐之姓，使祀虞帝。"参较子产、晏子、孔子等人之言，史赵认为有虞为颛顼之后当是后起的说法。武王是封帝舜之后于陈，史赵也说其目的是"使祀虞帝"而不是祀颛顼。由此来看，上述诸人所说周初武王封虞舜之后的说法，资料来源的时间虽晚，但是所述的事较有可信性。而且顾颉刚后来也承认陈、杞可能在周初受封，"奉虞、夏之祀"③。然则清华简《保训》记周文王临终对武王讲尧舜之事④，恐怕也不是空穴来风。因为舜得中，有大德，所以周人才敬重其后人。因而武

---

① 参见拙作《读楚简札记》，《古文字研究》第28辑，中华书局2010年版。
② 参见周书灿《有关周初陈、杞封建的几个问题》，《河北师院学报》（社会科学版）1996年第4期。
③ 顾颉刚、史念海：《中国疆域沿革史》，商务印书馆1999年版，第29页。
④ 笔者认为《保训》的形成时间可能是西周中晚期，有学者推论得更晚，也有学者认为是西周初的作品，笔者曾对晚出之说有所批评，见拙作《"阴阳"与"中"》，《深圳大学学报》（人文社会科学版）2012年第3期。

王封尧之后，也有可能。至于黄帝之后，可能是成王所封，但也可以算周初（详后）。这就如同"立成汤之后于宋"，实乃成王、周公封微子启一样；武王原来所封的武庚叛乱，被周公征灭。至于某些书籍提到的所谓武王封神农、颛顼、少昊、伯夷、太昊、炎帝之后等，则还有待考究，恐难皆信。

当然，周初是否封黄帝、尧、舜之后是一回事，周人是否从政治上确认这些名人后代所说的历史，则是另一回事。笔者认为即便文王提及了尧舜，武王封了尧、舜、禹之后，但周人对于黄帝尧舜鲧禹等人物在历史上的先后顺序，恐怕在周初还来不及形成一个古史系统。且周人的世系谱里，后稷之后，有一段历史不明。《国语·周语上》记祭公谋父谏周穆王征犬戎，言及"昔我先王世后稷，以服事虞、夏。及夏之衰也，弃稷不务，我先王不窋用失其官，而自窜于戎、狄之间……"说"后稷"是一个世袭的官职，中间有多少代人已经不清楚①，这显然是一种历史解释，这已是后来的古史系统了。

因此，本族古史系谱不全，其他有名的氏族后代散处，这应该是周人当时建立古史系统的背景。周人为了维护刚刚打下来的江山，大封名族之后，收买人心；封建子侄占据名族之虚。他们承认鲧禹治水、夏朝、商朝等得到公认的历史；可能承认唐虞先于夏，但并没有说是连续的朝代系列；商周之外，还有很多氏族，各有其名人乃至古史系统；最重要的则是认定其祖先后稷在大禹之后，本族是夏之后；由于后稷有大功，文王得天命，所以他们取代商是合理的、合法的。因此，这一时期的古史系统，主要是以夏商周三代为中心，可以称为夏商周三代型古史系统。

但是这只是周初草创时期的一个古史系统，很可能主要是依据先周时期的历史认识，是目前所可考见的周人古史系统的第一阶段。那些著名氏族的古史系统有待像尧、舜世系一样被确认，名族之后乃至假冒的名族后裔，都希望得到优待。如果说这一问题在周初尚不迫切，那么当西周的政

---

① 有学者或许会采用《史记》或后世的注疏之说，认为后稷之后就是不窋，夏之衰当少康之时。其实此说不可信；退一步讲，就算此说可信，不窋之后也当有长时段世系不明。因为周人自后稷至文王只数得出十五王（详后），却要经历夏、商两朝，不可能每一个周的先王都长寿且都晚年得子。

局稳定下来之后，就会成为一大问题了。

三 周人第二阶段的古史系统

除了作为名族后裔受优待之外，古史的问题何至于这么重要呢？我们看《逸周书·王会》就会明白。此篇讲周成王在成周大会诸侯，不难发现其中诸侯的排位先后顺序，是根据古史而来的。如"堂下之右，唐公、虞公南面立焉，堂下之左，殷公、夏公立焉，皆南面"①，唐公、虞公作爲尧舜的后人，其地位仅次于在堂上陪同天子的姬姓的唐叔、荀叔、周公和姜姓的太公望，在群臣之先。再如后来《左传·定公四年》记"刘文公合诸侯于召陵"之时，"蔡将先卫"，苌弘的解释是"蔡叔，康叔之兄也，先卫，不亦可乎"。此事后来虽经卫子鱼（即祝佗）的游说而未果行，但也可以反映据古史来排先后的原则。

因此，诸侯在朝聘会同之时，既然会根据古史人物先后来排定先后顺序，那么必须要有一个可以依据的、权威的古史系统。此外，贵族之间的婚姻，也会牵涉到是否是同姓之后而不得通婚的问题。这些涉及古史的问题一旦出现而未得解决，势必会像春秋早期的齐侯壶②所载出现礼制的疑问后，"齐侯命太子乘駔来敏宗伯，听命于天子"的情况。所以构建一个包括更多名族的古史系统，是周人也是各诸侯国的需要。这一问题显然只能由周王朝来解决，以天子之命的形式，由专门的官吏来负责。这专门的职官很可能是宗伯，即《周礼》的大宗伯。周人很可能从成王后期便开始重建古史系统，进行第二次古史系统的建构。

---

① 按：成王前期的保尊、保卣铭文已经提到周成王殷见东国五等诸侯，又"遘于四方会"（参见李学勤《"天亡"簋试释及有关推测》，《三代文明研究》，商务印书馆 2011 年版）；《王会》篇黄怀信认为篇末段之前的部分时代较早［见氏著《前言》，《逸周书校补注译（修订本）》，第 6 页］，故这一段引文较早。张怀通认为《王会》原本制作于西周，至战国时定型，见氏著《〈王会〉与西周时代的民族及方物》，《〈逸周书〉新研》，中华书局 2013 年版。《王会》即使是后世依托之文，但是依古史先后来排定位次，则当有所本，蔡、卫争先即是明证。

② 参见李学勤《齐侯壶的年代与史事》，《文物中的古文明》，商务印书馆 2008 年版。按：齐侯壶初称洹子孟姜壶，以为春秋晚期，李文重新讨论了这一问题，定为春秋早期。即便齐侯壶年代为春秋晚期，考春秋中晚期难有礼制改变，似也不影响本文结论。

（一）第二阶段古史系统概观

这一古史系统的完成，可以从周穆王时期的一些材料上反映出来。

上引《国语·周语上》中，祭公谋父对周穆王说后稷"服事虞、夏"之言，已经体现出了整理古史系统的某些成果。他说"后稷"之官始于虞、夏时期，而周初的武王、周公、召公等并没有明确提及夏之前的虞，虽然他们可能提及了舜，但是并没有将虞作为夏之前相连的一个朝代。当后稷成为虞夏时期之人后，他就可以和大禹并列，而不是在其后了。因此，西周恭王时期的史墙盘铭文就可以直接提"上帝、后稷亢保"①，完全不需要"登禹之绩（迹）""缵禹之绪"这些过渡内容了。传为周穆王时的《吕刑》②中说：

> 王曰：若古有训，蚩尤惟始作乱，延及于平民；罔不寇贼，鸱义奸宄，夺攘矫虔。苗民弗用灵，制以刑，惟作五虐之刑曰法，杀戮无辜。爰始淫为劓、刵、椓、黥，越兹丽刑并制，罔差有辞。民兴胥渐，泯泯棼棼，罔中于信，以覆诅盟。虐威庶戮，方告无辜于上。上帝监民，罔有馨香德，刑发闻惟腥。皇帝哀矜庶戮之不辜，报虐以威，遏绝苗民，无世在下。乃命重、黎，绝地天通，罔有降格。群后之逮在下，明明棐常，鳏寡无盖。皇帝清问下民，鳏寡有辞于苗。德威惟畏，德明惟明。乃命三后，恤功于民：伯夷降典，折民惟刑；禹平水土，主名山川；稷降播种，农殖嘉谷。三后成功，惟殷于民。

因为蚩尤等的具体历史年代不清楚，所以使用"若古有训"来

---

① 裘锡圭：《史墙盘铭解释》，《文物》1978年第3期。
② 按：顾颉刚曾认为《吕刑》较早，是周穆王时的作品。但这与胡适的指导意见以及"东周以上无史论"有矛盾，以致顾颉刚后来怀疑《吕刑》成于吕灭于楚之后（参见拙作《经史之学还是西来之学："层累说"的来源及存在的问题》，《新出简帛的学术探索》，北京师范大学出版社2010年版）。刘起釪认为《吕刑》为吕王所作，与周穆王无关，是西周作品（参见顾颉刚、刘起釪《尚书校释译论》，中华书局2005年版，第2083—2112页）。相近意见及认为本篇晚出者尚多，然程元敏一一驳之，力主传统说法（见氏著《尚书周书牧誓洪范金縢吕刑义证》，万卷楼图书股份有限公司2012年版，第289—331页）。

表述①，类似《尧典》的"曰若稽古"。其时有蚩尤（苗民之王），有重、黎，有"三后"伯夷、禹、稷。这种古训可能来时久远，其中蚩尤、重、黎在禹之前，这应该是有一定来源的古史知识。此处对于周人而言，最重要的恐怕是伯夷和稷得以同禹并列，为"皇帝"同时所命，并称"三后"，其时代为同时。而在周初，《逸周书·商誓》是说后稷"登禹之绩"，是在大禹之后的。

综合祭公谋父之言和《吕刑》来看，周人可能已经有了一种新的古史系统了。在那里，其始祖后稷和大禹并列，时代得以提前了；在夏之前，已经安排了前后相连的虞朝。此中伯夷地位的确立，当是因为他是姜姓始祖，而姜嫄是后稷之母，姜是姬周的重要同盟——这一点可能也有笼络戎人（姜戎）的意图。不过由于资料稀少，看起来虞和禹之前的蚩尤、重、黎等，虽然进入了周人的视野，但是还不成年代序列。因此周人的第二阶段的古史系统，是以虞夏商周四代为主，可以称为虞夏商周四代型古史系统。

成书时间可能和《吕刑》时代接近的《逸周书·尝麦》②，记：

> 王若曰："宗掸、大正，昔天之初，□作二后，乃设建典，命赤帝分正二卿，命蚩尤于宇少昊，以临四方，司□□上天末成之庆。蚩尤乃逐帝，争于涿鹿之河，九隅无遗。赤帝大慑，乃说于黄帝，执蚩尤，杀之于中冀。以甲兵释怒，用大正顺天思序，纪于大帝，用名之曰绝辔之野。乃命少昊请司马鸟师③，以正五帝之官，故名曰质。天

---

① 这样的古训在后来可能还有所遗存，如《左传·襄公四年》载魏绛对晋侯说："《夏训》有之曰：'有穷后羿'"（古文《尚书·五子之歌》用之），但是《吕刑》及后文《逸周书》所引未系年代，当比《夏训》早。

② 刘起釪认为《尝麦》篇"保存了西周原有史料，其文字写定可能在春秋时……《尝麦》为成王亲政后的纪录文献"，见氏著《尚书学史（订补本）》，中华书局2016年版，第96页。李学勤则认为此篇时代和《吕刑》接近，见氏著《〈尝麦〉篇研究》，《古文献丛论》。刘起釪后来也说："与《吕刑》基本同时保存了西周资料的有《逸周书·尝麦篇》"，"《尝麦》所记礼制与《顾命》相近，亦知其为西周资料"，见顾颉刚、刘起釪《尚书校释译论》，中华书局2005年版，第1918页。

③ 黄彰健读"乃命少昊请司马鸟师，以正五帝之官"为"乃命少昊请（清）司（嗣），马〈为〉鸟师以正五帝之官"，认为此文据《左传》，"正五帝之官"则为晚周阴阳家言（见氏著《中国远古史研究》，"中央研究院"历史语言研究所1996年版，第48页），今不从。

用大成，至于今不乱。其在殷〈启〉之五子，忘伯禹之命，假国无正，用胥兴作乱，遂凶厥国。皇天哀禹，赐以彭寿，思正夏略。今予小子闻有古遗训而不述，朕文考之言不易……"

在这里，有赤（炎）帝、黄帝、蚩尤、少昊，其后记禹、启、五观之事。这里虽未提及后稷等周人事迹，但是蚩尤之事可以和《吕刑》对应；或说"赤帝分正二卿"即重、黎，则这也可以和《吕刑》对应。这表明在当时的古遗训里，在禹、后稷之前，确是有史可述的。虽然《吕刑》讲上帝遏绝苗民，《尝麦》讲黄帝杀蚩尤，这正是古人神话和传说、历史不分的表现。

可以注意的是，《尝麦》记的是成王亲政后的事，按照前述古书流动地形成的观点，如果我们把《尝麦》主体形成的时间提前至成王时代，或者说将《吕刑》所述古训、《尝麦》所提古史看作是西周初就已经有的古史传说，应该也符合西周初人的古史系统。因为当时人还不及整理古史系统，只谈及夏商周。虽然分封时用了一些名族的宝器，并封到一些名人之虚，但对更早的古史尚未从政治上予以确认。从成王开始，就逐渐根据一些材料来整理古史系统了。这一阶段所做的，主要是把本族的祖先后稷、姜姓的祖先伯夷提前到和禹并列的地位，同时在夏之前确立了虞，并承认此前还有蚩尤等的事情。这是周人古史系统的第二阶段。

（二）古史系统与礼制

与古史系统的转变相关的，是礼制乃至文化体系的变化。根据学者们的研究，周礼大约在昭、穆之际定型，而从周穆王、恭王（或写作共王）开始，青铜礼器发生了变化：铜器组合中，商代以来流行的酒器逐渐退出，食器增加；器物形制发生了变化，器物纹饰上几何纹饰代替以动物纹饰为主的肖形纹饰；列鼎列簋配套的列器制度与编钟制度出现[①]。"从礼

[①] 参见［英］杰西卡·罗森《青铜铸造技术革命及其对各地铸造业的影响》，邓菲等译，《祖先与永恒：杰西卡·罗森中国考古艺术文集》，生活·读书·新知三联书店2011年版（原文1986年发表）。曹玮《从青铜器的演化试论西周前后期之交的礼制变化》，"周秦文化国际研讨会论文"，1993年；《周秦文化研究》编委会编《周秦文化研究》，陕西人民出版社1998年版。罗泰（Lothar von Falkenhausen）《有关西周晚期礼制改革及庄白微氏青铜器年代的新假（转下页）

器制度来看，真正的周礼大概是从穆王王时才开始的"①，"穆王时期似乎是一系列重大变化的开始……变化之一体现在西周中央政府的运作上，'册命金文'出现了。在青铜艺术领域，最明显的变化就是周式风格青铜装饰艺术的日趋成熟，各种类型的华丽鸟纹被装点在青铜器的突出位置上，标志着与源于商代传统的兽面纹的完全脱离。"②在册命金文中，还有学者细分出召赐制度，也是在恭王以后实行③。在具体的礼制上，有学者指出传世文献中的西周庙制之所以称为昭穆制度，与这一制度成立于昭穆之后的恭王有关④；禘祭上也有学者认为金文表明周穆王时的禘祭，与康王相比已经有很大变化⑤。在诗歌、音乐方面，"四言成语的大量出现、四言体诗的形成，都应在西周中晚期，共王穆王时期以后。而这一现象并非偶然，与音乐的发展和周代礼乐中双音钟的规范使用，四声音阶在礼乐中的定型等都有关联。西周穆王（公元前976—公元前922年）时期是规律性双音钟出现的起点，从此以后，西周编甬钟的正侧鼓音呈现了规律化的小三度音程关系。在音乐上使用四声音阶与西周祭祀语言四言化有直接关系，而祭祀语词的四言化又直导四言诗体的形成……与音乐的发展相对应，西周青铜器铭文也经历了由杂言向四言，由无韵到入韵的变化。"⑥黄铭崇认为在恭王时期，殷贵族的威胁基本解除，周王朝在礼制上进行了大

（接上页）设：从世系铭文说起》，台湾"中央研究院"历史语言研究所编《中国考古学与历史学之整合研究国际研讨会论文集》1997年版。［美］罗泰（Lothar von Falkenhausen），Chinese Society in the Age of Confucius（公元前1000—250）：the Archaeological Evidence（Los Angeles：Cotsen Institute of Archaeology Press, 2006），pp. 43 – 52.

① 郭宝钧遗著，邹衡、徐自强整理：《整理后记》，《商周铜器群综合研究》，文物出版社1981年版，第208页。
② 李峰：《西周的灭亡——中国早期国家的地理和政治危机》，徐峰译，汤惠生校，上海古籍出版社2007年版，第111—112页。
③ 参见张懋镕《金文所见西周召赐制度考》，《古文字与青铜器论集》，科学出版社2010年版。
④ 参见谢维扬《周代昭穆制度》，《周代家庭形态》，中国社会科学出版社1990年版。
⑤ 陈戍国：《先秦礼制研究》，湖南教育出版社1991年版，第201页。按：陈氏以文献来讲禘其祖所自出等内容，则未必可信，这些也不见于铭文之中。
⑥ 陈致：《清华简中所见古饮至礼及〈耶夜〉古佚诗试解》，李学勤主编：《出土文献》第1辑，中西书局2010年版。
⑦ 黄铭崇：《从考古发现看西周墓葬的"分器"现象与西周时代礼器制度的类型与阶段》（上篇）、（下篇），台湾《"中央研究院"历史语言研究所集刊》，第八十三本第四分（2012年），第八十四本第一分（2013年）。

规模的改革⑦。在青铜器研究的基础上，韩巍指出穆恭之际西周王朝的政治、经济体制也发生了显著的变化，与"册命体制"的建立几乎同时，少数世家大族垄断了册命仪式中的"右者"之位，把持了朝廷大权，"世族政治"出现①。另外，周宣王时期，礼制在中兴的背景下有一些变化②，并进行了一些文化事业，可能初步编过诗，这为后来的礼制、古史系统的变革奠定了一定的基础。

这些研究成果，对我们此处的研究不无启发。虽然西周早期的青铜器分期断代存在极大困难，但由《逸周书·王会》以及天亡簋铭文所说"乙亥，王有大礼，王同三方"，成王时的何尊铭文所说"惟王初迁宅于成周，复禀武王礼"，麦方尊说"王乘于舟，为大礼"来看，周初已有一种礼制，它当是继承先周及商代之礼而来者③，在武王胜殷之后，得以在一定程度上固定，故何尊铭文特别说明是"复禀武王礼"，此礼可能就是天亡簋所说的那次"大礼"④。但这毕竟是一时因循诸侯旧制而改易、草创的天子礼，不符合代商而有天下的天子威仪。而且从《逸周书·世俘》的"王烈祖自大王、大伯、王季、虞公、文王、邑考，以列升"来看，其礼制显然还带有兄终弟及制度的残留。王国维的《殷周制度论》就特别推崇周公的宗法制和封建制，以嫡长子继承制替换兄终弟及制，封建姬周庶子亲信及其臣仆，强调周公制礼作乐的贡献，强调殷周之际的变革。实际上这些事情绝非周公一人之力可以完成，其推行也不可能一蹴而就，而应该是西周统治贵族的集体行为、长期行为；而且宗法制和封建制在殷代末年已经有雏形出现。因此，昭穆时期周礼的定型，应是指的周公、成王乃至康王、昭王边因循、边创制而改革殷代及周初武王之礼后，逐步形成的新礼制。这一礼制的变革由统治者开始推行到表现于出土文献，有一

---

① 韩巍：《由新出青铜器再论"恭王长年说"（初稿）》，"简帛文献与古代史"学术研讨会暨第二届出土文献青年学者论坛会议论文，复旦大学，2013年10月19—20日。

② 参见王治国《四十三年逨鼎铭文所反映的西周晚期册命礼仪的变化》，朱凤瀚主编《新出金文与西周历史》，上海古籍出版社2011年版。

③ 参见李学勤《卯其三卣与有关问题》，胡厚宣主编《全国商史学术讨论会论文集》（《殷都学刊》1985年增刊）；《谈叔矢方鼎及其他》，《中国古代文明研究》。

④ 参见李学勤《"天亡"簋试释及有关推测》，《三代文明研究》，商务印书馆2011年版。

个较长的过程。由高青陈庄器铭"文祖甲齐公"等青铜器铭文可以表明，西周初期，吴、齐、燕等封国与周王室一样保留了夏商以来以甲乙等日干作为庙号的习俗（通称为日名）。但到穆王时期已经完成了由日名过渡到单纯使用文、武、成、康谥法，而不是商以来的谥法和日名并用①。因此商朝按照日干往复祭祀的周祭制度在西周初是否还实行或变相实施，虽尚有待研究，但到穆王时期可以确定已没有这种周祭制度了。这和传统所说的周公制礼定天子七庙之说相关，但显然实际情形是一个渐变的过程。再如周初分封，也是继承商人、先周的分封制度，所封之人不多，封"三恪"是一种政治姿态，封"三监"则是监事殷遗民。此后周公、成王、康王大力封建子侄，同时也封了不少名族之后，则是力行分封制度，将之作为一种统治政策。《左传·昭公二十八年》记成鱄说："昔武王克商，光有天下，其兄弟之国十有五人，姬姓之国者四十人。"其实古人早已指出这是把后来的分封也归功于武王。我们看《逸周书·王会》里，有唐公、虞公，却没有黄帝之后的位次，这或许说明黄帝之后的受封，可能在此之后，当系成王或后王所封，并非武王亲封。而封黄帝之后的意义，非唐、虞之后可比，黄帝之后及与黄帝相等者之后，理论上都可以受封。此外，即便是像飞廉这样辅佐商王纣又叛周的人之后代，成王也分封。清华简《系年》记载："成王伐商奄，杀飞廉，西迁商奄之民于朱圉，以御奴虘之戎"，当是以飞廉之后部分商奄之民西迁。这种政策和《逸周书·世俘》所载武王伐商之后，灭国"九十有九国"的政策是不同的。李学勤还指出：由《尝麦》可以看出，"周朝早有刑书存在，后经修订，成为九篇，这就是《左传》提到的《九刑》。《九刑》是在周公创制的基础上形成的，从而如《左传》所载，有周公誓命的内容。"② 甚至《尝麦》所提"正刑书"九篇，可能就是成王、周公的《刑书》。而穆王晚期的《吕刑》，则加了很多以罚代刑的内容，可以说是一次大的改革。另外，由清华简《周公之琴舞》《耆夜》③ 等

---

① 参见李学勤《论高青陈庄器铭"文祖甲齐公"》，《三代文明研究》，商务印书馆2011年版。
② 李学勤：《〈尝麦〉篇研究》，《古文献丛论》。
③ 《耆夜》的年代尚有争论，但笔者认为其中一些诗经过了后来的改写；《周公之琴舞》中有可与周成王的《周颂·敬之》相对应的篇章，其始作年代当在周初。参见拙作《清华简〈耆夜〉续探》，《中原文化研究》2014年第2期。

内容可以看出，周初的礼乐尚简单，而到了穆王之后，则是用成套的编钟来代替琴瑟了。前述齐侯壶说"齐侯命太子乘駟来敏宗伯，听命于天子"，参考《周礼·大宗伯》属下的职官祝宗卜史中，史有大史，"大会同、朝觐，以书协礼事"，小史，"掌邦国之志，奠系世，辨昭穆"，"大丧、大宾客、大会同、大军旅，佐大史"，大史、小史正有在会同之时按世系、昭穆排定位次的作用。此外还有内史、外史、御史等史官。因此，可以想见，当是这一类史官在创建古史系统上发挥了重要作用。可见从成王后期起至穆王时的材料表现出来的虞夏商周四代型古史系统的出现，是和礼制的改变同时发生并定型的。然则此前周人第一阶段的夏商周三代型古史系统，也可以说是和先周、周初的礼制相配合的。

如上所述，从穆王（后期）及恭王起，礼制有了新的重大变化。但是一则从懿王起，王室衰微；二则"国人暴动"和"宣王中兴"摧毁了"世族政治"的格局，使"册命体制"趋于瓦解①，因此礼制虽然有变化，但是没有最终定型，也没有影响到古史系统的变革。直到西周末年，仍未出现新的古史系统。《国语·郑语》记史伯答郑桓公"王室多故，余惧及焉，其何所可以逃死"时，说"王室将卑，戎狄必昌，不可偪也"，论及了古史：

> 荆子熊严生子四人：伯霜、仲雪、叔熊、季䋐……臣闻之，天之所启，十世不替。夫其子孙必光启土，不可偪也。且重、黎之后也，夫黎为高辛氏火正，以淳耀敦大，天明地德，光照四海，故命之曰"祝融"，其功大矣。夫成天地之大功者，其子孙未尝不章，虞、夏、商、周是也。虞幕能听协风，以成乐物生者也。夏禹能单平水土，以品处庶类者也。商契能和合五教，以保于百姓者也。周弃能播制百谷蔬，以衣食民人者也。其后皆为王公侯伯。祝融亦能昭显天地之光明，以生柔嘉材者也，其后八姓于周未有侯伯。佐制物于前代者，昆吾为夏伯矣，大彭、豕韦为商伯矣，当周未有。己姓昆吾、苏、顾、温、董。董姓鬷夷、豢龙，则夏灭之矣。彭姓彭祖、豕韦、诸、稽，则商灭之矣。秃姓，舟人，则周灭之矣。妘姓邬、郐、路、偪阳，曹

---

① 参见韩巍《由新出青铜器再论"恭王长年说"（初稿）》，"简帛文献与古代史"学术研讨会暨第二届出土文献青年学者论坛会议论文，2013年10月19—20日。

姓邹、莒，皆为采卫，或在王室，或在夷狄，莫之数也。而又无令闻，必不兴矣。斟姓无后。融之兴者，其在芈姓乎……若周衰，其必兴矣。姜、嬴、荆芈，实与诸姬代相干也。姜，伯夷之后也，嬴，伯翳之后也。伯夷能处于神以佐尧者也，伯翳能议百物以佐舜者也。其后皆不失祀而未有兴者，周衰其将至矣。①

史伯作为史官，熟悉古史。他在西周末年所讲的古史，详述虞夏商周的系谱，又提到高辛氏火正祝融（黎）、尧舜的帮手伯夷伯翳，认为荆、姜、嬴将兴②。伯夷、禹、稷作为"三后"，重、黎绝地天通，这是《吕

---

① 按：此一段文字，顾颉刚认为是"周衰之后，虎视眈眈的诸外族要求继周而兴的呼声"（见氏著《中国上古史研究讲义》，中华书局1988年版，第20页）；李峰也根据卫聚贤之说认为《郑语》"可能成书于战国晚期的某个时候"，但是他在论上引文中略去的史伯所说成周周边小国时，又根据材料指出"史伯所反映的地缘政治认知可以追溯到春秋前半段。即使是这个论述是在战国晚期才形成现在这个样子，它的编纂者必定对于春秋早期的政治地理颇为熟悉，至少曾经努力尝试着去对它进行重建"（见李峰《西周的灭亡——中国早期国家的地理和政治危机》，徐峰译，汤惠生校，上海古籍出版社2007年版，第266—268页）。李峰承认了疑古派的结论而又用编纂之说来反对之，或许只不过表明了所处学术圈中的风气。下注引傅斯年说就与此不同。本文认为李峰的说法其实可以表明，这一段材料是后人根据古代材料编纂而成，并非为外族继周而兴张本，也非重建。若是后世重建，古史系必然包含着后世的观念。另外，李学勤根据青铜器铭文材料等，指出史伯的话中"祝融八姓"之说"反映了一定的历史事实，绝非出于捏造"，参见李学勤《谈祝融八姓》，《李学勤集——追溯·考据·古文明》，黑龙江教育出版社1989年版。

② 顾颉刚说《国语》"里边说的古代史事杂糅着汉代的成分"，"所记的各国世系，凡出力写的恐怕都是'有所为而为'的"，见氏著《中国上古史研究讲义》，中华书局1988年版，第16、22页。但是傅斯年却认为："《左传》一书，原不是《春秋》之传，而大体是经《国语》中抓出来，附会上些书法以成的，在今日除古文专守经学家以外，已成定论。其中记载古代族姓国家的分合，至多也不过很少的一部分是汉时羼入的。现在若把《左传》《国语》中这些材料抄出，则显然可以看出有两类，大多的一类是记载族姓国别的，例如上文所引《郑语》中的一节；甚少的几段记古帝之亲属关系，例如黄帝子十五宗，受姓十四人之类。上一类是记载民族国姓之分别，乃是些绝好的古史材料，下一类当是已经受大一统观念之影响，强为一切古姓古帝（古帝即每一民族之宗神 tribal gods 说另详）造一个亲属的关系。此种人类同源的观念，虽于发展到秦汉大一统的局势上有甚多助力，但是混乱古史的力量也非常厉害的。我们如果略去这些，则《国语》《左传》中记载古代民族的说话，实是些最好的材料了"，见氏著《〈新获卜辞写本后记〉跋》，《民族与古代中国史》，河北教育出版社2002年版，第163—164页。按：傅斯年信《左传》《国语》中族姓国别的材料，不信古帝之亲属关系。本文对后者有不同看法。

刑》明确记载了的。虽然《吕刑》中的"皇帝"是上帝；史伯则说黎是高辛氏火正，但这与"皇帝"并不矛盾，因为当时人行事皆假天帝、上帝之命。因此，史伯所说和《吕刑》大体相当，只是"增加"了伯夷。在虞夏之外，时代不明确的高辛氏、重、黎等，两处则均只是提及而没有详细说明。这表明周人的第二阶段古史系统从成王至穆王时定型起，直到西周晚期，没有太大变化。看起来似乎是后来增加了一些细节，但很可能细节早就有，只是文献不得见：如虞的先祖是虞幕，尧舜皆有助手，伯夷伯翳。而禹契稷是否为尧舜的助手，目前的文献尚无征。

《左传·僖公二十六年》记："夔子不祀祝融与鬻熊，楚人让之"，由此来看，史伯说楚人为祝融（黎）之后，得到了证明，即便这里楚人只是为吞并别国找借口。伯翳即益，然而秦人在秦襄公拥立周平王后，"自以为主少皞之神"，其前是否遵伯翳不得而知。清华简《系年》所追述秦的先祖是飞廉："成王屎伐商邑，杀彔子耿，飞廉东逃于商奄氏，成王伐商奄，杀飞廉，西迁商奄之民于朱圉，以御奴虘之戎，是秦之先"。因为《左传·定公四年》说及"因商奄之民，命以伯禽而封于少皞之虚"，则或许秦人此时也有因商奄之民，故而以少皞为主神的做法①；不过他们本族后来则从祖先飞廉（乃至伯翳），追溯至高阳（详后文），这是两种不同的追述。

四 周人第三阶段的古史系统

周人第三阶段的古史系统，见于春秋时期。大概因为古训、史伯所说的炎帝、黄帝、高辛氏、祝、融等与虞夏的关系还不明确，因此周人的古史系统还不完善；同时平王东迁之后面临与东夷等的关系问题，他们有必要再进一步，将自己的祖先追溯至黄帝，成立新的包容性更大的古史系统。

---

① 《逸周书·作雒》说："周公立，相天子，三叔及殷、东、徐、奄及熊盈以略（畔）……二年，又作师旅，临卫政殷，殷大震溃，降辟三叔，王子禄父北奔，管叔经而卒，乃囚蔡叔于郭凌，凡所征熊盈族十有七国，俘维九邑"，刘师培谓熊、盈、嬴三文通用，徐、奄及飞廉皆嬴姓［参见黄怀信等《逸周书汇校集注（修订本）》，上海古籍出版社2007年版，第515—516页］。

（一）第三阶段古史系统的形成

晋文公重耳的随从司空季子说的黄帝之子得姓的故事，就反映了周人古史系统的改变。《国语·晋语四》所载这一段话，旧解多有问题。杨希枚从唐兰之说而发展，提出是注文混入正文，可以读通，今从之：

> 黄帝之子二十五人凡黄帝之子二十五宗。其同姓者二人而已；唯青阳青阳，方雷氏之甥也与夷鼓夷鼓，彤鱼氏之甥也皆为己姓唯青阳与苍林氏同于黄帝，故皆为姬姓。其同生而异姓者，四母之子，别为十二姓其得姓者十四人，为十二姓。姬、酉、祁、己、滕、箴、任、荀、僖、姞、儇、依是也。① 同德之难也如是。昔少典娶于有蟜氏，生黄帝、炎帝。黄帝以姬水成，炎帝以姜水成。成而异德，故黄帝为姬，炎帝为姜，二帝用师以相济也……

司空季子讲的黄帝二十五子只有二人同姓的故事，说明父子兄弟可以不同姓。这个故事能够说服重耳，表明黄帝之子得姓的故事在当时很有影响力，是一种古史"常识"，不然是不足以服人的。

司空季子说到"黄帝以姬水成，炎帝以姜水成"，很明显是将"姬"姓的周和黄帝联系在一起，将"姜"姓和炎帝联系在一起，正反映了后人的改造，是对周（及其同盟姜）之权力的服从或认同。不过杨希枚既认为十二姓"姬、酉、祁、己、滕、箴、任、荀、僖、姞、儇、依"为注文，则我们不必据这一段话来论证周人此时已将一些姓氏、国家明确地划归为黄帝之后，只需知道周人把自己说为黄帝之后便已足够，否则有很多问题无法解释。比如传世铸公簠（《殷周金文集成》4574）铭文说"铸公作孟妊车母媵簠"，王国维考证铸为任（妊）姓国，为武王所封黄帝之后②；传世铸侯求鼎（《殷周金文集成》47）有"铸侯求作季姜媵钟"，涂白奎认为这是媵他国之女③，然则任姓为黄帝后似可肯定。但《左传·

---

① 杨希枚：《〈国语〉黄帝二十五子得姓传说的分析（上）》，《先秦文化史论集》，中国社会科学出版社1995年版，第216页。夷鼓即苍林。
② 王国维：《铸公簠跋》，《观堂集林·附别集》卷18，中华书局1959年版，第889—890页。
③ 参见涂白奎《邿国之姓考辨》，《史学月刊》2008年第7期。

隐公十一年》记载:"春,滕侯、薛侯来朝,争长。薛侯曰:'我先封。'滕侯曰:'我,周之卜正也;薛,庶姓也,我不可以后之。'"根据《世本》的说法,薛是任姓国,为黄帝之后。可是薛侯所提出争长的理由,毫无黄帝之后的意思。滕侯虽为姬姓,但若与任皆出自黄帝的话,也不该斥薛为庶姓,可见薛是否任姓还可怀疑。另外,己姓在史伯之言里本来是祝融八姓之一,而这里却成为黄帝十二姓之一,也表明这很可能是一种建构。我们知道古代多是氏族,姓是后起的,或说是从母族而来,也有赐姓等等,凡此诸说皆表明注文所说的十二姓,恐怕不能作为区分是否为黄帝之后的唯一根据。姬周以前和黄帝没有任何关系,就是明证。退一步说,即使此十二姓之说可靠,我们也不能根据《世本》之说,倒推出诸如祁姓为尧之后,则很古就有尧为黄帝后这一类说法。

这一段话给我们最重要的信息是说出了姬姓和姜姓是黄帝与炎帝的后裔,而且黄帝炎帝本是兄弟,都是少典的后代。这样的故事在史伯那里是完全不同的——周人是后稷的后代,而姜姓是尧的帮手伯夷的后代。古训里则虽然也提及炎帝、黄帝,但并没有说二人是兄弟,更没提及少典。由此可见,在史伯之后,司空季子之前,周人的古史系统又发生了改变。古训里的黄帝炎帝,成为兄弟,是少典之子,姬姜之先。

这种古史系统的改变显然不是始于司空季子之时,年代还要早一些。《左传·庄公二十二年》记:

> 陈厉公,蔡出也,故蔡人杀五父而立之。生敬仲。其少也,周史有以《周易》见陈侯者,陈侯使筮之,遇观䷓之否䷋,曰:"是谓'观国之光,利用宾于王。'此其代陈有国乎?不在此,其在异国;非此其身,在其子孙……若在异国,必姜姓也。姜,大岳之后也……"

可以注意这里是周史在说"姜,大岳之后"。大岳即四岳,后来《国语·周语下》载周灵王的太子晋之言,证明了四岳为姜姓的炎帝后裔:

> "晋闻古之长民者,不堕山,不崇薮,不防川,不窦泽……昔共工弃此道也,虞于湛乐,淫失其身,欲壅防百川,堕高堙庳,以害天

下。皇天弗福，庶民弗助，祸乱并兴，共工用灭。其在有虞，有崇伯鲧，播其淫心，称遂共工之过，尧用殛之于羽山。其后伯禹念前之非度，厘改制量，象物天地，比类百则，仪之于民，而度之于群生。共之从孙四岳佐之，高高下下，疏川导滞，钟水丰物，封崇九山，决汨九川，陂鄣九泽，丰殖九薮，汨越九原，宅居九隩，合通四海……皇天嘉之，祚以天下，赐姓曰'姒'，氏曰'有夏'，谓其能以嘉祉殷富生物也。祚四岳国，命以侯伯，赐姓曰'姜'，氏曰'有吕'……此一王四伯，岂繄多宠？皆亡王之后也。唯能厘举嘉义，以有胤在下，守祀不替其典。有夏虽衰，杞、鄫犹在；申、吕虽衰，齐、许犹在……夫亡者岂繄无宠？皆黄、炎之后也……自后稷以来宁乱，及文、武、成、康而仅克安民。自后稷之始基靖民，十五王而文始平之，十八王而康克安之，其难也如是。厉始革典，十四王矣。基德十五而始平，基祸十五其不济乎……"

王卒壅之。及景王多宠人，乱于是乎始生。景王崩，王室大乱。及定王，王室遂卑。

《左传·哀公九年》也记史墨说："炎帝为火师，姜姓其后也"。但太子晋之言则详细说明了炎帝—共工—四岳（姜）—齐、许，和黄帝—鲧—禹—有夏—杞的两个系谱，还有有虞时期的尧殛鲧的故事，更兼以周人的世系：后稷之后十五王至文王，加武、成、康为十八王，其后厉王至灵王有十四王；后人补述太子晋的预言，加景王为十五王，始生祸乱，至（贞）定王，王室就卑微了。由太子晋之言可以看出，黄帝、炎帝、共工等与虞夏的关系已经大体清楚了。但是周人此时在后稷后只列得出十五王①，这比之夏商之君，要少近一半，然而周人也顾不上了。

考虑太子晋所提到的"许"，则周人第三阶段古史系统的形成时间，还可以更确定一些。《左传·隐公十一年》（公元前712年）郑伯（庄公）"使公孙获处许西偏"，说："凡而器用财贿，无寘于许。我死，乃亟去

---

① 《周语下》记周敬王时卫彪傒也说及"后稷勤周，十有五世而兴，幽王乱之，十有四世矣"，敬王之后为元王，再下为（贞）定王。彪傒说周之祸乱虽与太子晋小异，但主体相同。

之。吾先君新邑于此，王室而既卑矣，周之子孙日失其序。夫许，大岳之胤也。天而既厌周德矣，吾其能与许争乎？"其言语和史伯教导其祖郑桓公之言有相承之处，但是所论古史则完全不同。郑庄公之言和太子晋接近，认许为四岳之后①，不同于史伯所说的"姜，伯夷之后也"。郑庄公元年是周平王二十八年（公元前743年），因此周人古史系统的再一次转变，恐怕应该是在平王东迁不久之后就确立了，并很快得到了诸侯的认同。其变化之快，影响之深，令人惊叹。

（二）第三阶段古史系统的细节

这个古史系统中的一些细节，从当时的君子之言里可以看出来。如《国语·鲁语上》记展禽（柳下季）之言，参以《礼记·祭法》是：

> 昔烈山氏之有天下也，其子曰柱，能殖百谷百蔬；夏之兴也，周弃继之，故祀以为稷。共工氏之伯九有也，其子曰后土，能平九土，故祀以为社。黄帝能成命百物，以明民共财，颛顼能修之。帝喾能序三辰以固民，尧能单均刑法以仪民，舜勤民事而野死，鲧鄣洪水而殛死，禹能以德修鲧之功，契为司徒而民辑，冥勤其官而水死，汤以宽治民而除其邪，稷勤百谷而山死，文王以文昭，武王去民之秽。故有虞氏禘黄帝而祖颛顼，郊尧而宗舜；夏后氏禘黄帝而祖颛顼，郊鲧而宗禹；商人禘舜〈喾〉而祖契，郊冥而宗汤；周人禘喾而郊稷，祖文王而宗武王；幕，能帅颛顼者也，有虞氏报焉；杼，能帅禹者也，夏后氏报焉；上甲微，能帅契者也，商人报焉；高圉、大王，能帅稷者也，周人报焉……

这里主要说了虞夏商周四代与黄帝的关系，黄帝之后有颛顼、帝喾、尧、舜，而虞夏是禘黄帝而祖颛顼，商周是禘喾，有虞氏的幕能帅颛顼。烈山氏，或说即炎帝，但这恐是后来人的合并（虞夏商周四代与黄帝有关，与炎帝无关，展禽未必要说炎帝），因其资料较少，

---

① 清华简第五册《封许之命》篇，可惜脱首简一支，所见只讲吕丁辅佐文王武王，被（成王）封于许。从简2的"膺受大命"来看，简1讲的恐是文王之事，殆没有讲吕丁的先世。

我们不妨阙疑①；共工，参照太子晋之言，其后人为鲧。

《国语·周语下》记伶州鸠之言"星与日辰之位，皆在北维。颛顼之所建也，帝喾受之"，与展禽之说相合。《左传·昭公八年》史赵说"陈，颛顼之族也……自幕至于瞽瞍无违命，舜重之以明德，寘德于遂。遂世守之。及胡公不淫，故周赐之姓，使祀虞帝"，也说明虞舜是颛顼之后，其言与展禽所说有虞氏祖颛顼、幕能帅颛顼相应。可是前面已经讨论过，在西周时期，虞幕是没有和颛顼联系上的；而且商代甲骨文并未发现"商人禘舜〈喾〉而祖契，郊冥而宗汤"之事，因此展禽之言所说的应是新的古史系统，最多只是反映杞、宋等的祭祀情况。

《左传·昭公二十九年》记蔡墨（即史墨②）语也与展禽之言有相应之处：

> （魏）献子曰："社稷五祀，谁氏之五官也？"对曰："少皞氏有四叔，曰重、曰该、曰修、曰熙，实能金、木及水。使重为句芒，该为蓐收，修及熙为玄冥，世不失职，遂济穷桑，此其三祀也。颛顼氏有子曰犁，为祝融；共工氏有子曰句龙，为后土，此其二祀也。后土为社；稷，田正也，有烈山氏之子曰柱为稷，自夏以上祀之。周弃亦为稷，自商以来祀之。"

蔡墨谈社稷五祀，首先讲了少皞时有三祀，然后讲颛顼氏、共工氏之子各一，社稷之稷则由烈山氏之子柱和周弃先后担任。蔡墨的社稷之说和展禽之言相应，惟展禽说周弃是夏之兴后继柱，蔡墨说夏以上祀柱，商以来祀弃，小有不同③。

《左传·昭公十七年》所记郯子之言，又补充了一些细节：

---

① 黄彰健认为"由《左传》看来，在颛顼氏以后，始以民事命官，故烈山氏之有天下，不能早于帝颛顼……但他应排列在帝喾之前，抑之后，仍无法决定，只有阙疑"（见氏著《中国远古史研究》，"中央研究院"历史语言研究所 1996 年版，第 45 页），黄氏所考定古帝王尚多（如高阳氏、高辛氏）。实际上黄氏虽知阙疑，但过于相信郯子之言，以为信史，不知周人古史系统有多次构拟，恐不合适。

② 参见黔容《史墨史黯实为一人》，《社会科学辑刊》1983 年第 4 期。

③ 按：蔡墨实际上道出了周人世系不长的事实，则相较而言，展禽之说构拟历史的特点更明显，而蔡墨采用的看来是其他的古史资料（有可能是周人最初的古史系统）。

秋，郯子来朝，公与之宴。昭子问焉，曰："少皞氏鸟名官，何故也？"郯子曰："吾祖也，我知之。昔者黄帝氏以云纪，故为云师而云名；炎帝氏以火纪，故为火师而火名；共工氏以水纪，故为水师而水名；大皞氏以龙纪，故为龙师而龙名。我高祖少皞挚之立也，凤鸟适至，故纪于鸟，为鸟师而鸟名：凤鸟氏，历正也；玄鸟氏，司分者也；伯赵氏，司至者也；青鸟氏，司启者也；丹鸟氏，司闭者也。祝鸠氏，司徒也；雎鸠氏，司马也；鸤鸠氏，司空也。爽鸠氏，司寇也；鹘鸠氏，司事也。五鸠，鸠民者也。五雉为五工正，利器用、正度量，夷民者也。九扈为九农正，扈民无淫者也。自颛顼以来，不能纪远，乃纪于近。为民师而命以民事，则不能故也。"仲尼闻之，见于郯子而学之。既而告人曰："吾闻之：'天子失官，官学在四夷'，犹信。"

这个系统提到了黄帝、炎帝、共工、太皞、少皞、颛顼。少皞先于颛顼，同蔡墨之言。《左传》在其后记孔子之言，正说明郯子所述是周朝官方学术的内容。《逸周书·尝麦》里，黄帝"乃命少昊请司马鸟师"，少昊的"司马鸟师"很重要，"正五帝之官"；但此处黄帝和少皞（昊）悬隔，"司马鸟师"地位也相对较低，正反映了二者是不同时期的说法。《国语·楚语下》中观射父论"绝地天通"，又对这一古史系统有补充：

昭王问于观射父，曰："《周书》所谓重、黎寔使天地不通者，何也？若无然，民将能登天乎？"

对曰："非此之谓也。古者民神不杂……及少昊之衰也，九黎乱德，民神杂糅，不可方物……颛顼受之，乃命南正重司天以属神，命火正黎司地以属民，使复旧常，无相侵渎，是谓绝地天通。其后，三苗复九黎之德，尧复育重黎之后，不忘旧者，使复典之。以至于夏、商，故重、黎氏世叙天地，而别其分主者也。其在周，程伯休父其后也，当宣王时，失其官守，而为司马氏。宠神其祖，以取威于民……"

《吕刑》中的"皇帝",史伯所说的"高辛氏",在《楚语》里成了"颛顼",又下连尧、夏、商、周;《楚语》里颛顼在少昊之后,同于蔡墨、郯子之言。

周人新的古史系统,除上举之人外,当时的闻人君子也都述及一些相关内容。如《昭公二十年》就记:"饮酒乐。(齐景)公曰:'古而无死,其乐若何!'晏子对曰:'古而无死,则古之乐也,君何得焉?昔爽鸠氏始居此地,季荝因之,有逢伯陵因之,蒲姑氏因之,而后大(太)公因之。古若无死,爽鸠氏之乐,非君所愿也。'"爽鸠氏乃少暭的司寇;有逢伯陵也有一些史迹,可与伶州鸠、裨灶之语相联系①。再如《左传·庄公三十二年》内史过答惠王称"有得神以兴,亦有以亡,虞、夏、商、周皆有之",《国语·周语上》所记言论较详,但论兴亡未提及虞,不过论虢将亡提及"昔尧临民以五";《僖公十一年》内史过赐晋惠公命,《国语》引其言提及《夏书》;《左传·文公十八年》季文子让大史克答宣公云:"舜臣尧,宾于四门,流四凶族……是以尧崩而天下如一,同心戴舜,以为天子,以其举十六相、去四凶也。故虞书数舜之功,曰'慎徽五典,五典克从',无违教也。曰'纳于百揆,百揆时序',无废事也。曰'宾于四门,四门穆穆',无凶人也";《僖公三十三年》臼季曰:"舜之罪也殛鲧,其举也兴禹"(《国语·晋语五》略同);而《左传·文公五年》记"臧文仲闻六与蓼灭,曰:'皋陶、庭坚不祀忽诸'"②;《昭公二十八年》载叔向之母道:"昔有仍氏生女,黰黑而甚美,光可以鉴,名曰玄妻。乐正后夔取之,生伯封,实有豕心,贪惏无餍,忿纇无期,谓之封豕。有穷后羿灭之,夔是以不祀……"记载了尧、舜、禹、皋陶、夔

---

① 参见李学勤《有逢伯陵与齐国》,《当代名家学术思想文库·李学勤卷》,万卷出版公司2010年版。《国语·周语下》记伶州鸠说"我姬氏出自天鼋,及析木者,有建星及牵牛焉,则我皇妣大姜之侄伯陵之后,逢公之所凭神也",《左传·昭公十年》有裨灶对子产之语"今兹岁在颛顼之虚,姜氏、任氏实守其地,居其维首,而有妖星焉,告邑姜也。邑姜,晋之妣也。天以七纪,戊子逢公以登,星斯于是乎出,吾是以讥之。"《山海经·海内经》云伯陵是炎帝之孙,关于《山海经》的讨论详后文。

② 《诗·鲁颂·泮水》云:"矫矫虎臣,在泮献馘;淑问如皋陶,在泮献囚。"皋陶与庭坚的关系,古人有不同认识,可参见黄彰健《中国远古史研究》,台北"中央研究院"历史语言研究所1996年版,第42页注24。

这些虞庭的人物及事迹，很可能当时《尧典》的主体、《尚书》中的虞夏书等已经成形了①。此中的皋陶，取代了《吕刑》中"折民惟刑"的伯夷②；而《尧典》里是伯夷主持典礼，地位远不如《吕刑》中的三后之一了。这大概是因为周人为姜姓找到了炎帝作为祖先，就不再用伯夷了。

可以注意的是，少皞仅只有蔡墨、郯子和观射父提及，最多可以再加上晏子提及爽鸠氏，而观射父对少皞的评说不太好，可能少皞并非周人古史系统中的核心部分。《左传·僖公二十一年》记："任、宿、须句、颛臾，风姓也，实司大皞与有济之祀，以服事诸夏。邾人灭须句。须句子来奔，因成风也。成风为之言于公曰：'崇明祀，保小寡，周礼也；蛮夷猾夏，周祸也。'若封须句，是崇皞、济而修祀纾祸也。'"成风之言，时代在公元前639年，当也属于新的古史系统之说。其言虽说明当时的古史系统中有太皞，但是其说的是太皞后裔服事华夏。太皞、少皞本是东夷领袖，看来是因为其后人服事华夏而得以进入周人的古史系统。

殆因此故，秦人接受周人的古史系统就有变化。像史伯曾说嬴秦是伯翳之后，但秦襄公拥立周平王后，"自以为主少皞之神"。可是到春秋晚期的陕西凤翔1号秦公大墓（秦景公）的石磬铭文则说"天子匽喜，共桓是嗣。高阳有灵，四方以鼐"，将祖先追认至高阳了③。这很可能是因为少皞虽然属于周人的古史系统，但是是以服事者的形象出现的；而且主少皞的是商奄之民，秦人虽也属商奄之民，但是其本族还可另有追述。

楚人接受周人的古史系统，则有一定的选择性。虽然观射父之言证实了周人新的古史系统，但是楚人地处偏远，文化整体上相对落后一些。《左传·僖公二十六年》记："夔子不祀祝融与鬻熊，楚人让之"，把祝融作为楚的祖先。这尚是旧的古史系统之说，其时新古史系统早已出现。而观射父答楚昭王的时代，在鲁昭公、定公之时了，楚昭王及其后代可能转

---

① 《左传·昭公元年》还记赵孟说"虞有三苗，夏有观、扈，商有姺、邳，周有徐、奄"，古书载是禹征三苗，此也算虞廷故事。

② 清华简《厚父》说皋陶是受帝命来助夏启的。

③ 黄彰健在《论中国的古史系统·后记》中讨论石磬铭文，说高阳为少皞后裔，伯翳应为高阳氏八恺之一（《中国远古史研究》，"中央研究院"历史语言研究所1996年版，第61页），恐皆不如其正文多所阙疑之风。

而接受了周人的新古史系统。但是他们可能并不提颛顼①，而只从老童讲起（详后）。只到后来，吞并诸国之后，才接受周人的古史系统，屈原在《离骚》中说及乃高阳之苗裔。但是他们还有别的古史系统。

与此相反，某些古史人物逐渐被清理出了古史系统，这可能是因为其后代已经绝嗣亡国了。比如在第二阶段虞、夏、商、周四代型古史系统中的负面人物蚩尤，也是苗民的首领，此时已不见于古史系统中。至于后人把蚩尤作为非汉族的苗人之祖先，这其实已经是晚至20世纪的事情了②。

周人这个新的古史系统，是以炎黄为主体的多元系统，可以称为炎黄主体型古史系统。从目前的资料看，其时代序列大体上是黄帝、少皞、颛顼、帝喾、尧、舜、禹、夏、商、周。黄帝是否像《逸周书·尝麦》那样直接先于或同时于少皞，虽不明朗，估计如此。此外，炎帝、共工、四岳、姜姓也成先后系列；而看太皞与少皞在名号上的意味，显然也有某种关系。烈山氏、太皞、共工也曾有天下，因资料较少，其与炎黄等人的时代关系不太明朗。此外，博物君子子产还说及金天氏等，但目前不知道他所说属于何时的故事。至于以金天氏为少皞，是后世的说法。黄帝、少皞、颛顼、帝喾、尧、舜、禹等人物中，颛顼和虞舜、夏后家族有亲缘关系很明显，太子晋之言里面有黄帝和鲧禹的关系，因此黄帝与颛顼、虞舜、夏后也是有亲缘关系的。但当时黄帝和颛顼的亲缘关系或许还不太直接，因为周人关心的主要是他们姬姓是黄帝之子得姓之一。在这个系统里，商人的祖先追溯得不够远，契任禹的司徒，这恐怕是别有意味的，周祖后稷早在第二阶段的古史系统中就是和禹并列的三后了。在这个新的古史系统里，周人更成为黄帝之后，后稷只是周的祖先序列中的一个人物，不再是始祖了。

---

① 2003年公布的新蔡葛陵楚简中，有学者认为出现了颛顼："昔我先出自颛顼，宅兹雎、漳，以选迁处"（参见董珊《新蔡楚简所见的"颛顼"和"雎漳"》，"简帛研究"网，2003年12月7日）。不过李学勤、裘锡圭等不同意此说，认为由清华简《楚居》来看，"颛顼"之释读不可信（参见李学勤《论清华简〈楚居〉中的古史传说》，《中国史研究》2011年第1期；裘锡圭《说从"岢"声的从"贝"与从"辵"之字》，《文史》2012年第3辑）。

② 参见王明珂《南方的蚩尤祖先》，《英雄祖先与弟兄民族：根基历史的文本与情景》，允晨文化实业股份有限公司2006年版，第169—171页。

（三）古史系统与礼制

与周人的第三次古史系统的建构相伴随的，也有礼制乃至文化体系的改变。前文述及从周穆王时起，青铜礼器发生了变化，与之同时必然有着礼制的变化。礼制变化的最终定型乃至许多重要内容的确定，恐怕是在春秋初年，平王东迁之后不久。《吕氏春秋·当染》载："鲁惠公使宰让请郊庙之礼于天子，桓〈平〉王使史角往，惠公止之，其后在于鲁，墨子学焉。"何以周礼尽在鲁的鲁国会遗忘郊庙之礼，或许正是平王时礼制出现了革新。前述春秋早期的齐侯壶记齐侯让太子去宗周向宗伯、天子问礼，恐怕也表明平王时有了礼制变动，所以齐侯才要派太子专程去问礼。此外，据研究，《诗经》的主体部分结集，是在平王时期①。《尚书·文侯之命》是记的平王之事，比之晚的《秦誓》被列入《尚书》，或认为是秦统一之影响，但《大学》已引用之，似不若说《尚书》主体部分得以保存、整理，是平王时事。看来平王时周王朝虽弱，但文化建设却颇有功。河北定州八角廊汉简《文子》记文子答周平王问（今本《文子》多改为老子答文子问），虽为依托，但托之平王，良有以也。班固《汉书·古今人表》将周平王列为最低的"下下愚人"，看来有失公允。研究青铜器的学者也指出："在春秋时期，我们注意到周的器用限定制度在周人世界全域内得以实行……这种随葬青铜器所表现的广范围的对同一种礼制决定系统地遵守甚至在西周的大部分时间内都是看不到的，而是直到公元前王朝灭亡后才逐渐显现。鉴于这一时期的政治现实，在这种限定规则的传播中并没有出现一个中心驱动力；相反，我们所能见到的可能只是一种自发的过程，也就是说，共同的周人文化传统在新兴的政治中心受到了推崇与遵守。因此，尽管政治上并不统一，但共同享有的文化价值却将周人世界的贵族们联系得比从前更加紧密。这种现象在遍布周人世界的物质遗留中是清晰可见的……即便是像莒和郯这两个可能起源于东夷的诸侯国亦不例外。最能说明问题的要属南方的情况，在那里，周人的器用限定制度甚至被楚国所采用……从春秋中期开始，

---

① 参见许廷桂《〈诗经〉结集平王初年考》，《西南师院学报》（社会科学版）1979年第4期。

各地的非贵族文化也开始受到影响……"①

在没有武力为后盾的情况下，从周平王时开始的新礼制何以能够影响全体周人，值得深思。"罗泰视这种普遍接受周人器用限定制度的现象为'一个潜在的共同的政治宗教价值系统及贵族社会组织中的同一体'的反映"，李峰不同意，认为"东周时期持续的文化交融只不过是西周国家通过姬姓亲属的扩散以及姬姓与非姬姓之间的联姻所带来的种族融合在物质文化上的反映。"② 这些说法都有一定的道理。

罗泰认为从出土铜器来看，东周中期发生了一次礼制改革，如铜器多自用而不再用作献祭给祖先等，它像是西周晚期礼制改革的重演，为了面对社会现实的改变而努力革新旧的标准，但两者都在传世文献中不见踪迹，而只能通过物质遗存来重建，它必定在公元前600年左右已经发生了③。本文则想强调一下如果梳理传世文献，这些礼制变革其实都有迹可循。虽然周平王的时代和公元前600年相差稍远，但仍然可以说古史系统和礼制变化相关。因为一则罗泰所利用的系统的出土材料均较晚；二则礼制改革由出现到完全实行，有一个较长的时期，如西周成王、周公开始的礼制改革到完成，历时数十年；三则前述齐侯壶是春秋早期器，已经不是祭祀祖先用之器了，相似的春秋早期铜器还有一些，只是尚没有出现大规模的春秋早期的随葬青铜器，不够系统罢了。

周平王及其史官所编制的新古史系统，看来很有政治成效，很快被各诸侯国、王公贵族认同。特别是太子晋所总结的"皆黄、炎之后也"，炎

---

① 李峰：《西周的灭亡——中国早期国家的地理和政治危机》，徐峰译，汤惠生校，上海古籍出版社2007年版，第332—334页；参见罗泰（Lothar von Falkenhausen），"the Waning of Bronze Age", Michael Loewe（鲁惟一）and Edward L. Shaughnessy（夏含夷）eds., *The Cambridge History of Ancient China, From the Origins Civilization to 221 B. C.* (Cambridge: Cambridge University Press, 1999), pp. 471 – 525.

② 李峰：《西周的灭亡——中国早期国家的地理和政治危机》，徐峰译，汤惠生校，上海古籍出版社2007年版，第333页；参见罗泰（Lothar von Falkenhausen），"the Waning of Bronze Age", Michael Loewe and Edward L. Shaughnessy eds., *The Cambridge History of Ancient China, From the Origins Civilization to 221 B. C.*, p. 544.

③ [美] 罗泰（Lothar von Falkenhausen），*Chinese Society in the Age of Confucius* (1000—250 B. C.): *the Archaeological Evidence*, pp. 293 – 301, 366 – 367.

黄子孙，天下一家。周人的这一古史系统，综合了各种材料，通过黄帝、炎帝，兼及其子孙臣属，乃至诸蛮夷中愿意或被迫称臣服事诸夏的人之先祖，使他们成为当时华夏诸国之祖①。也就是通过构造一个古史系统，来把这些国家都包括在炎黄子孙、臣属的范围以内，在其中来推行共同承认的周人的礼制，维护周天子的权威。陈致的研究结果表明："平王东迁之后，'夏'的概念始被扩大到广大中原地区……它所包含的范围已不光是王畿以内，而是囊括了名义上尊奉周天子的中夏各诸侯国……'夏'与'中国'在春秋时期皆指中原地区以姬姜为主，居住着大量殷遗的各诸侯邦国……伴随着一统观念的形成，此地理文化概念乃逐渐形成为民族认同的'华夏'概念。顾立雅曾指出：所谓'华夏'概念的基准自古以来都是文化上的。中国人有其独特的生活，独特的实践文化体系，或冠之以'礼'。合乎这种生活方式的族群，则称为'中华民族'……这是一个文化涵化（Acculturation）的过程，变夷为夏，从而形成了中华民族的伟大主干……"② 因此凡东周炎黄主体型古史系统所可能涉及的国家，就是华夏，代表着文明；而在此炎黄系统之外的则是蛮夷，代表着落后。文明和野蛮的标准，乃至于夷夏的差别，就在于是否遵守礼制。在这种文化价值观的压力下，炎黄子孙别无选择，只能服从、认同周礼和古史系统。像《左传·隐公十一年》记载："春，滕侯、薛侯来朝，争长。薛侯曰：'我先封。'滕侯曰：'我，周之卜正也；薛，庶姓也，我不可以后之'"，薛侯和滕侯就是通过臣属关系来附属于炎黄主体型系统，并要根据古史系统来别姓氏，排先后。而鲁隐公派人调和二人矛盾，则是以周礼的"周之宗盟，异姓为后。寡人若朝于薛，不敢与诸任齿。君若辱贶寡人，则愿以滕君为请"为说，最终"薛侯许之，乃长滕侯"。周人这样的一种努力，显然取得了非常好的效果③。它使东周通过文化、礼制软实力，柔远能

---

① 参见黄中业编著《西周封国》，《三代纪事本末》，辽宁人民出版社1999年版。
② 参见陈致《夷夏新辨》，《中国史研究》2004年第1期。
③ 附属于楚的曾，自称"余稷之玄孙"，参见湖北省文物考古研究所、随州市博物馆《随州文峰塔M1（曾侯与墓）、M2发掘简报》，《江汉考古》2014年第4期。按：也有学者指出此不一定指后稷，"稷也可能是曾侯高祖的私名"（参见凡国栋《曾侯与编钟铭文柬释》，《江汉考古》2014年第4期）。

迹，维持了五百多年的统治，并深刻影响了后来的古史观、文明观。后世异族入主中原，也要打着炎黄苗裔的旗号，多数也接受了汉人的礼制。

由此我们可以总结出，周人的三阶段古史系统演变，并不是单独的行为，不仅出于内政外交的考虑，而且伴随着礼制的变化及其定型、完成。由《周礼》来看，不仅具体从事古史系统编纂的史官属于礼官，而且古史系统本身可能就属于礼制的内容之一。《周礼》的成书年代虽然有争议，但确有某些古代的来源。而孔子向周守藏室之史老子问礼，或许就体现了礼、史相关。

五　春秋之后的古史系统略论

春秋末年，礼崩乐坏，周天子无力再造古史。但是新兴的诸侯，则在僭礼的同时，在自家一国内守一种等级制度，并乐意重构古史，为自家可能的统一天下寻找根据。这似乎再一次在某种程度上印证了礼制和古史系统之间的关系。由是，古史系统到了战国时期又发生了变化。但此时的变化已经不像周人的古史系统那样号令天下，莫敢不从了，而是诸侯各自为政，缺乏统一性，因此我们不把这些古史系统当作（全体）周人的古史系统。

（一）各国的古史系统

三家分晋之后，战国初期，魏文侯、魏武侯实力强盛，《竹书纪年》的原本或可能始兴于此时，当时人整理古史系统，大讲尧德衰，舜囚尧取帝位，后稷放帝子丹朱，益干启位，伊尹放太甲自立，共伯和干王位，具体背景还有待研究。

梁惠王败给齐国之后，田齐兴盛，齐威王时的陈侯因齐簋铭文说要"绍踵高祖黄帝"，恐怕是为自家取代姜齐，谋求天下找寻合理的解释。然而史赵曾说陈是颛顼、虞舜之后的，田齐要追祖黄帝，必然要认定黄帝是颛顼、虞舜的先祖，但是这一亲缘关系在周人的炎黄主体型古史系统里并不清晰，周人最关心的是自家是黄帝之后。展禽说"有虞氏禘黄帝而祖颛顼"，如果把禘者视为远祖，那么这个矛盾就解除了。后来《礼记·丧服小记》和《礼记·大传》均记："王者禘其祖之所自出，以其祖配之"，或许就是为这一想法做通融的结果。但如此则姬周所禘的帝喾，也就成为始祖后稷所自出了。可是周人已经追认了黄帝，那么解决办法就只能说帝喾是黄帝之后。但这样一来，禘帝喾的商也是黄帝后裔了①。若然，如果有一天齐取代周，就只不过是黄帝后裔之间转移帝位罢了。而此时经过列国兼并，田氏代齐之后，不但太皞、少皞的后裔渐至亡绝，炎帝的后裔也亡绝了，因此新的黄帝一元型的古史系统应运而生。而且周人以炎黄为主体的多元古史系统，本来就是以黄帝系为主，大框架接近。因此黄帝一元的古史系统，容易让人接受。只是这个黄帝一元的古史系统，必须把旧有的以炎黄为主体的多元古史系统中的人物安排进来，才不致承传中断；同时这个古史系统不仅仅是时间先后一元，而且黄帝、颛顼、帝喾、虞、夏、商、周皆是亲属，不免需要弥缝辈分；而邹衍的五德终始说流行之后，帝数要应五，而且五行五色五方要相配，则又需有所选择而又要照顾"历史"成说。因此，古人言谈中提到了的一些人物，多有如下的结果：

1. 被合并，如帝喾与高辛，颛顼与高阳——这种合并有的可能是缘于氏族与其名人，如尧与陶唐，舜与有虞；有的则可能是氏族、部落的合流，如《左传·襄公十四年》范宣子所称"姜戎氏"，戎子驹支则自称"诸戎"；有的可能是拼合氏族与某种重要发明，如炎帝神农氏；有的可能是拼合氏族与居住地，如黄帝轩辕氏（或说黄帝居轩辕之丘；当然，"轩辕"也有不同解释）；自然也不乏综合几种因素以及还有其他原因者。

2. 被收编为黄帝等人的臣子或师友，如仓颉、容成氏等（容成氏在《庄子·胠箧》篇中是古帝王之一，上博简《容成氏》开篇当也有容成氏，详后）。

3. 逐渐被清理出历史之外，如有济等。

其代表作是《五帝德》《帝系》《世本》等书。不幸的是，这个古史系统出现了与系统化相伴随的紊乱，特别是辈分上的错乱颠倒。某些新构是和传承有矛盾的，如将"高阳"和"颛顼"合并，但其实在春秋时期周人的古史系统里，这些人是不同的（或者说在多数人眼中是不同的）。

---

① 这或许是后来经学古文说后稷母姜嫄为帝喾元妃，殷契母曰简狄为帝喾次妃之说的来源。但到了《大戴礼记·帝系》，则说帝喾还是尧、挚之父，帝喾有四妃。

《左传·文公十八年》季文子让大史克答宣公,就同时提及"高阳氏有才子八人""颛顼氏有不才子",还提及"高辛氏",也没有说他是帝喾。因此顾颉刚会对此生疑,认为与其说高阳是颛顼,不如说高辛是颛顼①。

楚国国势一直较强,其古史系统可能至少有两系。由子弹库楚帛书来看,可能有以伏羲为祖的古史系统②,此系统着力讲炎帝、祝融、共工、帝俊③,颇不同于黄帝一元的古史系统,但这一系统多带有神话性。其讲帝俊,或可能和《山海经》有关。《山海经》有帝俊和黄帝两大系统,而讲帝俊的《大荒经》四篇和《海内经》一篇仍记有不少黄帝事④,可见还是黄帝的影响大。但是《离骚》《天问》《远游》等所述,仍与中原的古史系统大体接近。不过屈原自谓的"帝高阳之苗裔",此高阳是否确指颛顼,还缺乏材料证实。在出土的战国时期的望山楚简、包山楚简、葛陵楚简中,楚国贵族常祭其"三楚先":老童、祝融、鬻熊(或写作穴熊等⑤),这应该是其本族的始祖系谱中的重要人物。但清华简《楚居》则追述自季连,其后有鬻熊,却并非季连子孙。而按照《大戴礼记·帝系》《世本》等的说法,季连为陆终(即祝融)之子,季连产付祖氏,付祖氏产内〈穴〉熊。赵平安解释《楚居》里的内容,指出:"季连娶盘庚后人妣隹为妻,生䜌伯和远仲,鬻熊娶妣㰜为妻,生侸叔、丽季。季连和鬻熊的子辈,取名犹熊严四子伯霜、仲雪、叔堪、季徇,排行一贯而下,值得引起重视。大家知道,在这个传统文化里,贵族男子的名字前面往往加伯(或孟)仲叔季。不仅兄弟之间如此,堂兄弟之间也往往如此。因此我们很容易联想到䜌伯、远仲、侸叔、丽季是堂兄弟关系。这样,季连和鬻熊便不是像传世文献记载的那样,而应是兄弟关系。事实可能是,季连虽有

---

① 顾颉刚:《中国上古史研究讲义》,中华书局 1988 年版,第 97—98 页。
② 裘锡圭先生认为"伏羲"与《楚辞·九歌》中的"东皇太一"有关,见氏著《"东皇太一"与"大靤伏羲"》,陈致主编:《简帛·经典·古史》,上海古籍出版社 2013 年版。
③ 或释俊为允,连下文读,则没有帝俊。
④ 参见袁珂《〈山海经〉写作的时地及篇目考》,《中华文史论丛》第 7 辑,上海古籍出版社 1978 年版,第 155 页。按:袁文隐含有将帝俊和商先祖夋相联系之义,本文并不认同。
⑤ 参见李家浩《包山楚简所记楚先祖名及其相关的问题》,《文史》第 42 辑,中华书局 1997 年版;《楚简所记楚人祖先"毓(鬻)熊"与"穴熊"为一人说——兼说上古音幽部与微、文二部音转》,《文史》2010 年第 3 辑(总第 92 辑)。

两个儿子，却并没有传位给儿子，而是传位于弟弟鬻熊。再由鬻熊传位于小儿子丽季，即传世文献中的熊丽。季连和鬻熊虽然都是楚的先公，但季连一支没有继位，楚的大位赖鬻熊一支得以传延。对楚的后人来说，与鬻熊有血亲关系，是鬻熊的直系亲属。这应是鬻熊置于三楚先的原因之一。另一个原因是，楚人称做楚人是从鬻熊开始的……因为为妣㜝包扎伤口用的是'楚'，为了纪念妣㜝，楚人便从此称做'楚人'。很清楚，在楚人心目中，所谓'楚人'是鬻熊和妣㜝生养出来的。"① 这说明《大戴礼记·帝系》《世本》等的说法并不可靠。

秦人在秦襄公时"自以为主少皞之神"，后来又自认为高阳之后。则秦人的古史系统，可能也有两系，一是认同商奄之民，主少皞；一是本族追源至高阳。秦文公曾作鄜畤，祭白帝；后来秦宣公作密畤，祭青帝；其后秦灵公作吴阳上畤，祭黄帝；作下畤，祭炎帝；秦献公作畦畤祀白帝，这些可能偏重于数术。然而不论如何，楚、秦的古史系统仍然免不了和炎帝、黄帝系统发生关系，这当是源自周人古史系统的影响。

（二）诸子的古史系统

战国时的古史系统不仅有诸侯国的有意建构，更有诸子百家的整理，而诸侯建构古史系统也往往利用百家学者。当时讲黄帝之言者最多，这和黄帝在古史系统中的地位不无关系。儒家有据说来自孔子的《五帝德》，讲黄帝之后五帝一元，但是上博简《子羔》却讲孔子说禹契稷皆无父感天而生。前者的说法符合齐国改造后的古史系统，后者的说法则符合周人的古史系统，说自不同，造成了后世今古文经学的差别②。不过二者皆讲虞廷尧舜禹契稷之事，说明《子羔》也不纯粹，其实是综合了周人的古史系统。上博简《容成氏》篇也涉及尧舜禹契稷的事迹；但郭店简《唐虞之道》篇简10尚提到"禹治水，益治火，后稷治土"，可惜简文有残损，未见到"契"；而《孟子·滕文公上》说："尧独忧之，举舜而敷治焉。舜使益掌火……禹疏九河……后稷教民稼穑……使契为司徒……"

---

① 赵平安：《"三楚先"为何不包括季连》，台北"中央研究院"历史语言研究所"第三届古文字与古代史国际学术研讨会"论文，2011年3月25—27日。

② 参见鲁瑞菁《上海博物馆藏战国楚竹书〈子羔〉感生神话内容析论——兼论其与两汉经说的关系》，《传统中国研究集刊》第1辑，上海人民出版社2006年版，第306页。

《管子·法法》有："舜之有天下也，禹为司空，契为司徒，皋陶为李，后稷为田"。所说古史人物，尧舜禹最为常见，尧舜禹契稷逐渐固定，成为种种古史传说的核心，益和皋陶①尚时见论述。这种差异表明当时人对于尧舜禹契稷有逐渐建构系统的动向。

其时影响很大的还有邹衍所创的五德终始说，他让古史世系围绕五行变化，以致到了汉代争论帝运服色，后世仍有讲论者；影响所及，还有《五帝德》等的五帝是黄帝、颛顼、帝喾、尧、舜，而《吕氏春秋》中的五帝是太皞、炎帝、黄帝、少皞、颛顼，成为不同的系统。

战国时还有一大思想潮流是讲禅让，很多学派都讲，以致据说秦孝公要禅位给商鞅，公孙衍欲说秦王让国于张仪，梁惠王要让位给惠施，传说蜀帝杜宇让其相鳖灵，而燕国真的发生了燕哙禅位给其相子之之事，终于酿成大祸，以致孟子、荀子对禅让有新解释。当时宣讲禅让，郭店简《唐虞之道》只是说"六帝"皆如此，上博简《容成氏》开篇有缺简，但是可知的据说是禅让的古代人物也还存留有"［容成氏］……［尊］卢氏、赫胥氏、乔结氏、仓颉氏、轩辕氏、神农氏、椲（？）丨氏、墟遷氏"，以及□□氏②、有虞逈③、尧、舜、禹，这些是虚构还是拼合了较早的古史人物抑或兼而有之，还有待研究。儒家在《易传》中提到了早于黄帝的伏羲氏、神农氏。伏羲与子弹库帛书可以对应；神农氏见于《容成氏》，《孟子·滕文公上》也记载当时"有为神农之言者许行"。《管子·封禅》篇把这两人纳入了封禅系统，并在其前加了无怀氏。而《庄子·胠箧》则大讲尧舜德行不够，遂讲早于尧舜的容成氏等人物，也包括伏羲、神农④。后人遂将太皞、炎帝配伏羲、神农。此外《韩非子·

---

① 在清华简第五册《厚父》篇中，皋陶是天帝命来辅佐夏启的人，这与《尧典》等所载不同。

② 参见陈剑《上博楚简〈容成氏〉与古史传说》，"中国南方文明研讨会"论文，台湾"中央研究院"历史语言研究所，2003年12月19—20日；《战国竹书论集》，上海古籍出版社2013年版。

③ 参见郭永秉《帝系新研——楚地出土战国文献中的传说时代古帝王系统研究》，北京大学出版社2008年版。

④ 按：《鬼谷子》佚文也有《胠箧》篇，有佚文存。佚文虽无此一段，但与《胠箧》重复者多，可能原本有此一段。

五蠹》《吕氏春秋·古乐》等还提到了一些古史人物。

综上可见，在周人的古史系统之后，诸侯、诸子又导致了古史系统的差异，不仅不同地域有不同的整理和认同，甚至同一大门派之内的小宗派之间也有不同说法，而不仅是蒙文通所说江汉、河洛、海岱三个文化区系传说之史不同。

六 结语

由上述分析可知，真实的上古史（历史1），早已经离我们远去；但许多氏族对于上古史皆有叙述（历史2），这些叙述是神话、传说和史实杂糅的古史资料；力量大的邦国，会统合许多历史叙述，而形成古史系统（历史3），以之为"真实"的历史。周人在君临天下之后，为了统治需要，不断地统合各族的历史叙述，形成自家的古史系统，先后有夏、商、周三代型古史系统，虞、夏、商、周四代型古史系统，炎黄主体型古史系统。最终形成的以炎黄二帝为主体的古史系统，对于后世的影响很大。战国时期，由于姜齐被陈氏所代，炎帝后裔不存，许多人又创建了以黄帝为中心的古史系统，以及其他古史系统。黄帝一元的古史系统，成为后世古史系统的主干。汉以后的《史记》《华阳国志》以及正史、野史等，多接受了这个系统。

后人欲重新整理、解释古史系统，却不明周人对于古史系统有三阶段不同，战国时有地域、学派之别，不免先后抵触，治丝愈棼，以至弥缝之说多有。如说有三个共工，或说多次出现的共工，实际上乃此一氏族之号①，或说共工乃职官名。再如考论《山海经》中的帝俊，则或被解释为黄帝之父，或为黄帝，或颛顼，或高辛，或帝喾，或舜②。若以人物分化来解释这种现象，则七人皆是一人分化，恐怕不妥。其实《山海经》来源复杂，可能保存有不同时段、地域的古史③。其帝俊虽然尚不能和甲骨

---

① 参见徐元诰《国语集解》，中华书局2002年版，第93—94页；蒙文通：《古史甄微》，巴蜀书社1999年版，第42—44页。

② 参见史景成《山海经新证》，《书目季刊》1968年第三卷第12期。

③ 关于《山海经》的成书、年代与系统，有不同说法。认为较早者有蒙文通（见氏著《略论〈山海经〉的写作时代及其产生地域》，《中华文史论丛》第1辑，中华书局1962年版），也有据某些汉以后名词断为汉代者。今天宜将该书视为保留长时段古史系统资讯之作，成书过程是流变的。

文的"夒"对应，但是帝俊曾在子弹库楚帛书中出现（只是没有作为主神；当然，也有不同释读，不承认有帝俊），可能反映了楚人的某一种古史系统，或许不必强求将帝俊和谁等同。

因此，如果从周人古史系统的三阶段以及战国诸子的古史系统新构来看待上古史中的有关问题，或许能解决不少疑难。我们可以明白黄帝一元的古史系统之成立，正是在周人第三阶段的古史系统基础上进一步发展起来的。春秋之后的古史系统，牵涉多端，如果分时段、分区系、分学派来深入研究，应该能有不少新发现。已经有学者结合新出土文献，做了很好的工作。随着出土文献日益增多，今后应该还能有更大的成绩。

或许有人会说周人的古史系统的演变，是另一种"层累说"，周的始祖由后稷在禹之后，进而并列，再超越禹至为黄帝之后；古史系统由三代到四代到炎黄主体。但是笔者已经剖析过"层累说"的一些问题①。而且本文认为古史并无层累，古史系统的建构是选择性的，不同的建构之间并无必然的关联或所谓层累，我们只是就周人的三次古史系统来看呈现出一种层累的表面现象罢了。其实在周人的古史系统之外，还有其他古代氏族、古史人物存在，特别是黄帝，在周初的古训里早就存在，只是后来周人要和他攀亲戚，把他拉入古史系统罢了。此外周初有很多古训记载着古史，周人在古史系统的整合过程中，很可能利用了一些名族所保留的"古史系统"，进行了接续等整合工作。但周人有主体性，每一次古史系统的改变，都保证了自己和姜姓的祖先在时间上最早。再者本文只是研究周人所说的古史系统，并没有把这个系统当做真正客观的古史"真相"，要据之来打破某一旧系统、建立新古史系统。而且周人的古史系统改变，背后有深层的文化原因；顾颉刚的"层累说"则以古人作伪等为解释。这些都是本文与"层累说"的区别。

顾颉刚还说过："我们即不知道东周时的东周史，也至少能知道战国时的东周史；我们即不能知道夏商时的夏商史，也至少能知道东周时的夏

---

① 参见拙作《疑古与重建的纠葛——从顾颉刚、傅斯年等对三代以前古史的态度看上古史重建》，《清华大学学报》2009 年第 1 期；《由新出文献重评顾颉刚先生的"层累说"》，《人文杂志》2008 年第 6 期；《经史之学还是西来之学："层累说"的来源及存在的问题》，《学术月刊》2009 年第 8 期。另见《新出简帛的学术探索》。

商史。"① 这一观点也与本文所说有一些差别。本文看似在说西周至东周初的上古史,但这个上古史之三次建构,每次建构之与礼制、文化的关联,都是紧密相关的。要之,古史是文化体系中的一个层面,不应该单独拿出来排列比较,而应该深入到文化体系内部去做整体的思考。

---

① 顾颉刚:《与钱玄同先生论古史书》,《古史辨》第1册,第60页。

从押韵的角度谈谈《恒先》的编联

近几十年出土的简帛古书中，有很多内容重要的作品。研读这些作品的方法，除了传统常用的文字音韵训诂的方法外，还有一些，比如探求押韵。从部分文字中的押韵来说明文字的释读，这已经有很多例子。但是从全篇文章的押韵来讨论一些问题，则或许是近些年竹简整理的问题出现之后才有的事情。当然，也许古人整理古书散简时也有过这样的体验。

笔者曾在考察上博六《用曰》简的时候，尝试使用这一方法，后来还使用过。如今，用这一方法考察一些研读过的竹简，还是有不少新发现。比如，《恒先》《保训》。下面以《恒先》为例，谈谈编联的问题。

上博三《恒先》公布之后，许多学者进行了释读，不少学者还提出了新的简序编联意见[①]。此中庞朴先生提出的新编联意见，以简8、9上接4，而以简5、6、7下接简10[②]，得到了不少学者的认同。简8、9上接简4后，简9与简5相接，出现了"因复其所欲"，正对应简4的"因生其所欲"，笔者也一度信从这一意见[③]。不过现在从押韵以及其他方面来考虑，恐怕还是原来整理者的编联可取。

笔者参考学界意见，间以己意，并标出《恒先》韵脚，内容如下：

恒先无有，朴、静、虚(鱼)。朴，大朴；静，大静；虚，大

---

① 可参曹峰《〈恒先〉研究》，《近年出土黄老思想文献研究》，中国社会科学出版社2015年版。
② 参见庞朴《〈恒先〉试读》，"简帛研究网"，2004年4月26日。
③ 参见拙作《读上博馆藏战国楚简（三）札记》，《简帛释证与学术思想论集》，台湾书房出版有限公司2008年版。

虚(鱼)。自厌不自牣，或作(铎)。有或焉有气，有气焉有有，有有焉有始，有始焉有往(阳)者。未有天地(歌)，未1有作行(阳)、出生(耕)，虚静为一若(铎)，寂寂梦梦(蒸)，静同而未或萌(阳)、未或滋生(耕)。气是自生(耕)，恒莫生气，气是自生自作(铎)。恒、气之2生(耕)，不独，有与(鱼)也，或、恒焉生(耕)，或诸同焉昏昏不宁(耕)。求其所生(耕)，异生异，归生归(微)，违生非(微)，非生违(微)，依生依(微)。求欲自复，复3生之。生行(阳)，浊气生地(歌)，清气生天(真)。气信神(真)哉，云云相生(耕)，信盈天地(歌)。同出而异性(耕)，因生其所欲(屋)。业业天地(歌)，纷纷而4复其所欲(屋)。明明天行(阳)，唯复以不废(月)，知几而无思不宎［转(元)］。有出于或，生出于有，音出于生(耕)，言出于音，名出于5言(元)，事出于名(耕)。或非或(职)，无谓或(职)；有非有(之)，无谓有(之)；生非生(耕)，无谓生(耕)；音非音(侵)，无谓音(侵)；言非言(元)，无谓言(元)；名非6名(耕)，无谓名(耕)；事非事(之)，无谓事(之)。祥义、利巧、彩物出于作(铎)，作(铎)，焉有事(之)；不作(铎)，无事(之)。举天之事(之)，自作为事(之)，庸以不可赓(阳)也。凡7多彩物，先者有善(元)，有治无乱(元)。有人(真)，焉有不善(元)，乱出于人(真)。先有中，焉有外(月)。先有小，焉有大(月)。先有柔，焉8有刚(阳)。先有圆(元)，焉有方(阳)。先有晦，焉有明(阳)。先有短(元)，焉有长(阳)。天道既哉，唯一以犹一，唯复以犹复。恒、气之生(耕)，因9言、名(耕)。先者有疑(之)，妄言之(之)，后者校比焉。举天下之名(耕)，虚树，习以不可改(之)也。举天下之作(铎)，强诸果(歌)，天下10之大作(铎)，其敦厖不自若作(铎)，庸有果与不果(歌)？两者不废(月)。举天下之为(歌)也(歌)，无舍(鱼)也(歌)，无与(鱼)也(歌)，而能自为(歌)也(歌)。11举天下之生，同也，其事无不复。天下之作(铎)也，无许极，无非其所(鱼)。举天下之作(铎)也，无不得其极而果遂(物)，庸或12得之(之)，庸或失(质)之(之)？举天下之名无有废者(鱼)，与天下之明王、明君、明士(之)，庸有求而不予(鱼)？13①

---

① 具体的释读意见，参见拙作《读上博馆藏楚简（三）〈恒先〉札记》，《楚地简帛思想研究》第6辑，岳麓书社2015年版。

这一编联中,"业业天地""明明天行",业业、明明对应。《诗·大雅·常武》有:"赫赫明明……赫赫业业",毛《传》:"赫赫然盛也,明明然察也……赫赫然盛也,业业然动也。"纷纷、云云也相应。

更重要的是,从押韵来看,原整理者的排序合韵。且不说全篇大部分的押韵情况,看关键处,简4前后,欲、欲押韵;简9、简10生、名为耕部与耕部押韵。反之,按庞先生的简序调整之后,其文如下:

业业天地(歌),纷纷而4多彩物,先者有善(元),有治无乱(元)。有人(真),焉有不善(元),乱出于人(真)。先有中,焉有外(月)。先有小,焉有大(月)。先有柔,焉8有刚(阳)。先有圆(元),焉有方(阳)。先有晦,焉有明(阳)。先有短(元),焉有长(阳)。天道既裁,唯一以犹一,唯复以犹复。恒、气之生(耕),因9复其所欲(屋)。明明天行(阳),唯复以不废(月),知几而无思不宊[转(元)]。有出于或,生出于有,音出于生(耕),言出于音,名出于5言(元),事出于名(耕)。或非或(职),无谓或(职);有非有(之),无谓有(之);生非生(耕),无谓生(耕);音非音(侵),无谓音(侵);言非言(元),无谓言(元);名非6名(耕),无谓名(耕);事非事(之),无谓事(之)。祥义、利巧、彩物出于作(铎),作(铎),焉有事(之);不作(铎),无事(之)。举天之事(之),自作为事(之),庸以不可赓(阳)也。凡7言、名(耕)。先者有疑(之),妄言之(之),后者校比焉。举天下之名(耕),虚树,习以不可改(之)也。举天下之作(铎),强诸果(歌),天下10之大作(铎),其敦庞不自若作(铎),庸有果与不果(歌)?两者不废(月)。举天下之为(歌)也(歌),无舍(鱼)也(歌),无与(鱼)也(歌),而能自为(歌)也(歌)。11举天下之生,同也,其事无不复。天下之作(铎)也,无许极,无非其所(鱼)。举天下之作(铎)也,无不得其极而果遂(物),庸或12得之(之),庸或失(质)之(之)?举天下之名无有废者(鱼),与天下之明王、明君、明士(之),庸有求而不予(鱼)?13

虽然开始部分歌部可以说与元部押韵,简7与简10或可说耕阳合韵,但简9处原来押韵的"生",现在可以说是遥韵,到"音出于生"才押韵,可以说是不押韵了;简5原来押韵的"欲",现在也是不押韵了。

由此来看，恐怕《恒先》的简序，还是以原整理者李零先生的编联合适。当然，《恒先》的思想性很强，很多释读意见仍然处于讨论之中。也许若干年后，能考察竹简简背，或许能对简序有所提示；抑或再次出现《恒先》篇，要到那时，也许才可以说《恒先》的简序之争，可以定案。

据之，清华简《保训》或可如下释读：

惟王五十年，不豫，王念日之多历，恐，述《保训》。戊子，自济济。己丑，昧［爽］……［王］若曰："发，朕疾适甚(侵)，恐不汝及训(文)。昔前人传宝，必受之以诵(东)。今朕疾允病(阳)，恐弗念终(冬/东)，女以书受之。钦(侵)哉，勿淫(侵)！昔舜(文)，久作小人(真)，亲耕于历丘(之)，恭求中(冬/东)。自稽(脂)，厥志不违于庶万姓之多欲(屋)；厥有施于上下远迩(脂)，乃易位迩稽(脂)，测阴阳(阳)，之(至)物咸顺不逆(铎)。舜既得中(东)，言（焉）不易实（是）(支)，弁（变）名（命）(耕)，身滋服(职)，惟允翼翼(职)，不懈(支)，用作三谕之德(职)。帝尧嘉之(之)，用受厥绪(鱼)。呜呼(鱼)！祗之(之)哉！昔微假（格）中于河(歌)，以覆有易，有易服厥罪。微无害(月)，乃遄（续）中于河(歌)。微志弗忘(阳)，传贻子孙，至于成汤(阳)，祗服不懈，用受大命(耕)。呜呼！发，敬(耕)哉！朕闻兹不久(之)，命未有所延。今汝祗服毋懈，其有所偷息(之)，不及尔身受大命(耕)。敬(耕)哉，毋淫！日不足，惟夙不祥(阳)。①

---

① 参见拙作《读清华简〈保训〉札记（三则）》，《古文字研究》第29辑，中华书局2012年版；《读清华简札记（五则）》，《简帛研究二〇一二》。

参考文献

一 古籍

(汉)班固:《汉书》,中华书局1962年版。

(汉)司马迁:《史记》,中华书局1959年版。

(唐)柳宗元:《柳河东全集》,中国书店1991年版。

(宋)洪迈:《容斋随笔》,上海古籍出版社1978年版。

(宋)刘昌诗:《芦蒲笔记》,中华书局1986年版。

(宋)史绳祖:《学斋占毕》,《丛书集成初编》第313册,中华书局2011年版。

(宋)孙奕:《履斋示儿编》,《丛书集成初编》第205册,中华书局2011年版。

(宋)谢守灏:《混元圣纪》,《道藏》,文物出版社、上海书店、天津古籍出版社1988年影印本。

(元)郑元祐:《侨吴集》,《四库全书》第1216册,台湾商务印书馆2008年影印文渊阁四库全书版。

(明)程荣纂辑:《汉魏丛书》,吉林大学出版社1992年版。

(明)郎瑛:《七修类稿》,中华书局上海编辑所1959年版。

(明)周应宾:《九经考异》,《四库存目丛书》第150册,齐鲁书社1997年版。

(清)陈澧:《东塾读书记·孟子》,世界书局1936年版。

（清）陈立：《白虎通疏证》，中华书局 1994 年版。
（清）陈启源：《毛诗稽古编》，阮元、王先谦编：《清经解·清经解续编》卷 75，上海书店 1988 年影印本。
（清）翟灏：《四书考异》，《续修四库全书》第 167 册，上海古籍出版社 2002 年版。
（清）顾观光：《文子校勘记》，《四部备要·子部·文子》，中华书局 1989 年版。
（清）郭庆藩：《庄子集释》，中华书局 1961 年版。
（清）黄式三：《周季编略》，凤凰出版社 2008 年版。
（清）江瑔：《读子卮言》，清华大学藏排印本。
（清）焦循：《孟子正义》，中华书局 1987 年版。
（清）马瑞辰：《毛诗传笺通释》，中华书局 1989 年版。
（清）阮元校刻：《十三经注疏：附校勘记》，中华书局 1980 年版。
（清）孙星衍：《问字堂集》，商务印书馆 1937 年版。
（清）万斯同：《群书疑辨》，《续修四库全书》第 1145 册，上海古籍出版社 2002 年版。
（清）王先慎：《韩非子集解》，中华书局 2016 年版。
（清）王引之：《经传释词》，岳麓书社 1985 年版。
（清）魏源：《魏源集》，中华书局 1976 年版。
（清）吴昌莹：《经词衍释》，中华书局 1983 年版。
（清）章学诚：《知非日札》，《章学诚遗书》，文物出版社 1985 年版。
（清）浙江书局辑：《二十二子》，上海古籍出版社 1986 年版。

二　专著、学位论文

艾兰、汪涛、范毓周主编：《中国古代思维模式与阴阳五行说探源》，江苏古籍出版社 1998 年版。

北京大学出土文献研究所编：《北京大学藏西汉竹书〔贰〕》，上海古籍出版社 2012 年版。

蔡伟：《误字、衍文与用字习惯——出土简帛古书与传世古书校勘的几个专题研究》，博士学位论文，复旦大学，2015 年。

常玉芝：《商代周祭制度》，中国社会科学出版社1987年版。

常玉芝：《商代宗教祭祀》，中国社会科学出版社2010年版。

常宗豪等编：《第二届国际中国古文字研讨会论文集续编》，香港中文大学1996年版。

陈大齐：《孟子待解录》，台湾商务印书馆股份有限公司1980年版。

陈鼓应：《老子注译及评介》，中华书局1985年版。

陈鼓应：《易传与道家思想》，生活·读书·新知三联书店1996年版。

陈康：《陈康哲学论文集》，联经出版事业公司1985年版。

陈梦家：《殷虚卜辞综述》，中华书局1988年版。

陈其猷：《吕氏春秋新校释》，上海古籍出版社2002年版。

陈其猷、张觉：《韩非子导读》，巴蜀书社1990年版。

陈启天：《增订韩非子校释》，台湾商务印书馆股份有限公司1969年版。

陈戍国：《先秦礼制研究》，湖南教育出版社1991年版。

陈寅恪：《陈寅恪诗集》，清华大学出版社1993年版。

陈致：《从礼仪化到世俗化：〈诗经〉的形成》，吴仰湘等译，上海古籍出版社2009年版。

陈致：《诗书礼乐中的传统——陈致自选集》，上海人民出版社2012年版。

陈致：《余英时访谈录》，中华书局2012年版。

程元敏：《尚书周书牧誓洪范金縢吕刑义证》，万卷楼图书股份有限公司2012年版。

楚永安：《文言复式虚词》，中国人民大学出版社1986年版。

丁原植：《楚简儒家性情说研究》，万卷楼图书有限公司2002年版。

丁原植：《郭店竹简〈老子〉释析与研究》，万卷楼图书有限公司1998年版。

董珊：《战国题铭与工官制度》，博士学位论文，北京大学，2002年。

董治安、郑杰文：《荀子汇校汇注》，《齐文化丛书·文献集成》，齐鲁书社1997年版。

杜保瑞：《反者道之动》，鸿泰出版社1995年版。

范祥雍：《战国策笺证》，上海古籍出版社2006年版。

方授楚：《墨学源流》，上海书店1989年版。

冯铁流：《先秦诸子学派源流考——对先秦诸子学术活动的新认识》，重庆出版社 2005 年版。

冯友兰：《中国哲学史论文二集》，上海人民出版社 1962 年版。

冯友兰：《中国哲学史新编（修订本）》，人民出版社 1984 年版。

冯禹：《天与人——中国历史上的天人关系》，重庆出版社 1990 年版。

傅斯年：《民族与古代中国史》，河北教育出版社 2002 年版。

高亨：《商君书注译》，中华书局 1975 年版。

高亨、董治安：《古字通假会典》，齐鲁书社 1989 年版。

葛兆光：《中国思想史》，复旦大学出版社 2013 年版。

顾颉刚：《当代中国史学》，上海古籍出版社 2002 年版。

顾颉刚：《顾颉刚读书笔记》，联经出版事业公司 1990 年版。

顾颉刚：《中国上古史研究讲义》，中华书局 1988 年版。

顾颉刚、刘起釪：《尚书校释译论》，中华书局 2005 年版。

顾颉刚、史念海：《中国疆域沿革史》，商务印书馆 1999 年版。

管燮初：《西周金文语法研究》，商务印书馆 1981 年版。

郭宝钧遗著，邹衡、徐自强整理：《商周铜器群综合研究》，文物出版社 1981 年版。

郭沫若：《青铜时代》，《郭沫若全集·历史编》第 1 卷，人民出版社 1982 年版。

郭沫若：《中国古代社会研究》，《郭沫若全集·历史编》第 1 卷，人民出版社 1982 年版。

郭沂：《郭店竹简与先秦学术思想》，上海教育出版社 2001 年版。

郭永秉：《帝系新研——楚地出土战国文献中的传说时代古帝王系统研究》，北京大学出版社 2008 年版。

何建章：《战国策注释》，中华书局 1990 年版。

何兆武：《历史理性的重建》，北京大学出版社 2005 年版。

胡家聪：《管子新探》，中国社会科学出版社 1995 年版。

胡兰江：《七十子考》，博士学位论文，北京大学，2002 年。

胡文辉：《中国早期方术与文献丛考》，中山大学出版社 2000 年版。

华学诚：《扬雄方言校释汇证》，中华书局 2006 年版。

黄怀信：《逸周书校补注译（修订本）》，三秦出版社 2006 年版。
黄怀信等：《逸周书汇校集注（修订本）》，上海古籍出版社 2007 年版。
黄彰健：《中国远古史研究》，"中央研究院"历史语言研究所 1996 年版。
姜义华主编：《胡适学术文集·中国哲学史》，中华书局 1998 年版。
蒋伯潜、将祖怡：《诸子与理学》，上海书店出版社 1997 年版。
蒋礼鸿：《商君书锥指》，中华书局 1986 年版。
蒋锡昌：《老子校诂》，东升文化事业有限公司 1980 年版。
金春峰：《〈周易〉经传梳理与郭店楚简思想新释》，中国言实出版社 2004 年版。
金德三：《〈庄子〉外杂篇研究》，博士学位论文，中国社会科学院，2002 年版。
金岳霖：《金岳霖集》，中国社会科学出版社 2000 年版。
金岳霖：《论道》，商务印书馆 1987 年版。
荆门市博物馆：《郭店楚墓竹简》，文物出版社 1998 年版。
劳思光：《新编中国哲学史》，三民书局 1984 年版。
李峰：《西周的灭亡——中国早期国家的地理和政治危机》，徐峰译，汤惠生校，上海古籍出版社 2007 年版。
李零：《李零自选集》，广西师范大学出版社 1998 年版。
李锐：《孔孟之间"性"论研究——以郭店、上博简为基础》，博士学位论文，清华大学，2005 年。
李锐：《同文与族本——新出简帛与古书形成研究》，中西书局 2017 年版。
李锐：《新出简帛的学术探索》，北京师范大学出版社 2010 年版。
李锐：《战国秦汉时期的学派问题研究》，北京师范大学出版社 2011 年版。
李若晖：《郭店竹书老子论考》，齐鲁书社 2004 年版。
李学勤：《当代学者自选文库：李学勤卷》，安徽教育出版社 1999 年版。
李学勤：《古文献丛论》，上海远东出版社 1996 年版。
李学勤：《周易经传溯源》，长春出版社 1992 年版。
李幼蒸：《儒学解释学：重构中国伦理思想史》，中国人民大学出版社 2009 年版。

李元明：《庄周与〈庄子〉关系新探》，硕士学位论文，山东大学，2009年。
梁启超：《古书真伪及其年代》，《饮冰室全集》第12卷，专集104，中华书局1932年版。
梁启超：《要籍解题及其读法》，《梁启超全集》，北京出版社1999年版。
梁启超著，夏晓虹辑：《饮冰室合集集外文》，北京大学出版社2005年版。
梁启雄：《韩子浅解》，中华书局1960年版。
廖名春：《帛书〈易传〉初探》，文史哲出版社1998年版。
廖名春：《孟子的智慧》，汉艺色研文化事业有限公司1994年版。
廖名春：《荀子新探》，文津出版社1994年版。
刘家和：《史学、经学与思想：在世界史背景下对于中国古代历史文化的思考》，北京师范大学出版社2005年版。
刘起釪：《尚书学史（订补本）》，中华书局2016年版。
刘起釪：《尚书研究要论》，齐鲁书社2007年版。
刘笑敢：《庄子哲学及其演变（修订版）》，中国人民大学出版社2010年版。
吕思勉、童书业编著：《古史辨》第7册（上），上海古籍出版社1982年版。
罗根泽编著：《古史辨》第4册，上海古籍出版社1982年版。
罗振玉校补：《雪堂丛刻》（三），北京图书馆出版社2000年版。
马达：《〈列子〉真伪考辨》，北京出版社2000年版。
马世年：《〈韩非子〉的成书及其文学研究》，上海古籍出版社2011年版。
马王堆汉墓帛书整理小组：《马王堆汉墓帛书——经法》，文物出版社1976年版。
蒙文通：《道书辑校十种》，巴蜀书社2001年版。
蒙文通：《古史甄微》，巴蜀书社1999年版。
缪文远：《战国策新校注》，巴蜀书社1987年版。
缪文远：《战国史系年辑证》，巴蜀书社1997年版。
宁镇疆：《〈老子〉"早期传本"结构及其流变研究》，学林出版社2006年版。
裴学海：《古书虚字集释》，上海书店1935年版。
彭刚：《叙事的转向：当代西方史学理论的考察》，北京大学出版社2009

年版。

浦江清:《浦江清文录》,人民文学出版社1958年版。

钱穆:《八十忆双亲师友杂忆》,生活·读书·新知三联书店2005年版。

钱穆:《先秦诸子系年》,商务印书馆2001年版。

钱穆:《庄老通辨》,生活·读书·新知三联书店2005年版。

钱锺书:《谈艺录(补订本)》,中华书局1984年版。

裘锡圭:《古代文史研究新探》,江苏古籍出版社1992年版。

裘锡圭:《文史丛稿——上古思想、民俗与古文字学史》,上海远东出版社1996年版。

裘锡圭:《中国出土古文献十讲》,复旦大学出版社2004年版。

屈守元:《韩诗外传笺疏》,巴蜀书社2012年版。

屈万里:《尚书异文汇录》,联经出版事业股份有限公司1983年版。

容肇祖:《韩非子考证》,商务印书馆1936年版。

阮廷焯:《先秦诸子考佚》,鼎文书局1980年版。

沈有鼎:《沈有鼎文集》,人民出版社1992年版。

睡虎地秦墓竹简整理小组:《睡虎地秦墓竹简》,文物出版社1978年版。

宋其正:《天人合一论——中国天人合一思想与基督教启示可能关系之研究》,硕士学位论文,亚洲浸信会神学研究院神学,1982年。

苏秉琦:《中国文明起源新探》,生活·读书·新知三联书店1999年版。

陶磊:《从巫术到数术——上古信仰的历史嬗变》,山东人民出版社2008年版。

陶磊:《巫统、血统与古帝传说》,浙江古籍出版社2010年版。

仝卫敏:《出土文献与〈商君书〉综合研究》,潘美月、杜洁祥主编:《古典文献研究辑刊》第16编第16册,花木兰文化出版社2013年版。

汪子嵩、范明生等:《希腊哲学史》,人民出版社1997年版。

汪子嵩、王太庆编:《陈康:论希腊哲学》,商务印书馆1990年版。

王国维:《古史新证——王国维最后的讲义》,清华大学出版社1994年版。

王国维:《观堂集林·附别集》,中华书局1959年版。

王国维:《王国维遗书》,上海书店出版社1983年版。

王洪图主编:《内经》,人民卫生出版社2000年版。

王明珂：《英雄祖先与弟兄民族：根基历史的文本与情景》，允晨文化实业股份有限公司2006年版。

王世儒编：《蔡元培日记》，北京大学出版社2010年版。

王叔岷：《古籍虚字广义》，中华书局2007年版。

王叔岷：《史记斠证》，中华书局2007年版。

王叔岷：《庄学管窥》，中华书局2007年版。

王晓毅：《国学举要·道卷》，湖北教育出版社2002年版。

韦政通：《中国思想史》，水牛出版社1986年版。

吴汝钧：《老庄哲学的现代析论》，文津出版社1998年版。

吴怡：《中国哲学发展史》，三民书局1984年版。

吴泽主编：《王国维全集·书信》，中华书局1984年版。

武汉大学简帛研究中心、荆门市博物馆编著：《郭店楚墓竹简》，《楚地出土战国简册合集（一）》，文物出版社2011年版。

夏乃儒主编：《中国哲学史三百题》，上海古籍出版社1988年版。

熊公哲：《果庭读书录》，台湾商务印书馆1993年版。

熊铁基：《秦汉新道家略论稿》，上海人民出版社1984年版。

徐复观：《中国人性论史（先秦篇）》，台湾商务印书馆股份有限公司1994年版。

徐旭生：《中国古史的传说时代》，广西师范大学出版社2003年版。

徐元诰：《国语集解》，中华书局2002年版。

许富宏：《慎子集校集注》，中华书局2013年版。

许冠三：《新史学九十年》，岳麓书社2003年版。

许倬云：《中国文化与世界文化》，贵州人民出版社1991年版。

严灵峰：《列子辩诬及其中心思想》，文史哲出版社1994年版。

颜世安：《庄子评传》，南京大学出版社1999年版。

杨筠如：《尚书覈诂》，陕西人民出版社2005年版。

杨俊光：《惠施公孙龙评传》，南京大学出版社1992年版。

杨宽：《战国史料编年辑证》，商务印书馆2002年版。

杨宪邦主编：《中国哲学通史》，中国人民大学出版社1987年版。

杨泽波：《孟子评传》，南京大学出版社1998年版。

杨泽波：《孟子性善论研究》，中国社会科学出版社 1995 年版。
叶瑛：《文史通义校注》，中华书局 1994 年版。
银雀山汉墓竹简整理小组：《孙膑兵法》，文物出版社 1975 年版。
银雀山汉墓竹简整理小组：《孙子兵法》，文物出版社 1976 年版。
于省吾：《双剑誃群经新证双剑誃诸子新证》，上海书店 1999 年版。
余嘉锡：《目录学发微；古书通例》，上海古籍出版社 2013 年版。
余嘉锡：《四库提要辨证》，云南人民出版社 2004 年版。
余英时：《论天人之际：中国古代思想起源试探》，中华书局 2014 年版。
袁保新：《老子哲学之诠释与重建》，文津出版社 1991 年版。
臧广恩：《中国哲学史》，台湾商务印书馆 1987 年版。
詹剑峰：《老子其人其书及其道论》，湖北人民出版社 1982 年版。
张岱年：《中国哲学大纲》，《张岱年全集》第二卷，河北人民出版社 1996 年版。
张恒寿：《庄子新探》，湖北人民出版社 1983 年版。
张觉：《韩非子全译》，贵州人民出版社 1992 年版。
张觉：《韩非子校疏》，上海古籍出版社 2010 年版。
张清长、王延栋：《战国策笺注》，南开大学出版社 1993 年版。
张祥龙：《海德格尔思想与中国天道：终极视域的开启与交融（修订版）》，生活·读书·新知三联书店 2007 年版。
张心澂：《伪书通考》，上海书店 1998 年影印据商务印书馆 1939 年本。
张扬明：《老子考证》，黎明文化事业公司 1995 年版。
赵海金：《韩非子研究》，正中书局 1967 年版。
郑良树：《古籍辨伪学》，台湾学生书局 1986 年版。
郑良树：《韩非之著述及其思想》，台湾学生书局 1993 年版。
郑良树：《老子新论》，上海古籍出版社 2011 年版。
郑良树：《商鞅及其学派》，上海古籍出版社 1989 年版。
郑良树：《续伪书通考》，台湾学生书局 1984 年版。
郑良树：《诸子著作年代考》，北京图书馆出版社 2001 年版。
钟柏生等：《新收殷周青铜器铭文暨器影汇编》，艺文印书馆 2006 年版。
周秦文化研究编委会编：《周秦文化研究》，陕西人民出版社 1998 年版。

周勋初:《韩非子札记》,江苏人民出版社1980年版。

朱谦之:《老子校释》,中华书局2000年版。

三 论文

北京大学出土文献研究所:《北京大学藏秦简牍概述》,《文物》2012年第6期。

曹峰:《〈恒先〉研究》,《近年出土黄老思想文献研究》,中国社会科学出版社2015年版。

曹峰:《价值与局限:思想史视野下的出土文献研究》,刘笑敢主编:《中国哲学与文化》第6辑,广西师范大学出版社2009年版。

曹玮:《从青铜器的演化试论西周前后期之交的礼制变化》,"周秦文化国际研讨会论文",1993年。

常金仓:《古史研究中的泛图腾论》,《二十世纪古史研究反思录》,中国社会科学出版社2005年版。

常金仓:《中国神话学的基本问题:神话的历史化还是历史的神话化》,《二十世纪古史研究反思录》,中国社会科学出版社2005年版。

晁福林:《子华子考析》,《史学月刊》2002年第1期。

陈登元:《荀子之心理学说》,《荀子哲学》,《民国丛书》第四编第4册,上海书店1992年版。

陈独秀:《孔子与中国》,蔡尚思编:《中国现代思想史资料选编》第四卷,浙江人民出版社1983年版。

陈鼓应:《从郭店简本看〈老子〉尚仁及守中思想》,《道家文化研究》第17辑,生活·读书·新知三联书店1999年版。

陈鼓应:《老子注译及评介》,中华书局1985年版。

陈鼓应:《易传与道家思想》,生活·读书·新知三联书店1996年版。

陈剑:《上博楚简〈容成氏〉与古史传说》,"中国南方文明研讨会"论文,台湾"中央研究院"历史语言研究所,2003年12月19—20日。

陈丽桂:《试就今本〈文子〉与〈淮南子〉的不重袭内容推测古本〈文子〉的几个思想论题》,《道家文化研究》第18辑,生活·读书·新知三联书店2000年版。

陈梦家：《商代的神话与巫术》，《燕京学报》第 20 期。

陈梦家：《商王名号考》，《燕京学报》第 27 期。

陈千钧：《韩非子书考——韩非子研究之一》，《学术世界》1935 年第 1 卷第 1 期。

陈启云：《"儒家"、"道家"在中国古代思想文化史中的定位》，《中国古代思想文化的历史论析》，北京大学出版社 2001 年版。

陈以爱：《胡适对王国维"古史新证"的回应》，《历史研究》2008 年第 6 期。

陈致：《清华简中所见古饮至礼及〈耆夜〉古佚诗试解》，李学勤主编：《出土文献》第 1 辑，中西书局 2010 年版。

陈致：《夷夏新辨》，《中国史研究》2004 年第 1 期。

邓广铭：《评"先秦诸子系年"》，《国闻周报》1936 年第 13 卷第 13 期。

丁山：《神话观之夏、商、周、秦建国前的先王世系》，《中国古代宗教与神话考》，龙门联合书局 1961 年版。

丁四新：《近九十年〈尚书·洪范〉作者及著作时代考证与新证》，《中原文化研究》2013 年第 5 期。

丁四新、董红涛、阎利春：《英语世界中的〈墨子〉研究综述》，《人文论丛》2010 年卷，中国社会科学出版社 2011 年版。

董珊：《新蔡楚简所见的"颛顼"和"雎漳"》，"简帛研究"网，2003 年 12 月 7 日。

董英哲：《〈尹文子〉真伪及学派归属考辨》，《西北大学学报》1997 年第 3 期。

方朝晖：《"存在"作为本原》，《思辨之神：西方哲学思潮选讲》，复旦大学出版社 2007 年版。

冯友兰：《先秦道家所谓道底物质性》，《中国哲学史论文集》，上海人民出版社 1958 年版。

傅斯年：《历史语言研究所工作之旨趣》，欧阳哲生主编：《傅斯年全集》第 3 卷，湖南教育出版社 2000 年版。

傅斯年：《史学方法导论》，欧阳哲生主编：《傅斯年全集》第 2 卷，湖南教育出版社 2000 年版。

高亨：《杨朱学派》，《古史辨》第 4 册，上海古籍出版社 1982 年版。

高正：《荀子的生平和思想》，《诸子百家研究》，中国社会科学出版社 1997 年版。

顾颉刚：《"周公制礼"的传说和〈周官〉一书的出现》，《文史》第 6 辑，中华书局 1979 年版。

顾颉刚：《〈金縢篇〉今译》，《古史辨》第 2 册，上海古籍出版社 1982 年版。

顾颉刚：《〈逸周书·世俘篇〉校注、写定与评论》，《文史》第 2 辑，中华书局 1963 年版。

顾颉刚：《答李玄伯先生》，《古史辨》第 1 册，上海古籍出版社 1982 年版。

顾颉刚：《附跋》，《古史辨》第 1 册，上海古籍出版社 1982 年版。

顾颉刚：《论〈今文尚书〉著作时代书》，《古史辨》第 1 册，上海古籍出版社 1982 年版。

顾颉刚：《鸟夷族的图腾崇拜及其氏族集团的兴亡——周公东征史事考证四之七》，吴锐等编：《古史考》第 6 卷，海南出版社 2003 年版。

顾颉刚：《我是怎样编写〈古史辨〉的?》，《古史辨》第 1 册，上海古籍出版社 1982 年版。

顾颉刚：《与钱玄同先生论古史书》，《古史辨》第 1 册，上海古籍出版社 1982 年版。

顾颉刚：《周公东征和东方各族的迁徙——周公东征史事考证四之一》，《文史》第 27 辑，中华书局 1986 年版。

顾颉刚：《周易卦爻辞中的故事》，《燕京学报》第 6 期。

顾颉刚：《自序》，《古史辨》第 1 册，上海古籍出版社 1982 年版。

韩巍：《由新出青铜器再论"恭王长年说"（初稿）》，"简帛文献与古代史"学术研讨会暨第二届出土文献青年学者论坛会议论文，复旦大学，2013 年 10 月 19—20 日。

韩自强、韩朝：《阜阳出土的〈庄子·杂篇〉汉简》，《道家文化研究》第 18 辑，生活·读书·新知三联书店 2000 年版。

何兆武：《"普遍的历史观念"如何可能?》，《历史理性批判论集》，清华大学出版社 2001 年版。

何志华:《〈荀子〉述〈孟〉考:兼论〈性恶篇〉相关问题》,《中国文化研究所学报》2015年第60期。

何志华:《高诱据〈文子〉注解〈淮南子〉证》,《〈文子〉著作年代新证》,香港中文大学出版社2004年版。

河北省文物研究所定州汉简整理小组:《定州西汉中山怀王墓竹简〈文子〉释文》,《文物》1995年第12期。

胡平生:《阜阳双古堆汉简〈庄子〉》,《出土文献研究》第12辑,中西书局2013年版。

胡适:《论帝天及九鼎书》,《古史辨》第1册,上海古籍出版社1982年版。

湖北省文物考古研究所、随州市博物馆:《随州文峰塔M1(曾侯与墓)、M2发掘简报》,《江汉考古》2014年第4期。

黄铭崇:《从考古发现看西周墓葬的"分器"现象与西周时代礼器制度的类型与阶段》(上篇),台湾《"中央研究院"历史语言研究所集刊》第八十三本第四分,2012年。

黄铭崇:《从考古发现看西周墓葬的"分器"现象与西周时代礼器制度的类型与阶段》(下篇),台湾《"中央研究院"历史语言研究所集刊》第八十四本第一分,2013年。

黄铭崇:《古史即"神话"——以〈大荒经〉及〈尧典〉为中心的再检讨》,《新史学》1996年第7卷第3期。

黄永年:《论王静安"二重证据法"的历史地位》,吴泽主编:《王国维学术研究论集》第3辑,华东师范大学出版社1990年版。

黄中业编著:《西周封国》,《三代纪事本末》,辽宁人民出版社1999年版。

蒋重跃:《人性论》,《韩非子的政治思想》,北京师范大学出版社2000年版。

赖柏霖:《姜忠奎〈荀子性善证〉辨》,《世新中文研究集刊》2009年第5期。

李畅然:《郭店〈老子〉和帛—今本五千言关系之我见——从文本对勘上检验早于郭店时代的"全本"〈老子〉存在的可能性及条件》,《北京大学古文献研究中心集刊》第3辑,北京大学出版社2002年版。

李存山:《郭店楚简研究散论》,《孔子研究》2000年第3期。

李杜：《"天人合一"论》，《儒学与儒教论》，蓝灯文化事业股份有限公司1998年版。

李峰：《清华简〈耆夜〉初读及其相关问题》，台北"中央研究院"第四届国际汉学会议论文，2012年6月20—22日。

李济：《安阳的发现对谱写中国可考历史新的首章的重要性》，张光直、李光谟编：《李济考古学论文选集》，文物出版社1990年版。

李济：《安阳发掘与中国古史问题》，张光直、李光谟编：《李济考古学论文选集》，文物出版社1990年版。

李家浩：《包山楚简所记楚先祖名及其相关的问题》，《文史》第42辑，中华书局1997年版。

李家浩：《楚简所记楚人祖先"鬻（䤒）熊"与"穴熊"为一人说——兼说上古音幽部与微、文二部音转》，《文史》2010年第3辑。

李明辉：《对于孟子"性善说"的误解及其澄清》，《康德伦理学与孟子道德思考之重建》，"中央研究院"中国文哲研究所2008年版。

李明辉：《儒家思想中的内在性与超越性》，《当代儒学之自我转化》，"中央研究院"中国文哲研究所1994年版。

李明辉：《再论儒家思想中的"内在超越性"问题》，刘述先主编：《中央研究院第三届国际汉学会议论文集思想组：中国思潮与外来文化》，"中央研究院"中国文哲研究所2002年版。

李锐：《"二重证据法"的界定及规则初探》，《历史研究》2012年第4期。

李锐：《"阴阳"与"中"》，《深圳大学学报》（人文社会科学版）2012年第3期。

李锐：《"重文"分析法评析》，《清华大学学报》（哲学社会科学版）2008年第1期。

李锐：《〈金縢〉初探》，《史学史研究》2011年第2期。

李锐：《〈系年〉零札》，李守奎主编：《清华简〈系年〉与古史新探》，中西书局2016年版。

李锐：《〈庄子·胠箧〉之"十二世有齐国"补论》，陈致主编：《简帛·经典·古史》，上海古籍出版社2013年版。

李锐：《从近出〈尚书〉类文献论孔子删〈书〉》，《哲学与文化》2021年第 3 期。

李锐:《道精、道一与道德、道说——试论理解〈老子〉之"道"的另一种角度》,《人文杂志》2009 年第 5 期。

李锐:《读〈孔子见季桓子〉札记》,孔子 2000 网"清华大学简帛研究"专栏,2008 年 3 月 28 日。

李锐:《读楚简札记》,《古文字研究》第 28 辑,中华书局 2010 年版。

李锐:《读清华简〈保训〉札记(三则)》,《古文字研究》第 29 辑,中华书局 2012 年版。

李锐:《读清华简札记(五则)》,《简帛研究二○一二》,广西师范大学出版社 2013 年版。

李锐:《读上博馆藏楚简(三)〈恒先〉札记》,《楚地简帛思想研究》第 6 辑,岳麓书社 2015 年版。

李锐:《读上博馆藏战国楚简(三)札记》,《简帛释证与学术思想论集》,台湾书房出版有限公司 2008 年版。

李锐:《郭店楚墓竹简补释》,《华学》第 8 辑,紫禁城出版社 2003 年版。

李锐:《郭店简〈成之闻之〉与孔子"性相近"说新研》,《思想与文化》第 21 辑,华东师范大学出版社 2017 年版。

李锐:《郭店简〈唐虞之道〉中出现的"性命"与〈庄子〉内篇早出的问题》,《人文杂志》2011 年第 4 期。

李锐:《论上博简〈鬼神之明〉篇的学派性质——兼说对文献学派属性判定的误区》,《湖北大学学报》(哲学社会科学版)2009 年第 1 期。

李锐:《清华简〈傅说之命〉研究》,《深圳大学学报》2013 年第 6 期。

李锐:《清华简〈耆夜〉续探》,《中原文化研究》2014 年第 2 期。

李锐:《仁义礼智圣五行的思想渊源》,《齐鲁学刊》2005 年第 6 期。

李锐:《上博简〈慎子曰恭俭〉管窥》,《中国哲学史》2008 年第 4 期。

李锐:《先秦古书年代问题初论——以〈尚书〉〈墨子〉为中心》,《学术月刊》2015 年第 3 期。

李锐:《由佛门传灯看古代中国的学术传承系谱》,《清华大学学报》2011 年第 1 期。

李锐:《由近年出土文献论〈尚书序〉的有关问题》,《古代简牍保护与整理研究》，中西书局 2012 年版。

李锐：《再论〈庄子〉内外杂篇的问题——回应刘笑敢先生》，《思想与文化》第 17 辑，华东师范大学出版社 2015 年版。

李锐、邵泽慧：《北大汉简〈老子〉初研》，《中国哲学史》2013 年第 3 期。

李学勤：《"天亡"簋试释及有关推测》，《三代文明研究》，商务印书馆 2011 年版。

李学勤：《帛书〈五行〉与〈尚书·洪范〉》，《简帛佚籍与学术史》，江西教育出版社 2001 年版。

李学勤：《古史、考古学与炎黄二帝》，《走出疑古时代》，辽宁大学出版社 1997 年版。

李学勤：《孔孟之间与老庄之间》，李学勤、林庆彰等：《新出土文献与先秦思想重构》，台湾书房出版有限公司 2007 年版。

李学勤：《论高青陈庄器铭"文祖甲齐公"》，《三代文明研究》，商务印书馆 2011 年版。

李学勤：《论清华简〈楚居〉中的古史传说》，《中国史研究》2011 年第 1 期。

李学勤：《眉县杨家村新出青铜器说明了什么》，《中国古代文明研究》，华东师范大学出版社 2005 年版。

李学勤：《齐侯壶的年代与史事》，《文物中的古文明》，商务印书馆 2008 年版。

李学勤：《其三卣与有关问题》，胡厚宣主编：《全国商史学术讨论会论文集》（《殷都学刊》1985 年增刊）。

李学勤：《清华简九篇综述》，《文物》2010 年第 5 期。

李学勤：《清华简与〈尚书〉、〈逸周书〉的研究》，《史学史研究》2011 年第 2 期。

李学勤：《叔多父盘与〈洪范〉》，《中国古代文明研究》，华东师范大学出版社 2005 年版。

李学勤：《谈叔夨方鼎及其他》，《中国古代文明研究》，华东师范大学出版社 2005 年版。

李学勤：《谈祝融八姓》，《李学勤集——追溯·考据·古文明》，黑龙江教育出版社 1989 年版。

李幼蒸：《顾颉刚史学与历史符号学》，《历史和伦理：解释学的中西对话》，中国人民大学出版社 2008 年版。

李幼蒸：《请用"仁学"代替"儒学"——给儒学朋友的一封信》，《四川大学学报》（哲学社会科学版）2007 年第 2 期。

李哲贤：《荀子人性论研究在美国》，《政大中文学报》2007 年第 8 期。

里西：《〈荀子〉书重要篇章的写作年代考证》，《哲学研究》1990 年增刊（中国哲学史研究专辑）。

梁园东：《〈古史辨〉的史学方法商榷》，姚奠中、梁归智选编：《梁园东史学论集》，山西人民出版社 1991 年版。

廖名春：《〈荀子〉各篇写作年代考》，《吉林大学社会科学学报》1994 年第 6 期。

廖名春：《郭店楚简〈六德〉篇校释》，《清华简帛研究》第 1 辑，清华思想文化研究所 2000 年版。

廖名春：《郭店简〈性自命出〉的编连与分合问题》，《中国哲学史》2000 年第 4 期。

廖名春：《荆门郭店楚简与先秦儒学》，《中国哲学》第 20 辑，辽宁教育出版社 2000 年版。

廖名春：《上博楚竹书〈鲁司寇寄言游于逡楚〉篇考辨》，《中华文史论丛》2011 年第 4 期。

廖名春：《试论冯友兰的"释古"》，《中国学术史新证》，四川大学出版社 2005 年版。

林桂榛：《荀子驳性善言性无善及材性本朴》，《中国社会科学报》2013 年 9 月 30 日。

林义正：《先秦法家人性论之研究》，台大哲学系主编：《中国人性论》，东大图书股份有限公司 1990 年版。

刘彬徽：《关于郭店楚简年代及相关问题的讨论》，李学勤、谢桂华主编：《简帛研究二〇〇一》，广西师范大学出版社 2001 年版。

刘殿爵：《〈孟子〉的本文》，《采掇英华——刘殿爵教授论著中译集》，香港中文大学出版社 2004 年版。

刘家和：《关于殷周的关系》，《史学、经学与思想：在世界史背景下对于中国古代历史文化的思考》，北京师范大学出版社 2005 年版。

刘家和：《关于战国时期的性恶说》，《史学、经学与思想：在世界史背景下对于中国古代历史文化的思考》，北京师范大学出版社 2005 年版。

刘家和：《试说〈老子〉之"道"及其中含蕴的历史观》，《南京大学学报》2014 年第 4 期。

刘家和：《先秦仁礼学说新探》，《古代中国与世界——一个古史研究者的思考》，武汉出版社 1995 年版。

刘节：《管子中所见之宋鈃一派学说》，《古史考存》，人民出版社 1958 年版。

刘乐贤：《郭店楚简〈六德〉初探》，武汉大学中国文化研究院：《郭店楚简国际学术研讨会论文集》，湖北教育出版社 2000 年版。

刘汝霖：《周秦诸子考》，文化学社 1929 年版。

刘笑敢：《"反向格义"与中国哲学研究的困境》，《中国哲学与文化》第 1 辑，广西师范大学出版社 2007 年版。

刘笑敢：《关于老子之道的新解释与新诠释》，《中国文哲研究通讯》（台湾）1997 年第 7 卷第 2 期。

刘笑敢：《老子之道：关于世界之统一性的解释——兼论"道"在科学与宗教之间的位置与意义》，《道家文化研究》第 15 辑，生活·读书·新知三联书店 1999 年版。

刘笑敢：《略谈简帛考证中"类同举例法"的局限性》，艾兰、邢文编：《新出简帛研究》，文物出版社 2004 年版。

刘掞藜：《讨论古史再质顾先生》，《古史辨》第 1 册，上海古籍出版社 1982 年版。

刘又铭：《荀子的哲学典范及其在后代的变迁转移》，《汉学研究集刊》第 3 期，台湾云林科技大学汉学资料整理研究所 2006 年版。

龙宇纯：《荀子思想研究》，《荀子论集》，台湾学生书局 1987 年版。

鲁瑞菁：《上海博物馆藏战国楚竹书〈子羔〉感生神话内容析论——兼论其与两汉经说的关系》，《传统中国研究集刊》第 1 辑，上海人民出版社 2006 年版。

陆懋德：《评顾颉刚〈古史辨〉》，《古史辨》第 2 册，上海古籍出版社 1982 年版。

罗根泽：《〈管子〉探源》，周勋初选编：《罗根泽说诸子》，上海古籍出版社 2001 年版。

罗浩：《郭店〈老子〉对文中一些方法论问题》，《道家文化研究》第 17 辑，生活·读书·新知三联书店 1999 年版。

蒙文通：《略论〈山海经〉的写作时代及其产生地域》，《中华文史论丛》第 1 辑，中华书局 1962 年版。

牟宗三主讲，卢学昆整理：《孟子讲演录》，《鹅湖月刊》第 30 卷第 1 期。

聂中庆：《辨"有生于无"》，《求是学刊》2003 年第 6 期。

潘重规：《韩非著述考》，《香港大学五十周年纪念论文集（二）》，香港大学中文系 1966 年版。

庞朴：《"六家"浅说——兼评"四人帮"的儒法扩大化》，《沉思集》，上海人民出版社 1982 年版。

庞朴：《〈恒先〉试读》，"简帛研究网"，2004 年 4 月 26 日。

黔容：《史墨史黡实为一人》，《社会科学辑刊》1983 年第 4 期。

乔治忠：《王国维"二重证据法"蕴义与影响的再审视》，《南开学报》（哲学社会科学版）2010 年第 4 期。

裘锡圭：《"东皇太一"与"大竈伏羲"》，陈致主编：《简帛·经典·古史》，上海古籍出版社 2013 年版。

裘锡圭：《燮公盨铭文考释》，《裘锡圭学术文集》第 3 卷，复旦大学出版社 2012 年版。

裘锡圭：《史墙盘铭解释》，《古文字论集》，中华书局 1992 年版。

裘锡圭：《释〈子羔〉篇"铯"字并论商得金德之说》，《简帛》第 2 辑，上海古籍出版社 2007 年版。

裘锡圭：《说从"酓"声的从"贝"与从"乇"之字》，《文史》2012 年第 3 辑。

饶宗颐：《谈三重证据法——十干与立主》，《饶宗颐二十世纪学术文集》卷 1，新文丰出版股份有限责任公司 2003 年版。

任继愈：《先秦哲学无"六家"——读司马谈〈论六家要旨〉》，《文汇报》

1963 年 5 月 21 日。

史杰鹏：《由郭店〈老子〉的几条简文谈幽物相通现象及相关问题》，《简帛》第 5 辑，上海古籍出版社 2010 年版。

史景成：《山海经新证》，《书目季刊》1968 年第三卷第 12 期。

孙贯文：《陈璋壶补考》，北京大学考古系编：《考古学研究（一）》，文物出版社 1992 年版。

孙开泰：《春秋战国百家争鸣及相互影响》，《文史知识》1988 年第 2 期。

孙周兴：《后期海德格尔基本词语的汉译》，《我们时代的思想姿态》，东方出版社 2001 年版。

汤用彤：《论中国佛教无"十宗"》，《哲学研究》1962 年第 3 期。

唐端正：《商鞅的强国之术》，《先秦诸子论丛（续编）》，东大图书股份有限公司 2009 年版。

唐端正：《荀学述要》，《先秦诸子论丛》，东大图书股份有限公司 1995 年版。

唐端正：《荀子善伪论所展示的知识问题》，《先秦诸子论丛》，东大图书股份有限公司 1995 年版。

唐兰：《司马迁所没有见过的珍贵史料——长沙马王堆帛书〈战国纵横家书〉》，马王堆汉墓帛书整理小组编：《马王堆汉墓帛书战国纵横家书》，文物出版社 1976 年版。

唐钺：《考订古书撰作年代通则补说》，《文史》第 15 辑，中华书局 1982 年版。

唐钺：《尹文和〈尹文子〉》，《古史辨》第 6 册，上海古籍出版社 1982 年版。

涂白奎：《邿国之姓考辨》，《史学月刊》2008 年第 7 期。

王葆玹：《试论郭店楚简的抄写时间与庄子的撰作年代——兼论郭店与包山楚简的时代问题》，《哲学研究》1999 年第 4 期。

王汎森：《一个新学术观点的形成——从王国维的〈殷周制度论〉到傅斯年的〈夷夏东西说〉》，《中国近代思想与学术的系谱》，河北教育出版社 2001 年版。

王利器：《"家"、"人"对文解》，《晓传书斋集》，华东师范大学出版社

1997 年版。

王庆节：《道之为物：海德格尔的"四方域"物论与老子的自然物论》，《解释学、海德格尔与儒道今释》，中国人民大学出版社 2004 年版。

王晓波：《韩非的哲学思想》，《儒法思想论集》，时报文化出版企业有限公司 1986 年版。

王煦华：《试论顾颉刚的疑古辨伪思想》，《中国哲学》第 17 辑，岳麓书社 1996 年版。

王治国：《四十三年逨鼎铭文所反映的西周晚期册命礼仪的变化》，朱凤瀚主编：《新出金文与西周历史》，上海古籍出版社 2011 年版。

吴其昌：《王观堂学述》，《国学论丛》1928 年第 1 卷第 3 号［王静安（国维）先生纪念号］。

吴秀英：《人性论之研议》，《韩非子研议》，文史哲出版社 1979 年版。

谢维扬：《周代昭穆制度》，《周代家庭形态》，中国社会科学出版社 1990 年版。

邢文：《〈孟子·万章〉与楚简〈五行〉》，《中国哲学》第 20 辑，辽宁教育出版社 2000 年版。

徐华：《上博简〈鬼神之明〉疑为〈董子〉佚文》，《文献》2008 年第 2 期。

徐少华：《郭店楚简〈六德〉篇思想源流探析》，武汉大学中国文化研究院：《郭店楚简国际学术研讨会论文集》，湖北教育出版社 2000 年版。

许廷桂：《〈诗经〉结集平王初年考》，《西南师院学报》（社会科学版）1979 年第 4 期。

杨伯峻：《从汉语史的角度来鉴定中国古籍写作年代的一个实例——〈列子〉著述年代考》，《列子集释》，中华书局 1979 年版。

杨筠如：《〈荀子〉书的伪证》，《古史辨》第 6 册，上海古籍出版社 1982 年版。

杨筠如：《关于〈荀子〉本书的考证》，《古史辨》第 6 册，上海古籍出版社 1982 年版。

杨宽：《三个新学派兴起的巨大影响》，《先秦史十讲》，复旦大学出版社 2006 年版。

杨希枚：《〈国语〉黄帝二十五子得姓传说的分析（上）》，《先秦文化史论集》，中国社会科学出版社1995年版。

姚蒸民：《韩非政治哲学之基础》，《韩非子通论》，东大图书股份有限公司1999年版。

姚蒸民：《自为之人性观》，《韩非子通论》，东大图书股份有限公司1999年版。

叶国良：《对二重证据法的几种误解》，《二重证据法的省思》，叶国良、郑吉雄、徐富昌编：《出土文献研究方法论文集》，台湾大学出版中心2005年版。

叶秀山：《我读〈老子〉的一些感想》，《道家文化研究》第2辑，上海古籍出版社1992年版。

于大成：《二重证据》，《理选楼论学稿》，台湾学生书局1979年版。

于省吾：《略论甲骨文"自上甲六示"的庙号以及我国成文历史的开始》，《社会科学战线》1978年第1期。

俞宣孟：《移花接木难成活——评金岳霖的〈论道〉》，《学术月刊》2005年第9期。

袁保新：《再论老子之道的义理定位——兼答刘笑敢教授〈关于老子之道的新解释与新诠释〉》，《中国文哲研究通讯》（台湾）1997年第7卷第2期。

袁珂：《〈山海经〉写作的时地及篇目考》，《中华文史论丛》第7辑，上海古籍出版社1978年版。

张帆：《帛书〈老子〉"善者不多"新解》，《江海学刊》2020年第4期。

张怀通：《〈王会〉与西周时代的民族及方物》，《〈逸周书〉新研》，中华书局2013年版。

张烈：《战国纵横家辨——兼与徐中舒诸先生商榷苏秦等问题》，《战国秦汉史研究》，中华书局2006年版。

张懋镕：《金文所见西周召赐制度考》，《古文字与青铜器论集》，科学出版社2010年版。

张素贞：《自利之人性观》，《韩非子思想体系》，黎明文化事业股份有限公司1979年版。

张西堂:《〈天论〉、〈性恶〉等篇之再探讨》,《〈荀子·劝学〉篇冤词》,《古史辨》第 6 册,上海古籍出版社 1982 年版。

张永言:《从词汇史看〈列子〉的撰写年代(修订稿)》,《汉语史学报》第 6 辑,上海教育出版社 2006 年版。

赵建伟:《郭店竹简〈老子〉校释》,《道家文化研究》第 17 辑,生活·读书·新知三联书店 1999 年版。

赵平安:《"三楚先"为何不包括季连》,台北"中央研究院"历史语言研究所"第三届古文字与古代史国际学术研讨会"论文,2011 年 3 月 25—27 日。

赵生群:《〈战国纵横家书〉所载"苏秦事迹"不可信》,《浙江师范大学学报》(社会科学版)2007 年第 1 期。

周炽成:《〈性恶〉的作者不是荀子》,《荀子韩非子的社会历史哲学》,中山大学出版社 2002 年版。

周凤五:《郭店楚简〈忠信之道〉考释》,《中国文字》新 24 期,艺文印书馆 1998 年版。

周书灿:《有关周初陈、杞封建的几个问题》,《河北师院学报》(社会科学版)1996 年第 4 期。

朱晓海:《〈荀子·性恶〉真伪辨》,《张以仁先生七秩寿庆论文集》,学生书局 1999 年版。

朱渊清:《走向现代的中国历史学》,《书写历史》,上海古籍出版社 2009 年版。

诸祖耿:《关于马王堆汉墓帛书类似〈战国策〉部分的名称的问题》,《南京师大学报》(社会科学版)1978 年第 4 期。

宗静航:《从语言角度探讨〈尹文子〉的真伪问题》,《中国文化研究所学报》2005 年第 45 期。

四 外国学者文献

[美]安乐哲:《中国式的超越,抑或龟龟相驮以至无穷》,萧振邦编:《儒学的现代反思》,台湾文津出版社 1997 年版。

[日]池田知久:《道家思想的新研究——以〈庄子〉为中心》,王启发、

曹峰译，中州古籍出版社 2009 年版。

[英] 池崔瑞德、[英] 池鲁惟一编：《剑桥中国秦汉史》，杨品泉等译，中国社会科学出版社 1992 年版。

[日] 渡边卓：《墨家思想》，[日] 宇野精一主编，林茂松译：《中国思想之研究·（三）墨家、法家、逻辑思想》，台湾幼狮文化事业公司 1977 年版。

[英] 葛瑞汉：《论道者：古代中国哲学论辩》，张海晏译，中国社会科学院出版社 2003 年版。

[美] 郝大维、[美] 安乐哲：《当代中国的"超越性之辩"》，施忠连译，《汉哲学思维的文化探源》，江苏人民出版社 1999 年版。

[美] 郝大维、[美] 安乐哲撰：《通过孔子而思》，何金俐译，北京大学出版社 2005 年版。

[美] 江文思、[美] 安乐哲编：《孟子心性之学》，梁溪译，社会科学文献出版社 2005 年版。

[英] 杰西卡·罗森：《青铜铸造技术革命及其对各地铸造业的影响》，邓菲等译，《祖先与永恒：杰西卡·罗森中国考古艺术文集》，生活·读书·新知三联书店 2011 年版。

[德] 康德：《人类历史起源臆测》，何兆武译，《历史理性批判文集》，商务印书馆 1990 年版。

[美] 柯马丁：《早期中国诗歌与文本研究诸问题——从〈蟋蟀〉谈起》，顾一心、姚竹铭译，《文学评论》2019 年第 4 期。

[法] 卢梭：《爱弥儿》，李平沤译，商务印书馆 1978 年版。

[美] 罗浩：《原道：〈内业〉与道家神秘主义的基础》，邢文、陶磊、严明、何金俐译，学苑出版社 2009 年版。

[法] 马伯乐（Henri Maspéro）：《书经中的神话》，冯沅君译，商务印书馆 1939 年版。

[美] 麦大伟（David McCraw）：《〈庄子〉音韵研究》（Stratifying Zhuangzi: Rhyme and Other Quantitative Evidence），博士学位论文，中央研究院语言学研究所，2010 年。

[美] 孟旦：《早期中国"人"的观念》，丁栋、张兴东译，北京大学出

版社 2009 年版。

［法］皮埃尔·阿多：《古代哲学的智慧》，张宪译，上海译文出版社 2012 年版。

［日］浅野裕一：《战国楚简研究》，［日］佐藤将之监译，万卷楼图书股份有限公司 2004 年版。

［美］史华慈撰：《古代中国的思想世界》，程钢译，刘东校，江苏人民出版社 2004 年版。

［美］夏含夷：《〈系辞传〉的编纂》，《古史异观》，上海古籍出版社 2005 年版。

［美］张光直：《古代中国考古学》，印群译，辽宁教育出版社 2002 年版。

［日］佐藤将之：《〈荀子〉的"性"论与〈韩非子〉的人论》，《荀子礼治思想的渊源与战国诸子之研究》，台湾大学出版中心 2013 年版。

［美］郝大维（David L. Hall）and［美］安乐哲（Roger T. Ames），*Thinking from the Han: Self, Truth, and Transcendence in Chinese and Western Culture*, Albany: State University of New York Press, 1998.

［美］白牧之（E. Bruce Brooks）and［美］白妙子（A. Taeko Brooks），*The Original Analects: Sayings of Confucius and His Successors*, New York: Columbia University Press, 1998.

［美］德效骞（Homer Dubs），*Mencius and Siin-dz on Human Nature*, Ivanhoe ed., Thought and Culture, 1956.

［日］渡边卓：《古代中国思想の研究》，创文社 1973 年版。

［日］儿玉六郎：《荀子の思想：自然・主宰の両天道观と性朴说》，东京：风间书房 1993 年版。

［日］儿玉六郎：《荀子性朴说の提出》，《日本中国学会报》第 26 辑，1974 年。

［英］葛瑞汉（A. C. Graham），HOW MUCH OF *CHUANG TZǓ* DID CHUANG-TZǓ WRITE? *Studies in Chinese Philosophy & Philosophical Literature*, Institute of East Asian Philosophies, Singapore, 1986.

［英］葛瑞汉（A. C. Graham），"*The Date and Composition of Liehtzyy*", Asia Major (New Series), Vol. 8, part 2, 1960; THE DATE AND COMPOS-

ITON OF LIEH-TZǓ, Studies in Chinese Philosophy & Philosophical Literature, Institute of East Asian Philosophies, Singapore, 1986.

［日］好并隆司:《商君书研究》,溪水社 1992 年版。

［英］昆廷·斯金纳（Quentin Skinner）, "Meaning and Understanding in the History of Ideas", *History and Theory*, 8 (1969); *Visions of Politics*, *Vol.* 1: *Regarding Method*, Cambridge University Press, 2002.

［美］罗浩（Harold Roth）, Who compiled the *Chuang Tzu*? Edited by Henry Rosemont, Jr. Chinese Texts and Philosophical Contexts: Essays dedicated to Angus C. Graham, Open Court Publishing Company, 1991.

［美］罗泰（Lothar von Falkenhausen）, "*the Waning of Bronze Age*", Michael Loewe（鲁惟一）and Edward L. Shaughnessy（夏含夷）eds., *The Cambridge History of Ancient China*, *From the Origins Civilization to 221 B.C.*, Cambridge: Cambridge University Press, 1999.

［美］罗泰（Lothar von Falkenhausen）, *Chinese Society in the Age of Confucius*（1000 – 250 B.C.）: *the Archaeological Evidence*, Los Angeles: Cotsen Institute of Archaeology Press, 2006.

［日］狩野直喜:《中国哲学史》,岩波书店 1953 年版。

［美］王志民（John Henry Knoblock）, Xunzi: *A Translation and Study of the Complete Works*, Volumn Ⅰ, Stanford University Press, 1988.

［日］池田知久:《尚处形成阶段的〈老子〉最古文本——郭店楚简〈老子〉》,《道家文化研究》第 17 辑,生活·读书·新知三联书店 1999 年版。

［日］赤冢忠:《中国古代思想家们对"一"的探求》,［日］佐藤将之、朱湘钰合译,《鹅湖月刊?》(台湾) 2004 年第 11 期。

［日］町田三郎:《关于〈韩非子〉的编成》,邓红译,《中国人民大学学报》1991 年第 6 期。

［比］戴卡琳撰:《墨家"十论"是否代表墨翟的思想——早期子书中的"十论"标语》,袁清、李庭绵译,《文史哲》2014 年第 5 期。

［日］儿玉六郎:《论荀子性朴说——从性伪之分考察》,刁小龙译,《国学学刊》2011 年第 3 期。

［法］风仪诚：《战国两汉"于"、"於"二字的用法与古书的传写习惯》，《简帛》第 2 辑，上海古籍出版社 2007 年版。

［美］罗泰（Lothar von Falkenhausen）：《有关西周晚期礼制改革及庄白微氏青铜器年代的新假设：从世系铭文说起》，台湾中央研究院历史语言研究所编：《中国考古学与历史学之整合研究国际研讨会论文集》，1997 年。

［美］苏德恺：《司马谈所创造的"六家"概念》，刘梦溪主编，《中国文化》1993 年第 7 期。

［美］夏含夷：《〈重写中国古代文献〉结论》，《简帛》第 2 辑，上海古籍出版社 2007 年版。

［美］夏含夷：《略论今文〈尚书〉周书各篇的著作年代》，《古史异观》，上海古籍出版社 2005 年版。

［日］佐藤将之：《日本近代墨学研究之崛起与中日学者之墨荀思想关系论探析》，《人文论丛》2010 年卷，中国社会科学出版社 2011 年版。

［日］佐藤将之：《荀子哲学研究之解构与建构：以中日学者之尝试与"诚"概念之探讨为线索》，《国立台湾大学哲学论评》2007 年第 34 期。

［中］陈康（Chuang-hwan Chen），what Does Lao-tzu Mean By The Term "Tao"，《清华学报》（台湾）1964 年新第 4 卷第 2 期。

［以］尤锐（Yuri Pine），*DATING A PRE-IMPERIAL TEXT：THE CASE STUDY OF THE BOOK OFLORD SHANG*，Early China，june 2016.

［德］哈隆（GustavHaloun），Legalist Fragments，Part I：Kuan-tsï 55 and related texts，Asia Major（New Series），2，1951.

［日］金谷治：《"荀子"の文献学的研究》，《日本学士院纪要》1951 年第九卷第一号。

［美］齐思敏（Mark Csikszentmihalyi）and 戴梅可（Michael Nylan），"Constructing Lineages and Inventing Traditions Through Exemplary Figures in Early China"，T'oung Pao LXXXIX，2003.

［美］苏德恺（Kidder Smith），"*Sima Tan and the Invention fo Daoism*，'Le-

galism', *et cetera*", The Journal of Asian Studies, 62, No. 1, February 2003.

［德］叶翰（Hans van Ess），"*The Meaning of Huang-Lao in Shiji and Hanshu*", études Chinoises, 12（2），automne 1993.

后　　记

犹记得早年撰写《郭店简〈唐虞之道〉中出现的"性命"与〈庄子〉内篇早出的问题》一文时，文后有一个《附识》：

> 本文的主体内容，形成于谋划博士论文导论期间。发现问题的结果不是喜悦，而是挫折感非常严重。不但导致博士论文草草而就，而且这一部分最后也没有列入其中。笔者初学思想史时，很信服刘笑敢先生的论证。但是偶读郭店简，顿然发现以前深信不疑的方法，竟然如空中楼阁。咨询时贤，或答曰今日的古典学，还不足以完全划分古书年代（后来访及西人，其划分古典学年代之方法亦很有限）。再省察前人用汉语史方法考察今存本《列子》年代的论证，有一些证据其实并不坚强。即便今存本《列子》的文字有晚世痕迹，那么没有魏晋迹象的部分呢？而且古书文本可能并非一成不变，有不少存在后世改写的情况，是故思想内核和文字形式有可能不一。凡此种种情况，使我们很难实现梁启超、陈寅恪等先生所说的将《列子》移置于魏晋时期的构想。当然，这并不代表笔者就要为伪书翻案。笔者从近年考察论证《文子》、《列子》问题的实践中发现，正反两方面的许多论证，是以可质疑的前提或预设为基础的，或者是以先入之见为出发点的，有许多举例是有问题的。学术体制使我们习惯于观点鲜明，而笔者倾向于将问题想得更复杂一些，只能说那些看起来鲜明的观点其实有问题，只敢说或许存在更多的"可能"——这已经遭致某些朋友的批评。可是，对于古代的情况，我们实在是知道得太少，

用"奥卡姆剃刀"将"可能"剃掉，使思考问题和解决问题变得简单，就真的接近历史真相了吗？然而倾向于用复杂性思维来考虑问题，自然不免举步维艰。不合时宜恰如本文，对于《庄子》内外杂篇的的时代问题，没有建设，只有破坏。但是笔者以为，反思我们的认识论和方法论，或许正是"走出疑古时代"，"重建中国古典学"需要更加重视的问题。

直到今天，时间过去将近二十年，依然在做反思我们的认识论和方法论的工作。所幸，略有成绩，也得到一些师友和青年学子的注意。

此次结集，有一些相关的文章没有收进来，是因为想重点突出体现新思路和新方法的文章，但也有不少仍过多涉及具体论证，多未及删改，因为那样过于说教了。取名为"去囿重建"，真正着重点在"去囿"，因为我们仍然在古时代以来和近代以来的传统遮蔽之中，我们不习惯于下定义，作逻辑推理，故重建其实仍遥不可及。重建，确切地说应该是新建，说到底是要新建我们的言说方式和思维模式、认识论、方法论，也就是新范式，在此基础上再谈重建。因为重建的结果可能并不相同，但是都是在新范式的规则之内。

感谢历史学院提供出版资助，感谢责编张湉等的细致工作和热情帮助。也感谢研究生彭佳豪帮忙通读清样，改正了一些错误之处。

2023 年 4 月 27 日